HUBERT SPECKNER (U.A.)

Pfitscherjoch Steinalm Porzescharte

Die drei „merkwürdigen Vorfälle" des Höhepunktes der Südtiroler Bombenjahre in den Jahren 1966 und 1967

Mit Beiträgen von Rupert Gietl, Harald Hasler, Reinhard Olt und Maximilian Ruspeckhofer

effekt! BUCH

Eine Publikation für das
„Haus der Tiroler Geschichte“

Haus der Tiroler Geschichte

Casa della storia tirolese

Pfitscherjoch
Steinalm
Porzescharte

Die drei „merkwürdigen Vorfälle" des
Höhepunktes der Südtiroler Bombenjahre
in den Jahren 1966 und 1967

Ersterscheinung: November 2022, 2. Auflage: Juni 2023

ISBN 979-12-5532-004-3

Korrektorat: Miriam Donà

Herstellung und Verlag: Effekt! GmbH,
Neumarkt www.effekt.it

Inhaltsverzeichnis

Vorwort
Ein Lügengebäude stürzt ein

Die Anschläge im **Pfitscherjoch-Haus** (Mai 1966), in der Finanzkaserne auf der **Steinalm** (September 1966) und die Explosionen auf der **Porzescharte** (Juni 1967) waren nicht vom BAS (Befreiungsausschuss Südtirol) zu verantworten. Der Militärhistoriker Dr. Hubert Speckner hat seit Jahren mit intensiven und höchst sorgfältigen Forschungen den Beweis geliefert, dass die italienischen Geheimdienste auch 1966/67 noch ihre schmutzigen Hände im Spiel hatten.

Das Opfer am Pfitscherjoch – der Finanzer Bruno Bolognesi –, die drei Toten auf der Steinalm und die vier toten Offiziere und Soldaten auf der Porzescharte sind nicht die Folgen von Handlungen der Südtirolaktivisten des BAS. Diese drei Anschläge sind so sehr von unschwer ins Auge fallenden Merkwürdigkeiten belastet, dass von BAS-Aktivisten und Insidern schon sehr bald nach diesen beklemmenden „Vorfällen“ begründete Zweifel an der Täterschaft des BAS geäußert worden waren. Überhaupt nahmen die diversen italienischen Geheimdienste unter den Merkwürdigkeiten der jüngeren Südtiroler Zeitgeschichte einen besonderen Platz ein. In der Hauptsache ist es jedoch den akribischen wissenschaftlichen Nachforschungen des Militärhistorikers Dr. Hubert Speckner zu verdanken, dass die italienischen Geheimdienste und ihre Helfer glaubwürdig als die organisatorischen Hintermänner der drei genannten Anschläge enttarnt werden konnten, die 1966/67 Südtirol noch einmal ganz besonders schwer erschüttert hatten. Der italienische Staatsapparat mit seinen Geheimdiensten im Hintergrund glaubte sofort bis ins letzte Detail zu wissen, dass bei allen drei „Vorfällen“ einzig und allein der BAS am Werk gewesen war. Durch eine konsequente Strafverfolgung jedoch habe man dieser „Terrororganisation“ das Genick gebrochen, hieß es in unzähligen polizeilichen und militärischen Pressemitteilungen. Eine andere Version kam zunächst auch für die allermeisten italienischen, aber auch für viele Südtiroler Medien nicht in Frage.

Der Mordanschlag gegen Luis Amplatz und Georg Klotz in der Nacht vom 6. auf den 7. September 1964 in einer Heuhütte auf der „Brunner Mahder“ in Passeier hatte mich tief betroffen gemacht. Mit beiden war ich seit Jahren befreundet gewesen. Zur Zeit ihrer Konfinierung in Wien konnte ich ihnen als dort Studierender durch meinen Wiener Freundeskreis in ihrer tristesten und von Heimweh verdüsterten Zeit helfend zur Seite stehen.

Bereits 1964 hatte man italienische Maßnahmen konstatiert, diverse einschlägige Nachforschungen zu behindern, so auch den Agenten und gedungenen Meuchelmörder Christian Kerbler nach einer ersten Verhaftung zur Flucht zu verhelfen und an den Haaren herbeigezogene „Beweise“ für die Täterschaft des BAS zu konstruieren. Schon bald nach den drei Anschlägen von 1966/67 sind auch bei Fachleuten in Österreich erneut erhebliche Zweifel angemeldet worden.

In seinen Nachforschungen hatte der junge venezianische Untersuchungsrichter *Felice Casson* Anfang der 80er-Jahre die Namen von 622 *„Gladio“*-Mitgliedern und die Mitverantwortung der italienischen Geheimdienste SID bzw. SISMI sowie neofaschistischer Organisationen aufgedeckt. Seine Arbeit wurde jedoch „abgewürgt“. Es wurde ihm „von ganz oben“ untersagt, Anklage zu erheben. 1994 veröffentlichte er jedoch in einem vielbeachteten Buch die Machenschaften der italienischen Geheimdienste.

Der Verfasser Dr. Hubert Speckner hat in dieser verdienstvollen Publikation die sicherheitsdienstlichen österreichischen Akten einer gründlichen Prüfung unterzogen und die italienische Staatsversion als Vertuschungs- und Lügennetz entlarvt. Der Vorfall auf der Porzescharte war eine grausig-dramatische Inszenierung der Geheimdienste, um die italienische Angst vor dem Südtiroler „Terrorismus“ zu schüren und den zu diesem Zeitpunkt ohnehin schon ruhenden BAS weiter zu desavouieren.

Diese Publikation erbringt dank der gründlichen wissenschaftlichen Forschungen den Nachweis dafür, dass alles Geschehene nicht so gewesen sein kann, wie es von italienischer Seite stets konstruiert und dargestellt wurde. Das Lügengebäude der italienischen Geheimdienste zu den drei in diesem Buche erforschten „Vorfälle“ am Pfitscherjoch, auf der Steinalm sowie auf der Porzescharte ist zum Einsturz gebracht.

Dr. Bruno Hosp
Landesrat a.D.
Vorstand des Ausstellungs-Beirates
„Haus der Tiroler Geschichte“/Bozen

Vorwort
Steinalm – Familie Klotz wird „Freiwild"

Die Folgen der Explosion in der Finanzer-Kaserne auf der Steinalm am 9. September 1966 haben sich auf unsere Familie sehr unheilvoll ausgewirkt. Es war zu Beginn von einer Gasexplosion die Rede. Aus den Gasflaschen im Inneren des Gebäudes sei Gas ausgetreten, und durch ein Zündholz oder einen Funken habe sich dieses entzündet. In unmittelbarer Nähe der Gasflaschen hatten sich angeblich größere Mengen Handgranaten bzw. Munition befunden. So sei es zur verheerenden Explosion gekommen, bei welcher es drei Tote gab. Aber bereits am darauffolgenden Tag war nicht mehr von einem Unfall die Rede, sondern von einem Attentat, welches sofort den Südtiroler Freiheitskämpfern (die Italiener nannten sie „Terroristen") angelastet wurde. Noch gezielter wurde es unserem Vater Jörg Klotz in die Schuhe geschoben. Die abenteuerlichsten Thesen wurden gewälzt, um zu erklären, wie er vorgegangen sei. Eine derart heftige und zerstörerische Explosion könnte nur durch einen Granatwerfer oder eine Schiffskanone verursacht worden sein, hieß es zunächst. Also behauptete ein Finanzoberst prompt, Jörg Klotz habe mit einem Mörser über die Grenze geschossen und den Kamin der Kaserne getroffen. Beim Prozess in Italien wurde ihm schließlich vorgeworfen, er habe eine Bombe platziert. Er sei an Hunden und Wachmannschaften *„vorbeispaziert und habe es angesichts der Karten spielenden Finanzpolizisten irgendwie geschafft, eine Bombe neben dem Munitionsbehälter zu deponieren"*.

Da man Jörg Klotz weder lebend noch tot in die Hände bekommen hatte, war Psychoterror angesagt. Den Mordanschlag, bei dem Luis Amplatz im September 1964 getötet worden war, hatte er trotz schwerer Verletzungen überlebt. Auch Entführungspläne waren gescheitert. Die Explosion auf der Steinalm war also die „perfekte" Gelegenheit, ihn so schwer zu belasten, dass sich Polizei, Medien und Gerichte auf ihn stürzen konnten. Damit nicht genug, wurde seine Frau, unsere Mutter Rosa, in tückischer Absicht in diesen unheilvollen Strudel hineingezogen. In einem raffinierten Konstrukt aus Erfindungen und Behauptungen kriminalisierte man sie als Drahtzieherin und Rädelsführerin einer angeblichen „Terrorgruppe Passeier". Diese habe in Passeier auf Geheiß und nach Anordnung von Jörg Klotz agiert, wurde behauptet. Die boshafte und schmutzige Verfolgungsaktion gegen sie lief unter der Bezeichnung *„Operazione Rosa Klotz"*. Der entsprechende Akt findet sich im Zentralarchiv des Staates in Rom. Er wurde erst im März 2019 durch Zufall entdeckt. Es handelt sich um den Bericht des Regierungskommissariats Bozen an das Kabinett des Innenministeriums. Es wurden so schwere Anschuldigungen gegen sie und drei weitere Passeirer erhoben, dass damit im Oktober 1966 sieben qualvolle Verhörtage und -Nächte und ein Haftbefehl „gerechtfertigt" werden konnten. Beim Steinalm-Prozess in Mailand im Frühjahr 1969 fiel das Ganze dann wie ein Kartenhaus zusammen, weil es nie eine Passeirer „Terrorgruppe" mit der Anführerin Rosa Klotz gegeben hatte, und weil sie von den allermeisten ihr zur Last gelegten Verbrechen wegen Mangels an Beweisen freigesprochen werden musste. Aber sie hatte mehr als 14 lange, bange Monate im Kerker verbringen müssen. Die Sorgen um ihre sechs Kinder, die nun nicht nur ohne Vater, sondern auch ohne Mutter dastanden, haben ihr schwer zugesetzt. Und nach der Entlassung aus dem Gefängnis am 21. Dezember 1967 durfte sie nicht zu ihren Kindern ins Passeiertal zurückkehren. Sie bekam Zwangsaufenthalt in der Gemeinde Bozen zugeteilt und musste sich dreimal wöchentlich bei den *Carabinieri* melden. Sie war Demütigungen und Willkür ausgesetzt. Bei den Verhören ist ihr Augenlicht durch Quarzlampen geschädigt worden, und sie hatte trotz ihrer körperlichen und nervlichen Robustheit einen Zusammenbruch erlitten. Deshalb musste sie ins Gefangenenspital nach Trient überstellt werden. Es handelte sich bei dem Ganzen aber nicht nur um Sippenhaft. Es war auch eine gezielte, vorsätzliche „Strafmaßnahme" gegen eine Frau und Mutter, die niemanden gefürchtet und sich der Zwangsgewalt des Staates nicht gebeugt hatte. Deren Handlangern hatte sie sogar mehrmals unerschrocken und äußerst mutig Paroli geboten.

Es waren für uns als Familie schwere Zeiten mit großen Sorgen um Vater und Mutter! Wir waren nicht nur in arger Bedrängnis, sondern auch auseinandergerissen: der Vater in Schubhaft oder Verbannung in Wien, von Gerichten in Italien wie in Österreich verfolgt, und die Mutter eingesperrt im italienischen Kerker. Wir sechs Kinder litten sehr darunter und erfuhren, was Ohnmacht und Ausgeliefert-Sein einem ganzen Staatsapparat gegenüber bedeutet. Wir waren auf die Verwandtschaft aufgeteilt oder auf andere Unterkünfte angewiesen. Ich war mit 15 Jahren die Älteste, das Jüngste war noch nicht einmal sechs, als wir nicht nur ohne unseren beherzten Vater, sondern auch ohne unsere tapfere Mutter dastanden. Nach ihrer Entlassung aus dem Gefängnis durfte sie bis zum Endurteil im Jahr 1976 ihrem Lehrerberuf nicht mehr nachgehen. Das brachte auch finanzielle und existentielle Sorgen für die ganze Familie mit sich. Doch wir hielten immer zusammen und auch uneingeschränkt zu den Eltern. Unsere Mutter konnte durch schwere Arbeit und dank mancher idealistischer Hilfestellung eine neue Existenz aufbauen und uns über die Runden bringen. Unser Vater hat das Endurteil im Steinalm-Prozess nicht mehr erlebt, er starb 56-jährig im Exil in Nordtirol, ohne seine Heimat je wiedergesehen zu haben.

Dr. Eva Klotz
Landtagsabgeordnete a.D.
Vorstand des Ausstellungs-Beirates
„Haus der Tiroler Geschichte"/Bozen

Vorwort

Tatsachen gegen das Lügennetz – Hubert Speckner klärt auf

Drei Anschläge seien längst geklärt – das behaupten unisono alle italienischen Staatsinstitutionen seit eh und je. Außerdem vertraut man bei diesen Stellen darauf, dass die näheren Umstände und Einzelheiten nach und nach vergessen würden und nur die staatsitalienischen Erklärungen zum Südtiroler „Terrorismus" in Erinnerung bleiben.

Diese lauten: Bei den Anschlägen im Mai 1966 im Pfitscherjoch-Haus, im September 1966 auf der Steinalm und die Explosionen im Juni 1967 auf der Porzescharte seien der Höhepunkt des „Terrorismus" des Befreiungsausschusses Südtirols (BAS) gewesen. Der italienische Staat habe das durch seine kompetenten Institutionen eindeutig festgestellt und vor aller Welt beweiskräftig dargelegt.

Dabei blieb es, bis der Militärhistoriker Dr. Hubert Speckner in jahrelangen beharrlichen Nachforschungen die vermeintlichen Tatsachen erschütterte. Zwar wusste man längst, dass der „Befreiungsausschuss Südtirol" (BAS) 1966 – 67 dank der österreichischen Bemühungen für eine Verhandlungslösung zur Südtirolautonomie gar nicht mehr an einer Fortsetzung des Freiheitskampfes interessiert war. Die Südtirolaktivisten saßen als Opfer der italienischen Rachejustiz im Gefängnis und wurden nicht gehört. Auch vereinzelte nachdrückliche Stimmen von hochrangigen italienischen Vertretern wurden mit administrativen Mitteln unterdrückt. Ein Beispiel dafür ist der mutige Untersuchungsrichter Felice Casson, der die *„Gladio“*-Umtriebe in Italien aufdeckte, oder General Giorgio Manes (seine Tagebücher bezeugen es). Sie wurden kaltgestellt. Doch einer parlamentarischen Untersuchungskommission gelang es, zumindest in Sachen *„Gladio“* und den geheimen Plänen für einen Staatsstreich Licht in verbrecherische Absichten zu bringen.

Was gegenüber verantwortungs- und wahrheitsbewussten italienischen Staatsfunktionären, die sich den Vertuschungen widersetzten, noch gelang, konnte die nationalistische italienische Staatsräson gegenüber Österreich nicht mehr verhindern. Doch es bedurfte auch dort großer Beharrlichkeit, sich dem opportunistischen Trend zu widersetzen. Dr. Hubert Speckner hat das Hauptverdienst daran, mit gründlichen Forschungen den Nachweis zu erbringen, dass die Anschläge von 1966 und 1967 auf dem Pfitscherjoch, auf der Steinalm und der Porzescharte keineswegs die Handschrift des BAS trugen, sondern vielmehr das Werk der nationalistisch-autoritär gesinnten italienischen Geheimdienste oder lediglich Unfälle waren. In Südtirol setzten diese ihre verbrecherischen Aktionen sogar bis in die 80er Jahre des vorigen Jahrhunderts fort. Sie wollten um jeden Preis einen politischen Spannungszustand aufrechterhalten, um den Staat für einen rechten Staatsstreich reif zu machen. Das wurde aufgedeckt und verhindert.

An mehr war der italienische Staat nicht interessiert. Er hatte Menschenrechte gegenüber den Mitgliedern des BAS mit drastischen Gewaltaktionen, Folterungen und Schauprozessen gebrochen. Dr. Hubert Speckner beweist mit diesem weiteren Aufklärungswerk, dass nicht der BAS für die erwähnten drei Anschläge verantwortlich ist. Diese sind vielmehr das beschämende Werk der italienischen Geheimdienste und ihrer Helfer in den Reihen der „Ordnungshüter“ und im Staatsapparat.

Dr. Franz Pahl
Landtagsabgeordneter a.D.
Vorstand des Ausstellungs-Beirates
„Haus der Tiroler Geschichte“/Bozen

Vorbemerkungen

Die Explosionen im Pfitscherjoch-Haus im Mai 1966, in der Kaserne der *Guardia di Finanza* auf der Steinalm im September 1966 und die Explosionen auf der Porzescharte im Juni 1967 bildeten eine Art „Höhepunkt" des Südtirol-Konfliktes in den 1960er Jahren.

Das Opfer des Pfitscherjoches, der Soldat der *Guardia di Finanza* Bruno Bolgnesi, die drei toten Finanzer der Steinalm – Herbert Volgger, Martino Cossu und Franco Petrucci –, sowie die vier toten Offiziere und Soldaten der Porzescharte – Armando Piva, Francesco Gentile, Mario di Lecce und Olivo Dordi – weisen allein durch die Anzahl, insgesamt acht italienische Sicherheitskräfte, auf diesen „Höhepunkt" des Konfliktes hin. Da offiziell 15 Opfer unter italienischen Sicherheitskräften der Polizei, der *Carabinieri*, der *Guardia di Finanza* und des italienischen Heeres im Zuge des Südtirol-Konfliktes zu beklagen waren, und die Opfer der drei in dieser Arbeit näher bearbeiteten „Vorfälle" somit mehr als die Hälfte aller offiziellen Opfer der oft als „Bombenjahre" bezeichneten Jahre des Südtirol-Konfliktes darstellen, lässt sich die „Tragweite" der hier beschriebenen drei „Vorfälle" erahnen. Dies zudem im vergleichsweise kurzen Zeitraum von Mai 1966 bis Juni 1967.

Vorerst wäre kurz darauf einzugehen, warum der Verfasser den Begriff „Vorfall" verwendet, und die ansonsten üblichen Begriffe „Terroranschlag", „Mordanschlag", „Anschlag" oder „Attentat" vermeidet: Alle Begrifflichkeiten um die Wörter „Anschlag" und „Attentat" bedingen gemäß Duden jedenfalls gezielte und beabsichtigte Gewaltanwendung. Ein „Anschlag" ist demzufolge ein *„gewalttätiger, auf Vernichtung, Zerstörung zielender Angriff"* und ein „Attentat" ist gemäß Duden ein *„politisch oder ideologisch motivierter* [Mord]*anschlag auf eine im öffentlichen Leben stehende Persönlichkeit"*.[1]

Mit diesen Definitionen haben wir nun bei der Analyse der hier beschriebenen drei „merkwürdigen" Vorfälle der Jahre 1966 und 1967 beträchtliche Probleme, vorwiegend in Bezug auf die offizielle italienische Schuldzuweisung. In allen drei „Vorfällen" – am Pfitscherjoch, der Steinalm und der Porzescharte – zeigt sich bei einer intensiven wissenschaftlichen Befassung, dass sich der bis heute offiziell festgelegte Ablauf in allen drei Fällen keinesfalls so wie offiziell dargestellt abgespielt haben konnte. Damit stellt sich die berechtigte Frage nach den Verantwortlichen, somit den Verursachern der „Anschläge" oder den „Attentätern".

Diese Situation stellt den Hintergrund für die Verwendung des Begriffes „Vorfall" dar. Dem Leser wird im Kapitel über die Explosion am Pfitscherjoch bald klar, dass es sich nach allen vorliegenden Sachverhalten um kein „Attentat" oder um keinen „Anschlag" gehandelt haben konnte, somit scheint die Verwendung dieser Begriffe absolut verfehlt. Bei der Explosion auf der Steinalm wiederholte sich diese Situation und bei den Explosionen auf der Porzescharte dürfte es sich zwar tatsächlich um einen „Anschlag" gehandelt haben, aber mit völlig anderen gewaltbereiten Verursachern als offiziell dargestellt. Da diese Situationen bis heute nicht eindeutig geklärt sind, scheint die Verwendung des Begriffes „Vorfall" zielführender.

Italien tut sich mit der Verwendung der oben angeführten Begriffe bis heute sehr leicht. Die Explosion

1 www.duden.de [Stand: 13. Mai 2022].

auf der Steinalm wird zumeist als *„strage di Malga Sasso“* bezeichnet, jene auf der Porzescharte selbstredend als *„strage di Cima Vallona“* und jene Explosion, die den *„finanziere“* Bruno Bolognesi das Leben kostete, wird zumeist als *„attentato“* bezeichnet. Nun bedeutet das italienische Wort *„strage“* aber nichts weniger als „Massaker“ oder „Blutbad“, womit die nach wie vor gültige italienische Sichtweise „vorgegeben“ ist.

Ohne den „Merkwürdigkeiten“ dieser beschriebenen drei „Vorfälle“ vorgreifen zu wollen, sei allerdings grundsätzlich angemerkt, dass die Explosionen auf dem Pfitscherjoch, der Steinalm und vor allem der Porzescharte in ihrer offiziellen Darstellung tatsächlich die „merkwürdigsten“ aller Anschläge, Schießereien, Explosionen usw. darstellen, die im Verlauf des Südtirol-Konfliktes passierten.

Wenngleich das offizielle Italien zumeist äußerst rasch mit einer Schuldzuweisung zur Hand war – die erwartungsgemäß stets Aktivisten des *„Befreiungsausschuß Südtirol“* (BAS) betraf, deren „Operationsbasis“ in Österreich gelegen und dort auch geduldet worden wäre – und zudem meist ebenso rasch den kriminologischen Ablauf der „Vorfälle“ geklärt sah, stellen sich die drei in dieser Publikation beschriebenen „Vorfälle“ bei einer näheren wissenschaftlichen Befassung absolut nicht derart klar und in Bezug auf die „Schuldigen“ eindeutig dar. Bemerkenswerterweise erfolgten die italienischen Schuldzuweisungen zumeist vor einer tatsächlichen sicherheitsdienstlichen Untersuchung.

Allein die genaue Analyse der vorliegenden sicherheitsdienstlichen Akten – hier zu einem Großteil die Akten der österreichischen Staatspolizei bzw. des österreichischen Innenministeriums – führt ziemlich rasch zur Erkenntnis, dass die drei Vorfälle – und viele andere „Vorfälle“ des Südtirol-Konfliktes in den 1960er Jahren – zweifellos absolut nicht derart klar und eindeutig zu beurteilen sind, wie dies das offizielle Italien, die italienischen Medien und zuletzt auch die italienische Justiz weismachen wollten. Eine Situation, die sich bis heute praktisch nicht geändert hat, denn die Schuldfrage an den drei hier beschriebenen „Vorfällen“ steht für Italien bis heute offenbar zweifelsfrei fest. Dementsprechend besteht in Italien bis heute ein nicht unbeträchtliches Problem, analog zu Österreich sicherheitsdienstliche Archivalien zu den 1960er Jahren einsehen zu können. Offenbar ist in dieser Hinsicht eine gewisse Hoffnung berechtigt, da in den nächsten Jahren einige Bestände des italienischen Innenministeriums geöffnet werden sollen, so beispielsweise das sogenannte „Russomanno-Archiv“, auf das an späterer Stelle eingegangen wird.

Neben der historisch-wissenschaftlichen Arbeit des Verfassers, die naturgemäß vorwiegend aus der Bearbeitung von sicherheitsdienstlichen Akten besteht, stellt ein weiterer Aspekt eine wesentliche Erweiterung dieser historisch-wissenschaftlichen Arbeit dar. Auch wenn der Verfasser durch seine dienstliche Stellung im Österreichischen Bundesheer einen besonderen und erweiterten Zugang zu sicherheitsdienstlichen Akten hat und durch seine absolvierte militärische Ausbildung über eine dementsprechende Beurteilung militärischer Verhaltensweisen verfügt, sind die sprengtechnischen Kenntnisse des Verfassers trotzdem vergleichsweise „bescheiden“. Wiewohl jeder ausgebildete Soldat und Offizier über ein gewisses sprengtechnisches Wissen und entsprechende

Kenntnisse verfügt, reichen diese für eine sprengtechnische Analyse der komplexen „Vorfälle" am Pfitscherjoch, der Steinalm und der Porzescharte bei weitem nicht aus.

Dieser Mangel wurde dadurch wett gemacht, dass ausgewiesene Experten für Sprengtechnik und mehr als ein „gerichtlich zertifizierter und beeideter Sachverständiger" mit den Forschungsergebnissen zu den drei „merkwürdigen Vorfällen" konfrontiert wurden. Deren Arbeit beschränkte sich keinesfalls nur auf eine Analyse mittels einer „Ferndiagnose", sondern jeder der Sachverständigen beurteilte und analysierte die „Vorfälle" direkt im Gelände, somit auf dem Pfitscherjoch, der Steinalm und der Porzescharte.

Diese Arbeit kann und will allerdings keinen allgemeinen Überblick oder eine „Vorgeschichte" zur Südtirol-Problematik der 1960er Jahre – die sogenannten Südtiroler „Bombenjahre" – geben. Es geht in dieser Arbeit mit einem absoluten Schwergewicht um die drei „merkwürdigen Vorfälle" der Jahre 1966 und 1967. Allerdings sei ein Literaturhinweis zu einer weiteren Sichtweise der „Bombenjahre" genehmigt: Der Verfasser dieser Arbeit befasst sich bereits seit einigen Jahren mit allen in den österreichischen sicherheitsdienstlichen Akten vorliegenden „Vorfällen" in Südtirol und in Österreich aus den 1960er Jahren.[2]

2 Vgl. dazu Hubert Speckner, „Zwischen Porze und Roßkarspitz ...". Der „Vorfall" vom 25. Juni 1967 in den österreichischen sicherheitsdienstlichen Akten. Wien 2013 (italienische Ausgabe: *La Strage del Passo di Cima Vallona. Il "fatto„ del 25 giugno 1967 archiviato negli atti degli organi di sicurezza austriaci.* Wien 2015), sowie Hubert Speckner, Von der „Feuernacht" zur „Porzescharte".... Das „Südtirolproblem" in den österreichischen sicherheitsdienstlichen Akten. Wien 2016.

Nachdem allerdings bei wahrscheinlich allen drei „merkwürdigen Vorfällen" ein gewisser „geheimdienstlicher Hintergrund" absolut nicht ausgeschlossen werden kann, bietet ein Schlusskapitel von Prof. Dr. Dr. hc Reinhard Olt einen – für diese Publikation notwendigen – Überblick über die durchaus beachtenswerten geheimdienstlichen Aktivitäten in Italien und vor allem im Zusammenhang mit der Südtirol-Problematik.

Genauso scheint es unabdingbar, die mehr oder weniger offizielle italienische Sichtweise von den drei „Vorfällen", wie sie sich in den Darstellungen des „social web" bietet, in diese Arbeit zu integrieren. Dieser Aufgabe hat sich der Archäologe und Experte der Südtiroler Zeitgeschichte Mag. Rupert Gietl aus Sexten gestellt, mit einem jedenfalls „beachtenswerten" Ergebnis.

Der Dank des Verfassers dieser Arbeit gilt weiters der Arbeit der bereits weiter oben erwähnten sprengtechnischen Experten, den „gerichtlich zertifizierten und beeideten Sachverständigen" Dr. Harald Hasler aus Trattenbach und Mag. Maximilian Ruspeckhofer aus Naarn sowie den von diesen in der Folge betrauten Sprengexperten Dr. Rainer Melzer aus Dresden und dem militärmedizinischen Experten Dr. Klaus Stephan Wolff aus Krems in Kärnten samt dessen Team.

Wesentliche Hinweise verdankt der Verfasser seinem Südtiroler Kollegen Christoph Franceschini aus Eppan, dessen Arbeit in italienischen Archiven und jenem des deutschen „Bundesnachrichtendienstes" wesentliche neue Erkenntnisse zum „Vorfall" auf der Porzescharte ergaben, die einerseits in seiner zitierten letzten Publikation „Segretissimo – Streng geheim! Südtirol im Fadenkreuz fremder Mächte" führten und andererseits in diese Arbeit eingeflossen sind. Weiters unterstützte

Dipl.-Kfm. dott. Thomas Sinha aus Bozen durch seine römischen Archivrecherchen diese Arbeit.

Eine wesentliche Rolle für die Forschungsarbeit spielten die beiden Fotografen Vizeleutnant und Heeresbergführer Horst Konrad aus Kufstein und Wolfgang Stecher aus St. Pölten, die bei den „Tatort-Begehungen" dabei waren und diese dokumentierten sowie zudem auch bei der Analyse des archivalischen Bildmaterials eine wesentliche Rolle spielten.

Zudem geht der Dank des Verfassers an die militärischen Kameraden und Heeresbergführer Vizeleutnant Erwin Hertscheg und Vizeleutnant Friedl Kalser vom Hochgebirgsbataillon 24 des Österreichischen Bundesheeres in Lienz, die einerseits die „Tatort-Begehungen" alpinistisch unterstützten und andererseits auch mit ihrer alpinistischen Beurteilung sowie ihren Bergführer-Kontakten zu wesentlichen Informationen verhalfen.

Nachdem sich die Begehungen des Pfitscherjoches und der Porzescharte naturgemäß an die dortigen Schutzhäuser anlehnten, ist der Verfasser auch den Hüttenwirten des Pfitscherjoch-Hauses, das zudem den „Tatort" der Explosion auf dem Pfitscherjoch darstellt und der Porzehütte zu Dank für die Betreuung der Tatort-Begehungen und für viele „zweckdienliche Hinweise" zur Geschichte ihrer Häuser und der beiden „Vorfälle" verpflichtet.

Die Analyse des zahlreich vorhandenen Archivmaterials vor allem zur sicherheitsdienstlichen Komponente der Südtirol-Problematik in den im Anhang angeführten Archiv- und Bibliothekseinrichtungen bedingt zudem den Dank an das an diesen Forschungseinrichtungen tätige Fachpersonal, wobei hier in erster Linie die Mitarbeiter des Österreichischen Staatsarchivs Hofrat Dr. Gerhard Artl, Hofrat Direktor Dr. Rudolf Jerabek und Amtsdirektor Dieter Lautner, der Leiter der Bibliothek und des Archivs des Tiroler Landesmuseums Ferdinandeum Mag. Roland Sila und in einem besonderen Ausmaß die Studiensammlung des Entschärfungsdienstes des österreichischen Innenministeriums unter ihrem Leiter Oberst Franz Warisch und Amtsdirektor i.R. Ernst Huber sowie die weiteren Mitarbeiter des Entschärfungsdienstes erwähnt werden müssen. Ohne die fachkundige Betreuung dieses Personenkreises wäre die vorliegende Arbeit nicht realisierbar gewesen.

Nicht ohne Grund ist der Verfasser an die drei Vorstände des Ausstellungsbeirates des „Haus der Tiroler Geschichte" in Bozen, den langjährigen Abgeordneten zum Südtiroler Landtag Landesrat a.D. Dr. Bruno Hosp, Dr. Eva Klotz und Dr. Franz Pahl für ein Vorwort zu ihrer persönlichen Sichtweise zu den drei „merkwürdigen Vorfällen" der Jahre 1996/67 herangetreten. Diese Publikation stellt die erste, sozusagen „offizielle", Arbeit dar, die FÜR das „Haus der Tiroler Geschichte" erstellt wurde, der noch viele weitere Arbeiten zur Zeitgeschichte Südtirols folgen sollen. Den drei Vorständen und Freunden des Verfassers gebührt für Ihre weitreichende Unterstützung dieses Gesamtprojektes ein hohes Maß an Dank.

Mein Dank als Verfasser gebührt nicht zuletzt meiner Frau Mag. Sylvia Speckner, die meine Forschungsarbeit aktiv, vor allem bei der intensiven Sichtung der zahlreichen vorhandenen Archivalien in verschiedenen Archiven und Bibliotheken, begleitet und unterstützt.

EXKURS **Pfitscherjoch – Steinalm – Porzescharte „online"**

Rupert Gietl

Wenn man im Frühling des Jahres 2021 die italienischsprachigen Onlinequellen zum Thema der Anschläge der 1960er Jahre in der Suchmaschine von Google durchsucht, ergeben sich zahlreiche Treffer. Je nachdem, welchen Suchbegriff man eingibt, erscheint eine relativ konstante Schnittmenge von Artikeln und Blog-Einträgen zu den Explosionen auf dem Pfitscherjoch, der Steinalm und der Porzescharte.

Die Urheber lassen sich in mehrere Gruppen einteilen: Offizielle staatliche Stellen, lokale Medien aus der Heimatregion der Opfer, private Vereine, Medienkanäle italienischer Rechtsparteien und die Online-Enzyklopädie Wikipedia. Dazu kommen noch einzelne Artikel in verschiedenen Blogs, die sich nicht immer einwandfrei einem Urheber zuordnen lassen.

Es lässt sich klar erkennen, dass vor allem die Texte aus dem Medienbereich großteils nur bekannte Informationen weitergeben und voneinander abschreiben. Da nicht alle Beiträge datiert sind, ist es nicht möglich, eine Chronologie von deren Entstehung abzuleiten. Wahrscheinlich stammen die Informationen ursprünglich aus gedruckten Werken und der klassischen Presse, Quellennachweise oder direkte Zitate aus Archivbeständen kommen nicht vor. Artikel in der Presse erscheinen meist vor dem Hintergrund von runden Gedenkjahren oder Jahrestagen der Ereignisse.

Den Beiträgen auf den Internetseiten staatlicher Stellen sollte der größte Aussagewert zukommen, da deren Verfasser theoretisch Zugang zu Archivmaterial haben könnten, welches der Öffentlichkeit nur teilweise, schwer oder gar nicht zugänglich ist. Die Beiträge auf der Seite des Historischen Museums der Finanzwache, die für die Ereignisse eine der wichtigsten Quellen darstellt, stammen aus der Feder von Gerardo Severino, einem ehemaligen Unteroffizier der Finanzwache, der sich seit Jahrzehnten mit der Geschichte der *Guardia di Finanza* beschäftigt und dadurch bis zum Major und Direktor des historischen Museums der Finanzwache aufgestiegen ist.

Die zweite offizielle Quelle im Internet ist ein Ableger des nationalen Archiv-Portals des Kulturministeriums SAN *(Sistema Archivistico Nazionale):* Im Jahr 2011 wurde eine Seite zum Gedenken an die Opfer des Terrorismus in Italien aus der Taufe gehoben, die sich Rete degli archivi per non dimenticare („Netz der Archive um nicht zu vergessen") nennt. Dabei soll Archivmaterial rund um das Thema Terrorismus dem interessierten Nutzer zugänglich gemacht werden. Dort findet sich eine chronologische Aufzählung der Opfer von Anschlägen von 1946 bis zum vorläufig letzten Eintrag 2003.

Abseits dieser Kategorien stehen Beiträge aus dem rechten italienischen Parteien- und Medienspektrum. So finden sich Artikel zu allen drei Ereignissen in der Online-Zeitung *Il Primato Nazionale*, die 2013 gegründet, personell und thematisch der neofaschistischen Partei Casapound nahesteht. Zu den Gedenktagen finden sich auch Pressemitteilungen italienischer Rechtsparteien, so z.B. Alto Adige nel Cuore, in welchen die Ereignisse mit deren aktuellen politischen Agenda verknüpft werden. Zum Anschlag auf der Porzescharte positionieren sich außerdem auch linke Blogger und Aktivisten.

EXPLOSION IM PFITSCHER-JOCH-HAUS

23. Mai 1966

www.pfitscherjochhaus.com

←
Abb. 1 Pfitscherjoch-Haus im Jahr 1888

Die Schutzhütte am Pfitscherjoch in den Zillertaler Alpen wurde im Jahr 1888 von Alois Rainer, dem Wirt des Knappenhofes in St. Jakob in Pfitsch errichtet. Der ursprüngliche Holzbau wurde wenige Jahre später durch ein weiteres Gebäude aus Stein erweitert, das 1897 fertig errichtet war.

Das Pfitscherjoch-Haus wurde aufgrund seiner Lage – etwa 300 m von der Grenze zu Österreich entfernt – nach 1918 durch italienische Soldaten der *Guardia di Finanza* verwendet, wozu der Steinanbau vom italienischen Militär beschlagnahmt wurde. Für Touristen war das ältere Holzgebäude weiterhin geöffnet und wurde von der Familie des Errichters der Hütte bewirtschaftet, außer in den Kriegsjahren 1914 bis 1918 und 1939 bis 1945.

Von 1945 bis 1996 wurde das Gebäude aus Stein von den *finanzieri* als Zoll- und Grenzstation benützt und war zwischen 1963 und 1970 zudem ein Stützpunkt der italienischen *Alpini* und Soldaten der *Guardia di Finanza*, wozu das gesamte Pfitscherjoch-Haus zwangsbesetzt wurde.

Der Vorfall

Am 23. Mai 1966 wurde der *finanziere* Bruno Bolognesi durch eine Explosion im Pfitscherjoch-Haus getötet. Der Soldat war am 12. Juli 1942 in Argenta (Ferrara) geboren worden und 1961 in die *Guardia di Finanza* eingetreten. Am 1. März 1965 wurde Bolognesi dem Stützpunkt in St. Jakob in Pfitsch zugeteilt.[1]

Laut der „offiziellen" italienischen Version des Vorfalles soll Bruno Bolognesi die Tür zum Schutzhaus auf einem Patrouillengang geöffnet haben, worauf eine Sprengladung von ungefähr 50 kg Sprengstoff explodiert sei. Wie bei den meisten ähnlich gelagerten Vorfällen in den 1960er Jahren „wussten" die italienischen Medien, die umfangreich über den Tathergang schilderten, bereits am Folgetag der Explosion, dass *„terroristi"* die gewaltige Ladung wenige Tage zuvor installiert hätten. Entsprechend entrüstet war der Ton in der italienischen Berichterstattung, und der „Alto Adige", die auflagenstärkste italienische Zeitung in Südtirol, verlangte am Folgetag einen „harten Kurs" gegenüber Österreich. Bereits die Überschrift des Artikels vom 24. Mai sprach eine klare Sprache und stellte die laufenden Verhandlungen mit Österreich zum Südtirol-Problem – eine Folge der Vorbringung des Südtirol-Problems vor die Generalversammlungen der Vereinten Nationen in den Jahren 1960 und 1961 durch Österreich – in Frage:

„Wieder ein Toter: jetzt verhandeln wir? [...] *der Tropfen läuft jetzt über den Rand und der Geduld des italienischen Volkes.* [...] *Eine einzige Gewißheit besteht (neben mehreren möglichen Spekulationen über die Motive dieses Anschlags). Sie (die Terroristen) haben von jenseits der Grenze, in einem Klima totaler Immunität gehandelt. Für das Blut Bruno Bolognesis müssen sich nicht nur die materiellen Mörder verantworten, sondern alle, die ihnen auf politischer Ebene im benachbarten Österreich wohlwollendes Asyl und Schutz gewähren."*[2]

Wie in praktisch allen folgenden ähnlich gelagerten Vorfällen wussten die offenbar bestens informierten italienischen Medien, dass jedenfalls Terroristen aus Österreich unzweifelhaft die Täter waren, da diese in Österreich in keiner Weise Beachtung bzw. Verfolgung finden würden. Dass die BAS-Aktivisten in Nordtirol zum damaligen Zeitpunkt bereits intensiv durch die Staatspolizei überwacht wurden, nahmen die italienischen Medien und offenbar auch viele offizielle Regierungsstellen nicht zur Kenntnis, unzweifelhaft mit der Absicht der Verschärfung der außenpolitischen Beziehungen zwischen den beiden Ländern. Österreich hatte seit dem „Gruber-De Gasperi-Abkommen" bzw. dem „Pariser Abkommen" aus dem Jahr 1946 durch die völkerrechtliche Stellung dieses Vertrages eine „Schutzmachtfunktion" für die deutsch- und ladinischsprachigen Südtiroler, denen mit diesem Vertragswerk eine Autonomie versprochen worden war. Dieses Versprechen wurde freilich

1 http://museostorico.gdf.it/giorno-della-memoria-delle-vittime-del-terrorismo/giorno-della-memoria-delle-vittime-del-terrorismo/finanziere-bruno-bolognesi [Stand: 16. April 2021].

2 Aktenbestand „Tod des Finanzwachebeamten Bolognesi". Österreichisches Staatsarchiv/Archiv der Republik/Bundesministerium für auswärtige Angelegenheiten (ÖStA/AdR/BMfAA)/Pol Südtirol, ST 1D 1966, Kt. 22.

Abb. 2 Pfitscherjoch-Haus
im Jahr 1900
↓

www.pfitscherjochhaus.com

www.pfitscherjochhaus.com

↑
Abb. 3 Pfitscherjoch-Haus
nach 1945

←
Abb. 4 Bruno Bolognesi
† 23. Mai 1966

nie umgesetzt, sondern mit allerlei politischen und juristischen Winkelzügen durch Italien verzögert und weitgehend verhindert. Allerdings behauptete Italien stets, das Pariser Abkommen voll und ganz erfüllt zu haben und dementsprechend wurde versucht, die „Schutzmachtfunktion" Österreichs außenpolitisch in Frage zu stellen – dies letztlich bis heute!

Nachdem bei allen Vorfällen im Zusammenhang mit dem Südtirol-Problem umgehend italienische diplomatische Noten im österreichischen Außenministerium einlangten – zumeist bereits vor offiziellen sicherheitsdienstlichen Erhebungen –, in denen stets Österreich einer gewissen „Komplizenschaft" mit den Aktivisten des „Befreiungsausschuß Südtirol" (BAS) bezichtigt und deren mangelnde polizeiliche Verfolgung in Österreich bemängelt wurde, reagierten die österreichischen sicherheitsdienstlichen Behörden üblicherweise sehr rasch auf diese Vorfälle, ebenfalls mit dem außenpolitischen Hintergrund der Relativierung der italienischen Vorwürfe. Später werden Historiker diese überaus häufigen diplomatischen Noten zwischen Italien und Österreich als „Notenkrieg" bezeichnen.

Die „Gruppe Staatspolizeilicher Dienst" des österreichischen Innenministeriums teilte jedenfalls dem Außenministerium bereits am 25. Mai telefonisch mit, dass aufgrund der Meldung der Bundespolizeidirektion Innsbruck die Leiter der österreichischen und der italienischen Erhebungskommissionen an der Staatsgrenze zusammengetroffen seien. Der Leiter der italienischen Erhebungsabteilung habe dabei bekanntgegeben, *„die bisherigen italienischen Erhebungen hätten außer Fußspuren im Hochgebirgsschnee, die von der gesprengten Schutzhütte in Richtung auf die österreichische Staatsgrenze führen, bisher keinerlei Hinweise auf die Täterschaft von Personen ergeben, die aus Österreich stammen, von Österreich gekommen oder dorthin geflüchtet sind."* Die italienischen Sicherheitsbeamten würden den österreichischen Kollegen jedes weitere Ermittlungsergebnis *„unverzüglich zur Kenntnis bringen"* und die österreichischen Staatspolizisten vermerkten, dass bereits *„Fahndungen und Ermittlungen über eine allfällige Täterschaft von in Österreich befindlichen Personen im Gange sind."* [3]

Die weitere Berichterstattung italienischer Medien, vor allem jener mit neofaschistischem Hintergrund sowie die Aussagen neofaschistischer Politiker entbehrten nicht einer beachtlichen Skurrilität: Österreich habe das Endziel *„Südtirol zu annektieren"* und nutze die *„italienische Nachgiebigkeit"* aus, italienische Soldaten würden mit ihrem Leben für die *„Kapitulation der Regierung vor den Österreichhörigen"* bezahlen, und letztlich habe man zwei Fehler begangen: erstens das Gruber-De Gasperi-Abkommen, das die Rückkehr der Optanten ermöglicht habe und zweitens die Zustimmung zur Verhandlung der Südtirol-Frage vor der UNO. Die Hauptschuld „erkannte" man in der *„Machtübernahme des Zentrum-Links-Regimes"* unter Aldo Moro und überhaupt habe die italienische Regierung nach dem Abschluss des Gruber-De Gasperi-Abkommens *„die Frechheit der Österreichhörigen nie zu zähmen gewußt"*. Italien sei aufgrund seiner *„schwächlichen und auf Verzicht gerichteten Außenpolitik"* keine *„Großmacht"* mehr. Als Federführer agierte zufolge den Unterlagen des österreichischen Außenministeriums der neofaschistische Abgeordnete Giorgio Almirante, der in einer parlamentarischen Anfrage nach *„notwendigen und geeigneten Präventivmaßnahmen"* verlangte.[4]

Alles in allem bieten die Akten des österreichischen Außenministeriums eine klare Sicht in die italienische Innenpolitik des Jahres 1966, als sich die nicht unerheblichen rechten Kräfte Italiens zum Kampf gegen die ihrer Meinung nach völlig verfehlte Politik Aldo Moros in Bezug auf Südtirol und letztlich ganz Italiens rüstete. Spätestens zu diesem Zeitpunkt begann offenbar die später so bezeichnete „Strategie der Spannung" in Italien. Verschiedene, zu einem hohen Prozentsatz aber neofaschistische Gruppierungen in Italien begannen ihr höchst bedrohliches Spiel zu spielen und schreckten vielleicht schon auf dem Pfitscherjoch nicht vor italienischen Opfern zurück.

Zudem fanden zum Zeitpunkt die Berufungsverhandlungen im Mailänder Gerichtspro-

3 Aktenbestand „Tod des Finanzwachebeamten Bolognesi". ÖStA/AdR/BMfAA/Pol Südtirol, ST 1D 1966, Kt. 22.

4 Aktenbestand „Tod des Finanzwachebeamten Bolognesi". ÖStA/AdR/BMfAA/Pol Südtirol, ST 1D 1966, Kt. 22.

zess gegen die Südtiroler BAS-Aktivisten statt. Die Explosion am Pfitscherjoch mit Todesfolge soll sich auf die Urteile äußerst negativ ausgewirkt haben.[5]

„Während die entgegenkommende Gastfreundschaft der österreichischen Behörden" gegenüber den *„Südtiroler und österreichischen Banditen andauert"*, titelte der „Alto Adige" am 25. Mai 1966, habe mit dem Anschlag auf den italienischen Stützpunkt im Schutzhaus am Pfitscherjoch *„die Offensive der Terroristen"* begonnen.[6]

Bereits unmittelbar nach der Explosion sei eine militärische Untersuchungskommission mittels Hubschrauber zur Hütte geflogen und habe festgestellt, dass die Zündung durch einen Zugmechanismus, der mit der Eingangstüre in die Schutzhütte verbunden war, erfolgt sei. Dabei wäre die Hütte fast völlig zerstört worden. Jener Soldat der *Guardia di Finanza*, der die Tür geöffnet hätte, wäre durch die Explosion zerfetzt worden, während seine Kameraden, die sich 50 m von der Hütte entfernt aufgehalten hätten, hingegen völlig unversehrt geblieben wären, wussten italienische Medien laut dem „Pressespiegel" des österreichischen Außenministeriums.[7]

5 Elisabeth Baumgartner/Hans Mayr/Gerhard Mumelter, Feuernacht. Südtirols Bombenjahre. S. 264.

6 L'offensiva dei terroristi. „Alto Adige. Corriere delle Alpi". N. 23, Giovedí, 26 maggio 1966. Ferdinandeum.

7 Pressemeldungen im Aktenbestand „Tod des Finanzwachebeamten Bolognesi". ÖStA/AdR/BMfAA/Pol Südtirol, ST 1D 1966, Kt. 22.

Einige weitere Informationen bot eine italienische Auflistung von Sprengstoff-Anschlägen in Südtirol vom Oktober 1966 – die im Zuge des „Notenkrieges" erstellt wurde – und die Beantwortung mit der Auflistung von Maßnahmen der österreichischen Staatspolizei. Demzufolge sei die Sprengladung von etwa 50 kg gegen 11.00 Uhr explodiert und sei *„vermutlich mit einem Verzögerungszünder und an einer Abzugleine im Inneren der ‚Hütte Pfitschjoch' angebracht worden"* und sollte bei der Ankunft von Sicherheits- und Finanzwachebeamten losgehen. *„Der Finanzer BOLOGNESI, der die Hüttentür geöffnet hatte, wurde weit weggeschleudert und starb an Ort und Stelle"*. Die italienische Anschlagsliste merkt noch an, dass der *„Ort des Vorfalls* [...] *ungefähr 100 m von der österreichischen Grenze entfernt"* sei.

Die Auflistung zum Stand der Informationen der österreichischen Sicherheitsbehörden merkte hingegen eher Merkwürdiges an:
„Tatzeit: 23.5.1966, 12.00 Uhr,
1. 23.5.1966, 20,30, Tel. Nachricht an BPD [Bundespolizeidirektion] *Innsbruck.*
2. Pressemeldung vom 24.5.1966.
Trotz weiteren Ersuchens und Kontakt mit dem ital. Grenzkommissär keine weiteren Hinweise.
Massnahmen: noch in der Nacht zum 24.5.1966 Entsendung einer Patrouille."[8]

8 Bundesministerium für Auswärtige Angelegenheiten, Verbalnote Zl. 47.852-5(Pol)66 vom 17. November 1966. Beilage 2, Liste der Terrorakte. Südtirol Dokumentensammlung Teil VII: 1966. ÖStA/AdR/BMfAA/Pol Südtirol, Diverse Beilagen 1967 – 1968, Kt. 39.

Einerseits betonte Italien die Nähe des Explosionsortes zur österreichischen Grenze, zweifellos als Verdachtsäußerung gegen Terroristen aus Österreich, andererseits wurde die Bundespolizeidirektion Innsbruck aber erst nach über acht Stunden von dem Vorfall informiert, obwohl damals der – in der Meldung angesprochene – direkte Kontakt zwischen den italienischen und österreichischen Sicherheitsbehörden über den Grenzkommissär am Brenner, Dr. Secolo Perusco, eine wesentlich raschere Information und damit wesentlich wirksamere Fahndungsmaßnahmen ermöglicht hätte. Da diese sehr träge Informationsweitergabe praktisch den Normalfall bei Vorfällen in Grenznähe darstellte, liegt der Schluss nahe, dass eine allzu rasche Information der österreichischen Behörden vielleicht auch gar nicht besonders wünschenswert war!

Ermittlungen

Sehr rasch kam es aber – ganz im Gegensatz zu vielen anderen „Vorfällen" in Südtirol zur damaligen Zeit – zur Bildung einer italienisch-österreichischen Ermittlungskommission, die am Tag nach dem Vorfall am Tatort zusammentraf, wobei die Initiative dazu von italienischer Seite ausgegangen sei. Die österreichische Botschaft in Rom meldete nach Wien, dass es sich dabei allerdings um keine *„Rechtshilfe"* handeln würde, sondern ausschließlich um eine *„Zusammenarbeit zur Feststellung, ob auch in Österreich ein straf-*

barer Tatbestand vorliegt".[9] Die österreichische Staatspolizei teilte dazu dem Außenministerium mit, dass der – namentlich nicht genannte – Leiter der italienischen Untersuchungskommission die weiter oben zitierte Aussage getätigt hatte, es gäbe *„bisher keinerlei Hinweise"* auf Täter aus Österreich.[10]

Die beiden Delegationen versicherten sich jedenfalls der sofortigen Information über die jeweiligen Ermittlungsergebnisse.

Von Seiten Italiens erging dann allerdings vier Monate später, am 23. September 1966, ein *„Rechtshilfeersuchen"* an das Landesgericht Innsbruck. Das *„Tribunal Bozen"* hatte ein Strafverfahren gegen *„unbekannte Täter"* eingeleitet, das sich auf *„die durch die Explosion einer Sprengladung in einem Schutzhaus der Grenzpolizei am Pfitscherjoch am 23.5.1966 erfolgte Tötung des Finanzsoldaten Bruno Bolognesi erstreckt"*. Die Ermittlungen der Polizei hätten ergeben, dass die Sprengladung im Inneren der Hütte mit einer *„Ziehzündung"* mit der Tür der Hütte verbunden gewesen sei. *„Nach der Tat"* seien im Schnee Fußabdrücke festgestellt worden, die bis zur *„nahe gelegenen ital.-österr. Grenze"* geführt hätten. Aus dem Rechtshilfeersuchen ging hervor, dass *„Zeugenaussagen"* eindeutige Indizien ergeben hätten: Der Besitzer der Dominikushütte in den Zillertaler Alpen nahe Finkenberg – etwa zwei Stunden Fußweg vom Pfitscherjoch entfernt – habe erklärt, *„daß drei Wochen vor der Tat 4 Personen mit Rucksäcken an seinem Schutzhaus vorbeigegangen sind. Diese sollen mit einem Pkw mit Tiroler Kennzeichen bis zu einem Gasthaus, daß* [sic!] *eine Gehstunde von der Dominikus-Hütte entfernt ist, gefahren sein. Annähernd zur gleichen Zeit sollen bei der Dominikus-Hütte 6 andere Personen vorbeigegangen sein. Der Besitzer der Hütte soll auch bemerkt haben, daß ein Fenster einer Almhütte, die etwa 200 m von seiner Hütte entfernt war, aufgebrochen war. Nach Zeugenaussagen soll in dieser Hütte eine Schachtel mit Zündschnüren deutscher Herstellung gefunden worden sein, die der österr. Polizei übergeben worden sein soll."*[11]

Das Tribunal Bozen ersuchte aufgrund dieser Ermittlungen um die Vernehmung des Verwalters der Dominikushütte, des Verwalters und Personals des Gasthauses Praitleitner sowie jener österreichischen Polizeibeamten, die *„allfällige Untersuchungen"* geführt hätten. Dem Rechtshilfeersuchen waren Bilder der vier „Pusterer-Buam" Josef Forer, Siegfried Steger, Heinrich Oberleiter und Heinrich Oberlechner beigefügt, die den zu vernehmenden Personen zu einer *„allfälligen Identifizierung"* vorzulegen seien. Da die italienischen Sicherheitsbehörden nun offenbar bereits die Identität der Attentäter praktisch geklärt hatten, wurde das österreichische Justizministerium um Auslieferung der *„vier genannten italienischen Staatsangehörigen"* ersucht, zumal bereits zuvor die Ausschreibung der Fahndung der „Pusterer" *„wegen Mordes zweier Carabinieri in Sexten am 26.8.1965"* erfolgt sei.[12]

Aufgrund des italienischen *„Rechtshilfeersuchens"* nährt sich somit der Verdacht, dass italienische Sicherheitsorgane in Österreich augenscheinlich selbstständig und ohne Information der österreichischen Behörden im Raum Zillertal Ermittlungen durchgeführt hatten – eine absolut unübliche und gegen jede Rechtmäßigkeit verstoßende Vorgangsweise. Man kann sich die allgemeine Entrüstung in Italien im umgekehrten Fall unschwer vorstellen!

Das Rechtshilfeersuchen wurde gemäß den Akten des österreichischen Außenministeriums nach umfangreichen juristischen Erwägungen und Bedenken wegen eines allfälligen politischen Charakters und daraus folgenden *„Europäischen Übereinkommen"* durch das Justiz-

9 Tod des italienischen Zollwachebeamten Bruno BOLOGNESI durch eine Explosion am Pfitscher Joch (23. Mai 1966). BMfA Zl. 37853-5(Pol)66 vom 24. Mai 1966. Aktenbestand „Tod des Finanzwachebeamten Bolognesi". ÖStA/AdR/BMfAA/Pol Südtirol, ST 1D 1966, Kt. 22.

10 Tod des italienischen Zollwachebeamten Bruno BOLOGNESI durch Sprengstoffanschlag am Pfitscher Joch: vorläufige Untersuchungsergebnisse. BMfA Zl. 37956-5(Pol)66 vom 25. Mai 1966. Aktenbestand „Tod des Finanzwachebeamten Bolognesi". ÖStA/AdR/BMfAA/Pol Südtirol, ST 1D 1966, Kt. 22.

11 Italienisches Rechtshilfeersuchen; Tötung des Bruno Bolognesi (Explosion auf Pfitscherjochhütte am 23.5.1966). BMfA Zl. 48.125-5(Pol)/66 vom 14. November 1966. Aktenbestand „Tod des Finanzwachebeamten Bolognesi". ÖStA/AdR/BMfAA/Pol Südtirol, ST 1D 1966, Kt. 22.

12 Italienisches Rechtshilfeersuchen; Tötung des Bruno Bolognesi (Explosion auf Pfitscherjochhütte am 23.5.1966). BMfA Zl. 48.125-5(Pol)/66 vom 14. November 1966. Aktenbestand „Tod des Finanzwachebeamten Bolognesi". ÖStA/AdR/BMfAA/Pol Südtirol, ST 1D 1966, Kt. 22.

ministerium als zulässig erklärt. Wenn auch den Tätern *„politische Motive und politische Zielsetzungen anzurechnen"* wären, so überwiege doch aufgrund der *„erhebliche*[n] *Gefährlichkeit"* dieser Sprengstoffanschläge die Tatsache, dass sie *„als Straftaten mit überwiegend kriminellem Charakter"* anzusehen seien. Es sei allerdings unrichtig, dass die „Pusterer" wegen des italienischen Auslieferungsantrages zur Fahndung ausgeschrieben seien, wie dies das Tribunal Bozen in seinem Rechtshilfeersuchen mitgeteilt habe. Die vier Südtiroler würden wegen *„inländische*[r] *Strafverfahren"* gesucht.[13]

Das „Völkerrechtsbüro" des Außenministeriums teilte die Ansicht des Justizministeriums und beurteilte die Tat ebenfalls als eine *„vorwiegend kriminelle Straftat"*. Ob die Sicherheitsdirektion den Empfehlungen des Justiz- wie des Außenministeriums bzw. den Anweisungen des Innenministeriums Folge leistete, geht aus dem vorliegenden Aktenbestand leider nicht hervor, ist aber anzunehmen. In diesem Zusammenhang ist auch der beträchtliche außenpolitische Druck Italiens auf Österreich in diesen Jahren nicht zu vergessen.

Ob die „Pusterer" selbst von dem Rechtshilfeansuchen Italiens wussten, geht aus ihren Biographien nicht hervor. Sowohl Siegfried Steger als auch Josef Forer machen zur Explosion im Pfitscherjoch-Haus keinerlei Aussagen bezüglich deren Urheberschaft. Heinrich Oberleiter erwähnt am Vortag des Vorfalls, am 22. Mai 1966, eine Aktion: Mit drei Freunden errichtete er den BAS-Sender „Freies Tirol" auf einem Berg in Osttirol direkt an der Grenze zu Südtirol.[14] In einer Art Neuauflage seiner Biografie erwähnt Siegfried Steger die Explosion von 50 Kg Sprengstoff in der Pfitscherjochhütte wie auch die – tödlichen – Schüsse auf Finanzer in St. Martin in Gsies am 24. Juli 1966. Beide Vorfälle werden gleichfalls ohne irgendeinen Zusammenhang mit den „Pusterern" erwähnt.[15]

Einige Hinweise zu Überlegungen, die wahre Ursache der Explosion am Pfitscherjoch vielleicht auch andersweitig – jedenfalls abseits der „offiziellen" Version Italiens – zu suchen, bieten folgende Tatsachen:

Gemäß der Darstellung der Explosion im Pfitscherjoch-Haus auf der Homepage des „Museo Storico", des Museums der *Guardia di Finanza* in Rom, wird der Vorfall nach der offiziellen Version Italiens geschildert: Demnach war Bruno Bolognesi mit den beiden weiteren *finanzieri* Vice Brigadiere Fiorenzo De Santis und Raimondo Serenella mit *„vier Wachleuten der öffentlichen Sicherheit"*, (*„quattro guardie di Pubblica Sicurezza"*) *„gerade in der Nähe der Kreuzung am Passo Vizze angekommen"* (*„era appena arrivata nei pressi dello svincolo di Passo Vizze"*) – somit der Abzweigung zum Pfitscherjoch-Haus, das etwas oberhalb des Weges zur Staatsgrenze liegt – und *„wurde bei dem Versuch, die Eingangstüre zu öffnen, von der Explosion einer Dynamitladung, die wahrscheinlich mit einer Vorrichtung zur Zündung des Dynamits verbunden war, voll getroffen und etwa dreißig Meter weit weggeschleudert"*. (*„fu colpito in pieno dall'esplosione di una carica di dinamite, probabilmente collegata a un dispositivo per l'accensione della dinamite, mentre cercava di aprire la porta d'ingresso, e fu scaraventato a circa trenta metri di distanza"*) Auf die verwendete Sprengstoffmenge geht die Darstellung des Museums der *Guardia di Finanza* nicht ein. Wie sich an den vorliegenden Tatortfotos des Kommandos der *Guardia di Finanza* in Bozen zeigt, stimmt an dieser Darstellung mit größter Sicherheit nur die Entfernung von 30 Metern, die Bruno Bolognesi weggeschleudert wurde.

Die Darstellung des Museums der Finanzer „klärt" dann die Schuldfrage. Der *„Anschlag, der auch den Einsturz der Kaserne zur Folge hatte, entpuppte sich als Werk der Südtiroler Separatistenorganisation Befreiungsausschuss Südtirol (BAS)"*. (*„L'attentato, che causò anche il crollo della casermetta, risultò essere opera dell'organizzazione separatista sudtirolese Befreiungsausschuss Südtirol (BAS), in italiano ‚Comitato di liberazione del Sud Tirolo'"*)

13 Italienisches Rechtshilfeersuchen; Tötung des Bruno Bolognesi (Explosion auf Pfitscherjochhütte am 23.5.1966). BMfA Zl. 48.125-5(Pol)/66 vom 14. November 1966. Aktenbestand „Tod des Finanzwachebeamten Bolognesi". ÖStA/AdR/BMfAA/Pol Südtirol, ST 1D 1966, Kt. 22.

14 Heinrich Oberleiter, Es gibt immer einen Weg. S. 116.

15 Vgl. dazu Siegfried Steger, Die Puschtra Buibm. Flucht ohne Heimkehr und Siegfried Steger, Was geschah im Hintergrund um den Pusterer Bua Siegfried Steger.

Abb. 5 Die von Italien der Tat beschuldigten „Pusterer Buam“
↓

Das Ziel dieser Bewegung wäre *„die Abspaltung Südtirols von Italien und die Wiedervereinigung mit Tirol und Österreich“* gewesen.[16] *(„Scopo del movimento era, infatti, la secessione dell'Alto Adige dall'Italia e la riunificazione al Tirolo e all'Austria".)*

Die Hütte soll gemäß der offiziellen italienischen Darstellung, die von zahlreichen Zeitungen verbreitet wurde, mit ca. 50 kg Sprengstoff gesprengt worden sein, wobei sich Sprengstoff-Experten darin einig sind, dass dies eine tatsächlich gewaltige Menge wäre. Von Österreich führte im Jahr 1966 lediglich ein „Saumweg" auf das Pfitscherjoch, der von der damaligen Baustelle des Schlegeis-Speichers etwa sechs Kilometer Anmarsch bedeutete. Von italienischer Seite aus konnte die Schutzhütte auf einem Fahrweg erreicht werden, der mit den damaligen geländegängigen Fahrzeugen gut befahrbar war – wie viele militärische Stützpunkte an der Grenze zu Österreich. Vom Zillertal aus wäre ein derartiges Unternehmen somit ziemlich fordernd gewesen, von Südtirol aus hingegen kein Problem. Ein weiteres Rätsel betrifft den Umstand, dass trotz der angeblichen Menge von 50 kg Sprengstoff „nur" Bruno Bolognesi zu Schaden kam. Keiner seiner sechs Kameraden trug irgendeine Verletzung bei der Explosion davon. Rein rechnerisch wäre daher von einem Mindestabstand von 80 m vom Explosionsort auszugehen, was allerdings vom Ablauf der Explosion und dem Standort der anderen Personen abhängt, sodass auch bei einem wesentlich geringeren Abstand keine Verletzungen möglich wären.[17]

Der damalige österreichische Sprengsachverständige des Innenministeriums, Polizei-Oberstleutnant Ing. Alois Massak, wurde zu den Untersuchungen entgegen anderen Vorfälle in Südtirol und Italien nicht beigezogen, wodurch auch kein Gutachten des renommierten Sachverständigen über einen möglichen Verlauf der Explosion vorliegt. Trotzdem existiert allerdings in einem der Ordner der von Massak angelegten Studiensammlung des Entschärfungsdienstes des österreichischen Innenministeriums, in dem es um den Fund einer „Tränengasbombe" in der Nähe des Pfitscherjoch-Hauses ein Jahr später ging, eine Bildmappe der *„4^ LEGIONE GUARDIA DI FINANZA – Ufficio Comando“* mit insgesamt acht Bildern von der gesprengten Hütte und dem toten Finanzsoldaten Bruno Bolognesi sowie einer Lageskizze, ergänzt durch eine deutsche Übersetzung der italienischen Texte.[18]

Aus dem Aktenbestand geht leider nicht hervor, wie diese Tatortfotos des Kommandos der 4. Legion der *Guardia di Finanza* in Bozen in den Bestand des Entschärfungsdienstes des österreichischen Innenministeriums gelangten. Höchstwahrscheinlich wurden die Fotos im Zuge der oben erwähnten gemeinsamen sicherheitsdienstlichen Erhebungen auf dem Pfitscherjoch kurz nach der Explosion am 23. Mai 1966 von den italienischen Teilnehmern der Erhebungsarbeit an die österreichischen Teilnehmer übergeben.

Aus der Lageskizze auf der letzten Seite der zusammengehefteten „Tatortmappe" geht hervor, dass der Leichnam des Finanzers 24,36 m von der Hütte entfernt lag, vom *„vermutliche[…] n Ort der Explosion“* *(„luogo di probabile esplosione“)* – auf der Skizze mit *„E“* bezeichnet – dürften es etwa 30 m gewesen sein. Eine merkwürdige Eintragung unter der Ziffer *„F“* findet sich auf der Skizze: *„Liegeort des Klosettdeckels“* *(„Coperchio di legno dell´ex cesso e suo luogo di rinvenimento“).* Die Ziffer *„F“* ist zweimal eingetragen. Erstens an ihrem wahrscheinlich ursprünglichen Ort, einer Toilette direkt neben der Eintragung *„E Vermutlicher Ort der Explosion“* und zweitens auch direkt neben der Leiche Bruno Bolognesis. Der *„vermutliche[…] Ort der Explosion“* ist in der Küche *(„cucina“)* der Schutzhütte eingetragen, direkt neben dem Herd *(„stufa“).*

Warum dieser durch die Explosion weggeschleuderte Bestandteil der Schutzhütte eigens Erwähnung findet, wird wohl ein Rätsel bleiben, genauso wie die überaus große Entfernung zwischen dem *„vermutliche[n] Ort der Explosion“* und dem Fundort der Leiche, abgesehen vom

16 http://museostorico.gdf.it/giorno-della-memoria-delle-vittime-del-terrorismo/giorno-della-memoria-delle-vittime-del-terrorismo/finanziere-bruno-bolognesi [Stand: 16. April 2021].

17 Freundliche Mitteilung durch den Sprengstoffsachverständigen Mag. Max Ruspeckhofer am 2. Juni 2015.

18 Bildmappe „4^ LEGIONE GUARDIA DI FINANZA – Ufficio Comando". Tränengaskörper in der Zollschutzhütte „PFITSCHERJOCH", Bundesministerium für Inneres/Entschärfungsdienst (BMI)/Ehemaliges Dokumentationszentrum, Ordner 33.

→
Abb. 6 **Tatortbilder des Legionskommandos der Guardia di Finanza in Bozen**

4^ LEGIONE GUARDIA DI FINANZA
- Ufficio Comando -

4. Legion Finanzwache - Kanzleikommando

23 MAGGIO 1966 - IL RIFUGIO IN LEGNO VISTO DA NORD - EST COMPLETAMENTE DISTRUTTO.

23. Mai 1966 - Die aus Holz errichtete Schutzhütte, gesehen von Norden, komplett vernichtet

Quelle: Bundesministerium für Inneres/Entschärfungsdienst (BMI)/Ehemaliges Dokumentationszentrum, Ordner 33.

→
Abb. 7

4^ LEGIONE GUARDIA DI FINANZA
- Ufficio Comando -

23 MAGGIO 1966- IL FABBRICATO IN MURATURA DEL DISTACCAMENTO - DOPO L'ESPLOSIONE - SUL FIANCO SPORGONO LE PARETI IN LEGNO DEL RIFUGIO.

23. Mai 1966 - Der aus Mauerwerk errichtete Stützpunkt nach der Explosion. An der Seite wurden die Holzwände der Schutzhütte herausgebogen.

Quelle: Bundesministerium für Inneres/Entschärfungsdienst (BMI)/Ehemaliges Dokumentationszentrum, Ordner 33.

→
Abb. 8

4^ LEGIONE GUARDIA DI FINANZA
- Ufficio Comando -

23 MAGGIO 1966 - IL FABBRICATO VISTO DA NORD-OVEST.
SI NOTA LA PARETE IN LEGNO DISTRUTTA DALL'ESPLOSIONE.

23. Mai 1966 - Der Bau gesehen von Nordost. Die durch die Explosion vernichtete Holzwand sichtbar.

Quelle: Bundesministerium für Inneres/Entschärfungsdienst (BMI)/Ehemaliges Dokumentationszentrum, Ordner 33.

→
Abb. 9

4^ LEGIONE GUARDIA DI FINANZA
- Ufficio Comando -

27 MAGGIO 1966 - DAL CORRIDOIO DEL PIANO SUPERIORE DEL DISTACCAMENTO DELLA GUARDIA DI FINANZA SI VEDONO I ROTTAMI DELL'ATTIGUO RIFUGIO.

27. Mai 1966 - Der Flur (Gang) im 1.Stock des Kommandos des Stützpunktes der Finanzwache. Durch die Explosion verursachte Zerstörungen sichtbar.

Quelle: Bundesministerium für Inneres/Entschärfungsdienst (BMI)/Ehemaliges Dokumentationszentrum, Ordner 33.

→
Abb. 10
Das Gesicht des Opfers Bruno Bolognesi wurden aus Pietätsgründen verpixelt

4^ LEGIONE GUARDIA DI FINANZA
- Ufficio Comando -

23 MAGGIO 1966 - IL CORPO DEL FIN.BRUNO BOLOGNESI SUL LUOGO DOVE E' STATO PROIETTATO DALL'ESPLOSIONE, COPERTO DI SCHEGGE DI LEGNO.

23. Mai 1966 - Die Leiche des Finanzers Bruno Bolognesi. Der Körper wurde durch die Explosion dorthin geschleudert. Die Leiche ist mit Sägespänen bedeckt.

Quelle: Bundesministerium für Inneres/Entschärfungsdienst (BMI)/Ehemaliges Dokumentationszentrum, Ordner 33.

→
Abb. 11

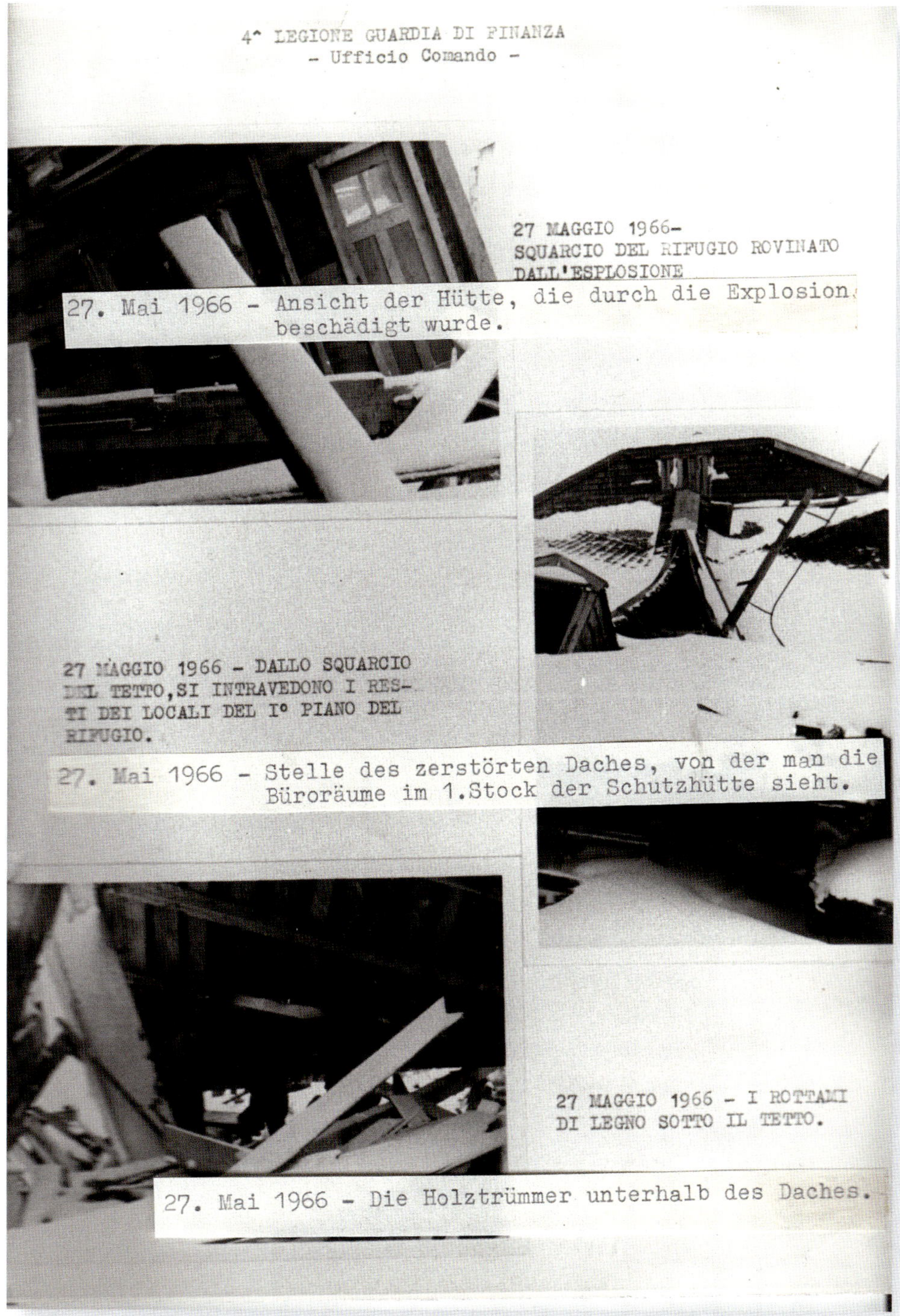

4^ LEGIONE GUARDIA DI FINANZA
- Ufficio Comando -

27 MAGGIO 1966-
SQUARCIO DEL RIFUGIO ROVINATO
DALL'ESPLOSIONE

27. Mai 1966 - Ansicht der Hütte, die durch die Explosion beschädigt wurde.

27 MAGGIO 1966 - DALLO SQUARCIO
DEL TETTO,SI INTRAVEDONO I RES-
TI DEI LOCALI DEL I° PIANO DEL
RIFUGIO.

27. Mai 1966 - Stelle des zerstörten Daches, von der man die Büroräume im 1.Stock der Schutzhütte sieht.

27 MAGGIO 1966 - I ROTTAMI
DI LEGNO SOTTO IL TETTO.

27. Mai 1966 - Die Holztrümmer unterhalb des Daches.

Quelle: Bundesministerium für Inneres/Entschärfungsdienst (BMI)/Ehemaliges Dokumentationszentrum, Ordner 33.

→
Abb. 12

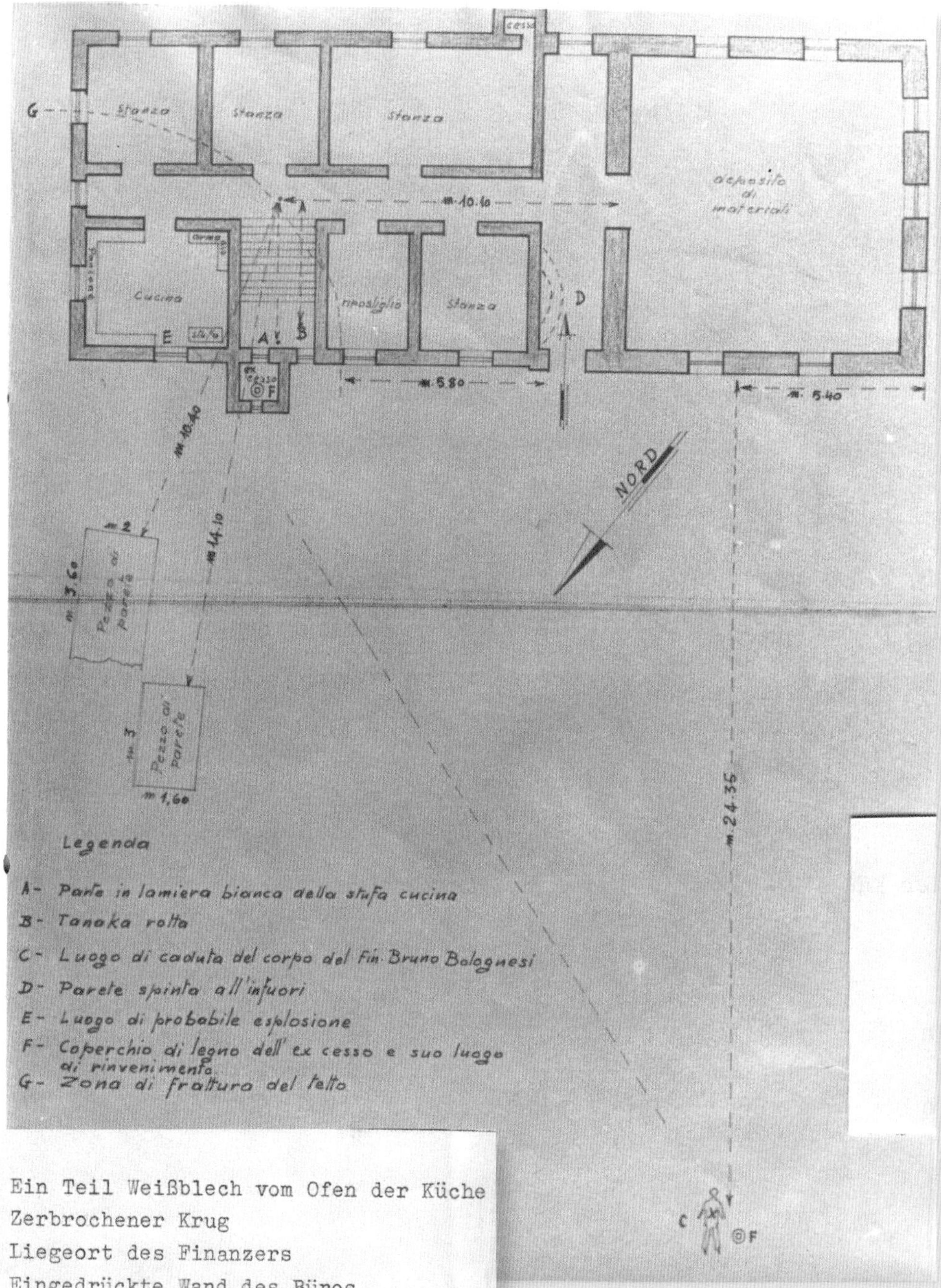

Legende

A	Ein Teil Weißblech vom Ofen der Küche
B	Zerbrochener Krug
C	Liegeort des Finanzers
D	Eingedrückte Wand des Büros
E	Vermutlicher Ort der Explosion
F	Liegeort des Klosettdeckels
G	Ort der Beschädigungen am Dach

Quelle: Bundesministerium für Inneres/Entschärfungsdienst (BMI)/Ehemaliges Dokumentationszentrum, Ordner 33.

merkwürdigen Winkel zum angeführten Explosionsort in der Hütte. Der neben dem Eingang befindliche Zubau – in dem sich eine Toilette befand – hätte eigentlich durch die Reflexion des Explosionsdruckes zu einem anderen Fundort des toten Finanzers führen müssen. Gemäß der offiziellen italienischen Darstellung wäre der Sprengstoff in der Hütte durch das Öffnen der Türe zur Schutzhütte gezündet worden. Das würde bedingen, dass sich unter der Eintragung *„E“* ein Eingang zur Schutzhütte befunden hätte, was allerdings nicht der Realität entspricht, da sich dort nach historischen Fotos der Hütte und auch der vorliegenden Hüttenskizze des Bozner Finanzerkommandos lediglich ein Fenster der Küche *(„cucina“)* befand, was dem Verfasser auch durch Zeitzeugen aus St. Jakob in Pfitsch und dem Hüttenwirt des Pfitscherjoch-Hauses bestätigt wurde. Eben diesen Zeit- und Augenzeugen zufolge nutzten die italienischen Sicherheitskräfte zum damaligen Zeitpunkt auch vorwiegend den gemauerten Zubau der Schutzhütte aus dem Jahr 1897 und weniger den ursprünglichen Holzteil, der teilweise in den Sommermonaten auch weiterhin als Schutzhütte verwendet und durch eine Frau aus dem Pfitschtal bewirtet worden wäre. Dies würde auch erklären, warum die weiteren Angehörigen der Patrouille nicht zu Schaden kamen, wie eben auch der Steinteil der Hütte, in dem sich die Kameraden von Bruno Bolognesi aufgehalten haben dürften.

Zur völligen Verwirrung trägt noch das Foto des toten Soldaten der *Guardia di Finanza* bei: Bruno Bolognesi trägt augenscheinlich eine Jacke, sein auf dem vorliegenden Foto erkennbarer rechter Unterschenkel ist aber unbekleidet, was einen Zusammenhang mit dem „Klosettdeckel“ unter der Ziffer „F“ darstellen würde, der auch auf dem Foto des toten Finanzers erkennbar ist. Der linke Unterschenkel des Soldaten der *Guardia di Finanza* scheint fast abgetrennt zu sein. Das Foto von der Leiche des Finanzers gibt zudem ein weiteres Rätsel auf: Eine Explosion von 50 kg Sprengstoff in dessen unmittelbarer Nähe hätte eine weitgehende Zerstörung des Körpers zur Folge, was aber keinesfalls erkennbar ist.

Der Beurteilung mehrerer Sprengsachverständiger zufolge – darunter jener des Kommandanten des Entschärfungsdienstes des österreichischen Innenministeriums – weist das Foto vom Leichnam Bruno Bolognesis, wie auch die Fotos von der zerstörten Holzhütte, mit einiger Sicherheit auf eine Gasexplosion in der Küche der Schutzhütte hin, während sich Bruno Bolognesi zeitgleich in der Toilette direkt neben dem Explosionsherd aufgehalten haben dürfte. Auch das auf den offiziellen Tatortfotos der *Guardia di Finanza* erkennbare eingesackte Dach der Holzhütte widerspricht mit aller Deutlichkeit der Verwendung von Sprengstoff und noch dazu in der erwähnten Menge von 50 kg. Das Dach wäre in Trümmern in die Luft geflogen, anstatt in sich zusammenzusacken, wie auf dem ersten Foto der Tatortmappe der *Guardia di Finanza* klar erkennbar ist. Zudem wäre zweifelsfrei auch das Dach des Steinbaues schwer zu Schaden gekommen, zumal die Explosion gemäß der offiziellen Darstellung ja in der Nähe der Eingangstüre erfolgt wäre, die sich zwischen dem älteren Holzteil des Pfitscherjoch-Hauses und dem neueren Steinanbau befindet, wie auch auf der Tatortskizze klar erkennbar ist. Weiters kamen nicht einmal die Fenster bzw. die Holzfensterläden des Steinbaues, in dem das Kommando des Finanzer-Stützpunktes untergebracht war, zu Schaden. Die erkennbaren Schäden weisen eindeutig auf eine relativ träge Schubwirkung hin, wie sie typisch für Gasexplosionen ist. Darüber hinaus blieb – wie auf dem vorliegenden Bildmaterial ebenfalls klar erkennbar ist (Abbildungen 6 bis 9 und 11) – der Steinanbau der Schutzhütte weitgehend unbeschädigt, was bei den angegebenen 50 kg Sprengstoff laut sämtlichen befragten Sprengsachverständigen unmöglich ist! Gemäß der Beurteilung des Kommandanten des österreichischen Entschärfungsdienstes wären bereits bei einer Menge von zehn Kilogramm Sprengstoff schwere Schäden auch am Steinbau entstanden.

Wie von offizieller italienischer Seite dargestellt, konnte sich der Vorfall also kaum zugetragen haben!

EXKURS „Cold Case" Pfitscherjoch – Der Anschlag am Pfitscherjoch

Max Ruspeckhofer

Im Mai 1966 explodierte ein Teil der Schutzhütte am Pfitscherjoch. Ein junger Armeeangehöriger, Bruno Bolognesi, kam dabei ums Leben. Die offizielle Version des Herganges lautete folgendermaßen:
Der Finanzer Bruno Bolognesi löste beim Betreten des Finanzerstützpunktes am Pfitscherjoch einen an der Eingangstür befestigten Zündmechanismus aus, der 50 kg Sprengstoff zur Detonation brachte. Bei der Detonation wurde der Stützpunkt zerstört und Bolognesi getötet. Südtirolaktivisten aus dem Ahrntal wurden und werden bis heute beschuldigt, diesen Anschlag verübt zu haben. Vor der Hütte an jener Stelle, an der Bruno Bolognesi sein Leben ausgehaucht hat, steht heute ein Denkmal.

Eine genaue Untersuchung des Falles zeigt allerdings, dass sich die Geschichte nicht so abgespielt haben kann wie offiziell dargestellt. Der Historiker des österreichischen Bundesheeres, Dr. Hubert Speckner, fand bei seinen Recherchen Fotos und eine Lageskizze, nach denen sich der Fall völlig anders darstellt. Ein Lokalaugenschein im Pfitscherjoch-Haus und eine Befragung von Zeitzeugen ergaben folgendes Bild:
Die Pfitscherjochhütte wurde in den 1960ern nur zum Teil als Finanzerstützpunkt verwendet. Und zwar betraf das in erster Linie den gemauerten Teil der Hütte. Der aus Holz bestehende Teil wurde weiterhin als Gaststätte verwendet. Der Eingang befand sich zwischen den beiden Gebäudeteilen.
Nun hat sich die angebliche Detonation aber nicht im Finanzerstützpunkt, sondern in der entgegengesetzten, nördlichen Ecke des Gebäudes (der Gaststätte) ereignet. Das zeigen die Bilder recht eindeutig. Dort ist auch im Plan der „vermutliche Ort der Explosion" eingezeichnet. Allerdings ergibt sich hier gleich das erste Problem: An dieser Stelle hat es laut Zeitzeugen damals keine Tür gegeben. Auch im Lageplan ist an dieser Stelle lediglich ein Fenster eingezeichnet. Die Eingangstür befand sich ca. 11 m von der Stelle der Explosion entfernt. Der Ort der Explosion war somit nicht ein Vorraum, wie man ihn hinter der Eingangstür einer Berghütte erwarten würde, sondern die Küche der Gaststätte. Im Plan eingezeichnet ist eine Stelle unmittelbar neben dem Ofen. An dieser Stelle sind angeblich 50 kg Sprengstoff detoniert. Also hinter dem Küchenfenster in 11 m Distanz zur Eingangstür. Es stellt sich natürlich die Frage, wo Bolognesi zum Zeitpunkt der Detonation war. Beim Küchenfenster oder bei der Eingangstüre? Die Behauptung, Bolognesi habe durch das Öffnen der Eingangstüre einen „Zugzünder" (Abreißzünder) aktiviert und damit 50 kg Sprengstoff gezündet, kann daher nicht stimmen.

Die Bilder, die die Zerstörungen am Gebäude dokumentieren, lassen keinen Hinweis auf die Detonation von 50 kg Sprengstoff erkennen. Vielmehr scheint es sich bei dem Ereignis um eine Gasexplosion oder Verpuffung oder Ähnliches gehandelt zu haben. Die Holzwände wurden

ausgebaucht und verschoben, das Dach ist zwischen die Wände nach unten gefallen.
Auf der Skizze finden sich allerdings noch weitere vielsagende Hinweise: Am unmittelbar neben der Küche und durch eine Holzwand getrennt liegenden Abgang zur Toilette findet sich ein Stück Weißblech vom Küchenofen und ein zerbrochener Krug. Neben dem toten Finanzer, der ca. 30 m weit weggeschleudert wurde, wurde ganz prominent der Klosettdeckel eingezeichnet. Auch die ursprüngliche Lage des Klosettdeckels wird auf der Skizze genau dargestellt. Das Klosett befand sich als kleiner Anbau, durch eine Holzwand getrennt, unmittelbar hinter jener Ecke, in der sich der Küchenofen befand. Wollte da der Ersteller der Skizze gar eine Botschaft übermitteln?

Bei genauer Betrachtung des Fotos des Opfers zeigen sich nicht jene Verletzungen, die man von einer Detonation von 50 kg Sprengstoff in unmittelbarer Nähe erwarten würde. Vielmehr zeigen sich am gut erkennbaren Gesicht kaum Spuren von Verletzungen. Auch die Uniformjacke scheint nicht oder nicht stark beschädigt. Allerdings zeigt das Foto auch etwas, was wie der nackte Oberschenkel des Opfers aussieht.
Wenn man alle diese Dinge in Betracht zieht, bleibt eigentlich nur mehr eine einzige Schlussfolgerung übrig:
Es handelte sich keinesfalls um ein Attentat, bei dem 50 kg Sprengstoff hinter der Eingangstüre durch das Öffnen der Türe gezündet wurden.
Der Ort der Explosion war vielmehr die Küche und der Grund dafür war ein schadhafter Ofen. Laut Zeitzeugen wurde auf der Hütte ein Gasofen benutzt und aus diesem dürfte wohl Gas ausgeströmt sein. Der Finanzer Bruno Bolognesi befand sich zum Zeitpunkt der Explosion nicht vor der Eingangstüre zum Gebäude, sondern offensichtlich auf dem Klosett, welches sich unmittelbar angrenzend an die Küche befand. Möglicherweise hat er durch das Anzünden einer Zigarette die Explosion sogar selbst ausgelöst. Jedenfalls handelte es sich bei diesem Ereignis nicht um ein Attentat, bei dem bewusst der Tod von Menschen in Kauf genommen wurde, sondern um einen tragischen Unfall. Man hat diesen tragischen Unfall anschließend bewusst politisch missbraucht und einen Anschlag reklamiert, den es so einfach nicht gegeben haben kann.

Neue Version im Jahr 2021:
Auf der äußerst nationalistischen homepage „Il Primato Nazionale“ hat der Autor Eriprando della Torre di Valsassina eine neue Darstellung der Ereignisse veröffentlicht. Wie sich die Sache darstellt, hat er den Versuch unternommen, die komplett unlogische offizielle italienische Darstellung (Bombe bei der Eingangstüre, Zugzünder, 50 kg Sprengstoff) durch eine Darstellung zu ersetzen, die besser mit den Erkenntnissen des Historikers Dr. Hubert Speckner und den aufgefundenen Unterlagen übereinstimmt.
Folgende Änderungen zur offiziellen Darstellung wurden reklamiert:

- Sprengstoff und die Auslösevorrichtung waren nicht mehr an der Eingangstür, sondern beim Küchenfenster bzw. auf dem (Gas-)Ofen situiert.
- Die Sprengstoffmenge wurde von 50 kg auf 8 bis 15 kg reduziert.
- Bolognesi hat nicht mehr versucht die Eingangstüre zu öffnen, sondern den Fensterladen zum Küchenfenster. Dort befand sich ein Kontaktschalter, der einen österreichischen Schaffler-Elektrozünder (mit Sprengkapsel der Dynamit Nobel Deutschland!) ausgelöst, welcher den Sprengstoff gezündet hat.

Leider erklärt der Autor dieses Artikels auf „Il Primato Nazionale" nicht, wie er zu diesen Erkenntnissen gekommen ist. Eine Sprengkapsel wird bei einer Detonation völlig zerstört und von einem elektrischen Anzündsystem wie jenem der österreichischen Firma Schaffler & Co würden bei einer Detonation von 8 kg Sprengstoff im günstigsten Fall nur kleine verkohlte und nicht identifizierbare Drahtreste übrigbleiben. Gleiches gilt für den erwähnten Kontaktschalter.

Auch die anderen Informationen stimmen keinesfalls mit den Tatortfotos und der Lageskizze überein.

Von der Tatsache abgesehen, dass Berghütten als Vorbeugung gegen Einbrüche ihre Fensterläden immer von innen verschlossen und Bolognesi sie somit nicht von außen öffnen konnte, kann der Autor noch folgende grundlegende Dinge nicht erklären:

- Eine Detonation von 8 bis 15 kg Sprengstoff hinter einem Fenster hätte schwerste Verletzungen am Kopf und Oberkörper von Bolognesi hinterlassen. Das Foto aus der Tatortmappe zeigt aber – von einer kleinen Schramme an der Stirn abgesehen – keinerlei Verletzungen an Gesicht bzw. Kopf. Auch die Uniformjacke weist keine offensichtlichen Beschädigungen durch Brand oder Druck auf. Lediglich die Beinkleider fehlen. Was sich aber nicht durch die Detonation erklären lässt. Denn der Unterkörper war wesentlich besser durch die Wand unterhalb des Fensters geschützt als Oberkörper und Kopf.
- Eine Menge von 8 bis 15 kg Sprengstoff bildet ein recht kleines Detonationszentrum. Von dort breitet sich die Druckwelle kugelförmig aus. Die unterschiedlichen Winkel der fiktiven Sprengladung zu Bolognesi und zum Klodeckel hätten zu völlig verschiedenen Flugbahnen geführt. Dennoch sind beide fast an derselben Stelle gelandet. Was wohl dafür spricht, dass auch der ursprüngliche Winkel vom Zentrum der Detonation (bzw. Explosion) sowohl zum Klodeckel als auch zu Bolognesi der gleiche war. Oder anders ausgedrückt: Wenn Klodeckel und Bolognesi am Ende am gleichen Ort gelandet sind, werden sie sich wohl auch zum Zeitpunkt der Detonation (eher Gasverpuffung) in unmittelbarer Nähe befunden haben. Ergo: Bolognesi

war zum Zeitpunkt der Detonation bzw. der Gasexplosion am Abort und nicht vor dem Küchenfenster! Das erklärt auch den nackten Oberschenkel, der am Tatortbild eindeutig zu erkennen ist.

- Die Tatortbilder zeigen die typischen Auswirkungen einer Gasverpuffung mit großem Zentrum und geringem Druck. Die Wände sind ausgebaucht, das Dach nach unten gefallen. Eine Detonation von 8 bis 15 kg Sprengstoff kann aufgrund der Bilder weitestgehend ausgeschlossen werden.

Eriprando della Torre di Valsassina bemüht sich wohl aus politischer Überzeugung, die Opferthese aufrechtzuerhalten. Aber auch wenn bei seiner Darstellung einige Details besser passen als bei der offiziellen Version, ist sie aus oben genannten Gründen zu verwerfen. Interessant wäre zu erfahren, woher er seine Informationen bezogen hat. Seriöse sprengtechnische Beratung scheint er jedenfalls nicht in Anspruch genommen zu haben.

EXKURS **Fachmännische Sachverständigenbeurteilung und wissenschaftliche Neubeurteilung zum Vorfall Pfitscherjoch**

Harald Hasler

Durch die genaue Sichtung der vorhandenen Akten, Pläne, Unterlagen zu dem Vorfall und durch eine fundierte fachmännische kriminaltechnische Sachverständigenbeurteilung und Prüfung zum Thema Explosionsereignis unter den Angaben, Explosionsauswirkungen mit Schadensbilddarstellung sowie der aktenkundigen Detailbeschreibung des Vorfalles, konnten eindeutige klare wissenschaftliche Schlussfolgerungen und Neuerkenntnisse über den Tathergang wie er sich **NICHT** ereignet haben konnte, festgelegt werden. Somit erfolgte durch den Sachverständigen eine Neubeurteilung auf wissenschaftlichen Erkenntnissen und dem Stand der Technik.

Dazu wurden akribisch die Bilder vom Tatort gesichtet und ausgewertet auf Nachweise über die eindeutigen Spuren, das markante Schadensbild von Explosionsereignissen und das Einwirken der Explosionskenngrößen Druck, Impuls (Druck/Zeit), Trümmerflug und Hitze auf die bauliche Struktur der Hütte sowie auf die Person, welche bei dem Vorfall laut Akt getötet worden sein soll.

Die Hütte bestand strukturell aus zwei Teilen, einem Holzteil und einem gemauerten Teil aus Stein. Es gibt Bilder der Hütte aus der Zeit vor dem Vorfall, aus denen örtlich genau die strukturellen Anordnungen von Fenster und Türen – insbesondere der Eingangstüre an der Nordseite, wo auch das Opfer gelegen ist – eindeutig festgelegt werden können. Die Eingangstüre befand sich (und befindet sich noch immer) im gemauerten Teil, und am Grundrissplan der *Guardia di Finanza* ist diese Stelle mit einem Pfeil markiert. Auf den Originalbildern, welche vom Tatort aufgenommen worden sind, sieht man, dass der Bereich der Hütte, in dem die Eingangstüre war, absolut unversehrt ist, an der Steinmauerwand keine Zerstörung stattfand und auch der Holzteil der Hütte nur im nordöstlichen Teil zerstört wurde. Der hölzerne Teil neben der Eingangstüre (4 bis 5 m Radius) ist auch nicht zerstört worden.

In den Akten wurde beschrieben, dass das Opfer Bruno Bolognesi die Türe zu der Schutzhütte geöffnet und dabei über einen Zugmechanimus – einer Abzugleine – eine TNT-Sprengladung von ca. 50 kg im Inneren der Hütte gezündet habe. Die Polizeiermittlung hätte laut Bericht ergeben, dass die Abzugleine mit der Eingangstüre der Hütte verbunden gewesen sein soll und es durch die Öffnung der Tür durch Bruno Bolognesi zur Zündung und folglich Detonation der großen Sprengladung im Inneren der Hütte gekommen sei. Dadurch sei das Opfer fast 25 m weit weggeschleudert worden.

Da im Akt die Eingangstüre und die angrenzende Hüttenstruktur nach der Tat unversehrt abgebildet waren, kann sich der Vorfall so mit an Sicherheit grenzender Wahrscheinlichkeit **NICHT** ereignet haben.

Der Eingangsbereich mit dem Holzteil und dem Steinmauernteil müsste völlig zerstört sein. Das

Zünden einer Sprengladung im Inneren der Hütte durch einen Zugzünder ist durchaus möglich, Platz und Möglichkeiten dazu gab es.

Die Eingangstüre der bestehenden Pfitscherjochhütte befindet sich noch heute an derselben Stelle wie im Jahr 1966.

Wenn das Opfer im Fall einer Explosion von ca. 50 kg Explosivstoff TNT direkt vor der Türe gestanden wäre, hätten der Explosionsdruck, die Explosionshitze und die Explosionstrümmer massiv auf das Opfer eingewirkt. Dies hätte sich am Opfer eindeutig zeigen müssen.

Das Opfer sei laut Akt über **24 m** von der Hütte weggeschleudert worden. Im Gesicht des Opfers sind auf den aktenkundigen Bildern **KEINE** forensischen Explosionsspuren wie Verletzungen, Verbrennungen, Schmauch und Ruß zu erkennen. Diese eindeutigen Spuren müssten bei einer ca. 50-kg-Sprengladung zwingend am Opfer festzustellen sein. Bei so einer großen Sprengladung gibt es enorme Einwirkungen durch Druck und Hitze. Es sind jedoch auf den aktenkundigen Bildern keinerlei Verletzungen, Blut oder Hautzerfetzungen am Opfer sichtbar, wie sie etwa bei den Opfern des Anschlages auf der Porzescharte und der Steinalm eindeutig zu sehen und einem Explosionsereignis eindeutig zuzuordnen sind. Auch die Kleidung des Opfers, insbesondere die Jacke, zeigt auch bei einer Vergrößerung des Bildes keinerlei Anzeichen für die Einwirkung einer Explosion. Bei einer Sprengstoffladung von ca. 50 kg mit konventionellen Sprengstoffen wie TNT, Dynamit oder Plastiksprengstoff mit einem Abstand von ca. 5 m wäre das Gesicht des Opfers nicht erkennbar; es wäre schwarz und zerfetzt. Die Jacke wäre schwarz, verbrannt und würde eindeutige Spuren der Detonation zeigen. Bei einer Explosion wirkt der Druck auf das Opfer und schleudert dieses je nach Ladungsgröße und -Abstand zur Sprengladung weg, wie im Fall Porzescharte eindeutig rekonstruiert werden konnte. Wenn eine Sprengladung im Inneren der Hütte in einem Abstand von ca. 4 bis 5 m vom Opfer explodieren würde, wäre es **unmöglich,** dass das Opfer über **24 m** weit weggeschleudert wird, was mit an Sicherheit grenzender Wahrscheinlichkeit so **NICHT** möglich und nicht plausibel ist.

Nach dem Stand der Technik wurden vom Sachverständigen im Zuge seiner Untersuchungen ballistische Berechnungen in Bezug auf das Verhalten von Personen bei Explosionen auf Grundlage der international anerkannten Basisliteratur TNO Green Book *(Methods for the determination of possible damage to people and objects resulting from releases of hazardous materials)* gemacht. Alle entscheidenden Einflussgrößen wurden erhoben und berücksichtigt, um die maximale Flugweite zu ermitteln, die ein Mensch weggeschleudert werden kann, wenn er mit einem Abstand von ca. **5 m** zum Explosionsort steht.

Einflussparameter/skalierte Größen – ballistische Berechnung:

- Seehöhe Hütte
- 50 kg Sprengladung, TNT
- Abstand Person zur Sprengladung: 5 m
- Positive Druckphase Explosion
- Maximale Beschleunigung der Person durch den Explosionsimpuls
- Abgangswinkel der beschleunigten Person, 10°, 20° *(Aufgrund des Abstandes von 5 m zur Sprengladung ist ein Abgangswinkel von 10° plausibel, 20° wäre bereits überbewertet)*

Ergebnis der ballistischen Berechnungen für die Flugweite einer Person:

- Abgangswinkel 10°: max. 2,5 m
- Abgangswinkel 20°: max. 4,6 m

Die Person kann bei einer 50 kg Sprengladung TNT im Abstand von 5 m maximal 4,6 m weit weggeschleudert werden.

Wenn eine Sprengladung von ca. 50 kg (TNT, Dynamit, Plastiksprengstoff) im Inneren der Hütte explodiert, bleibt von der Hütte bis auf Reste von den Grundsteinmauern nichts mehr übrig. Der gesamte Holzteil, der Steinmauernteil und das Dach würden durch den Druck und den einwirkenden Explosionsimpuls total zerstört werden. Sehr markant wäre, dass durch diese Art der Explosion und des Explosivstoffes die Struktur durch die schlagartige Einwirkung in viele kleine Teile zerrissen werden würde und großflächig im Umfeld verteilt wäre. Das ist abhängig von der Umsetzungsgeschwindigkeit des Explosivstoffes. Es würde weiters einen großen Krater mittig im Haus geben, ähnlich dem Einschlag einer Fliegerbombe. Das wäre das adäquate Schadensbild zu so einem Ereignis. Auf den vorliegenden Bildern konnte festgestellt werden, dass der Steinmauernteil der Hütte samt Dach unversehrt war und dass beim Holzteil der nordöstliche Bereich am schwersten zerstört wurde.

Beurteilung des Schadensbildes an der Hütte – Holzteil:

- Das Explosionszentrum muss im Bereich des Ganges vor der Küche, oder beim Stiegenabgang zum Klosett gewesen sein.
- Der Aufbruch der Struktur erfolgte so, dass große Bruchstücke, ganze großflächige Wandteile aufbrachen, sich lösten und weggeschleudert wurden oder sich wie das Dach nur anhoben, mittig aufrissen und dann wieder absenkten. Zwei Wandbruchstücke mit ca. 6 m² wurden nach Norden 10 m und 14 m weggeschleudert.
- Die südöstliche Wand ist stehengeblieben, wurde nicht weggeschleudert und nur leicht nach außen gedrückt.
- Die großen Wand- und Dachbruchstücke sind in sich verschachtelt und verkeilt, aber es sind immer große Bruchstücke oder nur Risse in den Bauteilen.

- Das Dach hat sich gehoben, ist wie ein Reißverschluss aufgegangen und hat sich danach wie ein Mantel über die Explosionsstelle gelegt.
- Die Hütte steht auf einem kleinen Plateau, einer Erhebung, und auf allen Seiten geht es steil abwärts. Im Fall der Explosion können weitere Personen mit einem Abstand von **50 m** zum Haus daher nur durch indirekte Splitter und Trümmer getroffen werden, nicht aber durch einen direkten Trümmer-/ Splitterflug. Indirekte Trümmer und Splitter können Personen hinter einem Erdwall von oben treffen, was direkte Trümmer und Splitter nicht können. Die Wahrscheinlichkeit, durch indirekte Trümmer oder Splitter getroffen zu werden, wäre bei dieser Explosion mit diesem Abstand gering. Im Falle einer Gasexplosion, welche wesentlich größere Trümmer bildet, und daher eine deutlich geringere Trümmer- und Splitterdichte pro m² in der Distanz von 50 m erzeugt, wäre die Wahrscheinlichkeit eines Treffers noch viel geringer und damit sehr unwahrscheinlich.

Beurteilung des Schadensbildes des Opfers und der weiteren Personen:

- Entscheidend ist auch, dass in den Akten nur eine Distanz von 50 m angegeben wurde, in welcher sich die weiteren Personen während der Explosion aufgehalten hätten, jedoch nicht beschrieben wurde, wo dieser Ort räumlich von der Hütte aus gesehen war. Denn wie auf den Bildern zu sehen ist, war die Hauptwirkung der Detonation am nordöstlichen Teil der Hütte. Dort gab es daher den intensivsten Trümmer- und Splitterflug. Wenn sich die Personen in südwestlicher Richtung von der Hütte aufgehalten hätten, wo auch der Zugang von italienischer Seite zur Hütte erfolgt, dann wäre das die von der Detonation abgewandte Seite, wo am wenigsten Trümmer- und Splitterflug zu erwarten ist.
- Auf dem Bild, auf dem das Opfer zu sehen ist, kann mittels Vergrößerung festgestellt werden, dass der linke Fuß 90° vom Opfer weg steht und dass die Schuhsohle, welche eindeutig erkennbar ist, fast auf Höhe des Kopfes ist, wobei der Fuß (die Zehen) nach unten Richtung Boden zeigt. Aus der Sicht eines Sachverständigen ist so eine ungewöhnliche Fußstellung nach so einem Ereignis nicht erklärbar und physikalisch absolut widersprüchlich.
- Bei der Vergrößerung und forensischen Detailbetrachtung des Gesichtes des Opfers konnten am Bild zwei runde schwarze, kleine Flecken ausgewertet und festgestellt werden. Ein Fleck zwischen den Augen und der zweite im linken Stirnbereich. Auch am Kinn sind mittig und an der linken Kinnseite markante Spuren zu sehen.
- Explosionsspuren als Nachweis einer Explosion konnten am Opfer nicht festgestellt werden. Das Bildmaterial konnte jedoch nicht weiter in die Tiefe ausgewertet werden, um

diese schwarzen Flecken und Spuren am Kinn eindeutig näher bestimmen zu können.

- Der unbekleidete rechte Oberschenkel und der Klosettdeckel, welcher unmittelbar neben dem Opfer liegt, stellen ein Indiz dafür dar, dass zum Zeitpunkt der Explosion das Opfer am Klosett gesessen sei. Das würde bedeuten, dass von dort aus die Explosion gezündet wurde.
- Die Bilder zeigen für einen Fachexperten eindeutig und zweifelsfrei diese wesentlichen forensischen Erkenntnisse.
- Mit an Sicherheit grenzender Wahrscheinlichkeit war es nicht möglich, dass eine Sprengladung von ca. 50 kg, bestehend aus konventionellem Explosivstoff, im Inneren oder auch außen an der Hütte explodiert ist. Weiters ist es auch mit an Sicherheit grenzender Wahrscheinlichkeit **NICHT** möglich, dass eine kleinere Ladung von ca. 10 kg konventionellen Explosivstoffs im Inneren oder auch außen an der Hütte explodiert ist.

Wissenschaftliche Sachverständigen-Schlussfolgerungen zu den Erkenntnissen im Fall Pfitscherjoch:
Aus fachmännischer Expertensicht eines unabhängigen gerichtlich beeideten Sachverständigen für Sprengtechnik, Explosivstofftechnik, USBV/IED, forensische Vorfallsrekonstruktion konnte mit an Sicherheit grenzender Wahrscheinlichkeit, nach wissenschaftlichen Grundlagen und dem Stand der Technik festgestellt werden, dass sich die Ereignisse, wie sie in den Akten beschrieben wurden, so **NICHT** ereignet haben können. Das ist absolut **unmöglich** und eindeutig sowie mit der Aktenlage zu 100 % widersprüchlich.

Alle Indizien und Bilder sprechen **zweifelsfrei** für eine Gasexplosion, welche sich im Bereich der Küche oder des Ganges vor der Küche in der Nähe des Klosetts ereignet haben muss. Das Schadensbild mit den Strukturschäden passt perfekt dazu.

Eine Person, welche sich vor dem Haus oder im Haus bei einer Gasexplosion aufhalten würde, könnte aber unmöglich **24 m** weit weggeschleudert werden. Eine Person kann auf Grundlage der Aktenangaben bei einer 50-kg-Sprengladung TNT maximal **4,6 m** durch die Explosion von der Eingangstüre weggeschleudert werden. Auch wenn die Person im Moment der Zündung am Klosett sitzt und dort der Ausgangspunkt der Explosion wäre, ist es technisch nicht möglich, dass die Person so weit weggeschleudert wird, da diese im Fall eines Wegschleuderns durch die umschließende Struktur (Holzwand) abgebremst und daran gehindert wird, so weit wegzufliegen, zumal selbst große Trümmerstücke in maximal 14 m Entfernung liegen.

Die Massenträgheit von starren und beweglichen Teilen, welche durch den Explosionsdruck beschleunigt und weggeschleudert werden, der

Widerstand der Struktur und der Explosionsablauf im technischen Detail mit der Einwirkung und den daraus resultierenden Folgen, sind entscheidend für das Schadensbild, welches sich hier **eindeutig** als klassische Gasexplosion darstellt. Der aktenkundige Fundort des Opfers Bruno Bolognesi kann aber auch **keinesfalls** zum Explosionsereignis dieser Gasexplosion passen. Die Charakteristik und das Wesen einer im Haus stattgefunden Gasexplosion sind zweifelsfrei erfüllt und können mit Gasexplosionsereignissen in Häusern und dem Schadensbild aus der Neuzeit verglichen und gleichgestellt werden.

Das Schadensbild am Opfer, nämlich ein eher unverletztes Gesicht, keine deutlichen Schmauch-, Ruß-, Hitzeeinwirkungsspuren, sind wesentlich plausibler erklärbar mit einer Gasexplosion, als mit einer Explosion von ca. 50 kg konventionellem Explosivstoff (TNT, Dynamit, Plastiksprengstoff).
Die beiden schwarzen, runden Flecken auf der Stirn und die Spuren am Kinn können forensisch nicht näher in der Tiefe erläutert und erklärt werden, und es gibt dafür keine plausible sachverständige Erklärung für so ein Schadensbild in einem Explosionsfall. Explosionsspuren müssten aus der Erfahrung an vielen Stellen, großflächig im Gesicht auf einer projizierten Wirkfläche festzustellen sein. Diese Spuren am Opfer können forensisch einem Explosionsereignis aus der Erfahrung des Sachverständigen nicht zugeordnet werden und sind daher sehr fragwürdig bzw. müssen eine andere Ursache haben. Auch ein halbseitiger Aufprall am Boden durch das Opfer wurde hier bedacht.

Conclusio
Für den Fachexperten und beeideten unabhängigen Sachverständigen Prof. Dr. Ing. Harald Hasler ist aufgrund der festgestellten technischen Tatsachen und Sachverhalte zweifelsfrei klar, dass sich der aktenkundig beschriebene Vorfall am 23. Mai 1966 am Pfitscherjoch mit an Sicherheit grenzender Wahrscheinlichkeit so **NICHT** ereignet haben kann. Alle Indizien sprechen eindeutig für eine Gasexplosion. Sachverhaltsdarstellungen, Fachbeurteilungen und entscheidende Schlussfolgerungen aus den vorliegenden Akten sind für den Sachverständigen Hasler in keinster Weise nachvollziehbar, mangelhaft und unterliegen keinen fachlich fundierten und objektiv ermittelten gerichtsverwertbaren Erkenntnissen.
Eine vertiefte, detailliertere Betrachtung der Untersuchung und der Bewertung der einzelnen Sachverhalte wird durch ein unabhängiges Sachverständigengutachten vom Sachverständigen Ing. Dr. Hasler vorgelegt.

Die Explosion am Pfitscherjoch und die Außenpolitik

Die vorliegenden Tatort-Fotos mit den deutlichen Hinweisen auf eine Gasexplosion hätten aber auch schon 1966 zur – simplen – Lösung des Vorfalls beitragen können. Allerdings war ein „Unfall" zweifellos nicht im außenpolitischen Sinn Italiens, ging es doch nach dem Inhalt der zahlreichen diplomatischen Noten des sogenannten „Notenkrieges" zwischen Italien und Österreich vor allem um einseitige Schuldzuweisungen an Österreich, das den „BAS-Terroristen" aus Südtirol und Österreich eine Art Operationsbasis biete, von der aus die Aktivisten unbehelligt ihrer Terrortätigkeit in Italien nachgehen konnten und von der aus sie auch mit Sprengstoff versorgt wurden, dies sozusagen unter den Augen der österreichischen Sicherheitsbehörden.

Bemerkenswert scheint auch, dass sich innerhalb kurzer Zeit augenscheinlich zwei Gasexplosionen in Kasernen der Finanzer ereigneten, wodurch im schlimmsten Fall von einem „konstruierten" Zufall ausgegangen werden könnte. Eine bewusst herbeigeführte Gasexplosion im Pfitscherjoch-Haus würde somit einen der ersten Vorfälle der später sogenannten „Strategie der Spannung") der vom italienischen Geheimdienst geführten Geheimorganisation *„Gladio"* darstellen.

Unabhängig davon, ob es sich bei dem Vorfall am Pfitscherjoch am 23. Mai 1966 um einen Unfall durch eine defekte Gasflasche oder um einen bewusst herbeigeführten Unfall mittels einer „präparierten" Gasflasche gehandelt hatte, die italienische Außenpolitik benutzte den Tod des Soldaten der *Guardia di Finanza* Bruno Bolognesi für ihre politischen Zwecke gegenüber Österreich im Zuge des „Notenkrieges", um die „Schutzmachtfunktion" Österreichs für die deutsch- und ladinischsprachigen Südtiroler in Frage bzw. in Abrede zu stellen. Dies unbeschadet von realen Untersuchungsergebnissen und den vorliegenden Tatortbildern des Kommandos der *Guardia di Finanza* in Bozen. Dieser Situation entsprechend sind in keiner der von den Verfassern eingesehenen italienischen Darstellungen des Vorfalles Bilder dieser Tatortmappe enthalten.

EXKURS **Der Vorfall am Pfitscherjoch (Passo di Vizze) „online"**

Rupert Gietl

Die italienischsprachigen Onlinequellen zum Tod von Bruno Bolognesi am 23. Mai 1966 lassen sich auf nicht einmal zehn Exemplare mit genügend Umfang eingrenzen, um erwähnenswert zu erscheinen.

Von den bekannten Urhebern stehen an erster Stelle offizielle staatliche Stellen (z.B. das Kulturministerium, das Historische Museum der Finanzwache ...), gefolgt von den lokalen Medien aus der Heimatregion von Bruno Bolognesi (Provinz Ferrara, Region Emilia Romagna), private Vereine (Associazione italiana vittime del terrorismo, Associazione Radioamatori Finanzieri Italiani), und dem Medienkanal einer italienischen Rechtspartei (Il Primato Nazionale). Die Online-Enzyklopädie Wikipedia beinhaltet in ihrer italienischen Ausgabe aber keinen eigenen Artikel zu dem Ereignis, es findet sich nur eine kurze Erwähnung im Artikel zum Pfitscherjoch-Haus. Dieses Fehlen gibt bereits einen Hinweis auf die relativ geringe Bekanntheit des Ereignisses in der italienischen Öffentlichkeit.

Die primäre Quelle zum Vorfall auf dem Pfitscherjoch ist die Internetseite des historischen Museums des Finanzwache. Das Museum wurde 1937 gegründet und befindet sich am Hauptsitz der Finanzwache an der Piazza Armellini in Rom. Im Hauptmenü gibt es einen eigenen Eintrag zum *„Giorno della Memoria delle vittime del terrorismo"*, dem nationalen Gedenktag für die Opfer des Terrorismus, der seit dem Jahr 2007 für den 4. Mai festgelegt worden ist. Hier werden die Biographien von neun Mitgliedern der Finanzwache vorgestellt, die im Dienst ihr Leben lassen mussten und deren Tod eindeutig mit Terrorakten in Verbindung steht oder in Verbindung gebracht wird. Sieben davon sind in Südtirol zu Tode gekommen, darunter befindet sich auch das Opfer vom Pfitscherjochhaus, Bruno Bolognesi.

Der rund 3.000 Zeichen umfassende Text von Gerardo Severino zeichnet zunächst die Herkunft und die militärische Karriere von Bruno Bolognese nach und beschreibt schließlich in wenigen Sätzen die Ereignisse rund um seinen Tod bei der Explosion im Pfitscherjochhaus. Er sei durch eine Explosion einer Dynamitladung gestorben, die wahrscheinlich durch das Öffnen der Hüttentür gezündet worden ist. Als Täter wird der BAS identifiziert („[...] *risultò opera di* [...]"), dessen Ziele (Sezession Südtirols von Italien und Wiedervereinigung mit Tirol und Österreich) ebenfalls erwähnt werden. Den Abschluss bilden die posthumen Ehrungen für Bolognesi, zuletzt die Verleihung der goldenen Medaille für zivile Verdienste durch den Staatspräsidenten Napolitano im Jahr 2013, dessen Dekret im Wortlaut zitiert wird.

Der grundsätzlich sehr nüchtern gehaltene Text kommt freilich nicht gänzlich ohne Verallgemeinerungen der damaligen Situation aus. So wird zum Beispiel Bolognesis Einsatz in den Reihen

→
Abb. 13

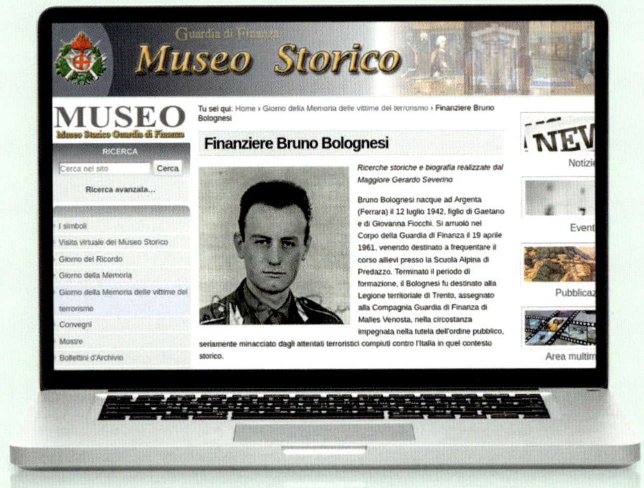

der Finanzwache in Mals als *„Einsatz zum Schutz der öffentlichen Ordnung, die in diesem historischen Kontext durch die Terrorattentate gegen Italien ernsthaft gefährdet war"* dargestellt. (*„impegnata nella tutela dell'ordine pubblico, seriamente minacciato dagli attentati terroristici compiuti contro l'Italia in quel contesto storico."*) Für den wenig geschichtskundigen Durchschnittsleser in Italien könnte es so scheinen, als ob im Südtirol der 1960er Jahre im Alltag chaotische Zustände geherrscht hätten.

Dieser Sprachgebrauch spiegelt sich noch im Dekret des Präsidenten Napolitano von 2013 wider, das davon spricht, dass Bolognesi *„in einer feigen und tückischen terroristischen Aktion barbarisch geschlachtet"* worden sei und *„sein Leben für die höchst noblen Ideale der Legalität und Vaterlandsliebe geopfert"* habe. (*„barbaramente trucidato in una vile e proditoria azione terroristica, sacrificando la vita ai più nobili ideali di legalità ed amor patrio."*)

Im *Rete degli archivi per non dimenticare* („Netz der Archive um nicht zu vergessen") scheint Bruno Bolognesi unter seinem Todesjahr 1966 auf. Zu seinen Todesumständen gibt es nur allgemeine Aussagen. Bolognesi sei von einer Explosion getötet worden, während er an einem Holzgebäude seiner Unterkunft vorbeigegangen sei. Bei der Nennung der Schuldigen formuliert das Portal zurückhaltender: Der Angriff wurde Südtiroler Separatistenorganisationen zugeschrieben (*„L'agguato fu attribuito a organizzazioni separatiste sudtirolesi"*). An einer virtuellen Erinnerungsmauer findet sich eine Kurzbiographie von Bolognesi, die allerdings weit weniger Inhalt bietet als jene des historischen Museums der Finanzwache. Sie schließt mit dem Zitat aus einer Ehrung für Bolognesi im Jahr 2010, bei der er zum „Opfer des Terrorismus" erklärt worden ist: Er sei am 23. Mai 1966 getötet worden, *„aufgrund der Explosion eines Sprengsatzes, dem Werk von Südtiroler Separatistenorganisationen"* (*„a causa dell'esplosione di un ordigno ad opera di organizzazioni separatiste sud-tirolesi"*).

Damit erschöpfen sich, soweit erkennbar, die offiziellen Quellen zu diesem Fall. Sie werden aber auf mehreren anderen Seiten teilweise wörtlich zitiert.

Besonders der Text von Gerardo Severino mit seinen reichhaltigen Informationen dient zahlreichen weiteren Berichten als Grundlage. So benennt der Verein der Amateurfunker der Fi-

→ Abb. 14

nanzwache (Associazione Radioamatori Finanzieri Italiani) einen Funkwettbewerb im Jahr 2020 nach Bruno Bolognesi und zitiert wörtlich aus Severinos Text, unter Nennung seines Namens. Der private Verein zum Gedenken an die Opfer des Terrorismus (Associazione italiana vittime del terrorismo), mit Sitz in Turin, zitiert in seiner Gedenkseite für Bolognesi wörtlich den Text der *Rete degli archivi per non dimenticare*, ohne allerdings die Quelle anzugeben.

Zum Anlass von Gedenkfeiern berichtet zudem die lokale Presse aus seiner Heimatprovinz Ferrara über Bruno Bolognesi. Im Jahr 2011 wurde am Pfitscherjoch, auf Initiative des Alpenvereins seines Heimatortes Argenta, eine Gedenktafel enthüllt. Ein Artikel zu diesem Anlass in der Onlineausgabe der Zeitung *La Nuova Ferrara* bleibt bei der Beschreibung der Ereignisse ganz nahe am Text von Severino. Rund um den 50. Jahrestag der Explosion am 23. Mai 2016 wurde am Friedhof von Argenta, wo Bolognesi begraben liegt, eine Gedenkfeier abgehalten, über welche die Seiten *estense.com* und *teleestense* berichteten. In beiden Fällen wird wiederum der Text von Severino, in weiten Teilen wörtlich, zitiert. Eine Quellenangabe fehlt jedoch.

Etwas abseits findet sich ein privater Blog, dessen Urheber unter dem Kürzel „Bb" zwischen 2011 und 2014 Beiträge über Südtiroler Terroropfer (*Vittime Terrorismo Alto Adige*) geschrieben hat. Er beinhaltet fast ausschließlich Artikel über getötete Sicherheitskräfte, auch Bruno Bolognesi findet Erwähnung. Seine Biographie scheint (ohne Quellenangabe) von der *Rete degli archivi per non dimenticare* abgeschrieben worden zu sein. Ergänzend findet sich ein relativ ausführlicher Text über die Verleihung der Goldenen Verdienstmedaille anlässlich seines 44. Todestages, doch auch dieser erweckt den Eindruck, als sei er aus der Presse entnommen worden.

Ins Spektrum der politischen Berichterstattung fällt ein Artikel in der Onlineausgabe der Zeitung *Il Primato Nazionale*. Anlässlich des Gedenktages am 23. Mai 2020 erschien ein Beitrag unter dem Titel „Vergessene Helden: Bruno Bolognesi, der Finanzwachbeamte, getötet von den Südtiroler Terroristen" *(„Eroi dimenticati: Bruno Bolognesi, il finanziere ucciso dai terroristi altoatesini")*. Autor ist ein Exponent der Rechtspartei Vox Italia, früher einmal Mitglied der italienischen Nationalen Sozialisten [sic!], der Bozner Turnlehrer Eriprando della Torre di Valsassina. Der Beitrag fällt mit seinen zahlreichen Details zum Hergang des Todes von Bolognesi und der ausführlichen Beschreibung der Situation vor Ort vollkommen aus dem Rahmen der restlichen Berichterstattung und geht viel weiter als jener von Severino. Er nennt genaue Details zur Aufgabe und dem Weg der Patrouille, der Bolognesi angehörte, verwendet einen ganzen Absatz für die Beschreibung der damaligen Hütte, dem Verhalten der Anwesenden vor und nach der Explosion, und dem letzten Weg Bolognesis entlang der Außenfassade der Hütte, während seine Kameraden noch etwas entfernt beim Mittagessen saßen. Er zitiert ein nicht genauer beschriebenes Gutachten, wonach es sich bei dem Sprengsatz um acht bis 15 kg Donarit gehandelt habe, der über einen elektrischen Zünder mit einem der Fensterläden der Küche verbunden gewesen sei. Hier steht der Beitrag in klarem Widerspruch zur Aussage von Severino, nach dem die Eingangstür der Hütte vermint gewesen sei. Nach der Detonation hätte man noch Spuren von Bergschuhen in Richtung der österreichischen Grenze verfolgen können, die sicher von den Terroristen gestammt hätten. Der Detailreichtum des Beitrages lässt darauf schließen, dass der Autor Zugang zu offiziellen Ermittlungsakten und Gutachten der italienischen Behörden gehabt haben muss.

Nur einen Monat später erschien ein weiterer Artikel desselben Autors in *Il Primato Nazionale*, diesmal beschäftigte er sich mit dem Anschlag auf der Porzescharte. Auch wenn er erneut versuchte, eine hautnahe Erzählung der Ereignisse zu bieten, erreichte er nicht mehr den Detailreichtum des Artikels über Bruno Bolognesi. Passend zum Medium und besonders zum Autor, der gerne in Wort und Bild als österreichfeindlich eingestellt auftritt, ist der Schluss-Satz des Artikels über den verstorbenen Finanzwachbeamten: „Als sie erfuhren, dass ein 23jähriger in ihre Falle geraten war, versteckten sie sich wahrscheinlich schon seelenruhig unter den Schutzflügeln von Mutter Österreich" (*„Quando appresero che un giovane di 23 anni era caduto nella loro trappola, probabilmente se ne stavano già tranquillamente nascosti sotto le ali protettive di mamma Austria"*).

Onlinequellen (Gesichtet im Mai 2021):

- http://museostorico.gdf.it/giorno-della-memoria-delle-vittime-del-terrorismo/giorno-della-memoria-delle-vittime-del-terrorismo/finanziere-bruno-bolognesi
- https://www.memoria.san.beniculturali.it/web/memoria/approfondimenti/scheda-approfondimenti?p_p_id=56_INSTANCE_J1sq&articleId=17944&p_p_lifecycle=1&p_p_state=normal&groupId=11601&viewMode=normal
- https://www.radioamatorifinanzieri.it/it/2-award-a-r-f-i-internazionale-dedicato-al-finanziere-bruno-bolognesi%E2%80%9D-31.asp
- http://www.vittimeterrorismo.it/vittime/bruno-bolognesi/
- https://lanuovaferrara.gelocal.it/ferrara/cronaca/2011/09/13/news/a-passo-vizze-per-ricordare-un-finanziere-1.815362
- https://lanuovaferrara.gelocal.it/ferrara/cronaca/2011/09/13/news/a-passo-vizze-per-ricordare-un-finanziere-1.815362
- https://www.estense.com/?p=550086
- https://www.telestense.it/gdf-50-anniversario-scomparsa-del-finanziere-bolognesi-20160523.html
- http://vittimeterrorismoaltoadige.blogspot.com/2011/07/25-maggio-1966-bruno-bolognesi.html
- https://www.ilprimatonazionale.it/cultura/eroi-dimenticati-bruno-bolognesi-finanziere-ucciso-terroristi-altoatesini-157174/
- https://it.wikipedia.org/wiki/Rifugio_Passo_di_Vizze

Verurteilungen

Die von Italien von vorneherein einer Verminung der Schutzhütte verdächtigten „Pusterer" Josef Forer, Heinrich Oberlechner und Heinrich Oberleiter wurden in Abwesenheit beim 4. Südtirol-Prozess in Bologna am 14. Mai 1969 zu Haftstrafen von sechs Jahren, Siegfried Steger zu einer lebenslänglichen Haftstrafe verurteilt. In zweiter Instanz wurden alle vier „Pusterer" zu jeweils zweimal lebenslänglich, zusätzlich neun Jahren und vier Monaten verurteilt, unter den zahlreichen Anschuldigungen gegen die vier Männer aus dem Ahrntal wohl auch für den Mord an Bolognesi. Einer der von der Staatsanwaltschaft eingebrachten Anklagepunkte betraf den Artikel 241 des nach wie vor gültigen italienischen Gesetzbuches *„Codice Rocco"* aus der Faschistenzeit – „Anschlag auf die Einheit Italiens". Der Staatsanwalt Dr. Lucchetti hatte sich im Verlauf des Prozesses durch äußerst abfällige Bemerkungen über die deutschsprachige Bevölkerung Südtirols hervorgetan. Die Tiroler wären *„von äußerst mysteriöser Herkunft, deren Mentalität durch einen ausgesprochenen Opportunismus gekennzeichnet"* wäre. Zudem wären die Südtiroler *„ein Volk von Alkoholikern"*. Ein Großteil der italienischen Medien beurteilte die strenge Urteilsfindung eher negativ, ausgenommen die italienischsprachigen Medien in Südtirol.[19]

Eine Begnadigung, Rehabilitierung, Amnestie für die BAS-Aktivisten durch Italien, wie sie eigentlich 1969 zwischen den damaligen Außenministern Aldo Moro für Italien und Kurt Waldheim für Österreich vereinbart worden war, wurde durch Italien bis heute nicht für alle ehemaligen BAS-Aktivisten – darunter die „Pusterer" – durchgeführt. 2011 beantwortete der österreichische Bundesminister für europäische und internationale Angelegenheiten, Dr. Michael Spindelegger, eine parlamentarische Anfrage zu den noch ausstehenden Begnadigungen, dass diese *„von italienischer Seite stets abgelehnt"* würden.[20] Verantwortlich für derartige Begnadigungen ist der italienische Staatspräsident. Im Jahr 2011 war dies Giorgio Napolitano.

Der Soldat der *Guardia di Finanza* Bruno Bolognesi wurde am 29. März 2010 durch ein Dekret des italienischen Präsidenten Giorgio Napolitano als „Opfer des Terrorismus" *(„Vittima del terrorismo")* anerkannt und erhielt vom italienischen Polizeipräsidenten den Status „Opfer der Pflicht" *(„Vittima del dovere")* zuerkannt. Die Begründung zur Verleihung der Medaille wird im Exkurs von Rupert Gietl zitiert.

Staatspräsident Giorgio Napolitano verlieh Bruno Bolognesi am 5. März 2013 per Dekret die „Goldene Medaille für zivile Verdienste" *(„Medaglia d'Oro al Merito Civile")* mit der ebenfalls im Exkurs von Rupert Gietl zitierten Begründung, der zufolge Bolognesi *„in einer feigen und tückischen terroristischen Aktion barbarisch geschlachtet"* worden sei.[21]

Staatspräsident Napolitano verweigerte hingegen jeden Versuch, die mit höchster Wahrscheinlichkeit nicht am Tod des Bruno Bolognesi schuldigen ehemaligen BAS-Aktivisten für deren angebliche Tat zu „begnadigen", geschweige denn, diese zu „rehabilitieren". Im Fall des Bruno Bolognesi handelt es sich um die „Pusterer Buam" Josef Forer, Heinrich Oberlechner (2006 verstorben), Heinrich Oberleiter, und Siegfried Steger.

Nach langjährigen Eingebungen und Urgenzen aus Südtirol und Österreich wurde Heinrich Oberleiter im Dezember 2021 durch den italienischen Staatspräsidenten Sergio Mattarella begnadigt, da der Pusterer nicht „den Tod von Menschen verursacht" habe. Die Kinder von Heinrich Oberleiter hatten ein Gnadengesuch eingereicht, was von Italien als Grundvoraussetzung für eine Begnadigung angesehen wird.[22]

19 Vgl. Otto Scrinzi (Hrsg.), Chronik Südtirol. 1959 – 1969. S. 670 – 674.

20 Parlamentarische Anfragebeantwortung 8754/AB vom 16. August 2011. XXIV. Gesetzgebungsperiode. https://www.parlament.gv.at/PAKT/VHG/XXIV/AB/AB_08754/imfname_228574.pdf [Stand: 15. Jänner 2022].

21 http://museostorico.gdf.it/giorno-della-memoria-delle-vittime-del-terrorismo/giorno-della-memoria-delle-vittime-del-terrorismo/finanziere-bruno-bolognesi [Stand: 16. April 2021].

22 Heinrich Oberleiter begnadigt. „Dolomiten", 10. Dezember 2021. Ferdinandeum.

Abb. 15
Denkmal für Bruno Bolognesi beim Pfitscherjoch-Haus. Der Gedenkstein trägt das unrichtige Todesdatum 25. Mai 1966.

www.wolfgangstecher.com

Quellen zum Pfitscherjoch

- ÖStA/AdR/BMfAA/Pol Südtirol, ST 1D 1966, Kt. 22.
- ÖStA/AdR/BMfAA/Pol Südtirol, Diverse Beilagen 1967 – 1968, Kt. 39.
- Bundesministerium für Inneres/Entschärfungsdienst (BMI)/Ehemaliges Dokumentationszentrum. Ordner 33.
- „Alto Adige. Corriere delle Alpi". N. 23. Giovedí, 26 maggio 1966. Ferdinandeum.
- https://de.wikipedia.org/wiki/Pfitscher-Joch-Haus
- https://www.pfitscherjochhaus.com/de/
- http://museostorico.gdf.it/giorno-della-memoria-delle-vittime-del-terrorismo/giorno-della-memoria-delle-vittime-del-terrorismo/finanziere-bruno-bolognesi
- https://www.ruspeckhofer.at/fachwissen/cold_case_pfitscherjoch-10 (Der Autor dieses Artikels, der österreichische „allgemein beeidete und gerichtlich zertifizierte Sachverständige für Sprengtechnik", Mag. Maximilian Ruspeckhofer, war im Sommer 2016 zusammen mit dem Verfasser dieser Arbeit auf dem Pfitscherjoch sowie auf der Porzescharte und der Landshuter Hütte, wobei die in dieser Arbeit und der angeführten Homepage verwendeten sprengtechnischen Beurteilungen erfolgten.)
- https://www.parlament.gv.at/PAKT/VHG/XXIV/AB/AB_08754/imfname_228574.pdf (schriftliche Anfragebeantwortung zur Begnadigung von BAS-Aktivisten durch Italien durch den österreichischen Außenminister Dr. Michael Spindelegger am 16. August 2011).
- „Südtirol-Chronik" Südtiroler Nachrichten vom 27. Mai 1969 Ferdinandeum.
- „Dolomiten" 10. Dezember 2021. Ferdinandeum. • Italien ist nicht böse. „Neue Südtiroler Tageszeitung". 11./12. Dezember 2021.

Literatur zum Pfitscherjoch

- Elisabeth Baumgartner/Hans Mayr/Gerhard Mumelter: Feuernacht. Südtirols Bombenjahre. Ein zeitgeschichtliches Lesebuch. Bozen 1992.
- Verena Duregger: Die Pusterer Buben. Eine Südtiroler Heimatgeschichte. München 2014.
- Hans Karl Peterlini: Feuernacht. Südtirols Bombenjahre. Hintergründe, Schicksale, Bewertungen 1961 – 2011. Bozen 2011.
- Christoph Francescini: Spielwiese der Geheimdienst. Südtirol in den 60er Jahren. In: Steinacher, Gerald (Hrsg.): Im Schatten der Geheimdienste. Südtirol 1918 bis zur Gegenwart. Innsbruck 2003.
- Helmut Golowitsch: Für die Heimat kein Opfer zu schwer. Folter – Tod – Erniedrigung: Südtirol 1961 – 1969. o.O. 2012.
- Südtiroler Schützenbund (Hg.): Es gibt immer einen Weg. Heinrich Oberleiter. Einer der Puschtra Buibm. Autobiografie. o.O 2011.
- Otto Scrinzi (Hrsg.): Südtirol-Chronik 1959 – 1969. Von der Kolonie Alto Adige zur Autonomen Provinz Bozen. Graz 1996.
- Hubert Speckner: Von der „Feuernacht" zur „Porzescharte" .... Das „Südtirolproblem" in den österreichischen sicherheitsdienstlichen Akten. Wien 2016.
- Siegfried Steger: Die Puschtra Buibm. Flucht ohne Heimkehr. Bozen 2014.
- Siegfried Steger: Was geschah im Hintergrund um den Pusterer Bua Siegfried Steger. 55 Jahre im Exil. o.O. 2016.

„ANSCHLAG" AUF DER STEINALM

9. September 1966

←
Abb. 1
Vizebrigadier
Herbert Volgger

Abb. 2
Finanzer
Martino Cossu
←

Abb. 3
Oberleutnant
Franco Petrucci
←

Quelle: http://museostorico.gdf.it/giorno-della-memoria-delle-vittime-del-terrorismo/giorno-della-memoria-delle-vittime-del-terrorismo/finanziere-martino-cossu

Der Vorfall

Am 9. September 1966, einem Freitag, kam es zu einer folgenschweren Explosion auf der Steinalm nahe dem Brennerpass, ungefähr einen Kilometer von der österreichischen Grenze entfernt.

Missverständlich ist beim „Anschlag" auf der Steinalm allein schon die Ortsbezeichnung: In den Berichten zu dem Vorfall werden drei verschiedene Ortsbezeichnungen verwendet: Sattelberg, Steinjoch und Steinalm. Das Steinjoch ist ein 2.186 m und der Sattelberg ein 2.115 m hoch gelegener Grenzberg zu Österreich, Sattelalm und Steinalm liegen in ungefähr 800 m Entfernung zueinander östlich des Steinjochs und südlich des Sattelberges. Die Sattelalm liegt von der österreichischen Grenze ungefähr 500 m entfernt, während die Entfernung der Steinalm in etwa der in den Quellen angegebenen Entfernung von ungefähr einem Kilometer zur Staatsgrenze entspricht. Aufgrund der vorhandenen Gebäude, die kartografisch erfasst sind, fällt die Sattelalm als Ort des Vorfalls aus, da sich dort ein Gebäude mit Nebengebäude, dazu ohne befestigte Zufahrtsstraße, befindet. Auf der Steinalm hingegen befinden sich mehrere Gebäude, durchwegs mit befestigter Zufahrt, darunter ein alleinstehendes abgewinkeltes Gebäude, das einen Abstand von fast 200 m zum nächsten Waldstück hat und eine direkt zum Gebäude führende Straße, deren Beginn an der Brennerstraße liegt. Direkt unterhalb des Steinjoches und des Sattelberges gibt es zwar ebenfalls je ein Gebäude, die mittels einer befestigten Straße direkt erreichbar sind, allerdings handelt es sich dabei nicht um abgewinkelte Gebäude, wie auf den vorliegenden Fotos von der zerstörten Finanzerkaserne eindeutig erkennbar ist. Somit dürfte es sich mit einiger Sicherheit bei jenem Gebäude direkt auf der Steinalm um die Kaserne der *Guardia di Finanza* handeln, in der am 9. September 1966 eine Explosion das Leben von drei Finanzsoldaten kostete. Das Gebäude wurde offenbar nach der Explosion im September 1966 nicht wieder errichtet, wie auf aktuellen Luftbildern (maps.tirol.gv.at; Stand der Luftbilder 2019) klar erkennbar ist.

Am Abend des 7. September befand sich nach einer Meldung der Südtiroler Tageszeitung „Dolomiten" eine Militärpatrouille auf einem Erkundungsgang am Brenner. Gegen 21.00 Uhr wurden einige Warnschüsse abgefeuert, da *„verdachterregende Geräusche"* wahrgenommen wurden. Eine *„Durchkämmung"* der Gegend blieb aber erfolglos.[1] Was dann zwei Tage später in dem Grenz-Stützpunkt vorfiel, ist bis heute nicht restlos geklärt.

Die „Gruppe staatspolizeilicher Dienst" des österreichischen Innenministeriums legte am 9. September einen „Aktenvermerk" an, nachdem der Polizeirat Dr. Meissl von der Bundespolizeidirektion Innsbruck um 12.25 Uhr dem Innenministerium telefonisch den Sachverhalt gemeldet hatte:

„Dr. REINERO, Distriktchef für den Abschnitt Bozen, teilte um 12.15 aus Bozen in italienischer Sprache telefonisch mit, daß heute um 10.30 Uhr am Sattelberg in Höhe der Sattelalm, ca. 1 km von der italienisch-österr. Grenze entfernt, auf italienischem Gebiet von u. T. [unbekannten Tätern; Anm. d. Verf.] *ein Bombenanschlag auf eine Finanziere-Unterkunft verübt wurde. Hiebei wurden 3 Personen getötet und 2 schwer verletzt."*[2]

Die von Dr. Reinero angegebene Gesamtzahl an Opfern weicht von den späteren Meldungen dadurch ab, dass am 9. September zwei Finanzer sofort tot waren und der dritte zwei Wochen später an seinen Verletzungen starb.

Die „offizielle" Beschreibung des Vorfalles lautete gemäß den Unterlagen des österreichischen Außenministeriums folgendermaßen:

„9.9.1966 Steinjoch
Explosion eines Sprengkörpers von ca. 20 kg im Zollwachestützpunkt, Tötung des Unteroffiziers Eriberto Volgger, des Martino Cossu und tödliche Verletzung des Franco Petrucci."[3]

Der Vizebrigadier Herbert Volgger wurde am 24. Dezember 1939 in St. Jakob im Pfitschtal

1 Militärpatrouille schoß. „Dolomiten". Tagblatt der Südtiroler 43. Jahrgang. Nr. 202 vom Donnerstag, 8. September 1966. S. 11. Österreichische Nationalbibliothek (ÖNB).

2 Bundesministerium für Inneres/Gruppe staatspolizeilicher Dienst, A.V. vom 9.9.1966. Aktenbestand „Steinjoch". ÖStA/AdR/BMfAA/Pol Südtirol, ST 1D 1966, Kt. 22.

3 Bundesministerium für Auswärtige Angelegenheiten, Verbalnote Zl. 47.852-5(Pol)66 vom 17. November 1966. Beilage 2. Handschriftlicher Nachtrag. Südtirol Dokumentensammlung Teil VII: 1966. ÖStA/AdR/BMfAA/Pol Südtirol, Diverse Beilagen 1967 – 1968, Kt. 39.

als Sohn des Basilio und der Rosa Volgger geboren. Nach der Matura trat Volgger im November 1958 in die *Guardia di Finanza* ein, absolvierte deren Alpinschule in Predazzo und wurde vorerst in Como stationiert. Nach der Ausbildung zum Unteroffizier und der Beförderung zum Vizebrigadier im Juli 1966 wurde der Finanzer der Kompanie Brenner der Legion Trient der Guardia di Finanza zugeteilt. Herbert Volgger wurde gemäß der Homepage des Museums der Guardia di Finanza Anfang September 1966 für etwa zehn Tage als Kommandant dem Stützpunkt auf der Steinalm zugeteilt.

Das vorerst zweite Opfer der Explosion, der Finanziere Martino Cossu, wurde am 1. Jänner 1946 als Sohn von Salvatore und Giovanna Debitta in Luogosanto, einem kleinen Dorf in Sardinien, geboren. Martino Cossu trat am 27. Jänner 1965 in die Guardia di Finanza ein. Im Februar 1966 wurde er der Kompanie Brenner zugeteilt und hatte gleich Volgger Anfang September 1966 seinen Dienst für etwa zehn Tage im Stützpunkt Steinalm zu verrichten. Zum Zeitpunkt der Explosion hielt sich der Finanzer in der Küche der Kaserne auf.

Das dritte Opfer der Explosion auf der Steinalm, der Leutnant der Guardia di Finanza Franco Petrucci, wurde am 3. Dezember 1938 in Montecastrilli in Umbrien als Sohn von Vittorio und Rosa Stefanelli geboren. Franco Petrucci wurde 1961 in die Offiziers-Akademie der Guardia di Finanza aufgenommen, 1963 zum Offizier ernannt und 1965 der Kompanie Brenner als Kommandant der *„Operativen Abteilung“* (*„Comandante della Sezione Operativa“*) zugeteilt. Zum Zeitpunkt der Explosion befand sich Leutnant Petrucci auf einer *„Inspektionsreise“* (*„in giro d'ispezione“*) im Raum des Kommandanten des Stützpunktes Steinalm. Nach den Unterlagen der Guardia di Finanza wurde Petrucci *„in einem Zustand, der großen Anlass zur Sorge gab, ins Krankenhaus nach Sterzing transportiert“* (*„trasportato presso l'ospedale di Vipiteno in condizioni disperate“*), wo er *„am darauffolgenden 23. September an den Folgen seiner sehr schweren Verwundungen“* (*„cessò di vivere il successivo 23 settembre, in seguito alle gravissime ferite riportate“*) verstarb.[4]

Die Abfolge der Informationen der österreichischen Sicherheitsbehörden durch ihre italienischen Kollegen wurde am 17. September 1966 im Wege des Außenministeriums dargelegt:

„Tatzeit: 9.9.1966, 10.30 Uhr
1. Verständigung am 9.9.1966, 12.15 Uhr, mit Ersuchen um Mitfahndung.
2. Pressemeldungen am 10.9.1966 laufend.
3. Weitere Hinweise erst am 14.9.1966, mittags durch ital. Beamte, vorher konnte trotz wiederholtem österr. Ersuchen kein Hinweis erlangt werden.
4. Mitteilung aus Rom im September 1966. Ein Hinweis, dass es sich wirklich um die Explosion eines Sprengkörpers und nicht um die Selbstentzündung gelagerter Munition handelte, konnte bisher nicht erbracht werden.
Massnahmen: Verstärkte Grenzüberwachung auch unter Einsatz von Luftfahrzeugen und Hunden.“[5]

Wie zumeist erfolgte auch in diesem Fall die erste amtliche Meldung über den Vorfall an die österreichischen Sicherheitsbehörden erst nach einer Stunde und 45 Minuten – entgegen den ständigen italienischen Bemerkungen der „sofortigen“ Information Österreichs in den zahlreichen Verbalnoten des „Notenkrieges“.

Das Innenministerium wurde jedenfalls sofort aktiv, wenn auch durch die relativ späte Meldung und die grenznahe Lage etwaige Fahndungserfolge massiv reduziert wurden:

„Aufgrund der Mitteilung der Pol. Dion Innsbruck wurden nach Rücksprache mit dem Herrn Generaldirektor folgende Maßnahmen angeordnet:
1.) Unverzügliche Verbindungsaufnahme am Brenner mit Dr. PERUSCO, zwecks Bekanntgabe weiterer Einzelheiten über den Anschlag. Sicherheitsdirektor Dr. STOCKER wurde angewiesen, sich diesbezüglich sofort mit der Pol. Dion Innsbruck ins Einvernehmen zu setzen.
2.) Entsendung eines Hubschraubers in das Grenzgebiet, der allenfalls ein oder 2 Beamte mit Diensthunden mitnehmen soll.
3.) Sofortiger Einsatz von Diensthundestreifen sowie 20–6225 Beamte, die allenfalls aus der Gendarme-

4 http://museostorico.gdf.it/giorno-della-memoria-delle-vittime-del-terrorismo/giorno-della-memoria-delle-vittime-del-terrorismo [Stand: 16. April 2021].

5 Bundesministerium für Auswärtige Angelegenheiten, Verbalnote Zl. 47.852-5(Pol)66 vom 17. November 1966. Beilage 2. Handschriftlicher Nachtrag. Südtirol Dokumentensammlung Teil VII: 1966. ÖStA/AdR/BMfAA/Pol Südtirol, Diverse Beilagen 1967–1968, Kt. 39.

rieschule abgestellt werden müssen. Der Transport hat mittels Kraftfahrzeugen zu erfolgen."[6]

Innenminister Dr. Franz Hetzenauer beauftragte die Innsbrucker Sicherheitsdirektion, zusätzlich zum Hubschrauber auch das Flächenflugzeug „Piper" einzusetzen, das in größerer Entfernung zur Grenze Überwachungsflüge durchführen sollte. Weiters sollten verstärkte Personenkontrollen und eine verstärkte Grenzüberwachung in Richtung Deutschland durchgeführt werden.[7]

Gemäß einer weiteren Information der Staatspolizei vom selben Tag befand sich eine ranghohe italienische Delegation am Nachmittag am Ort des Geschehens. Neben Dr. Perusco wurde auch Dr. Reinero [auch Rainero geschrieben; Anm. d. Verf.], der „Distriktchef" für den Abschnitt Bozen, gegen 17.00 Uhr auf der Steinalm erwartet und selbst der italienische Innenminister hatte sein Kommen für dieselbe Zeit angekündigt.[8]

Trotz den Sofortmaßnahmen des Innenministeriums konnte keinerlei Aktivität von Attentätern von österreichischem Territorium aus festgestellt werden, wie die Innsbrucker Sicherheitsdirektion am 10. September vormittags nach Wien meldete:

„Die auf Grund der im Finanzierihaus auf der Steinalm erfolgten Explosion in den gestrigen Nachmittags- und Abendstunden durchgeführte Großfahndung unter Beiziehung von Diensthunden erbrachte keinerlei Hinweise auf die Annahme, daß der oder die Täter – sofern es sich überhaupt um einen Anschlag handelt – nach Österreich geflüchtet wären.
Die bei den Grenzkontrollstellen angeordneten verschärften Personenkontrollen verliefen ebenso negativ wie die Überwachung der grünen Grenze.
Die italienischen Grenzbehörden am Brenner erklärten gestern abends, daß man noch nicht klar sehen könne, *ob es sich bei der Explosion auf der Steinalm um ein Unglück oder um einen Anschlag handle. Festzustehen scheint, daß in der Unterkunft mit Propangas gekocht wurde und daß im Hause Minen und Handgranaten gelagert waren.*
Mit Ausnahme der Landung von 2 Hubschraubern, welche auf der Steinalm Beobachter und Kommissionsmitglieder absetzten, war entlang der italienisch-österreichischen Grenze in diesem Abschnitt keine besondere Bewegung festzustellen."[9]

In den folgenden Tagen blieb die Situation dieselbe, wie die Bundespolizeidirektion Innsbruck am 12. September morgens meldete:

„Auch in den Abendstunden des 11.9.1966 konnte von italienischer Seite keine Mitteilung über die Ursache des Unglücks auf dem Almbergsattel erhalten werden.
Nach Auskunft des Grenzkommandanten Dr. PERUSKO ist die Ursache für die Explosion nach wie vor ungeklärt. Es wurde wiederholt, daß die Explosion entweder im Raum des Kommandanten oder an der Hauswand erfolgt ist. Der schwerverletzte Kommandant ist immer noch nicht einvernehmensfähig.
Auf die ausdrückliche Frage, ob Meldungen in der österr. Tagespresse über die Hinterlegung von 30 kg Sprengstoff in oder vor der Ubikation den Tatsachen entsprechen, erklärte Dr. PERUSKO, daß ihm hievon bisher nichts bekannt sei. Auch entsprächen die Mitteilungen, wonach italienischerseits Spuren der Attentäter nach Österreich sichergestellt worden seien, nach dem bisherigen Stand der Erhebungen nicht den Tatsachen."[10]

Trotzdem blieben auch in Österreich politische Reaktionen nicht aus: Österreichs Bundeskanzler Josef Klaus und Außenminister Lujo Tončić-Sorinj schickten ihren italienischen Amtskollegen – Ministerpräsident Aldo Moro und Außenminister Amintore Fanfani – sofort Beileidstelegramme und forderten die Einrichtung einer Untersuchungskommission. Tončić-Sorinj ging in seinem Telegramm – abgesandt

6 Bundesministerium für Inneres/Gruppe staatspolizeilicher Dienst, A.V. vom 9.9.1966. Aktenbestand „Steinjoch". ÖStA/AdR/BMfAA/Pol Südtirol, ST 1D 1966, Kt. 22.

7 Bundesministerium für Inneres/Gruppe staatspolizeilicher Dienst, A.V. vom 9.9.1966. Aktenbestand „Steinjoch". ÖStA/AdR/BMfAA/Pol Südtirol, ST 1D 1966, Kt. 22.

8 Bundesministerium für Inneres/Gruppe staatspolizeilicher Dienst, Information vom 9. September 1966. ÖStA/AdR/Bestand Inneres/„Anschlag auf der Steinalm am 9.9.1966". Zl. 41.585-17/69.

9 Bundesministerium für Inneres/Gruppe staatspolizeilicher Dienst, Information vom 10.9.1966. Aktenbestand „Steinjoch". ÖStA/AdR/BMfAA/Pol Südtirol, ST 1D 1966, Kt. 22.

10 Bundesministerium für Inneres/Gruppe staatspolizeilicher Dienst, Information vom 10.9.1966. Aktenbestand „Steinjoch". ÖStA/AdR/BMfAA/Pol Südtirol, ST 1D 1966, Kt. 22. Im zitierten Aktenstück wird der Name Perusko falsch geschrieben. Anm. d. Verf.

bereits vom 9. September um 18.30 Uhr – an Fanfani ganz im Gegensatz zu den österreichischen und offenbar auch italienischen Sicherheitsbehörden unumwunden von einem „verbrecherischen Anschlag“ aus:

„Ich versichere Sie meines tiefsten Abscheues über den verbrecherischen Anschlag, dessen Zweck offensichtlich darin liegt, eine begonnene hoffnungsvolle Entwicklung in der Richtung einer Lösung des Südtirolproblems durch grausame Gewaltakte zu unterbinden. Ich bitte Sie, den Ausdruck meines tiefen Mitgefühls entgegenzunehmen und auch den Familienangehörigen der bedauernswerten Opfer die Gefühle meiner großen Anteilnahme zu übermitteln.“[11]

Am 13. September machte das Innenministerium eine Verlautbarung zum Vorfall auf der Steinalm, in der die gesetzten österreichischen Maßnahmen dargelegt wurden. Es gäbe aber keinerlei Hinweise, *„daß mögliche Täter allenfalls von Österreich aus operiert haben oder nach Österreich geflüchtet sind“*, wofür die italienischen Behörden auch noch *„keine Anhaltspunkte“* mitgeteilt hätten.[12]

Beim Ministerrat der österreichischen Bundesregierung am 13. September wurde der *„Anschlag am Steinpaß“* kurz diskutiert. Innenminister Hetzenauer berichtete von den österreichischen Maßnahmen und legte klar, dass keinerlei Anhaltspunkte für Täter aus Österreich gefunden werden konnten. Auch der italienische *„Grenzoffizier“* – gemeint war zweifellos Dr. Perusco – habe erst am 12. September erklärt, dass es sich zweifelsfrei um einen *„Terroranschlag“* gehandelt hätte. Die Regierung einigte sich – vor allem auf Anregung des Bundeskanzlers Dr. Klaus – darauf, eine *„verstärkte Publizität über alle veranlaßten Maßnahmen“* in Form eines Kommuniqués zu machen.[13]

Reaktionen in Italien

In Italien wurden die Forderungen und Reaktionen nach der Explosion auf der Steinalm immer heftiger: Aldo Moro rief zur *„Verteidigung des Vaterlandes“* auf, Staatspräsident Guiseppe Saragat – bis 1964 Außenminister – sah eine *„schmachvolle Herausforderung des Neonazismus“* und die Neofaschisten verlangten sogar die Ausrufung des Ausnahmezustandes in Südtirol. Die Sektion Rom-Trastevere der neofaschistischen Partei Movimento Sociale Italiano (MSI) verstreute in Rom Flugzettel mit dem Inhalt, auf Staatspräsident Saragats *„Aufforderung zum erbarmungslosen Kampf gegen die österreichhörigen Terroristen“* derart zu reagieren, die *„Kampf- und Jugendgruppen den bewaffneten Streitkräften für den unverzüglichen Einsatz in der Polizeiaktion gegen die Mörder unserer tapferen Soldaten zur Verfügung zu stellen.“* Die italienische Bevölkerung – wesentlich beeinflusst von der Presse und der italienischen Außenpolitik – ging davon aus, dass die Urheber und Hintermänner der Anschläge in Österreich zu finden seien. Die Anschläge würden in Österreich vorbereitet und die Attentäter sich nach ihren Aktionen wieder nach Österreich zurückziehen – unter den Augen der österreichischen Verantwortlichen.[14] Der „Alto Adige“ titelte bereits am 10. September – somit weit vor allen sicherheitsdienstlichen Erhebungen – *„Bombenexplosion in der Finanzerkaserne auf der Steinalm [...]“*. Die italienischsprachige Tageszeitung in Südtirol „wusste“ am Tag nach der folgenschweren Explosion bereits alles: *„Der Anschlag auf der Steinalm zielte eindeutig auf Massenmord. Ort und Zeitpunkt der Explosion waren in der Absicht gewählt worden, in der Kaserne ein förmliches Blutbad anzurichten.“* Der „Alto Adige“ zeigte sich bestens informiert und erwähnte als Sprengmittel *„mindestens 25 kg Tritol“*. Beeindruckend im Gegensatz zu den Informationen des Dr. Secolo Perusco, des Leiters der Grenzstation Brenner, der Schluss des italienischen Massenmediums:

---

11 Kabinett des Bundesministers für Auswärtige Angelegenheiten. Zl. 812-K/66. Aktenbestand „Steinjoch“. ÖStA/AdR/BMfAA/Pol Südtirol, ST 1D 1966, Kt. 22.

12 Bundesministerium für Inneres/Gruppe staatspolizeilicher Dienst, Verlautbarung vom 13. September 1966. ÖStA/AdR/Bestand Inneres/„Anschlag auf der Steinalm am 9.9.1966“. Zl. 41.585-17/69.

13 Verhandlungsschrift Nr. 14 über die Sitzung des Ministerrates am 13. September 1966. ÖStA/AdR/BKA/MRP 2. Rep/Kt. 247.

14 Vgl. dazu die umfassenden Medienanalysen und Meldungen der österreichischen Botschaft in Rom. In: Aktenbestand „Grenzüberwachung an der österr.-ital. Staatsgrenze“. ÖStA/AdR/BMfAA/Pol Südtirol, ST 1D 1966, Kt. 22 sowie Rolf Steininger, Südtirol zwischen Diplomatie und Terror 1947–1969, Band 3: 1962–1969. S. 516f.

„Eines steht fest: Die Mörder sind auch diesmal wieder über die österreichische Grenze gekommen und auf österreichischen Boden zurückgeflüchtet.“ [15]

Klar erkannte der österreichische Generalkonsul in Mailand, DDr. Franz Matscher, die Situation in seinem Bericht vom 12. September an das Außenministerium. Der Generalkonsul führte darin aus, dass sich – angeregt durch öffentliche Äußerungen des italienischen Staatspräsidenten Saragat oder des Außenministers Fanfani – die italienische Presse *„aller Schattierungen“* die *„apodiktische [...] Beschuldigung“* verbreiten würde, dass *„dieser und ähnliche Anschläge auf österreichischem Gebiet vorbereitet werden, die Attentäter von österreichischem Gebiet aus operieren und sich nach vollbrachter Tat wieder auf österreichisches Gebiet zurückziehen, wo sie jegliche moralische und materielle Unterstützung genießen, daß also die volle Verantwortung für diese Anschläge österreichische Stellen trifft“*, wobei die Attentäter höchstwahrscheinlich sogar den Sprengstoff unentgeltlich aus *„staatlichen Depots“* beziehen würden. Der Hintergrund dieser Aussagen schien dem österreichischen Generalkonsul in Mailand klar: *„Das alles ist [...] ein Ausdruck der Hysterie, die sich der italienischen Exekutive und der italienischen öffentlichen Meinung bemächtigt hat [...].“* Franz Matscher erinnerte auch an die Anerkennung der österreichischen Bemühungen zur Aufklärung oder auch Verhinderung der Anschläge des bei den „Gesprächen auf hoher Ebene“ zwischen Italien und Österreich in Zürich anwesenden kommandierenden *Carabinieri*-Generals sowie weiteren italienischen Sicherheitsbehörden: Die auf österreichischem Staatsgebiet gegen Italien gerichteten Anschläge waren allesamt aufgeklärt worden. Selbst die Prävention von Anschlägen in Italien hätte wirksamer erfolgen können, *„wenn sich nicht die italienische Seite schwerwiegende Fehler und Versäumnisse hätte zu Schulden kommen lassen.“* Der Generalkonsul erinnerte das Außenministerium abschließend daran, die Situation der *„Weltöffentlichkeit“* zur Kenntnis zu bringen, da die unwidersprochene Hinnahme der Anschuldigungen wie ein *„Eingeständnis der eigenen Schuld“* wirken würde.[16]

Bei der folgenden „Südtirol-Debatte“ in der römischen Kammer ab dem 12. September verstiegen sich schließlich die Sprecher aller italienischen Parteien zu schweren Anschuldigungen und Vorwürfen gegenüber Österreich, und der italienische Botschafter Roberto Gaja äußerte gegenüber Max Löwenthal, dem österreichischen Botschafter in Rom, dass die *„Mitverantwortung Österreichs eine Tatsache sei, die man nicht übersehen könne.“* [17]

Die Kontaktperson zu den österreichischen Sicherheitsbehörden, der italienische „Grenzabschnittskommandant“ Dr. Perusco, erfuhr hingegen erst am 14. September die ersten Ermittlungsergebnisse. Der Sprengkörper wäre *„mittels ‚Funkimpulses‘ zur Explosion gebracht worden“*. Nähere Informationen darüber, wie der Sprengkörper in die Kaserne der *Guardia di Finanza* gelangt sei, hatte Perusco fünf Tage nach dem Vorfall allerdings immer noch nicht zur Verfügung. Am Abend desselben Tages hatte man Dr. Perusco dann einige weitere Details zukommen lassen. Es handle sich um einen Sprengstoffanschlag, der aus *„zwei Sprengladungen von je 20 kg bestanden“* habe, die Ladungen seien *„von außen in das Gebäude gestellt worden“* und bis jetzt sei es nicht möglich gewesen, *„den Grundstoff des Sprengstoffes zu erkennen.“* [18] Somit scheint der Leiter der Grenzstelle Brenner als relevante sicherheitsdienstliche Autorität eine Woche nach dem Vorfall wesentlich weniger informiert gewesen zu sein als die Redakteure des „Alto Adige“ am Tag nach der Explosion!

Innenminister Taviani trug wenige Tage nach dem Vorfall im italienischen Parlament die geplanten Maßnahmen zur Bekämpfung des Terrorismus vor. Man werde die Maßnahmen intensivieren, aber *„es wird ein langer und schwieriger Kampf sein“*. Den italienischen Sicherheits-

15 Bundesministerium für Inneres/Gruppe staatspolizeilicher Dienst, Information vom 13. September 1966. Aktenbestand „Steinjoch“. ÖStA/AdR/BMfAA/Pol Südtirol, ST 1D 1966, Kt. 22.

16 Österreichisches Generalkonsulat Mailand an BMfAA, Zl. 80-Res/66 vom 1. September 1966. Aktenbestand „Grenzüberwachung an der österr.-ital. Staatsgrenze“. ÖStA/AdR/BMfAA/Pol Südtirol, ST 1D 1966, Kt. 22.

17 Meldungen der österr. Botschaft in Rom an das BMfAA. Aktenbestand „Steinjoch“. ÖStA/AdR/BMfAA/Pol Südtirol, ST 1D 1966, Kt. 22.

18 Bundesministerium für Inneres/Gruppe staatspolizeilicher Dienst, Information vom 14. September 1966. Aktenbestand „Steinjoch“. ÖStA/AdR/BMfAA/Pol Südtirol, ST 1D 1966, Kt. 22.

kräften stünden noch *„schwere Stunden"* bevor. Eines aber stehe *„außer Zweifel und außer Diskussion: Südtirol ist italienisches Land und wird italienisches Land bleiben"*. Die Terroristen besäßen aber nicht mehr die Unterstützung der lokalen Bevölkerung. *„Sie sind fanatische Kriminelle, die vor keinem menschlichen Wert Zurückhaltung noch Achtung besitzen"*. Taviani hatte innerhalb der Terroristen *„drei Gruppen" erkannt. Sie bildeten jedenfalls keine „einheitliche Front"*, sondern bestünden aus der *„wohlbekannten neonazistischen Organisation mit Dr. Norbert Burger an der Spitze"*. Die beiden anderen Gruppen seien der Öffentlichkeit zwar nicht bekannt, von den italienischen Sicherheitsdiensten jedoch *„ausfindig"* gemacht worden. Diese beiden Organisationen hätten weniger Mitglieder, beide seien jedoch *„die eine mehr als die andere, neonazistischer Inspiration"*.[19]

Somit waren nach Ansicht bzw. Darstellung ranghöchster italienischer Politiker praktisch alle BAS-Aktivisten *„neonazistischer Inspiration"* und wurden durch die italienischen Medien entsprechend präsentiert. Merkwürdigerweise wurde diese – somit erfolgreiche – italienische „Propaganda" auch von vielen Medien und Personen in Österreich und Deutschland unkritisch „übernommen", letztlich bis heute![20]

19 „Der Kampf wird lang und schwierig sein". „Dolomiten", 13. September 1966. S. 3. Ferdinandeum.

20 So wurden etwa Tiroler Widerstandskämpfer gegen die nationalsozialistische Herrschaft wie Dr. Wolfgang Pfaundler von den italienischen Medien ebenfalls des „Neonazismus" bezichtigt. Anm. d. Verfassers.

Und alsbald kam es zum ersten Opfer einer von allerhöchsten Stellen angeordneten und politisch tolerierten „Menschenjagd": Der 18jährige Peter Wieland aus Olang im Pustertal wurde am 24. September 1966 durch *Alpini* erschossen. Während sein Tod offiziell als Unfall hingestellt wurde, stellte sich nach und nach heraus, dass Wielands Tod praktisch eine Hinrichtung darstellte, denn *„jetzt müsse einmal ein Südtiroler fallen"*.[21]

In den Akten der österreichischen Staatspolizei scheint der Tod des Peter Wieland und diese neue höchst brisante Situation in Südtirol nicht auf, desgleichen existiert kein Aktenstück in den politischen Südtirol-Akten des österreichischen Außenministeriums, was zweifellos einen Spiegel der österreichischen Außenpolitik im Herbst 1966 darstellt. „Unangenehme" Vorfälle werden durch das offizielle Österreich kaum angesprochen – im völligen Gegensatz zur italienischen Außenpolitik im damals herrschenden „Notenkrieg", dessen durchaus aggressiver Ton gegenüber Österreich immer von Italien ausgeht!

Die italienische Regierung tat jedenfalls alles, um den Vorfall einer „Lösung" zuzuführen. „Unterstützung" kam dabei auch durch den deutschen „Architekten" Carl Franz Joosten, der von den österreichischen Behörden als „Provokateur" des italienischen Nachrichtendienstes angesehen wurde. Im Oktober und November 1966 erschienen in insgesamt sechs Beiträgen durch den Journalisten Vittorio Lojacono die „Enthüllungen" des Joosten in der italienischen Wochenzeitung „Domenica del Corriere". Das Hauptaugenmerk kam dabei neben der Aufzählung der den Terrorismus unterstützenden Organisationen oder den Kontakten von BAS-Aktivisten zur französischen Geheimorganisation *„Organisation de l'armée secrète"* (OAS) den Aktivitäten der *„vier Ahrntaler"* zu, aber auch über Jörg Klotz wusste Joosten vieles zu berichten. Am bemerkenswertesten dabei sind Joostens Darstellungen zur Explosion auf der Steinalm: *„Das Attentat auf der Steinalm sei möglicherweise mit Hilfe eines Ballons verübt worden, der mittels eines Kabels über das Gebäude geleitet worden sei."*[22]

21 Vgl. dazu Helmut Golowitsch, Für die Heimat kein Opfer zu schwer. S. 561–572.

Allerdings sei über eine derartige Möglichkeit nicht im Zusammenhang mit der Steinalm gesprochen worden, sondern nur *„ganz allgemein"*. Joosten wusste aber auch zu berichten, dass die Terroristen durch Einbrüche in deutsche und österreichische Militärdepots über einen Granatwerfer verfügen würden. Wenn diese Bemerkungen auch den Untersuchungen von Sprengstoffsachverständigen widersprachen, so wurden sie in Italien doch in gewissem Maß ernst genommen, wie die Presseberichte der österreichischen Botschaft in Rom klarlegen.

22 Österreichische Botschaft in Italien. Zl. 8508-A/66 vom 9. November 1966. Aktenbestand „Carl Franz Joosten. Menschenrechtsbeschwerde gg. Rep. Österr.". BMfAA Zl. 33202-5/66. ÖStA/AdR/BMfAA/Pol Südtirol, ST 1D 1966, Kt. 22.

→
Abb. 4 Domenica del Corriere vom 6. November 1966 mit einer der „Enthüllungen“ des durch Italien gedungenen Provokateurs Joosten durch den Journalisten Vittorio Lojacono.

Übersetzter Bildtext: In der unteren Zeichnung wird die Technik für den Abwurf einer Bombe auf eine schwer zugängliche Kaserne dargestellt. Die Bombe ist an einem Ballon befestigt und wird abgeworfen sobald sie das Ziel erreicht hat.

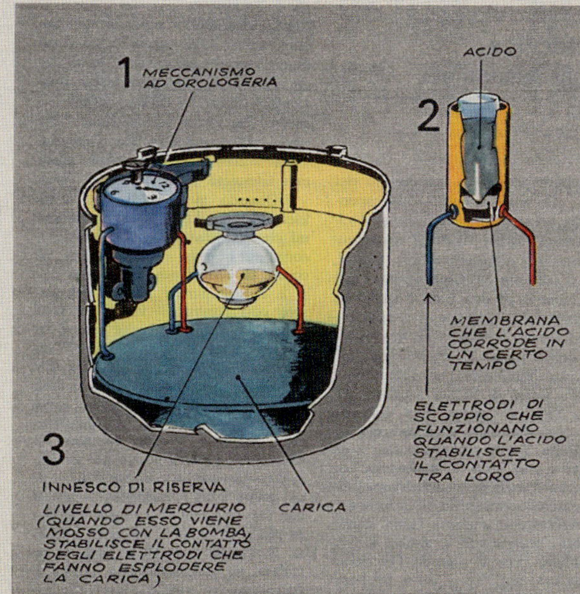

In alto un'esemplificazione teorica del funzionamento di una bomba; si possono usare o il meccanismo n. **1** ad orologeria, o quello n. **2** a tempo, accompagnati con quello a mercurio di riserva n. **3**.

Nel disegno sotto la tecnica per far cadere una bomba su una caserma irraggiungibile. Legata ad un palloncino, la bomba è sganciata quando si trova sull'obiettivo.
(Disegni di Frascoli)

ba, raggiungere Francoforte, volare a New York prima che l'esplosione avvenga.

« Più complessi invece i detonatori al mercurio. Si tratta di mine nelle mine: le usarono gli inglesi nella giungla malese durante la guerra. Le chiamavano " boobies-trap " e anche loro, nel Tirolo, le chiamano così. Queste " boobies-trap " sono destinate a fare scoppiare l'ordigno appena toccato ». In alcuni casi le hanno applicate a detonatori all'acido e a meccanismi ad orologeria, in modo che se questo o quello non funzionava, c'era sempre il detonatore al mercurio che faceva saltare tutto, appena gli italiani individuata la bomba tentavano di disinnescarla.

« Il contatto viene dato dal mercurio. Ecco come: il metallo, che è estremamente mobile, è al centro di un'ampolla; se si muove l'ordigno il mercurio si sposta, o a destra o a sinistra e in entrambi le direzioni determina il contatto. E la bomba scoppia ». Una bomba così venne scoperta dai nostri servizi di vigilanza nascosta nella scatola degli asciugamani di uno dei gabinetti del

Quelle: „Domenica del Corriere“, Anno 68 -N. 45 - L. 100–6 novembre 1966.

In Bozen kam es nach dem Vorfall auf der Steinalm zu Kundgebungen. Um den 19. September zogen etwa 2.000 *„italienischsprachige Studenten durch die Straßen von Bozen, wobei sie Plakate und Fahnen mit antiösterreichischen Aufschriften mit sich führten"* mit Aufschriften wie etwa *„Wien, die Stunde der Gerechtigkeit naht"*. In Sprechchören wurde *„Mörder, Mörder"* skandiert. Als die Demonstranten sich der Zentrale der Südtiroler Volkspartei nähern wollten, wurden sie durch die Polizei daran gehindert, wodurch es *„zu keinerlei Zwischenfällen"* kam.[23] In den Tagen nach dem „Attentat" auf der Steinalm kam es in ganz Italien zu teilweise gewaltsamen antiösterreichischen Aktivitäten, bei denen die italienischen Neofaschisten gleichsam die Führung übernahmen, wie den Akten des österreichischen Außenministeriums zu entnehmen ist.[24]

Jörg Klotz dürfte für Italien von Beginn der Untersuchungen an als Attentäter festgestanden haben. In diesem Zusammenhang wurde auch seine Ehefrau Rosa Klotz[25] neben fünf weiteren Südtirolern aus dem Passeiertal – Rudolf Marth, der Gemeindearzt von St. Martin Dr. Karl Frötscher, Albin Auer, Johann Landthaler und Georg Kofler – verhaftet.[26] Die verhafteten Südtiroler wurden von Italien vor Gericht später als „Passeier Gruppe" bezeichnet, die einige Sprengstoffanschläge verübt habe. Die Verhaftungen sollen aufgrund von Informationen des Südtirolers Anton Platter, eines Agenten italienischer Sicherheitsdienste, erfolgt sein. Rosa Klotz saß sozusagen aufgrund einer Art „Sippenhaftung" ohne jeglichen Verdachtsmoment 14 Monate und zehn Tage in Untersuchungshaft, ihre sechs Kinder Eva, Barbara, Judith, Rösi, Wolfram und Manfred wurden auf Verwandte und Bekannte „aufgeteilt". Es war dies nicht der einzige Fall der Verhaftung von Müttern, Ehefrauen und Schwestern von BAS-Aktivisten in den 1960er Jahren.

Bei der *„zweiten periodischen Besprechung zwischen Funktionären der österreichischen und italienischen Sicherheitsbehörden"* am 6. Dezember in Zürich offerierten die italienischen Delegationsteilnehmer den österreichischen Vertretern unter dem österreichischen Sicherheitsdirektor Dr. Oswald Peterlunger einen Ablauf des *„Attentats"* mit namentlich genannten Attentätern.

Dr. Silvano Russomano vom italienischen Innenministerium erklärte zwar im Zusammenhang mit dem Sprengstoffanschlag auf das Alpinidenkmal in Bruneck – den sogenannten „Kapuzinerwastl" – am 2. Dezember 1966, dass *„bis jetzt nichts festgestellt wurde, was darauf hinweisen würde, daß die Täter österreichische Staatsangehörige oder aus Österreich kommende Personen sein könnten"*, im Gegensatz dazu *„stehe es für die italienischen Sicherheitsbehörden fest, daß der Sprengstoffanschlag auf die Finanzieri-Unterkunft auf dem Steinjoch am 9. 9. 1966 von KOFLER, LARCH, KLOTZ und RAINER durchgeführt worden sei"*. Der in Südtirol verhaftete Richard KOFLER – der nichts mit dem bereits verhafteten Georg Kofler aus dem Passeiertal zu tun hatte – habe dazu *„sehr präzise Angaben"* gemacht. Die österreichische Delegation hatte ihrerseits Ermittlungen durchgeführt und warf daher ein, *„daß KOFLER nach dem vorliegenden Überprüfungsergebnis am 8. 9. 1966 gar nicht auf dem Steinjoch oder in dessen Umgebung gewesen sein konnte"*, was von der italienischen Delegation *„übergangen"* wurde. Die Österreicher hakten nach und merkten an, aus *„welchen Motiven"* Kofler, falls er tatsächlich am Attentat beteiligt gewesen sein sollte, sich *„freiwillig nach Italien begeben und sich den italienischen Behörden gestellt haben könnte"*, was die Italiener *„unbefriedigend"* beantworteten, Kofler sei von seinem Anwalt *„falsch beraten"* worden.[27] Tatsächlich dürfte Richard Kofler auf eine Am-

23 BMfI/Gruppe Staatspolizeilicher Dienst, Information vom 20. Oktober 1966. Aktenbestand „Südtirol, anonyme Anrufer". BMfAA Zl. 42.076-5/66. ÖStA/AdR/BMfAA/Pol Südtirol, ST 1D 1966, Kt. 22.

24 Vgl. dazu die Pressemeldungen der Aktenbestände ÖStA/AdR/01/BMfAA/Pol Südtirol/ST 1D 1965-1966/Karton 22 und ST 2C – D 1966/Karton 23.

25 Zur Verhaftung von Rosa Klotz vgl. Eva Klotz, Georg Klotz. Freiheitskämpfer für die Einheit Tirols. S. 287–305 sowie den Aktenbestand „Anschlag auf der Steinalm am 9.9.1966. ÖStA/AdR/Bestand Inneres/„Anschlag auf der Steinalm am 9.9.1966". Zl. 41.585-17/69.

26 BMfI/Gruppe Staatspolizeilicher Dienst, Information vom 20. Oktober 1966. Aktenbestand „Steinjoch". BMfAA Zl. 43973-5/66.ÖStA/AdR/BMfAA/Pol Südtirol, ST 1D 1966, Kt. 22.

27 Tatsächlich dürfte Richard Kofler auf eine Amnestie durch die italienischen Behörden gehofft haben, wie seinem Akt der österreichischen Staatspolizei zu entnehmen ist. Vgl. dazu ÖStA/AdR/Bestand Inneres/fol. 1–111 (Richard KOFLER). Zl. 128.318/80 „Verschluß".

Quelle: Familie Klotz/Walten

→
Abb. 5
Rosa und Jörg Klotz mit ihren Kindern 1964 in Nordtirol.

nestie durch die italienischen Behörden gehofft haben, wie seinem Akt der österreichischen Staatspolizei zu entnehmen ist.

Die italienischen Darlegungen dürften zu einer Kontroverse zwischen den Delegationen geführt haben, wie im Protokoll des Leiters der Staatspolizei, Dr. Oswald Peterlunger, relativ klar beschrieben wird:

„Die österreichische Delegation kam nicht darüber hinweg, ihrer Meinung Ausdruck zu verleihen, daß es sich nach ihrer Ansicht nach wie vor um einen von den Insassen dieser Unterkunft verschuldeten Unfall gehandelt habe, da jeder anderen Darstellung die Überzeugungskraft fehle. Plötzlich heiße es nun, entgegen der bisherigen italienischen Darstellung, daß, ausgelöst durch den Sprengstoffanschlag, 64 gelagerte Handgranaten explodierten. Der österreichische Sachverständige für Sprengwesen [Polizei-Oberst Alois Massak; Anm. d. Verf.] *habe eingehend begründet, daß es als Folge der von Italien behaupteten Sprengstoffexplosion nicht zu einer Explosion der Handgranaten habe kommen können. Sicherlich werde die Darstellung, wie sie nun gegeben werde (siehe Anlage I) genauestens geprüft werden.“* [28]

Die italienische Delegation wechselte daraufhin das Thema und kam auf die „Pusterer Buam“ zu sprechen.

28 Betr.: Italien; hier: zweite periodische Besprechung zwischen Funktionären der österreichischen und italienischen Sicherheitsbehörden am 6. Dezember 1966. ÖStA/AdR/Bestand Inneres/„Züricher Besprechungen“, Zl. 24.222-17/70.

Die im Protokoll erwähnte Anlage I ist im Aktenbestand des österreichischen Staatsarchivs enthalten und stellt offenbar eine Übersetzung der offiziellen italienischen Sachverhaltsdarstellung dar, die augenscheinlich auf den „Angaben“ des Richard Kofler beruhten:

„Um 11.25 des 9. September 1966 wurde die Finanzwach-Kaserne, Malga Sasso‘ durch eine heftige Explosion teilweise zerstört. Dieselbe liegt 1713 m ü.M., westlich vom Brennerpass, ca. 500 m von der österr. Grenze entfernt.

Die Explosion verursachte den sofortigen Tod des Wm. Herbert VOLGGER und des Gw. Martino COSSU. Schwere Verletzungen trug der Ltd. Franco PETRUCCI davon, welche am 23.9.66 seinen Tod verursachten; während zwei andere Beamte mit leichten Verletzungen davon kamen.“ [29]

Ermittlungen in Österreich

Bezüglich der Ursache der Explosion sei durch eine *„Tatbestandsaufnahme“* festgestellt worden, dass *„der Anschlag durch einen ca. 20 Kg schweren Sprengkörper verursacht wurde, welcher im Dienstlokal deponiert wurde, mit der nachfolgenden Explosion von 64 Handgranaten.“* Die Fahndungen hätten *„zur Identifizierung der Verantwortlichen geführt und zur Rekonstruktion der Operation gebracht“*: Um 17.00 Uhr des Vortages hätten sich die Südtiroler Richard Kofler, Georg Klotz, Alois Larch und Alois Rainer in Innsbruck im Gasthaus *„Birnstingl“* getroffen und wären dann zusammen in einem *„Fiat 1100 Pkw“*, den sich Alois Rainer von seiner Braut – *„eine blonde Kellnerin des LOEWENBRAEU“* – ausgeliehen hätte, zum Brennersee gefahren, wo sie das Fahrzeug in der Nähe einer alten Kapelle abgestellt hätten. Die vier seien dann zu Fuß in ca. einer Stunde über die Grenze und in einen Wald talwärts gestiegen, wobei sie *„die Kaserne auf ihrer linken Seite“* gehabt hätten. Alle vier hätten je einen Rucksack mit Waffen getragen, während der Rucksack mit dem Sprengstoff *„abwechslungsweise“* getragen worden wäre. Im *„Walddickicht“* hätten sie bis 22.30 Uhr gewartet und sich dann der Kaserne bis auf 500 m genähert und diese *„sehr aufmerksam“* beobachtet. Kofler und Rainer hätten sich dann kriechend bis auf 50 m dem Gebäude genähert, um mit ihren *„automatischen Waffen“* Klotz und Larch zu decken, die inzwischen den *„Sprengstoff platzierten“*. Wenn es nicht möglich gewesen wäre, den Sprengstoff im Inneren der Kaserne zu platzieren, hätten sie die Bombe auf das Dach des Gebäudes gelegt. Klotz und Larch hätten nun den *„rechten Moment“* gewählt, *„um die Ladung links vom Eingang zu stellen“*, welche nach *„kurzer Zeit“* explodieren sollte. *„Wegen eines Defektes an der el. Zündung, ereignete sich die Explosion erst am nachfolgenden Morgen“*.

29 Betr.: Italien; hier: zweite periodische Besprechung zwischen Funktionären der österreichischen und italienischen Sicherheitsbehörden am 6. Dezember 1966. Anlage I, Attentat Steinalm. ÖStA/AdR/Bestand Inneres/„Züricher Besprechungen“, Zl. 24.222-17/70.

Klotz und Larch seien dann zu den anderen zurückgekehrt und alle zusammen seien *„auf dem gleichen Weg"* zurückgegangen.[30]

Hier ist allerdings einzuwenden, dass Jörg Klotz – der als Gebirgspionier der deutschen Wehrmacht im Zweiten Weltkrieg beträchtliche Kampferfahrung hatte – nach einer derartigen Aktion einer üblichen militärischen Verhaltensweise folgend kaum auf demselben Weg zurück über die Grenze gegangen wäre.

Gegen Mitternacht seien die vier wieder in Innsbruck angekommen. Jörg Klotz hätte das Attentat gegen die Steinalm bereits seit Oktober 1965 geplant und mit den drei weiteren Aktivisten vorbereitet. Kofler habe den Auftrag gehabt, den Weg zur Steinalm und den Dienstablauf in der Finanzerkaserne, den Ablauf des Wachdienstes und die Lebensgewohnheiten der dort stationierten Soldaten der *Guardia di Finanza* zu erkunden. Der Anschlag wäre im Juni 1966 geplant gewesen, musste jedoch mehrmals verschoben werden. Am 29. August wären allerdings die Waffen samt Munition, die zwei Tage vorher von Klotz, Larch und Rainer nahe der Grenze auf einer Alm, ca. 20 Minuten von der Steinalm entfernt, versteckt worden wären, von der österreichischen Gendarmerie gefunden und beschlagnahmt worden, wovon allerdings weder in der „Tiroler Tageszeitung" noch in den „Dolomiten" berichtet wird. So sei es zum Termin am Abend des 8. September gekommen. Die vier hätten jedenfalls vorgehabt, nach der Aktion so früh wie möglich zurück in Innsbruck zu sein, um ein „Alibi" zu haben. Die italienischen Sicherheitsbehörden waren sich jedenfalls bezüglich der Schuldfrage im Klaren:

„Die Resultate der Fahndungen und der anderen Ermittlungen, ergeben, zweifellos, dass KLOTZ, LARCH, RAINER und KOFLER schuldig sind das schwere Attentat auf der Steinalm, seit langem vorbereitet, genau organisiert und zynisch ausgeführt zu haben."[31]

Aufgrund von *„unbestätigten Nachrichten"* hätte die häufige Anwesenheit von Jörg Klotz und seinen Kameraden in der Nähe der Sattelberghütte die Aufmerksamkeit der österreichischen Gendarmerie erregt. Die italienischen Behörden hatten aber trotz ihres umfassenden Kenntnisstandes noch einige Fragen an die Kollegen aus Österreich:

„Bezüglich der Komplexität und der Zeit für die Attentatsvorbereitungen, were [sic!] *es sehr wichtig folgendes zu erfahren:*
- ob tatsächlich die Tätigkeit der gruppe [sic!] *KLOTZ die Aufmerksamkeit der Tiroler Polizeibehörden erregt hätte;*
- ob als Folge davon eine verschärfte Aufmerksamkeit gewesen sei; welche mitgeholfen hätte das Attentat, anfänglich, zu verschieben;
- ob und in welchem Masse [sic!] *die Waffensicherstellung (zwei Tage vorher von den Terroristen versteckt) im Zusammenhang mit der Bewachung der Gruppe KLOTZ gewesen ist."*[32]

Die Anfragen der Italiener lassen sich in den vorliegenden Akten der Staatspolizei nicht nachvollziehen. Auch der erwähnte Waffenfund am Sattelberg ist nicht aktenkundig und wird auch in Zürich am 6. Dezember 1966 nicht weiter erörtert. Allerdings wurde durch die österreichische Delegation angemerkt, dass auch die in der offiziellen italienischen Darstellung angeführte *„blonde Kellnerin vom Löwenbräu"* mit der Sache nichts zu tun haben könne.[33] Zum *„Fall Hilde CSCHIEGNER"* wurde erklärt, sie war auf den Brenner gefahren, um Wein einzukaufen und *„die italienischen Behörden wußten auf Grund österreichischer Mitteilungen genau, daß sie zur Zeit des Unglücks auf dem Steinjoch mit LARCH, in dessen Begleitung sie zum Brenner gefahren war, noch in keinem näheren Verhältnis stand"*. Die Aussagen des Richard Kofler gegenüber den Sicherheitsbeamten in Bozen müssten auch des-

30 Betr.: Italien; hier: zweite periodische Besprechung zwischen Funktionären der österreichischen und italienischen Sicherheitsbehörden am 6. Dezember 1966. Anlage I, Attentat Steinalm. ÖStA/AdR/Bestand Inneres/„Züricher Besprechungen", Zl. 24.222-17/70.

31 Betr.: Italien; hier: zweite periodische Besprechung zwischen Funktionären der österreichischen und italienischen Sicherheitsbehörden am 6. Dezember 1966. Anlage I, Attentat Steinalm. ÖStA/AdR/Bestand Inneres/„Züricher Besprechungen", Zl. 24.222-17/70.

32 Betr.: Italien; hier: zweite periodische Besprechung zwischen Funktionären der österreichischen und italienischen Sicherheitsbehörden am 6. Dezember 1966. Anlage I, Attentat Steinalm. ÖStA/AdR/Bestand Inneres/„Züricher Besprechungen", Zl. 24.222-17/70.

33 Information des Bundesministeriums für Inneres, Abteilung 17 vom 1. Dezember 1966. ÖStA/AdR/Bestand Inneres/„Züricher Besprechungen", Zl. 24.222-17/70.

Abb. 6 Tatortbilder Steinalm, höchstwahrscheinlich aus dem Bestand Landesgericht Bozen. ↓

Quelle: Bestand Christoph Franceschini/Eppan.

→
Abb. 7

FOTO n°2-Panoramica della casermetta della Guardia di Finanza,ripresa dal lato EST.-

FOTO n°3-Panoramica della casermetta della Guardia di Finanza,ripresa dal lato Nord.-

Quelle: FamiQuelle: Bestand Christoph Franceschini/Eppan.

→
Abb. 8

FOTO n°4-Particolare della veranda,vista dal lato Ovest.-

Quelle: Bestand Christoph Franceschini/Eppan.

→
Abb. 9

n°6-Particolare lato Ovest,zona dell'ufficio esploso.-

Quelle: FamiQuelle: Bestand Christoph Franceschini/Eppan.

→
Abb. 10

Quelle: Bestand Christoph Franceschini/Eppan.

→
Abb. 11
Bild einer unzerstörten Gasflasche, was von den italienischen Gutachtern als Beweis für eine „Fremdladung" verwendet wurde.

Quelle: FamiQuelle: Bestand Christoph Franceschini/Eppan.

→
Abb. 12

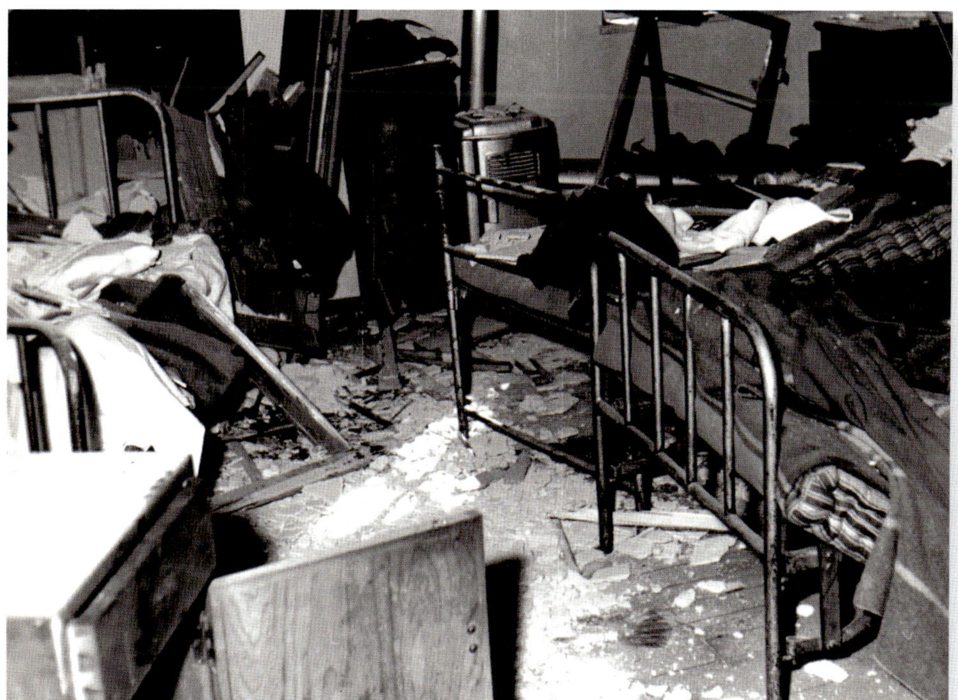

Quelle: Bestand Christoph Franceschini/Eppan.

→
Abb. 13
Bild oben: Explosionskrater
Bild unten: Leichnam des Vizebrigadiers Herbert Volgger (rechts unter Decke)

Quelle: FamiQuelle: Bestand Christoph Franceschini/Eppan.

→
Abb. 14 Der Leichnam des Finanzers Martino Cossu (Das Bild wurde aus Gründen der Pietät verpixelt)

Quelle: FamiQuelle: Bestand Christoph Franceschini/Eppan.

halb falsch sein, da die Frau nicht das von Kofler beschriebene Fahrzeug besaß und dieses daher auch nicht Larch überlassen konnte. Allerdings sei Hilde Cschiegner trotzdem *„verhaftet und nach Bozen überstellt"* worden. Die italienische Delegation wandte dagegen ein, die Frau sei *„nicht verhaftet"* worden, was von der österreichischen Delegation wiederum damit beantwortet wurde, *„daß sie durch Tage hindurch pausenlos verhört worden sei."*[34]

Eine höchst merkwürdige Diskussion, die ahnen lässt, dass die Frau bei ihrer Einkaufsfahrt jedenfalls *„in Gewahrsam genommen"* wurde. Die Staatspolizei bestätigte jedenfalls ihre Rückkehr nach Österreich *„nach 6-tägiger Haft in Bozen"* am 26. November 1966. In diesem Aktenstück wird sie mit ihrem tatsächlichen Namen genannt, *„Hildegunde Cieschinger, geborene Fischer"*.[35]

Die Innsbrucker Staatspolizei machte mit Cieschinger am 28. Oktober eine Einvernahme, in der sie zu ihren Kontakten zu Georg Klotz und Alois Larch, mit dem sie einige Zeit befreundet war, befragt wurde.

Als der Fall Steinalm ab dem 5. Februar 1969 beim „3. Mailänder Südtirol-Prozess" behandelt wurde, stellte Richard Kofler aus Eppan eine Art „Kronzeuge" der italienischen Anklage dar, der allerdings im Verlauf der Ermittlungen sein Geständnis vorerst teilweise und später vollständig widerrufen hatte. Am ersten Verhandlungstag widerrief Kofler sein Geständnis vom Oktober 1966 abermals. Richard Kofler begründete in seinem Verhör sein Geständnis aus dem Jahr 1966 mit seiner Ahnungslosigkeit, zudem mit seiner Folterung durch die *Carabinieri* und legte zuletzt klar: *„auf der Steinalm war ich noch nie in meinem Leben. [...] Ich habe nichts zu leugnen, denn ich habe nichts getan. Sonst wäre ich ja nicht nach Südtirol zurückgekehrt."* Die Einvernahme bzw. das Geständnis Koflers 1966 wurde umfangreich in Mailand diskutiert und stellt nach der Berichterstattung der „Dolomiten" ein beachtenswertes Zeugnis über die italienischen Verhörmethoden durch *Carabinieri* und Staatsanwaltschaft dar.[36]

Sachverständige und Gutachten

Einer der ersten in Italien mit der Explosion auf der Steinalm befassten Sachverständigen war *„Dr. Ing. Cerri Teonesto"*, der sein über 80 Seiten umfassendes Elaborat mit 9. Dezember 1966 – somit nach der „periodischen Besprechung" in Zürich am 6. Dezember – datierte. Somit lag offenbar eine offizielle italienische Darstellung vor dem Gutachten des Sachverständigen vor! Cerri beschrieb den Ort des Vorfalles zwar *„frei von jeglichem Hindernis"*, mit einem Sichtfeld *„auf den ganzen Umkreis von 360°"*, der jedoch einige *„leichte Zugangsmöglichkeiten"* durch den Stacheldrahtverhau bot, der im Umkreis von zehn Metern das Gebäude umgab. Es würde ausreichen, die Drähte anzuheben. Nach einer umfangreichen Darstellung der durch die Explosion entstandenen Schäden an den Körpern der Opfer und am weitgehend zerstörten Gebäude widmete sich der in einigen Fällen in Südtirol herangezogene Sachverständige den vom Staatsanwalt zum Vorfall gestellten Fragen:

„a) wie viele Detonationen haben sich in der Kaserne der Finanzwache auf der ‚Steinalm' ereignet und an welchen Stellen sind sie vorgefallen,

b) Wie schwer und welcher Art der Sprengstoff war, oder mit welchem System sind die Sprengkörper gezündet worden.

c) Wann ist mutmaßlich der Sprengkörper gelegt und gezündet worden."[37]

Dazu sollte Dr. Cerri an den Einvernahmen der überlebenden Finanzer durch die Staatsanwaltschaft teilnehmen, um Klarheit über die *„ursprüngliche Unterbringung der Munition und Handgranaten"* zu erlangen, einige Steinsplitter aus dem Inneren des Kamins der Finanzerkaserne entnehmen, die Schuhe des getöteten Vizeb-

34 Betr.: Italien; hier: zweite periodische Besprechung zwischen Funktionären der österreichischen und italienischen Sicherheitsbehörden am 6. Dezember 1966. ÖStA/AdR/Bestand Inneres/„Züricher Besprechungen", Zl. 24.222-17/70.

35 Bundesministerium für Inneres/Gruppe staatspolizeilicher Dienst, Information vom 1. Dezember 1966. ÖStA/AdR/Bestand Inneres/„Anschlag auf der Steinalm am 9.9.1966". Zl. 41.585-17/69.

36 Ich war nie auf der Steinalm. „Dolomiten", 6. Februar 1969. S. 1f., sowie: Ein „Hörspiel" im Gerichtssaal. „Dolomiten", 7. Februar 1969. S. 1. Landesbibliothek Dr. Friedrich Teßmann/Teßmann digital/Bozen (Teßmann).

37 Gutachten Dr. Ing. Cerri Teonesto. Mailand, den 9. Dezember 1966. Angeblicher Anschlag „STEINALM". BMI/Ehemaliges Dokumentationszentrum. Ordner 28.

rigadiers Volgger und zwei Metallsplitter sowie *„einige Hautfragmente“* Volggers aus dem Krankenhaus in Sterzing sicherstellen. Cerri sollte auch die Schuhe des getöteten Oberleutnants Petrucci sicherstellen, diese waren aber nicht mehr auffindbar. Am Einlieferungstag des Finanzeroffiziers wurden dessen Schuhe von einer *„Finanzwache des Kompaniekommandos“* abgeholt, an dessen Namen *„man sich nicht mehr erinnert“*. Diese Schuhe seien unbeschädigt gewesen, da Petrucci an den unteren Gliedmaßen keine Verletzungen aufgewiesen habe, während *„der Offizier* [...] *auf rund 50 Prozent der Körperoberfläche verletzt und mit Verbrennungen bedeckt* [war], *hauptsächlich auf der rechten Seite und hinten. Die Haare auf dem Kopf waren völlig verbrannt. In den Verletzungen waren winzige Aluminiumsplitter mit schneidenden und eingerollten Kanten zurückgehalten.“*[38]

Mit drei „leichten Maschinengewehren B.A.R.“, die in der Hütte gefunden wurden, machte Cerri in der Folge umfangreiche Versuche, dies aus folgendem Grund: Zwei der überlebenden Soldaten der Guardia di Finanza hatten angegeben, unmittelbar vor der Explosion einen Schuss gehört zu haben. Somit hätte die Möglichkeit bestanden, dass die Handgranaten durch einen Schuss gezündet wurden, vielleicht im Zuge einer Waffeninspektion durch Petrucci. Ing. Cerri machte daher einige Beschusstests und kam zu dem Schluss, dies wäre praktisch nicht möglich, ausgenommen das Geschoß treffe *„direkt die* [Zünd-] *Kapsel“*. Es sei denn, die Waffe wäre in *„Schießbereitschaft“* vor einem Fenster auf ihrem Zweibein aufgestellt gewesen, wäre durch den Druck der Detonation mit dem Schaft voraus auf den Boden geschleudert worden, wodurch sich durchaus ein Schuss hätte lösen können.

Der Zustand der Leiche des *Vice Brigadiere* Volgger überzeugte Cerri davon, dass sich Volgger im Augenblick der Detonation knieend auf dem Boden befunden hatte und offenbar *„im Begriff war, irgend einen neben dem Fenster des Büroraumes am Boden liegenden Gegenstand zu untersuchen“ und es sei „wahrscheinlich, dass er dabei etwas berührte, was mit der Ladung verbunden die Zündung ausgelöst hat.“* Die Verletzungen und Verbrennungen, die Volgger davongetragen hatte, schienen Cerri *„jenen ähnlich zu sein, die auf dem Körper vom Strassenwärter Postal* [Opfer der Feuernacht im Juni 1961; Anm. d. Verfassers] *festgestellt worden sind“* und selbst die *„Lage, in der beide Leichen aufgefunden worden sind, ist nach Meinung des Schreibers ähnlich“* – ein beachtlich weit hergeholter Vergleich, vor allem auch in Anbetracht der bereits von offizieller italienischer Seite verlautbarten Sprengstoffmenge!

Ing. Cerri ergeht sich in seinem Gutachten vom 9. Dezember 1966 in der Folge auf vielen Seiten über den *„Zerfall der Sprengstoffe und die ihr darauf folgenden Phänomene“*, schildert umfangreich die Wirkung von Sprengstoffen über *„Zündwellen“*, *„Detonationswellen“* und *„die zurückkehrende Welle“*, den *„Zerfall der Sprengstoffe“* wie den *„thermischen Zerfall“* und die *„Deflagration“* und kommt nach 38 Seiten reiner Spreng-Theorie zu den *„Antworten auf die gestellten Fragen“*, die wiederum größtenteils durch Theorie glänzen, letztlich aber doch zu einigen Ergebnissen führen:

Bereits im ersten Teil seiner 83seitigen Abhandlung kommt der Sprengexperte zum Schluss, dass die Sprengstoffmenge der 64 Handgranaten von 3,1 kg für die starken Zerstörungen der Hütte nicht ausgereicht hätte. Er schloss weiters in Beantwortung der ersten Frage nach Ort und Anzahl der Detonationen in der Finanzerkaserne aus, dass die Explosion von entwichenem Gas der in der Küche gelagerten Flüssiggasflaschen zur Explosion geführt hätte, sondern dass es sich jedenfalls um *„die Zündung einer Sprengladung“* und zwar um *„nur eine Detonation“* gehandelt haben konnte. Die Stelle für diese eine Detonation war für Cerri jedenfalls der *„Fensterbereich im Büroraum“*.

Die Frage zwei nach der Art und der Menge des verwendeten Sprengstoffes und der Art des Zündsystems beantwortete der Sachverständige mit seiner Schätzung einer Ladung von mehr *als „9 oder 12 kg“*, je nach Art des Sprengstoffes. Cerri könne zwar *„nach erfolgter Sprengung natürlich nicht die Art des verwendeten Sprengstoffes präzisieren“*, er könne nur *„behaupten, daß dieser der Klasse der Minensprengstoffe“* angehöre, aber:

„Mit großer Wahrscheinlichkeit ist anzunehmen, daß das gewöhnlich bei den Attentaten in Südtirol von 1962 bis heute verwendete Donarit

38 Gutachten Dr. Ing. Cerri Teonesto. Mailand, den 9. Dezember 1966. Angeblicher Anschlag „STEINALM“. BMI/Ehemaliges Dokumentationszentrum. Ordner 28.

Abb. 15 Die Umgebung des Stützpunktes der *Guardia di Finanza* auf der Steinalm. Dieses und die folgenden Bilder stammen aus der Studiensammlung von Polizei-Oberst Massak. Die Bilder wurden offensichtlich erst einige Zeit nach dem Vorfall aufgenommen.
↓

Quelle: BMI/Ehemaliges Dokumentationszentrum. Ordner 28.

Quelle: BMI/Ehemaliges Dokumentationszentrum. Ordner 28.

←
Abb. 16
Die Umgebung des Stützpunktes auf der Steinalm.

→
Abb. 17

Quelle: BMI/Ehemaliges Dokumentationszentrum. Ordner 28.

[geschrieben als *,Doranit'* oder *,Dorarit'*; was durch erfolgte Ausbesserungen im Aktenstück nicht eindeutig lesbar ist; Anm. d. Verf.] *Österreichischer Herstellung aus dem Werk St. Lambrecht benützt worden ist.*"[39]

Endlich war nach den zahlreichen Seiten des Gutachtens klar: Die Explosion in der Finanzerkaserne konnte nur einen österreichischen „Hintergrund" haben!

Zum verwendeten Zündsystem konnte Cerri keine Präzisierung bieten, er sei allerdings *„geneigt, das chemische System"* auszuschließen, weil dieses keine ausreichende Gewähr zur Zündung zur *„festgesetzten Zeit"* habe. Auch eine *„Abreiß- oder Reibungszündung"* würde sich aus Zeitmangel bei der Anbringung ausschließen. Die Verwendung eines *„Uhrzündsystems mit Trockenbatterie und Schafflerzünder"* sei hingegen möglich.

Das führte den Gutachter letztlich zur Frage, wann der Sprengkörper gelegt und gezündet worden wäre. Ein Uhrzünder, der nicht über zwölf Stunden vorher angebracht werden könne, würde daher eine Anbringung des Sprengkörpers zwischen 22 und 23 Uhr des 8. September festsetzen, was aber der längstmögliche Zeitraum sei. Natürlich könnte der Zünder auch wesentlich später angebracht worden sein. Cerri ging allerdings davon aus, dass die verwendete Uhr wegen eines *„Defekts am Ziffernblatt"* stehengeblieben sei und der *Vice Brigadiere* Volgger genau deswegen die Zündvorrichtung untersucht habe, was letztlich die Zündung verursacht habe, aber: *„Dieser zwar mögliche aber nicht sichere Umstand macht jedwegliche Präzisierung der Zeit, zu der die Ladung gelegt worden ist, ungewiss."*[40]

Zum Zeitpunkt der Fertigstellung des Gutachtens am 9. Dezember 1966 wurde den österreichischen Delegierten bei der *„2. Züricher Besprechung auf hoher Ebene"* allerdings bereits ein zeitmäßig genau begrenzter Zeitraum der Sprengvorbereitung offeriert, offenbar aufgrund der Aussage eines Zeugen, der zu dem Zeitpunkt gar nicht am Tatort gewesen sein konnte! Im Aktenbestand „Südtirol" des österreichischen Sprengsachverständigen Polizei-Oberst Ing. Alois Massak existiert auch die amtliche Übersetzung eines weiteren Gutachtens neben dem des Teonesto Cerri vom 9. Dezember 1966. Drei Gutachter, *„Prof. Dr. Enrico Crepaz, Gen.le S.Te.A. Dr. Camillo Caprio"* (General des technischen Dienstes; Anm. d. Verfassers) und – abermals – *„Dr. Ing. Teonesto Cerri"* wurden aufgrund einer *„Verfügung"* vom 7. Jänner 1967 beauftragt, *„als Sachverständigenkollegium eine ballistische Expertise über die Explosion zu erstellen, die am 9. September 1966 etwa um 11,20 Uhr vormittags sich in der Kaserne der Finanzwache auf der Steinalm in der Nähe des Brenners zugetragen und den Tod des Oberleutnants der Finanzwache Franco Petrucci, des Vice-Brigadiers der Finanzwache Herbert Volgger und der Finanzwache Martino Cossu zur Folge gehabt hat."*

Die *„kollegiale ballistische Expertise"* betreffend das *„Strafverfahren Nr. 2048/66/92"* richtete sich *„an den sehr illustren Herrn Untersuchungsrichter beim Tribunal Bozen"*. Es sollten abermals *„sämtliche [...] Prozessakten"* nach *„erfolgter Ausführung jeglichen erforderlichen Experiments"* geprüft werden, um *„die Natur und die Ursachen"* der Explosion auf der Steinalm zu *„präzisieren"*. Am 11. Februar 1967 erfuhren die drei Sachverständigen vom Rechtsanwalt der Angeklagten, Dr. Hugo Gamper, von der Ernennung eines Sachverständigen *„der Partei"*, Ing. Alois Massak aus Wien. Das *„Sachverständigenkollegium"* verblieb sodann *„in Erwartung allgemeiner oder besonderer Fragen von Seiten des genannten Sachverständigen der Partei"*. Massak legte aber bis zum 20. März, dem Datum der *„kollegialen Sitzung"* der Sachverständigen, keine Fragen vor, wodurch das *„Kollegium"* eine gemeinsame Sitzung am 6. April anberaumte, zu der der österreichische Polizei-Sachverständige aber wieder nicht erschien.

Die italienischen Sachverständigen kamen hingegen *„übereinstimmend in den zahlreichen von ihnen abgehaltenen Sitzungen"* zu einem Ergebnis ihrer Untersuchungen:

„Am 9. September 1966 gegen 11,20 Uhr haben die in der Kaserne auf der Steinalm anwesenden Finanzer eine Detonation vernommen und sind in mehr oder weniger starkem Ausmasse [sic!], *je*

39 Gutachten Dr. Ing. Cerri Teonesto. Mailand, den 9. Dezember 1966. Angeblicher Anschlag „STEINALM". BMI/Ehemaliges Dokumentationszentrum. Ordner 28.

40 Gutachten Dr. Ing. Cerri Teonesto. Mailand, den 9. Dezember 1966. Angeblicher Anschlag „STEINALM". BMI/Ehemaliges Dokumentationszentrum. Ordner 28.

nach ihrem Standort, an dem sich der einzelne zu diesem Zeitpunkt befunden hat, von Schutt getroffen worden.
Der Detonation folgte der Einsturz der Baustrukturen. In der Küche ist die Leiche des Finanzers Cossu Martino aufgefunden worden, wie er vor dem Sende- und Empfangsgerät gesessen ist. Der Vize-Brigadier Herbert Volgger ist auf den Trümmern der eingestürzten Mauer gelegen, die die Küche vom Bureauraum getrennt hat. Im gänzlich zerstörten Bureauraum ist der Oberleutnant Petrucci schwerverletzt gefunden worden.
Um die Kaserne herum in einem Radius von 50 m waren Schutt und Teile der durch die Explosion zertrümmerten Baustruktur verstreut.
Im Bureauraum sind unter anderem gefunden worden:
- 8 nicht explodierte Handgranaten von der Type S.R.C.M. mit unversehrten Sicherungsvorrichtungen;
- zahlreiche Munition, zum Teil noch unversehrt und zum Teil mit Geschossen aus der Patrone und herausgedrückten Zündkapseln;
- 3 beschädigte leichte Maschinengewehre der Marke B.A.R.".[41]

Die *„Untersuchung der Örtlichkeiten"* durch die Sachverständigen brachte zutage, dass *„rund um die Kaserne [...] eine vollkommen hindernisfreie Sicht* [herrscht], *sodass ein Beobachtungsbogen von 360° möglich ist"*. Rund um die Kaserne verlaufe in einem Abstand von zehn Metern ein 1,30 m hoher Stacheldrahtzaun, in dem an der Süd-Ostseite eine Gitteröffnung angebracht war. Außerdem könne der Zaun an der Westseite ebenfalls leicht überwunden werden, da dort die Stacheldrähte *„ungefähr 1,10 m breit auseinanderliegen"*. Somit könne eine Person den Stacheldraht leicht durchqueren, indem sie die Drähte anhebt. Der *„gänzlich zertrümmerte Bureauraum"* hatte ein Fenster, das mit einem Fenstergitter und zusätzlich aufgestapelten Sandsäcken gesichert war und das durch die Sandsäcke nicht geöffnet werden konnte. Die Schäden am Gebäude, die im Gutachten umfassend beschrieben werden, führten die Sachverständigen zu der Ansicht, *„dass sich das Explosionszentrum im Fensterbereich des Bureauraumes lokalisieren lässt"*.

Als Ursache für die Schäden schlossen die drei Sachverständigen jedenfalls die Explosion der 64 Handgranaten, deren Sprengstoffmenge für die vorhandenen Schäden nicht ausgereicht hätte sowie die Explosion der Gasflaschen aus, die unbeschädigt geblieben wären. Somit blieb als letzte Möglichkeit nur *die „Detonation einer nicht zu Recht vorhandenen Sprengladung"*, somit einer Sprengladung von 9 kg bzw. 11 kg bei Verwendung einer *„Tritolart"*, *„die mit dem in der Kaserne der Steinalm zum Zeitpunkt der Explosion vorhandenen Sprengstoff nichts zu tun hatte"*. Allerdings musste sich diese Sprengladung *„sehr nahe neben der Handgranatenkiste"* befunden haben. Umfangreiche Berechnungen und Erwägungen führten die italienischen Sachverständigen sodann zur Schlussfolgerung:
„Das Sachverständigenkollegium ist daher der einstimmigen Meinung, dass die vorgefallene Explosion [...] in unmissverständlicher Weise vorsätzlichen und nicht zufälligen Ursachen zuzuschreiben ist."[42]

Somit war aus italienischer Sicht die Ursache für die Explosion in der Finanzerkaserne auf der Steinalm ausschließlich bei einem terroristischen Anschlag zu suchen – und deren Urheber unzweifelhaft in Österreich!

Im Jänner 1968 forderte der Bozner Staatsanwalt Michele Paone den zuständigen Untersuchungsrichter auf, gegen drei Personen aus Österreich und sieben Personen aus Südtirol ein „Untersuchungsurteil" wegen des Mordes an den drei italienischen Zöllnern zu erlassen, darunter auch Georg Klotz. Nach den Ermittlungen der italienischen Polizei wäre die Explosion am 9. September 1966 kein Unfall, sondern wurde durch eine Mine verursacht, die von Personen gelegt worden war, die nach dem Anschlag über die wenige hundert Meter entfernte Grenze nach Österreich geflüchtet wären.

41 Betreff: Strafverfahren Nr. 2048/66/91: kollegiale balistische [sic!] Expertise. Bozen, 15. April 1967. Angeblicher Anschlag „STEINALM". BMI/Ehemaliges Dokumentationszentrum. Ordner 28.

42 Betreff: Strafverfahren Nr. 2048/66/91: kollegiale balistische [sic!] Expertise. Bozen, 15. April 1967. Angeblicher Anschlag „STEINALM". BMI/Ehemaliges Dokumentationszentrum. Ordner 28.

Quelle: BMI/Ehemaliges Dokumentationszentrum. Ordner 28.

←
Abb. 18 Südseite der Finanzerkaserne auf der Steinalm mit den Fenstern der Unterkunftsraume, fotografiert vom österreichischen Sachverständigen Polizei-Oberst Alois Massak.

Quelle: BMI/Ehemaliges Dokumentationszentrum. Ordner 28.

→
Abb. 19 Westseite der Finanzerkaserne. Links das Zentrum der Explosion im Büroraum.

Quelle: BMI/Ehemaliges Dokumentationszentrum. Ordner 28.

←
Abb. 20 Ostseite der Finanzerkaserne. Links Unterkunftsraum. Rechts Küchenraum.

Quelle: BMI/Ehemaliges Dokumentationszentrum. Ordner 28.

←
Abb. 21
Nordostseitiger Mauerrest des Büroraumes. Zentrum der Explosion.

→
Abb. 22 Nordseite der Finanzerkaserne. Küchenraum und Mauerrest des Büroraumes.

Quelle: BMI/Ehemaliges Dokumentationszentrum. Ordner 28.

Quelle: BMI/Ehemaliges Dokumentationszentrum. Ordner 28.

←
Abb. 23
Nordseite der Finanzerkaserne. Außenmauer des Küchenraumes.

Neben der Mordanklage sollten die für Italien Tatverdächtigen auch wegen *„Verschwörung gegen die Integrität des italienischen Staates"* angeklagt werden, ein Delikt des italienischen Gesetzwerkes *„Codice Rocco"* aus der faschistischen Zeit, das mit lebenslänglicher Haft bestraft werden konnte.[43]

Anders hingegen das Urteil des österreichischen Sprengsachverständigen Polizei-Oberst Ing. Alois Massak, der über Antrag der Verteidigung vor dem Mailänder Gericht im Jahr 1969 aussagte: Nach einem Treffen mit den Verteidigern Dr. Nicolussi, Dr. Gamper, Dr. Wachter *„und einem Geometer"* am 18. Jänner 1969 in Innsbruck, bei dem ihm die „Fakten" für den bevorstehenden Prozess bekanntgegeben wurden, erstellte er in den Folgetagen in Bozen eine *„gutächtliche Stellungnahme"*, die dem Gericht in Mailand übermittelt wurde. Diese Stellungnahme erstellte Massak auf der Grundlage der ihm von den Anwälten übergebenen Gutachten des *„Sachverständigen-Kollegiums"* sowie des Dr. Cerri samt einigen Fotos von der zerstörten Finanzerkaserne – die in dieser Arbeit enthalten sind.

In seiner *„gutächtlichen Stellungnahme"* vom 26. Februar 1969 zur Verwendung beim *„Schwurgericht Mailand 64/68 R.C. im Prozeß gegen Klotz Georg und 13 Mitangeklagte"* ging der österreichische Sachverständige Polizei-Oberst Ing. Alois Massak mit den Gutachten des Sachverständigenkollegiums wie mit jenem des Dr. Ing. Cerri hart ins Gericht: Nach einer umfangreichen Analyse der beiden Gutachten bezüglich des Vorfalles, der Schäden am Gebäude der Finanzerkaserne und der *„Feststellungen"* der italienischen Gutachter brachte Massak seine erste *„Bemerkung"* an:

„Wie immer geartete Teile einer nicht detonierenden Sprengladung sowie einer Zündvorrichtung konnten nicht aufgefunden werden."[44]

Die umfangreichen *„Technischen Bewertungen und Erwägungen"* seiner Kollegen bewertete der österreichische Sachverständige durch den Mangel an Erwägungen über die Möglichkeiten einer Fremdzündung als unvollständig. Auch die technischen Berechnungen tat Massak damit ab, dass man *„mit dieser Berechnung nichts beweisen kann"*. Gleich kritisch bewertete er auch die Feststellung des Dr. Cerri zur Herkunft des Sprengstoffes – des bei Attentaten in Südtirol zumeist verwendete Donarit aus dem österreichischen St. Lambrecht:

„Freilich vermag er für seine Annahme keinen wie immer gearteten Beweis anzubieten."[45]

Dies wäre möglich gewesen, wenn entsprechende gerichtschemische Untersuchungen an den Kleidungsstücken und Leichen durchgeführt worden wären – was somit offenbar unterblieben war. Darüber hinaus hätte Cerri *„vergessen"*, dass bei Anschlägen in den vergangenen Jahren zudem TNT und Hexogen verwendet worden seien. Auch die von Cerri geäußerte Annahme einer Uhrwerkzündung entbehre jeden Beweises. Zuletzt stimme auch die vom italienischen Sachverständigen angenommene Zeit der Uhrwerkseinstellung nicht, da die *„Latenzzeit"* um eineinhalb Stunden überschritten worden sei und die Sprengung somit früher hätte erfolgen bzw. die Zündeinstellung der Uhr später hätte erfolgen müssen – was aber nicht mit der Rückkehrzeit der angeblichen Attentäter nach Innsbruck zusammenpasste. Cerri hatte somit in seinem Gutachten geschlossen, dass die Uhrwerkszündung einen Defekt gehabt hätte und letztlich von Vizebrigadier Volgger durch seine Untersuchung der Uhr ausgelöst worden sei. Dies sei aber ebenfalls unmöglich, da Volgger in diesem Fall beide Unterarme *„traumatisch amputiert"* und bei einer verwendeten Sprengstoffmenge von neun bis zwölf Kilo nicht nur beide

43 Vorgänge auf der Steinalm werden geahndet. „Tiroler Tageszeitung" Mittwoch, 3. Jänner 1968 Nr. 2. S. 2. Österreichische Nationalbibliothek (ÖNB). Vgl. dazu auch Helmut Golowitsch, Für die Heimat kein Opfer zu schwer. S. 555–561.

44 Betr.: I. Schwurgericht Mailand 64/68 R.C. im Prozeß gegen Klotz Georg und 13 Mitangeklagte wegen des Deliktes nach §§ 241, 308, 285 u.a. Gutächtliche Stellungnahme. Angeblicher Anschlag „STEINALM". BMI/Ehemaliges Dokumentationszentrum. Ordner 28.

45 Betr.: I. Schwurgericht Mailand 64/68 R.C. im Prozeß gegen Klotz Georg und 13 Mitangeklagte wegen des Deliktes nach §§ 241, 308, 285 u.a. Gutächtliche Stellungnahme. Angeblicher Anschlag „STEINALM". BMI/Ehemaliges Dokumentationszentrum. Ordner 28.

Arme abgerissen worden wären, sondern auch der Kopf, was aber nicht der Fall war. Somit kam Polizei-Oberst Massak zu einer klaren Schlussfolgerung:

„Nach eingehender Untersuchung komme ich zur Ansicht, daß den von den Sachverständigen im gegenständlichen Fall angestellten Berechnungen und Untersuchungen keine Beweiskraft zuerkannt werden kann, zumal sich diese nur aus Hypothesen resultieren." [46]

In Österreich wurden zudem auch Statiker mit einem Gutachten für die notwendige Sprengstoffmenge in Relation zum Gebäude der Finanzerkaserne beauftragt. Dieses Gutachten der Sachverständigen Dipl.-Ing. Karl Kugi und Dipl.-Ing. Dr. W. Valentin datiert vom 25. Februar 1969. Nach entsprechenden Berechnungen kommt das Gutachten zu einem völlig anderen Schluss als die italienischen Gutachter:

„Aufgrund obiger Ausführungen genügt eine Sprengstoffmenge von 1,8 kg TNT, um die bei der Explosion auf der Steinalm festgestellte Zerstörung der Außenmauer des Büros zu bewirken." [47]

46 Betr.: I. Schwurgericht Mailand 64/68 R.C. im Prozeß gegen Klotz Georg und 13 Mitangeklagte wegen des Deliktes nach §§ 241, 308, 285 u.a. Gutächtliche Stellungnahme. Angeblicher Anschlag „STEINALM". BMI/Ehemaliges Dokumentationszentrum. Ordner 28.

47 Gutachten über die Explosion auf der Steinalm am 9. September 1966. Baurat h.c. Dipl.-Ing. Karl Kugi, Dipl.-Ing. Dr. techn. W. Valentin vom 25. Februar 1969. Angeblicher Anschlag „STEINALM". BMI/Ehemaliges Dokumentationszentrum. Ordner 28.

Vor Gericht in Mailand 1969

Polizei-Oberst Massak schrieb einen *„Bericht"* über seine Teilnahme als *„Privatsachverständiger der Verteidigung im Schwurgerichtsprozeß gegen Georg Klotz und 13 Mitangeklagte"*. Massak hatte ab dem 3. März 1969 in Mailand an der Gerichtsverhandlung gegen die Tatverdächtigen der Steinalm, die vier Südtiroler Jörg Klotz, Alois Larch, Alois Rainer und Richard Kofler, dem „Kronzeugen", teilgenommen. Am Folgetag wurde das Gutachten der italienischen Sachverständigen vorgetragen und General Dr. Caprio und Dr. Cerri einvernommen. Massak trug seine Stellungnahme am 4. März vor, hatte – nach seinem eigenen Bericht – die Gelegenheit, die *„krassen Widersprüche"* in den Gutachten der italienischen Kollegen aufzuzeigen und deren Aussagen *„vor allem in statischer, medizinischer und sprengstoffchemischer Hinsicht vor dem Gericht in Zweifel zu ziehen"*. Seine eigenen Berechnungen hätten jedenfalls dazu gedient, dass *„die Anklage weitestgehend in Zweifel gezogen wurde und von den ital. Sachverständigen nicht widerlegt werden konnten"*. Sowohl der Präsident des Schwurgerichtes wie auch der Staatsanwalt hätten sich ihm gegenüber in einer *„fairen Art und Weise"* verhalten und er sei, obwohl er sechs Sachverständigen gegenübergestellt wurde, *„nicht auf verlorenem Posten"* gestanden. Besonderes Lob fand Oberst Massak für die Unterstützung und persönliche Betreuung durch den österreichischen Generalkonsul in Mailand, DDr. Franz Matscher, der persönlich ständig anwesend war oder durch einen Mitarbeiter vertreten wurde.[48] In der Berichterstattung über das Gerichtsverfahren erscheint das Verhalten des Staatsanwaltes gegenüber dem österreichischen Sachverständigen allerdings eher weniger in einer *„fairen Art und Weise"*, wie weiter unten dargestellt wird.

In den erhaltenen Unterlagen Massaks im österreichischen Innenministerium existieren zwei *„gutächtliche Stellungnahmen"*, die einen weitgehend identen Inhalt haben. Die vom Umfang wesentlich geringere Stellungnahme (sieben Seiten gegenüber 25 Seiten) zieht allerdings umfangreichere *„Schlussbemerkungen"*:

„1) Zusammenfassend kann daher gesagt werden, dass beim Gutachten des Sachverständigenkollegiums kein Beweis erbracht wird für das Vorhandensein einer Fremdladung.

2) Im Gutachten wurde überdies die Frage des Zündmechanismus überhaupt nicht überprüft.

3) Das Vorhandensein einer Fremdladung und des Zündmechanismus könnte nur, wie bereits erwähnt, durch Überprüfung und Untersuchung des Körpers des ums Leben gekommenen V.B. Volgger ermittelt werden.

4) Die Frage einer Detonation der 64 Handgranaten durch ein allfälliges Hantieren des V.B. Volgger wurde nicht in Erwägung gezogen, weshalb die Explosionswirkung von 64 Handgranaten in analogen Verhältnissen überprüft werden müsste.

48 Pol.Oberst Ing. Massak, Amtssachverständiger. Bericht vom 12. März 1969. Angeblicher Anschlag „STEINALM". BMI/Ehemaliges Dokumentationszentrum. Ordner 28.

Quelle: BMI/Ehemaliges Dokumentationszentrum. Ordner 28.

←
Abb. 24
Dach der Finanzerkaserne über dem Explosionsort, fotografiert vom österreichischen Sachverständigen Polizei-Oberst Alois Massak.

→
Abb. 25
Nordseitiger Mauerrest im Explosionsraum.

Quelle: BMI/Ehemaliges Dokumentationszentrum. Ordner 28.

Quelle: BMI/Ehemaliges Dokumentationszentrum. Ordner 28.

←
Abb. 26
Reste des Dachstuhls
im Explosionsraum.

→
Abb. 27
Zerstörtes
Mauerwerk.

Quelle: BMI/Ehemaliges Dokumentationszentrum. Ordner 28.

5) Ebenso müsste gerichtsmedizinisch ermittelt werden, ob bei einer Explosion von 9-11 kg TNT in einem derartig kleinen Raum nicht auch der Oberleutnant Petrucci sofort getötet worden wäre." [49]

Aufgrund des geringeren Umfangs ist wahrscheinlich davon auszugehen, dass diese Version von Alois Massak gemäß seinem Bericht vor Gericht verlesen wurde.

Dies geht auch aus dem *„Eigenbericht der ‚Dolomiten' aus Mailand"* hervor, der am 6. März 1969 das dem Gericht vorliegende Gutachten der italienischen Sachverständigen behandelte. Massak habe in seiner Stellungnahme *„auf die Lücken desselben hingewiesen. Das Gutachten sei rein auf Hypothesen aufgebaut, während einige unerläßliche Untersuchungen am Explosionsort und an den Leichen (zum Beispiel chemische Analyse der Kleiderreste) nicht angestellt worden seien."* [50]

Auf diesen Vorwurf von Massak erwiderte der italienische Sachverständige Cerri, *„wir gingen von der Annahme aus, dass keine Spuren vorhanden waren, weil unserer Ansicht nach der gesamte Sprengstoff detonierte* [...]". Zudem hätte es sich um den gleichen Sprengstoff handeln können als jener in den Handgranaten, was zu keinem Ergebnis geführt hätte. Nachdem Polizei-Oberst Massak seine eigenen Beurteilungen des explodierten Sprengstoffes – 3,1 kg TNT in den Handgranaten und zusätzlich über zwei Kilogramm Sprengstoff in den explodierten Leuchtraketen – geäußert hatte, durch den gemäß dem Gutachten der österreichischen Statiker das Gebäude jedenfalls völlig zerstört werden konnte, bemerkte Ing. Cerri *„diese Behauptung ist absurd. Dieses Gutachten möchte ich kennen"*. Der italienische Gutachter musste gegenüber dem Gerichtsvorsitzenden allerdings zugeben, den Sprengstoff in den Leuchtraketen in seinen Berechnungen nicht beachtet zu haben, der darin enthaltene Sprengstoff sei jedenfalls *„unerheblich"*. Der Streit der Gutachter vor Gericht setzte sich noch eine geraume Weile fort und Alois Massak verwies dabei auf die Sprengstoffmenge auf der Porzescharte im Juni 1967, die von den italienischen Sachverständigen ebenfalls beträchtlich höher angesetzt worden war. Jedenfalls würden Verletzungen am Körper des getöteten Vizebrigadiers Volgger eindeutig gegen die von seinen italienischen Kollegen beurteilte Sprengstoffmenge sprechen. Auch wäre der bei der Explosion schwerstverletzte Oberleutnant Petrucci bei einer Sprengladung von *„neun bis elf Kilogramm TNT"* aufgrund seines geringen Abstandes zum Explosionsherd durch den Druck des Sprengstoffes zweifellos sofort getötet worden. Die weiteren Widersprüchlichkeiten zwischen den Gutachtern betrafen die notwendige Uhr zu einer Zeitzündung. Es waren keinerlei Bestandteile einer Uhr gefunden worden und zudem lag der Zeitpunkt einer Aktivierung der Zeitzündung zwischen 22 und 23 Uhr des 8. September 1966 und der Zeitpunkt der Explosion um 11.20 Uhr am 9. September über der möglichen Laufzeit einer Uhr von zwölf Stunden. Die italienischen Sachverständigen erwiderten in diesem Fall, sie hätten zwar Reste von Uhren und Batterien – die ebenfalls zur Zündung einer Sprengladung nötig waren – in der Finanzerkaserne gefunden, diesen aber *„keine Bedeutung beigemessen"*, da es ja mehrere Uhren und Batterien in dem Gebäude gegeben habe. Die italienischen Gutachter zogen sich jedenfalls zu einer zweistündigen Beratung zurück, um auf die von Massak *„aufgeworfenen Fragen Stellung nehmen zu können"*. Während die Verteidiger diese lange Beratung als gutes Zeichen sahen, sei die Enttäuschung umso größer gewesen, als der Gerichtsvorsitzende verkündete, *„die aufgeworfenen Fragen seien in ihrer Gesamtheit, bereits zur Genüge geklärt' worden"*. Somit wurde die Verhandlung fortgesetzt und der Staatsanwalt stellte die Frage an die italienischen Gutachter, wie denn eine Handgranate *„zufällig"* explodieren könne. Für den Sachverständigen General Caprio gab es nur die Möglichkeit einer Fremdladung oder eines Schusses aus einer Feuerwaffe auf die Zündkapsel einer Handgranate, die wegen ihrer kleinen Fläche aber nur sehr schwer zu treffen sei. Nach dieser Ausführung stellten – erstmals – auch die Laienrichter des Mailänder Gerichtshofes Fragen an die Sachverständigen wie an den Gutachter der Verteidigung, Oberst Massak. Dabei wäre

49 Betrifft: I. Schwurgericht Mailand 64/68 R.C. im Prozess gegen Klotz Georg und 13 Mitangeklagte wegen des Deliktes nach §§ 241, 308, 285 u.a. Gutächtliche Stellungnahme (Kurzversion ohne Datum). Angeblicher Anschlag „STEINALM". BMI/Ehemaliges Dokumentationszentrum. Ordner 28.

50 Kein Beweis einer Fremdladung. „Dolomiten", 6. März 1969. S. 1. Teßmann.

es laut dem Berichterstatter der „Dolomiten" zu *„tumultartigen Szenen"* gekommen, da mehrmals Fragen an Massak vom Gerichtsvorsitzenden statt diesem den italienischen Gerichtssachverständigen gestellt wurden oder diese dem Gutachter der Verteidigung ins Wort fielen. Als der österreichische Sachverständige nach einem energischen Protest der Verteidiger wieder zu Wort kam, zählte er seine Varianten einer Zündung der Handgranaten auf – ohne die Variante einer Fremdladung: *„1. Bildung eines explosiven Gas-Luft-Gemisches; 2. Fallenlassen einer Handgranate, bei der die Sicherung unwirksam war; 3. Einschlagen eines Projektils auf die Primärladung"*. Über die Theorie des *„Gas-Luft-Gemisches"* entspannte sich eine *„hitzige Diskussion"*. Die Gerichtssachverständigen *„schlossen diese Möglichkeit kategorisch aus"*.[51]

Der *„gutächtlichen Stellungnahme"* Massaks und den Aussagen vor Gericht ist somit eindeutig zu entnehmen, dass an den auf der Steinalm ums Leben gekommen Soldaten der *Guardia di Finanza* praktisch keine gerichtsmedizinischen Untersuchungen vorgenommen wurden oder keine derartigen Untersuchungen dem Gericht in Mailand vorlagen – eine durchaus bemerkenswerte und eigentlich völlig unübliche Situation, die sich aber in Gerichtsverfahren im Zusammenhang mit Sprengstoffanschlägen in Südtirol mehrmals wiederholen sollte.

Im Laufe der Zeit tauchten abgesehen von den sprengtechnischen Merkwürdigkeiten weitere „Ungereimtheiten" auf. Die „Tiroler Tageszeitung" berichtete am 3. Jänner 1968 anlässlich der Aufforderung der Bozner Staatsanwaltschaft zur Erlassung eines „Untersuchungsurteils" gegen Jörg Klotz und die anderen für Italien Tatverdächtigen, es sei keinesfalls sicher, dass in jener Nacht auf der Steinalm ein *„Attentat"* und nicht ein Unfall passiert sei. Sicher sei lediglich, dass die Zöllner in der Nacht des 9. September 1966 *„Damenbesuch"* hatten. Die Anklagepunkte der Bozner Staatsanwaltschaft betrafen *die „Verschwörung gegen die Integrität des italienischen Staates"* und Mord. Für Italien war klar: Die *„Explosion* [wurde] *durch eine Mine verursacht, die von Personen gelegt worden war, die in Österreich Zuflucht fanden und wenige hundert Meter von dem Schauplatz des Anschlages über die Grenze flüchteten"*.[52]

Zweieinhalb Jahre nach dem Vorfall, im Februar und März 1969, saß in Mailand beim „3. Südtirol-Prozess" ein Geschworenengericht über die angeblichen Attentäter von der Steinalm und über die bereits erwähnte „Passeier Gruppe" zu Gericht. Die Südtiroler Tageszeitung „Dolomiten" berichtete überaus umfangreich und detailliert über diesen Prozess. Von den etwa 200 einvernommenen Zeugen, Angeklagten und Gutachtern wurden zahlreiche Wortmeldungen der Prozesstage zwischen dem 6. Februar und 27. März 1969 als *„Eigenbericht der ‚Dolomiten' aus Mailand"* zumeist auf den Seiten Eins und Zwei gedruckt – womit das öffentliche Interesse an dem Gerichtsverfahren deutlich wird. Beachtenswert scheinen dabei neben der weiter oben beschriebenen Kontroverse der Gutachter besonders die Aussagen der Soldaten der *Guardia di Finanza*, die am 9. September im Stützpunkt Steinalm ihren Dienst verrichtet hatten. Zu einem beträchtlichen Teil zeigten sich erhebliche Erinnerungslücken bei den Finanzern. *„Ihre Aussagen waren jedoch in den meisten Fällen wenig aufschlussreich, zum Teil sogar widersprüchlich"*, urteilte der Berichterstatter, und der Gerichtsvorsitzende sei durch die Erinnerungslücken *„mehrmals aus der Fassung"* geraten.[53]

Der wesentliche Zeuge Sebastiano Cavallin wurde am 24. Februar über eine Stunde einvernommen. Er habe eineinhalb Jahre lang die Finanzer täglich mit Lebensmitteln versorgt. Der Aufstieg dauerte eine Stunde und Cavallin, *„der etwas schwer von Begriff zu sein scheint, weil ihm die meisten Fragen zweimal gestellt werden mußten"* – wie der Berichterstatter der „Dolomiten" vermutete – sei jeweils am Vormittag zur Kaserne gegangen sowie einmal in der Woche auch am Nachmittag, um *„Brennstoff für den Generator"* zu liefern. Vor der Kaserne sei ein Wachposten gestanden, es könne aber auch sein, dass er *„ein*

51 Kein Beweis einer Fremdladung. „Dolomiten", 6. März 1969. S. 16. Teßmann.

52 Vorgänge auf der Steinalm werden geahndet. „Tiroler Tageszeitung", 3. Jänner 1968. S. 2. Ferdinandeum.

53 Viele Fragen sind noch ungeklärt. „Dolomiten", 26. Februar 1969. S. 1f. Teßmann.

paarmal niemanden" vor der Kaserne gesehen habe. Beim Aufstieg am 9. September 1966, bei dem ihn der zwölfjährige Luciano Criconia begleitete, wäre er von Oberleutnant Petrucci und zwei Finanzern überholt worden. Er habe wie immer in der Kaserne etwas zu trinken bekommen und sei dann wieder abgestiegen. Auf halbem Weg zurück zum Brenner hätten die beiden gerastet und dabei *„eine heftige Explosion"* gehört. Cavallin habe die Explosion allerdings nicht in der Finanzerkaserne vermutet, sondern diese für eine Sprengung beim Bau der Brennerautobahn gehalten. Der Zeuge behauptete, die Eingangstüre habe eine Türklinke gehabt, was auch Richard Kofler in seinem Geständnis angeführt hatte. Allerdings hatten an den Prozesstagen zuvor mehrere Finanzer angegeben, dass die Eingangstüre keine Türklinke gehabt hätte und ausschließlich von innen zu öffnen war. Eine gewisse Marianne Oberhauser habe der *„Träger"* zweimal auf die Steinalm begleitet, zudem habe *er „auch andere Mädchen in der Kaserne gesehen, so z. B. eine Österreicherin"*. Die Finanzer hätten *„ab und zu ein ‚Festchen' gefeiert"*, und einige Soldaten des Stützpunktes habe er – in Zivil – auf der österreichischen Seite des Brenners gesehen, wo sie in einem *Gasthof „interessante Begegnungen (mit Mädchen)"* gehabt hätten.[54]

Der inzwischen 15-jährige Begleiter von Cavallin wurde am selben Tag einvernommen. Er hatte diesen oft auf die Steinalm begleitet und sagte im Gegensatz zu Cavallin aus, am 9. September sei ein Wachposten vor der Kaserne gestanden. *„Zwei Mädchen"* – beides Italienerinnen – gaben am 24. Februar zum Verdacht, die *„Gastfreundschaft"* der Finanzer in Anspruch genommen zu haben an, niemals in der Kaserne gewesen zu sein, lediglich eine der beiden wäre *„in der Nähe der Kaserne ‚spazieren gegangen'"*. Ein Soldat der *Guardia di Finanza* sagte aus, er habe eine Österreicherin namens *„Inge"* gekannt, die bereits mehrmals vor Gericht erwähnt worden war. Diese habe *„Namen von Terroristen gekannt"*. Eine weitere Zeugin, die Österreicherin *„Gertrud Mair"*, haben ebenfalls einige Finanzer *„vom Sehen aus"* gekannt, die Kaserne hätte sie aber niemals betreten. Hauptmann Pasini, Kommandant der *Guardia di Finanza* am Brenner, sagte am 24. Februar gegen das Geständnis von Richard Kofler aus, die Eingangstüre in die Kaserne habe keine Türklinke gehabt. Besonders beachtenswert scheint die Aussage des Hauptmannes, er habe die Kleiderreste und Schuhe des getöteten Herbert Volgger seinerzeit dem Gutachter Cerri übergeben, der allerdings in seinem Gutachten nur von einem *„Tuchfetzen"* berichtete. Die Schuhe scheinen später unauffindbar gewesen zu sein. Entgegen den Darstellungen der Staatsanwaltschaft sagte der Finanzer-Hauptmann Mario De Francesco, der vor der Explosion zweimal auf Inspektion auf der Steinalm war, aus, ihm wären keine Mängel an den *„Sicherheitsanlagen"* der Kaserne aufgefallen, die zudem verstärkt worden wären, als man von einem bevorstehenden Anschlag erfahren habe.

Für besondere Beachtung sorgte an diesem Verhandlungstag auch die Diskussion über einen Zeitungsartikel einer Wochenzeitschrift, die in Monza erschien und als *„Sex-Zeitschrift"* bezeichnet wurde. Der Artikel, der unter dem Namen Carlo Rabich erschien, bezeichnete die Explosion als *„Unglücksfall"*, was auch die Untersuchungsbeamten eingesehen hätten. Allerdings habe man dann *„aus Gründen der ‚Staatsräson'"* die Version eines Attentats vertreten, auch um Staatspräsident Saragat, der kurz nach dem Vorfall von *einem „verabscheuungswürdigen Attentat der Neonazisten"* gesprochen habe, nicht zu einem *„Dementi"* zu zwingen. Zudem wollte man nicht zugeben, dass die Finanzer die Kaserne durch *„Unachtsamkeit"* selbst in die Luft gesprengt hätten. Inzwischen habe sich der Staatsanwalt von Monza in die Sache eingeschaltet, da dieser Artikel eine *„Schmähung der Gerichtsbehörde"* darstelle.[55]

Am Folgetag wurden weitere Zeugen einvernommen, vor allem die Finanzer des Stützpunktes Steinalm. Die Soldaten wurden vor allem über die Einteilung und Durchführung des Wachdienstes, die durchgeführten *„Streifen"*, den Wachhund *„Kaiphas"*, die Beleuchtung und die Türklinke der Eingangstüre des Stützpunktes befragt, wobei die Antworten *„nicht gleichlau-*

54 Gespannte Atmosphäre in Mailand. „Dolomiten", 25. Februar 1969. S. Teßmann.

55 Gespannte Atmosphäre in Mailand. „Dolomiten", 25. Februar 1969. S. 1f. Teßmann.

tend" waren. Der Wachdienst vor der Kaserne habe sechs Stunden gedauert und wegen einer Warnung vor einem Überfall auf den Posten hätten zwei Soldaten Wachdienst gehabt, die einen Suchscheinwerfer zur Verfügung hatten. Der Wachhund wäre angekettet gewesen, da er *„sonst gebissen"* hätte. Jedenfalls habe der Hund *„gebellt"*, was Staatsanwalt Vaccari *„nicht gefallen"* habe, da ein anderer Finanzer ausgesagt habe, *„Kaiphas"* hätte nur *„geknurrt"*. Der Kommandant der *Guardia di Finanza* am Brenner, Hauptmann Paolo Pasini, wurde zum Wachhund befragt und bestätigte, dass dieser *„ab und zu gebellt"* hätte und an eine Kette gelegt worden wäre, da er *„sehr aggressiv war und auch gebissen"* habe. Die Fenster der Finanzerkaserne hätten sich wegen der Fenstergitter und Sandsäcken vor den Fenstern nur nach innen öffnen lassen. Einer jener Soldaten, die von Mitternacht bis sechs Uhr früh am Tag des Anschlages Wachdienst hatte, bestätigte, dass die Eingangstüre hinter dem Wachdienst verschlossen wurde. Ansonsten konnte sich der Finanzer Congiu an nichts mehr erinnern, was den Gerichtsvorsitzenden ziemlich aus der Fassung gebracht habe, nicht zuletzt auch deshalb, da sich die befragten *Finanzieri* in den Voruntersuchungen an beträchtlich mehr Details erinnern konnten. Immerhin konnte sich der Soldat Conte genau erinnern, dass die Türe der Kaserne immer verschlossen wurde und jeder Soldat, der vom Wachdienst oder von einer Streife zurückkehrte, läuten musste, um eingelassen zu werden. Zudem erklärte Angelo Conte, der von 22 Uhr bis fünf Uhr früh auf Streife war, die zurückkehrende Streife habe die Waffen sowie ein Funkgerät im Büro abgegeben – dies zu einem Zeitpunkt, an dem die laut Anklage eingebrachte Sprengladung somit schon im Büro deponiert gewesen sein musste, wie eine Anfrage des Verteidigers Dr. Walcher ergab. Staatsanwalt Dr. Vaccari fiel an diesem Gerichtstag – wie auch an den anderen Tagen – dadurch auf, dass er bei Fragen an die Zeugen *„eine direkte oder indirekte Antwort"* gab. Auf einen *„scharfen Protest"* des Verteidigers Dr. Riz für diese Einflussnahme des Staatsanwaltes musste sich Vaccari *„für diesen häufigen ‚Lapsus' entschuldigen"*.

Giacomina Bertani, die Inhaberin jenes Lebensmittelladens am Brenner, in dem die Finanzer einkauften, *„überschüttete"* das Gericht *„mit einem Redeschwall, den der Vorsitzende nur mit Mühe eindämmen konnte"*. Über den Inhalt dieses Redeschwalls wird allerdings wenig berichtet, lediglich, dass die Lebensmittel zumeist vom *„Träger Cavallin"* auf die Steinalm geliefert würden.[56]

Am 26. Februar wurden abermals Soldaten der *Guardia di Finanza* vom Stützpunkt Steinalm als Zeugen befragt. Keiner der Soldaten auf Streife hatte nach der Rückkehr in die Kaserne im Büro, das zugleich als Waffenkammer diente, irgendetwas Verdächtiges im Zusammenhang mit der Kiste Handgranaten bemerkt und einige der Finanzer hatten wiederum beträchtliche Erinnerungslücken. Eugenio Melandri war für den Wachhund zuständig und erinnerte sich, dass Kaiphas *„nur auf Befehl gebellt"* habe. Ansonsten habe er *„nur geknurrt und gebissen"*. Die Kette wäre so lang gewesen, dass der Wachhund die Eingangstüre erreichen konnte. Der Gerichtsvorsitzende befragte Melandri dann auch nach der Disziplin in der Kaserne, da man von anderen Zeugen wisse, *„daß Mädchen in die Kaserne kamen und daß Feste gefeiert wurden"*. Der Finanzer hatte dies bestritten und auf die direkte Frage des Vorsitzenden geschwiegen. Der Verteidiger Dr. Gamper entlockte Melandri dann eine wesentliche Aussage: Die Eingangstür der Kaserne habe *„sehr laut geknarrt"*. Der Südtiroler Finanzer Herbert Falkensteiner aus Ehrenburg berichtete in seiner Aussage, dass er *„unmittelbar vor der Explosion einen dumpfen Knall hörte, der wie ein Schuß geklungen habe"*. Diesen Schuss wollte aber keiner der anderen Zeugen gehört haben. Lediglich der im Krankenhaus verstorbene Oberleutnant Petrucci erzählte vor seinem Tod, er habe vor der Explosion *„ein Zischen"* gehört. Falkensteiner sagte zudem ein weiteres Detail aus: Der Vizebrigadier Volgger habe kurz vor der Inspektion durch Oberleutnant Petrucci gesagt, *„diesmal werden wir Scherereien haben"*. Der Südtiroler Finanzer war erst seit wenigen Tagen auf der Steinalm und habe daher den Hintergrund dieser Bemerkung nicht gewusst.

Auch an diesem Tag der Zeugeneinvernahmen kam es zu einem Disput zwischen dem Staatsanwalt Vaccari und dem Verteidiger

56 Viele Fragen sind noch ungeklärt. „Dolomiten", 26. Februar 1969. S. 1f. Teßmann.

→
Abb. 28
Polizei-Oberst Alois Massak (Mitte) und der Verteidiger Dr. Erwin Walcher (rechts) beim Mailänder Gericht.

Quelle: Otto Scrinzi (Hrsg.), Chronik Südtirol. S. 671.

Quelle: Otto Scrinzi (Hrsg.), Chronik Südtirol. S. 671.

←
Abb. 29 Staatsanwalt Dr. Elio Vaccari hantiert vor Gericht mit einem Maschinengewehr B.A.R.

Gamper, als dieser neuerlich dem Staatsanwalt *die „Beeinflussung von Zeugen“* vorwarf. Als ein weiterer Finanzer das Knarren der Eingangstüre bestätigte – ganz im Sinne der Verteidigung – zeigten sich Staatsanwalt Vaccari wie der *„Nebenklagevertreter“* Palazzari laut Berichterstatter ungehalten über diese Aussage. Allerdings bestätigte auch der Finanzsoldat Giovanni Fiore diese Aussage. Die Eingangstüre habe so laut genarrt, *„daß man es in der ganzen Kaserne hörte. Sie habe auch geknarrt, wenn man sie nur ganz wenig öffnete.“* Der Zeuge wurde bemerkenswerterweise von Staatsanwalt Vaccari befragt, ob die Explosion der Leuchtraketen und Handgranaten in der Kaserne *„vielleicht von einem Schuss ausgelöst worden sei.“* In einer vorhergehenden Aussage habe Fiore ausgesagt, dass Vizebrigadier Volgger selbst die Sicherung und Entladung des Maschinengewehrs übernommen habe, da Fiore auf Wachdienst zu gehen hatte.[57]

Die „Widerwilligkeit“ der Ankläger nährte sich unzweifelhaft aus dem Umstand, dass die meisten Aussagen der Soldaten der *Guardia di Finanza* an diesen Prozesstagen mit ziemlicher Deutlichkeit gegen ein „Fremdverschulden“ an der Explosion sprachen. Wie hätte Jörg Klotz mit seinen Männern – in Anbetracht des beschriebenen Wachdienstes samt einem Scheinwerfer, einem aggressiven Wachhund, dessen Kette bis zur Eingangstüre reichte, die wiederum stets verschlossen war und zudem so laut geknarrt habe, dass dies jeder Soldat des Stützpunktes gehört hätte – alle diese Schwierigkeiten ungesehen und ungehört überwinden können, um die fatale Sprengladung mit Uhrzeitzünder im Büro der Kaserne zu hinterlegen? Zudem hatte niemand von den Zeugen im Büro der Kaserne etwas Ungewöhnliches bemerkt. Die *„Damenbesuche“* im Finanzerstützpunkt Steinalm wurden offenbar von der Staatsanwaltschaft nicht angesprochen!

Dem gegenüber stand der Klang eines Schusses und, gemäß der Aussage des an seinen Verletzungen verstorbenen Oberleutnants, ein *„Zischen“* unmittelbar vor der Explosion. Eine Möglichkeit, die – wie oben erwähnt – auch bereits der italienische Gutachter Dr. Cerri untersucht habe.

Entsprechend „interessant“ versprachen somit die Einvernahmen der Spreng-Sachverständigen ab dem 5. März 1969 – einen Monat seit Beginn des „3. Mailänder Südtirol-Prozesses“ – zu werden, worauf bereits weiter oben eingegangen wurde.

Besonders bemerkenswert erscheint eine Anmerkung des Verteidigers und renommierten italienischen Straftrechtsprofessors Pietro Nuvolone gegenüber den Geschworenen, diese mögen *„ein gerechtes und nicht ein patriotisches Urteil fällen“*. Nuvolone, Professor an mehreren italienischen Rechtsfakultäten, wies im Zuge seines Plädoyers im 3. Mailänder Südtirol-Prozess nicht nur auf die zahlreichen Widersprüchlichkeiten hin, sondern wandte sich auch intensiv gegen die von der Staatsanwaltschaft eingebrachten *„politischen Anklagen“*, wie *„Anschlag auf die Einheit des Staatsgebietes, politische Verschwörung, Anrichtung eines Blutbades“*. Diese Anklagepunkte nach dem aus der faschistischen Zeit Italiens stammenden und nach wie vor gültigen Strafgesetzbuches *„Codice Rocco“* wurden in den Gerichtsverfahren gegen die Südtirol-Aktivisten des „Befreiungsausschusses Südtirol“ von der Anklage stets eingebracht, im Laufe der Verfahren dann aber zumeist doch fallen gelassen. Im Jahr 1969 hätte der Anklagepunkt § 241 des *„Codice Rocco“ – „Anschlag auf die Einheit des Staatsgebietes“* – noch eine lebenslängliche Gefängnisstrafe zur Folge gehabt!

Professor Nuvolone, der Richard Kofler vertrat, wies jedenfalls mit ziemlicher Deutlichkeit darauf hin, dass sein Mandant mit der Explosion auf der Steinalm *„nichts zu tun“* habe – trotz seines Geständnisses – und die Anklage nach § 241 *„zu Unrecht erhoben“* worden wäre, was der Rechtsprofessor dann auch umfassend darlegte. Mit der polizeilichen Ermittlungsarbeit ging Nuvolone überaus hart ins Gericht: *„Man habe sich offensichtlich bemüht, [...] die Ergebnisse der polizeilichen Ermittlungen den Aussagen Koflers anzupassen: ‚Die Entfernung zwischen der österreichischen Grenze und der Finanzkaserne ist immer kleiner geworden, das Loch im Drahtverhau immer größer, die Aufmerksamkeit der Wachposten immer geringer, der Wachhund immer älter und schwerhöriger [...]‘“*. In seinem in den „Dolomiten“ als *„brillante Verteidigungsrede“* bezeichneten Plä-

57 Steinalm: Schuß vor der Explosion? „Dolomiten“, 27. Februar 1969. S. 1f. Teßmann.

doyer zeigte der Verteidiger mit N*achdruck alle* „Fragezeichen und Widersprüche" auf.[58]

Über die Plädoyers der Südtiroler Anwälte Dr. Erwin Walcher und Dr. Hugo Gamper wurde gleich jenem von Professor Nuvolone umfassend in den „Dolomiten" berichtet, entsprechend deren Darstellungen unter dem Titel *„Die Zweifel sind unüberwindlich"*. Die weiteren Verteidiger in Mailand zeigten gleichfalls eine Unmenge an Widersprüchlichkeiten auf, nicht zuletzt den Umstand, dass vom Staatsanwalt dem *„Träger Cavallin" – „der den Finanzern zu Mädchen verhalf"* – durch seine Aussage über die offene Eingangstüre der Kaserne am Vormittag des 9. September 1966 offenbar mehr Vertrauen geschenkt wurde als der gesamten Besatzung des Stützpunktes der *Guardia di Finanza*. Die Anwälte übten zudem heftige Kritik an den italienischen Sachverständigen, deren Umgang mit den Aussagen des österreichischen Polizei-Oberst Massak sowie der Abwertung von dessen Person durch den Staatsanwalt Vaccari.[59]

Am Folgetag setzten die Anwälte Dr. Riz – der Luis Larch und Rosa Klotz vertrat – und Dr. Nicolussi-Leck die heftige Kritik an der Staatsanwaltschaft und deren Anklageschrift und am Ablauf des gesamten Gerichtsverfahrens in ihren Plädoyers fort. Besondere Kritik ernteten die italienischen Gutachter und hier allen voran Dr. Cerri, der – wie Riz anführte – beim Verhör und Geständnis von Richard Kofler anwesend war, wodurch *„die Gutachten nicht mehr objektiv und unbeeinflußt waren"*. Letztlich gäbe es drei Möglichkeiten für die Explosion auf der Steinalm: *„Entweder handelte es sich um einen Unglücksfall – diesen Standpunkt vertreten die Verteidiger –, um einen Anschlag, der von Unbekannten verübt wurde oder schließlich ein Attentat, das von Kofler, Klotz, Rainer und Larch verübt wurde, wie die Anklage behauptet."*[60]

Dr. Riz sprach dann auch klare Worte zu der Unglücksvariante, an der das beschädigte Maschinengewehr mitbeteiligt sei, denn *„es könne als erwiesen angesehen werden, daß die im zerstörten Büroraum aufgefundene Patronenhülse aus dem Maschinengewehr stammte, in dessen Magazin eine Kugel fehlte und eine im Lauf hatte"*. Die Einwände des Dr. Cerri gegen diese Möglichkeit würden alle nicht stimmen und zudem könnte auch ein *„Luft-Gas-Gemisch"* die Explosion ausgelöst haben. Wer hingegen die Explosion einer *„Sprengladung"* vermute, müsse entweder das Geständnis von Kofler glauben oder davon ausgehen, dass *„irgendjemand, der unbekannt geblieben sei, die Sprengladung in die Kaserne ‚schmuggelte': der Träger Cavallin, die Mädchen, welche die Kaserne besuchten"*. Riz fand es in diesem Zusammenhang *„mehr als befremdlich"*, dass man *„sogar den bei der Explosion ums Leben gekommenen Volgger verdächtigt"* habe. Von wem diese Verdächtigung ausgegangen war, führte der Verteidiger vorerst nicht an, allerdings brachte Dr. Riz *„überzeugende Argumente"* vor, warum das Geständnis von Richard Kofler falsch sei. *„Die Behauptung der Anklage, Kofler habe sein Geständnis, freiwillig und spontan' abgelegt* [...] *sei absurd. Niemand, nicht einmal der Dümmste, würde spontan ein Geständnis ablegen, wenn er ein so schweres Verbrechen begangen hätte"*. Die Richter dieses Prozesses sollten daher *„genau prüfen, wann Kofler die Wahrheit gesagt habe: beim Geständnis oder beim Widerruf"*. Riz brachte in seinem Plädoyer umfassend jene Aussagen Koflers vor, die nachweislich falsch waren, beginnend mit dem Fahrzeug, mit dem die angeblichen Attentäter auf den Brenner gefahren wären und dessen Nummer nicht stimmte, die Angabe Koflers zur Wegstrecke, und nicht zuletzt erwähnte der Verteidiger einmal mehr, dass die angebliche Zündung der Sprengladung durch eine Uhr keinesfalls stimmen könne, da der Zeitpunkt der Zündung mehr als zwölf Stunden nach der angeblichen Hinterlegung der Ladung in der Kaserne betrug. Letztlich habe der Staatsanwalt die Besatzung der Kaserne beschuldigt, *„den Wachdienst völlig vernachlässigt"* zu haben. *„Es sieht so aus, als ob sich die Mannschaft überhaupt nur mit Mädchen abgegeben hätte ..."*. Es sei völlig *„unglaubwürdig"*, dass Klotz und Larch – am scharfen Wachhund vorbei – einfach in die Kaserne gegangen wären und die Sprengladung in den abgelegenen Büroraum gelegt hätten, anstatt sie direkt hinter

58 Fragezeichen und Widersprüche. „Dolomiten", 20. März 1969. S. 1f. Teßmann.

59 Die Zweifel sind unüberwindlich. „Dolomiten", 21. März 1969. S. 1f. Teßmann.

60 Koflers Geständnis ist absurd. „Dolomiten", 22./23. März 1969. S. 1f. Teßmann.

der Türe oder in den erstbesten Raum zu legen. Dann wurde der Verteidiger über den Urheber der Verdächtigung des getöteten Vizebrigadier Volgger deutlich: Der Staatsanwalt – Dr. Vaccari – habe *„sogar die Möglichkeit aufgezeigt, [...] daß Cossu oder Volgger die Ladung, in der noch dazu die Uhr tickte, gefunden und ausgerechnet auf die Kiste mit den Handgranaten gestellt haben konnten"*. Somit wäre nur eine Schlussfolgerung möglich: *„daß das Geständnis Koflers absurd ist"*, das *„Gebäude der Anklage stürze damit zusammen"*. Nachdem sich Dr. Riz noch vehement für einen Freispruch für Rosa Klotz aussprach, beendete der Verteidiger sein *„brillantes Plädoyer"*.[61]

Am nächsten Prozesstag gingen die Plädoyers mit jenem des Südtiroler Anwaltes Dr. Nicolussi-Leck, der Richard Kofler verteidigte, zu Ende. Nicolussi-Leck ging wie seine Vorgänger mit den italienischen Gutachtern – allen voran Dr. Cerri, dessen Gutachten den Aussagen seines Mandanten Kofler *„angepaßt"* worden seien – und vor allem der Staatsanwaltschaft hart ins Gericht, die sich *„einzig und allein auf Indizien"* stützen würde und deren *„Mosaik aus Indizien"* Fehler enthalte.

Der Anwalt – und Südtiroler Politiker – ging zudem auf die Aussagen des *Carabinieri*-Oberstleutnants Frederico Marzollo ein, denen trotz ihrer offensichtlichen Unwahrheit mehr Bedeutung zugemessen wurde als jenen der Soldaten der *Guardia di Finanza* des Stützpunktes Steinalm.[62]

Desgleichen betonte Nicolussi-Leck, dass die Anklage die Aussage des *„Trägers Cavallin"*, wonach bei seiner Ankunft am Morgen des 9. September die Eingangstüre der Kaserne offen gestanden wäre, *„offensichtlich überbewertet"* hätte. Auch habe sich herausgestellt, dass trotz der *„25 Mädchen"*, die von den Untersuchungsrichtern als illegale Besucherinnen der Steinalm *„zusammengetrommelt"* worden waren, lediglich *„Marianne Oberhauser"* übrig geblieben wäre, die tatsächlich in der Kaserne auf der Steinalm gewesen war. Woraufhin die Staatsanwaltschaft *„die Möglichkeit angedeutet"* hätte, dass eines der *„Mädchen"* von Jörg Klotz zur Auskundschaftung der Lage auf der Steinalm beauftragt worden sein könnte – was allerdings im Widerspruch zum Geständnis des Richard Kofler stand, demzufolge dies seine Aufgabe gewesen wäre. Zuletzt brachte der Verteidiger zahlreiche Gründe vor, warum *„die Anklage des Anschlages auf die Einheit des Staatsgebietes"* gegen seinen Mandanten Richard Kofler *„völlig fehl am Platz"* wäre. Nicolussi-Lecks *„eindrucksvolles Plädoyer"* beendete diesen Teil des Gerichtsverfahrens.

Die folgenden Bemerkungen des Staatsanwaltes Dr. Maurizio Steccanella gingen erwartungsgemäß in die umgekehrte Richtung: Natürlich wären die Angeklagten eines *„Anschlages auf die Einheit des Staatsgebietes"* schuldig. *„Ausschlaggebend sei die Zielsetzung der ‚Verschwörung', die ohne Zweifel die Lostrennung Südtirols von Italien anstrebe"*. Der junge Staatsanwalt erging sich gegen die Darlegungen des Rechtsprofessors Nuvolone, wonach es durchaus erlaubt sei, *„Druck auf den Staat auszuüben, um die Ausübung des Selbstbestimmungsrechtes zu erhalten"*. Dies bleibe dem Staat allein überlassen und *„Italien habe schon in wiederholten Malen erklärt, daß es diese Forderung nicht in Betracht ziehen wolle"*. Entsprechende Argumente der Verteidiger seien nichts anderes als *„elegante Akrobatik"*. Die Richter sollten sich zudem davor hüten, *„durch das Urteil ein ‚moralisches Alibi' für weitere Anschläge zu schaffen"*. Für Steccanella war die Explosion auf der Steinalm *„ohne Zweifel"* auf einen Anschlag zurückzuführen, wofür der Staatsanwalt allerlei Gründe aufführte, um dann deutlich zu werden: *„Der Anschlag sei eine ‚regelrechte Kriegshandlung' gewesen, bei der man mit der ‚Wirkung der Überrumplung' gerechnet habe"*. Als *„Beweis"* für diese *„Überrumplung"* – durch Jörg Klotz und seine Mitangeklagten – überreichte Steccanella dem Gerichtshof *„eine Abhandlung über den Guerillakrieg auf der Insel Kuba ..."*.[63]

61 Koflers Geständnis ist absurd. „Dolomiten", 22./23. März 1969. S. 1f. Teßmann.

62 Frederico Marzollo war zum Zeitpunkt des 3. Mailänder Prozesses nach einer jahrelangen Verwendung in Südtirol ein ranghoher Mitarbeiter des italienischen militärischen Geheimdienstes *„Servizo Informazioni Difesa" (SID)*. Marzollo hatte sich in Südtirol an der Folterung von BAS-Aktivisten beteiligt und trat 1967 als Kommandant der *Carabinieri* in Bozen im Zusammenhang mit dem Vorfall auf der Porzescharte immer wieder in Erscheinung, häufig allerdings unter einem anderen Namen. Anm. d. Verf.

63 Verteidiger beenden Plädoyers. „Dolomiten", 25. März 1969. S. 1f. Teßmann.

Am Folgetag, dem letzten Prozesstag vor der Urteilsfindung, sorgten die Aussagen des Staatsanwaltes Dr. Elio Vaccari für beträchtliche Aufregung im Gerichtssaal, die bis hin zum geschlossenen „Auszug" der Verteidiger ging. Nachdem in deren Plädoyers die Argumente *Vaccaris „nach allen Regeln der Kunst zerpflückt"* worden waren, habe sich der *Staatsanwalt „nur mit Mühe* [...] *zurückhalten können und wurde zusehends nervöser"*. Nun holte er zum Gegenschlag aus: *„Die Verteidiger haben alles getan, um in den Richtern Zweifel aufkommen zu lassen.* [...] *Es wurden Dinge gesagt, die absurd sind, ja sogar die Tatsachen wurden verdreht"*. Er als Staatsanwalt vertrete *„das Gesetz und die höheren Interessen der Justiz"*, die Verteidiger hingegen würden sich *„nur für die persönlichen Interessen der Angeklagten einsetzen"*. Für Vaccari war klar, dass die Explosion auf der Steinalm durch einen Terroranschlag verursacht wurde. Der Staatsanwalt verlautete die bemerkenswerte Auskunft, *„der italienische Geheimdienst sei von einem bevorstehenden Anschlag informiert gewesen"* und zudem liege die Steinalm *„in der Nähe der österreichischen Grenze"*. Den Gutachten der italienischen Sachverständigen brach Vaccari erwartungsgemäß eine Lanze. Was die Verteidiger über Dr. Cerris Gutachten ausgesagt hätten, wäre *„absurd und falsch"* und der Gutachter wäre keineswegs durch das Geständnis von Richard Kofler *„beeinflußt"* worden und habe von Beginn an gesagt, die Explosion der 64 Handgranaten allein hätte nicht ausgereicht, die Zerstörungen in der Kaserne der Finanzer anzurichten. Auf das *„Urteil dieser Fachleute"* könne man vertrauen, da diese *„genaue Messungen"* in der Kaserne vorgenommen hätten. Erst *„im letzten Moment kommt Massak mit Formeln daher, die nicht stimmen"*. Besonders gereizt habe Vaccari auf die mögliche Explosionsursache eines Schusses aus einem der drei Maschinengewehre in der Kaserne reagiert, wozu der Staatsanwalt selbst eine derartige Waffe in den Gerichtssaal gebracht hatte und damit hantierte, um zu zeigen, welche Handgriffe man tun müsse, damit sich ein Schuss löst.

Die Aussagen des Oberleutnants Petrucci und des Finanzers Falkensteiner, die von einem „Sausen" und einem *„dumpfen Knall"* berichteten, könne nichts mit dem Maschinengewehr zu tun haben. Auch sei die Tatsache, dass Petrucci nicht sofort tot war und dass Volgger *„nicht zerrissen wurde"* – wie der österreichische Sachverständige Polizei-Oberst Massak dargelegt hatte – kein Beweis gegen eine *„Fremdladung"* in der Kaserne. Er, Vaccari, habe keinen *„Schmutz auf die Finanzer werfen wollen"*, wie ihm die Verteidigung vorgeworfen habe. Unwahr wäre auch, dass das Geständnis von Richard Kofler *„voller Widersprüche und Ungereimtheiten"* sei, und der *„teilweise Widerruf sei ein Beweis dafür, daß das Geständnis der Wahrheit entspreche"*. Wenn dies nicht der Fall wäre, dann müsse man die *Carabinieri* – denen Kofler vorgeworfen hatte, ihn zum Zweck eines Geständnisses gefoltert zu haben – zusammen mit dem Staatsanwalt der Voruntersuchung und dem Untersuchungsrichter *„einsperren"*. Dann habe auch die Zeitschrift *„MEN"* recht, in der behauptet worden wäre, *„man habe aus der Explosion auf der Steinalm einen Anschlag ‚konstruiert'"*. Als Vaccari dann den Verteidigern vorwarf, sie hätten *„absichtlich Unwahrheiten gesagt"*, verließen die sieben Rechtsanwälte geschlossen den Gerichtssaal. Der Vorsitzende Dr. Del Rio forderte den Staatsanwalt allerdings auf, mit seiner Rede fortzufahren, worauf er am Ende seiner Ausführungen nicht davor zurückschreckte, über die Entlastungszeugen für Kofler zu bemerken, dass *„diese Zeugen von der Verteidigung gezahlt werden, genauso wie Massak von den Verteidigern gezahlt wurde"*. Daraufhin habe sich Generalkonsul Matscher dem Ankläger *„genähert"*, um ihm eine Erklärung darüber abzuverlangen, wie seine Bemerkung gegenüber dem Polizei-Oberst zu werten sei.[64]

Matscher erinnerte Staatsanwalt Vaccari daran, dass Massak *„zu wiederholten Malen auch im Interesse von Italienern sein Leben aufs Spiel gesetzt hat"* – ein offenbar wohl verstandener Hinweis auf den Vorfall auf der Porzescharte wie auf der Landshuter Hütte im Jahr 1967. Vaccari erwiderte, er habe den österreichischen Sachverständigen *„nicht beleidigen wollen"*.[65]

64 Die Verteidiger verließen den Saal. „Dolomiten", 26. März 1969. S. 1f. Teßmann.

65 Österreichisches Generalkonsulat Mailand Zl. 73-Res/69 vom 28. März 1969. Aktenbestand „Prozesse in Italien". BMfAA Zl. 150940-5/69. ÖStA/AdR/BMfAA/Pol Südtirol, ST 1D 1969 („Vorläufiger Bestand"), Kt. 144.

Nach der Intervention durch den österreichischen Generalkonsul erklärte sich Vaccari dann auch zu einer öffentlichen Entschuldigung bereit: *„Es kann sein, daß ich im Eifer des Gefechts über Oberst Massak und die Verteidiger Worte gesagt habe, die mißverstanden werden könnten"*. Als dann die Verteidiger nochmals zu Wort kamen, betonte Professor Nuvolone ein weiteres Mal die Unhaltbarkeit der Anklage auf den § 241 des *„Codice Rocco"*, den Anschlag auf die Einheit des Staatsgebietes. Über das „Schauspiel" des Staatsanwaltes mit dem Maschinengewehr äußerte sich der Rechtsprofessor ironisch: Die Verteidigung könne *„leider nicht mit einem ähnlichen Schauspiel aufwarten"*. Er müsse jedoch nochmals *„unterstreichen, daß keinerlei Beweise für das Vorhandensein einer Fremdladung in der Finanzerkaserne vorliegen"* und ebenso wenig könne die Anklage einen *„Anschlag"* beweisen. Die weiteren Verteidiger betonten gleichfalls die Unschuld ihrer jeweiligen Mandanten. Dr. Erwin Walcher ging sogar so weit, den Gerichtshof zu kritisieren, da dieser die meisten Anträge der Verteidigung zur Vorbringung von neuem Beweismaterial abgelehnt hatte. *„Es sehe so aus, als ob man Angst vor der Wahrheit habe"*. Praktisch alle Verteidiger kritisierten in ihren Schlussworten die Aussagen und die Darstellungen des Staatsanwaltes Dr. Vaccari.[66]

Am 27. März 1969 ergingen um ein Uhr früh die Urteile im Steinalm-Prozess. Die Schlussfolgerungen des renommierten österreichischen Sachverständigen und der Verteidiger scheinen nicht völlig ungehört geblieben zu sein. In gewissem Ausmaß war Ing. Massak als *„Privatsachverständiger der Verteidigung"* vor Gericht in Mailand erfolgreich: Nach 29 Verhandlungstagen und der Vernehmung von über 200 Zeugen wurde der Verteidigung Folge geleistet. Der Anschlag auf der Steinalm wurde als nicht erwiesen bewertet.

Trotzdem wurden gegen Jörg Klotz und 13 weitere Personen, darunter auch dessen Frau Rosa Klotz, harte Strafen wegen *„politischer Verschwörung"* und anderer angeblicher Attentate verhängt, wenngleich die Angeklagten Klotz, Kofler, Larch und Rainer vom Vorwurf der Anrichtung eines Blutbades auf der Steinalm freigesprochen wurden. Rosa Klotz erhielt ein Jahr und vier Monate Gefängnisstrafe, ihr Mann und die anderen von Italien des Attentats auf der Steinalm beschuldigten Alois Larch und Alois Rainer erhielten 23 bzw. 24 Jahre, Richard Kofler zwei Jahre und vier Monate Haftstrafe. Der Staatsanwalt hatte für Klotz, Larch und Rainer lebenslängliche Haft, für Kofler 30 Jahre und für Rosa Klotz fünf Jahre und fünf Monate Haftstrafe beantragt. Von den insgesamt 14 Angeklagten waren sieben *„flüchtig"*, darunter Jörg Klotz, Luis Larch und Alois Rainer. Zum Zeitpunkt des Urteils saßen nur Richard Kofler und der Osttiroler Andreas Egger in Untersuchungshaft. Für alle Angeklagten fielen auch die Anklagepunkte des *„Anschlages auf die Einheit des Staatsgebietes"* sowie jener der *„Bildung bewaffneter Banden"*, was wohl vor allem dem Einsatz der sieben Verteidiger zuzurechnen sein wird.[67]

Mit dem Bericht über die Urteilsverkündung endete der höchst beachtenswerte *„Eigenbericht der ‚Dolomiten' aus Mailand"*, der einen Gesamtumfang von 18 Berichten auf über 30 Seiten der „Dolomiten" aufwies, dies fast immer auf den ersten beiden Seiten, womit das Interesse der Südtiroler Bevölkerung an diesem „3. Mailänder Südtirolprozess" deutlich wird.

Der österreichische Generalkonsul Dr. Franz Matscher richtete am Tag der Urteilsverkündung an Massak ein Schreiben mit dem Inhalt, dass dessen Aufdeckung der groben Mängel des offiziellen Gutachtens der Anklage neben den *„haltlos Angaben"* des Geständnisses des Richard Kofler zum *„in dubio pro reo"* geführt habe. Bemerkenswert dabei Matschers Hinweis auf den merkwürdigen Charakter des Gerichtsverfahrens:

„Zu deutlich war die ganze Prozeßführung darauf ausgerichtet, für eine vorgefaßte Meinung die Bestätigung zu erhalten und daher alles abzuwehren, was zu einer Erschütterung des Präfabrikats hätte führen können."[68]

66 Die Verteidiger verließen den Saal. „Dolomiten", 26. März 1969. S. 1f. Teßmann.

67 Sieg der Verteidigung. „Dolomiten", 27. März 1969. Teßmann. Vgl. dazu auch Otto Scrinzi (Hrsg.), Chronik Südtirol 1959 – 1969. S. 670. Die „Chronik" schildert auch den durchaus „merkwürdigen" Ablauf des Gerichtsverfahrens und besonders die Rolle des Staatsanwaltes Dr. Elio Vaccari.

68 Schreiben Generalkonsul Dr. Matscher an Oberst Massak vom 27. März 1969. Angeblicher Anschlag „STEINALM". BMI/Ehemaliges Dokumentationszentrum. Ordner 28.

So fanden dementsprechend die Person und vor allem die Tätigkeiten des als *„Träger“* bezeichneten Sebastiano Cavallin, der häufig Verpflegung und Versorgungsgegenstände in die Finanzerkaserne auf der Steinalm geliefert hatte und den Finanzsoldaten auch sonst zu „Diensten“ war, 1969 in Mailand wenig bis keine kritische Beachtung vor allem von Seiten der Staatsanwaltschaft. Im Verlauf des Verfahrens meldeten die Verteidiger in ihren Plädoyers starke Zweifel an dessen Aussagen an, denen zudem offenbar von Dr. Vaccari mehr Glauben geschenkt wurde als jenen der Soldaten der *Guardia di Finanza*. Lediglich Dr. Roland Riz erwähnt Cavallin in seinem Plädoyer erstmals als möglichen „Einbringer“ der Sprengladung.[69] Dabei hätte das unbedingte Ausgehen von einer „Fremdladung“ als Explosionsursache zu einer tiefgehenden Überprüfung des *„Trägers“* führen müssen. Cavallin betrat die Kaserne kurz vor der Explosion, lieferte offenbar nicht näher überprüfte Gegenstände in das Objekt und verließ den Steinalm-Stützpunkt etwa eine halbe Stunde vor der Explosion wieder. Nachdem es sich um eine Kaserne der *Guardia di Finanza* handelte, ist wohl davon auszugehen, dass es für die gelieferten Lebensmittel oder anderen Gegenständen eine Art Lieferschein geben müsste. Vor Gericht in Mailand interessierte dies offenbar die Staatsanwaltschaft nicht!

69 Koflers Geständnis ist absurd. „Dolomiten“, 22./23. März 1969. S. 2. Teßmann.

Dazu ist beim 3. Mailänder Südtirol-Prozess von einer durchaus eigenartigen Rolle der Staatsanwaltschaft anhand den überlieferten Aussagen des Dr. Elio Vaccari auszugehen. Besonders merkwürdig erscheint, dass auch der bei der Explosion getötete Vizebrigadier Herbert Volgger von der Staatsanwaltschaft in gewissem Sinn verdächtigt wurde – vielleicht weil Volgger Südtiroler war?

Am 24. Februar wurde der Osttiroler Andreas Egger einvernommen.[70] Egger teilte dem Gericht mit, dass ihn einer der als Zeugen einvernommenen *Carabinieri* gefoltert habe. Darauf erhob der Staatsanwaltschaft Klage gegen Andreas Egger *„wegen falscher Beschuldigung der Carabinieri“* – einem Artikel des aus der faschistischen Zeit Italiens stammenden Gesetzwerk *„Codice Rocco“*. Als am selben Verhandlungstag der *Carabiniere* Armando Ciabattoni als jener Sprengsachverständige aussagte, der als erster ein Gutachten zur Explosion auf der Steinalm erstellt hatte, verhielt sich Staatsanwalt Vaccari ebenfalls „eigenartig“. Ciabattoni sprach von zwei Explosionsstellen, die er vorgefunden hatte, allerdings habe er *„keine Spuren einer Fremdladung“* feststellen können. Bei Explosionen blieben normalerweise immer *„Spuren nicht explodierenden Sprengstoffes“* zurück. Vaccari hätten diese Aussagen *„offensichtlich nicht ins Konzept“* gepasst, worauf er die Qualifikation des *Carabiniere* in Zweifel zog, indem er ihn nach seiner Ausbildung zum Sachverständigen befragte. Die Beantwortung durch Ciabattoni lässt darauf schließen, dass er seine Sprengausbildung auch beim *„Reparto Speciale“* in Leifers erhalten hatte.[71]

70 Andreas Egger war ein enger Freund von Jörg Klotz. Im 20. August 1967 wurde Egger durch eine Aktion des italienischen Geheimdienstes in Südtirol verhaftet und durch *Carabinieri* gefoltert. Egger war der erste Österreicher, der in italienischer Haft gefoltert wurde. Vgl. dazu Otto Scrinzi (Hrsg.), Chronik Südtirol. 1959 – 1969.

Dem Urteil beim 3. Mailänder Südtirol-Prozess am 27. März 1969 folgte umgehend eine Berufung, und in jener der Staatsanwaltschaft ist ein neuerliches Gutachten enthalten. Das neue Gutachterkollegium bestand aus dem Bauexperten Prof. Ezio Iurzolla und dem Chemiker Prof. Andrea Scipioni von der technischen Fakultät der Universität Padua sowie dem Sprengsachverständigen Ing. Spartaco Vianello, Direktor jener Firma, die Handgranaten wie jene von der Steinalm herstellte. Ihre *„einzig annehmbare Hypothese“* war die Explosion einer Sprengladung *„in der Nähe der Handgranatenkiste“*, wobei die Gutachter nun von einer Sprengstoffmenge von 7 bis 8 kg Tritol, abzüglich der 3 kg Tritol in den 64 Handgranaten ausgingen. Nach neuerlichen umfangreichen Berechnungen kamen die neuen italienischen Gutachter zum gleichen Schluss wie ihre Vorgänger, es würden sich *„nur noch besser die Thesen der Anklage“* erhärten, *„nämlich die, dass in die Kaserne eine Fremdladung gebracht*

71 Gespannte Atmosphäre in Mailand. „Dolomiten“, 25. Februar 1969. S. 1f.Teßmann.

worden ist.“ Das Aktenstück *„Berufungsgründe im Strafverfahren der Anrichtung eines Blutbades auf der ‚Steinalm‘, des Anschlages auf die Integrität des Staates und anderer Verbrechen gegen Georg Klotz, Kofler Richard, Rainer Alois und andere Angeklagte“* beweist somit die restriktive Anwendung der Rechtsartikel des *„Codice Rocco“* aus der faschistischen Zeit unter Mussolini durch Staatsanwalt Vaccari.[72]

Oberst Massak gab zu diesem neuerlichen Gutachten wiederum eine *„gutächtliche Stellungnahme“* ab, datiert mit 29. Oktober 1970. Dabei stellte er einleitend fest, dass während des ersten Prozesses in Mailand festgestellt wurde, dass neben den 64 Handgranaten auch noch 134 Leuchtraketen mit einem *„Gesamtladungsgewicht“* von 2.110 g mitexplodiert waren. Hiedurch würde neben einer anderen sprengtechnischen Situation die *„mangelhafte Untersuchung an Ort und Stelle neuerlich bestätigt“*.

Auch mit dem neuerlichen Gutachten seiner italienischen Kollegen ging Massak hart ins Gericht, stellte seinerseits Berechnungen an, gab umfangreiche *„Stellungnahmen“* zu den einzelnen Punkten der Berufung ab und kam zu einem *„Resümee“*, das sich darauf bezieht, dass die *„früheren Sachverständigen“* eine *„negative Korrektur“* erfahren hätten, die drei neuen Sachverständigen allerdings *„nur eine Hypothese aufstellen und keine Tatsachen erbringen“*, wie auch der Staatsanwalt zugeben musste, da das Gutachten der früheren Sachverständigen durch die berufende Staatsanwaltschaft *„als unglaubwürdig“* abgetan und von den neuen Sachverständigen die *„Zündauslösung“* einer *„Fremdladung“* in keiner Weise angesprochen wurde. Außerdem habe Massak bereits 1969 einen Sprengversuch entsprechend der Explosion der 64 Handgranaten auf der Steinalm urgiert, was jedoch vom Gericht wegen *„Unerheblichkeit“* abgelehnt worden war – nun aber von der Staatsanwaltschaft angeregt wurde. Der *„Status quo“* des Gerichtsverfahrens habe sich jedenfalls seit der Urteilsfällung *„in keinem Punkt“* geändert:

„Dies gilt übrigens auch für die Tatsache, daß von der angeblichen Fremdladung und deren Zündmechanismus keine wie immer gearteten Spuren am Explosionsort asserviert werden konnten und damit kein wie immer gearteter Beweis für das tatsächliche Vorhandensein einer Fremdladung mit Zündmechanismus durch das bisherige Verfahren erbracht wurde.
Mangels der für einen derart klamurösen Vorfall unbedingt notwendigen Beweise, wird man bei sachlicher Prüfung die Hypothese über das Vorhandensein einer Fremdladung mit Zündmechanismus nach wie vor nicht aufrecht erhalten können.“[73]

Das Berufungsgericht hielt die *„Hypothese über das Vorhandensein einer Fremdladung mit Zündmechanismus“* der Staatsanwaltschaft allerdings sehr wohl aufrecht. Am 11. Oktober 1971 hatte dieses *„Schwurgericht zweiter Instanz“* in Mailand begonnen. Der Prozess-Auftakt betraf allerdings die Ausstellung der Berufungsdekrete ausschließlich in italienischer Sprache, wogegen die Verteidiger zahlreiche Anträge einbrachten, die allerdings samt und sonders abgelehnt wurden. Staatsanwalt Bonelli begründete dies damit, dass die Ausfertigung der Berufungsdekrete auch in deutscher Sprache eine *„Verletzung des Prinzips der Gleichheit aller Bürger“* darstelle, wenn man den Südtirolern dieses Recht einräumen würde – was nun klar gegen die aktuellen Autonomieverhandlungen verstieß. Der Gerichtshof beriet drei Stunden über die verschiedenen Anträge und kam zu dem Schluss, dass der *„Gebrauch der deutschen Sprache [...] nur einen politischen Zweck“* habe![74]

Verteidiger Dr. Roland Riz legte dar, dass diese Vorgehensweise gegen mehrere gesetzliche Regelungen verstoße, beginnend mit dem Pariser Vertrag von 1946, weiters gegen den „Regionalstatus“, ein Gesetz aus dem Jahr 1960 sowie die Menschenrechtskonvention. Verteidiger Dr. Erwin Walcher brachte über die Sprachproblematik hinaus mehrere Anträge zur Behandlung der Steinalm-Problematik ein, wobei es dabei

72 Berufungsgründe im Strafverfahren der Anrichtung eines Blutbades auf der „Steinalm“, des Anschlages auf die Integrität des Staates und anderer Verbrechen gegen Georg Klotz, Kofler Richard, Rainer Alois und andere Angeklagte (Verfasser der Berufung: Dr. Elio Vaccari). Angeblicher Anschlag „STEINALM“. BMI/Ehemaliges Dokumentationszentrum. Ordner 28.

73 Betr. Berufungsgründe im Strafverfahren der Anrichtung eines Blutbades auf der „Steinalm“, des Anschlages auf die Integrität des Staates und anderer Verbrechen gegen Georg Klotz, Kofler Richard, Rainer Alois und andere Angeklagte. Gutächtliche Stellungnahme 29. Oktober 1970. Angeblicher Anschlag „STEINALM“. BMI/Ehemaliges Dokumentationszentrum. Ordner 28.

74 Vgl. dazu die Berichte über das Berufungsgericht in Mailand. „Dolomiten“, 11. Oktober 1969 bis Samstag/Sonntag, 23./24. Oktober 1971. Ferdinandeum.

vor allem um sprengtechnische Fragen ging bis hin zu einem Antrag, ein *„Experiment über die Sprengwirkung der 64 Handgranaten und 134 Leuchtkugeln“* zu unternehmen sowie eine Exhumierung der Opfer vorzunehmen. Vor allem sollten die früheren Gutachten für *„null und nichtig“* erklärt werden, um solcherart neue Gutachten erstellen zu lassen.

Am 22. Oktober 1971 wurde das Verfahren in Mailand vertagt, da dem Antrag auf neuerliche Gutachten entsprochen wurde. Zudem wurden einige der Anträge der Verteidigung wie ein Experiment mit den Handgranaten angenommen.[75]

Der weitere Ablauf des Verfahrens erschließt sich auch aus den Aktenstücken des Sachverständigen Massak: Am 20. November 1971 ersuchte das österreichische Außenministerium den Generaldirektor für die öffentliche Sicherheit, Dr. Oswald Peterlunger, den Sachverständigen Ing. Massak weiterhin der Verteidigung zur Verfügung zu stellen, was aber laut Massaks Bemerkung von diesem als *„mit den österr. Rechtsvorschriften nicht vereinbar“* beurteilt und abgelehnt wurde. Einem Schreiben Peterlungers an das Außenministerium ist allerdings zu entnehmen, dass dies nach Meinung der Generaldirektion *„ausschließlich Angelegenheit des Polizei-Oberst Ing. MASSAK ist“, dieser aber „viele begründete Argumente vorbringe“*, die gegen seine weitere Tätigkeit in Italien spreche.[76]

Der Verteidigung sei es am 22. Oktober 1971 gelungen, das italienische Gutachten durch die Ausführungen des Ing. Alois Massak *„im wahrsten Sinne des Wortes in der Luft zu zerreißen“*. Allerdings sei dabei zu Hilfe gekommen, dass der Erstgutachter Cerri kurz zuvor als Gutachter *„entlassen“* worden war, da er bei einer Bombenentschärfung in Mailand eine nicht explodierte Bombe sprengen ließ anstatt diese zu entladen und damit *„alle Spuren verwischt“* wurden. Außerdem hatte das österreichische Generalkonsulat in Mailand dem Gericht eine *„Information“* über Massak zukommen lassen, die dessen Objektivität *„durch Hinweis auf den Porzescharteprozeß in Florenz“* betonte, was *„seinen Eindruck auf das Gericht nicht verfehlte“*. Allerdings wandten sich der Staatsanwalt wie der Privatbeteiligtenvertreter gegen die Einholung eines neuen Gutachtens mit dem Hinweis auf dessen „Unnötigkeit“ sowie auf die *„weitere Verschleppung“* des Prozesses. Sie stützten sich dabei auf die Aussagen des Richard Kofler und die *„Qualifizierung der italienischen Gutachter“* und gingen auf die von Massak aufgezeigten Diskrepanzen nicht ein. Massaks Fähigkeiten wurden dabei abqualifiziert, der österreichische Polizei-Oberst habe sich *„geirrt“* und außerdem sei *„ein offizieller Gutachter anders zu werten als einer der Verteidigung“*. Das Gericht entsprach allerdings nach eineinhalbstündiger Beratung der Auffassung der Verteidigung und ordnete die Einholung eines neuen Gutachtens an. Eine von der Verteidigung verlangte Exhumierung und Untersuchung des Leichnams des Leutnants Perucci und des *Vize Brigadiere* Volgger entsprach das Gericht allerdings nicht, da dies *„für die Zwecke, die die Verteidigung zu erreichen wünscht, nicht von Nutzen ist“*.[77]

Der Sache ging aber augenscheinlich eine Vorgeschichte voraus. Im Aktenbestand des Ing. Massak ist eine *„Stellungnahme“* vom 18. Oktober 1971 enthalten, die auf beträchtliche Diskrepanzen hinweist: In Bezug auf einen *„Amtsvermerk der Gruppe Staatspolizeilicher Dienst“* vom 15. Oktober 1971 stellte der Polizeisachverständige fest, dass er nicht bereit sei, sich zum *„Supersachverständigen“* zu machen, da dies seinen *„charakterlichen Wesenszügen widersprechen würde“*. Offenbar ging es dabei um Massaks *„gutächtliche Stellungnahme“* vom 29. Oktober des Vorjahres, in dem dieser neuerlich das Gutachten der italienischen Kollegen als wenig beweiskräftig titulierte. Genau diese Stellungnahme wurde – von welcher Seite auch immer – offenbar in eher negativem Sinn als *„Supergutachten“* kritisiert. Massak ging in seiner Stellungnahme sodann auf seine erworbene Qualifikation seit seiner Zeit

75 Vgl. dazu die Berichte über das Berufungsgericht in Mailand. „Dolomiten“, 11. Oktober 1969 bis Samstag/Sonntag, 23./24. Oktober 1971. Ferdinandeum.

76 Generaldirektion für die öffentliche Sicherheit, Zl. 19.404-GD/1970 vom 21. September 1970. Angeblicher Anschlag „STEINALM“. BMI/Ehemaliges Dokumentationszentrum. Ordner 28.

77 Steinalmprozeß; Berufungsverfahren. BMfAA Zl. 121.073-5(Pol)71 vom 20. November 1971. Angeblicher Anschlag „STEINALM“. BMI/Ehemaliges Dokumentationszentrum. Ordner 28.

bei der deutschen Wehrmacht ein[78], was darauf schließen lässt, dass eben diese Qualifikation in Abrede gestellt worden war – mit beträchtlicher Sicherheit wohl von Seiten des italienischen Staatsanwaltes oder des italienischen Gerichts.

Ein halbes Jahr und zahlreiche juristische „Geplänkel" später war es dann soweit: Das Gericht in Mailand bestellte die neuen Gerichtssachverständigen. Dr. Pierpaolo Ponti, Ing. Guido Mangano und Ing. Aldo Colalacomo kamen vom *Politecnico* in Mailand. Oberst Massak wurde neben drei italienischen Gutachtern wiederum als Sachverständiger der Verteidigung bestellt. Der Prozess begann am 16. Juni 1972 mit der Verlesung der Prozessakten[79] – wurde aber offenbar alsbald wieder vertagt, was sich aus den vorliegenden Akten aber nicht erschließt. Die nächsten Aktenstücke betreffen die Einladung des Ing. Massak zu Sprengversuchen im Versuchszentrum der Artillerie des italienischen Heeres in Nettuno südlich von Rom am 8. April 1975.

Massak erkrankte aber im April und erhielt die Einladung nach Nettuno offenbar zu spät, da eine entsprechende „Auslandsdienstreise" im öffentlichen Dienst der Republik Österreich geraume Zeit in Anspruch nimmt, und so erging eine weitere Einladung zur Berufungsverhandlung Anfang 1976. Der Sachverständige war aber zu dieser Zeit aufgrund der Winterolympiade in Innsbruck für die Zeit vom 14. Jänner bis 15. März *„unabkömmlich"*, da er für die *„Sicherungsmaßnahmen"* verantwortlich war.[80] Allerdings wäre Massak laut Viktoria Stadlmayer, der „Südtirol-Referentin" der Tiroler Landesregierung *„entgegen den zwingenden Vorschriften des italienischen Strafverfahrensrechtes"* vom Gericht als Sachverständiger zum Berufungsverfahren abgelehnt worden. Die Verteidigung habe aber sofort dagegen berufen, was den Obersten Gerichtshof in Rom wahrscheinlich veranlassen würde, den Prozess einem neuen Gericht zuzuweisen[81] – was dann jedoch nicht eintrat.

Vor Gericht in Mailand 1976

Am 14. Jänner 1976 begann die neuerliche Verhandlung des „Schwurgerichts zweiter Instanz" in Mailand. Zu Beginn der Verhandlungen stellten die Verteidiger einen Antrag auf Vertagung des Prozesses, da der für die Verteidigung wesentliche österreichische Gutachter Polizei-Oberst Alois Massak aufgrund seiner Aufgaben bei den Olympischen Winterspielen in Innsbruck unabkömmlich war. Die Verteidigung der Angeklagten waren wiederum die Doktoren Roland Riz, Hugo Gamper, Herman Nicolussi, Erwin Walcher sowie die beiden italienischen Strafrechtler Prof. Nuvolone und Sarno. Zur Verhandlung kamen neben dem Vorfall auf der Steinalm noch einige weitere Vorfälle, Schießereien und Sprengungen von Strommasten.[82] Am Berufungsverfahren bestand – nach der Berichterstattung in den „Dolomiten" zu schließen – beträchtlich weniger Interesse als am Erstverfahren in Mailand 1969. Lediglich in den kürzeren Kolumnen *„Gerichtssaal"* im hinteren Teil der Tageszeitung wird das Verfahren angesprochen. Allerdings bestimmten zeitgleich die Olympischen Winterspiele in Innsbruck das Interesse der Öffentlichkeit beträchtlich. Am 26. Jänner wird im ersten Bericht seit jenem über die Verfahrenseröffnung kurz über die Ablehnung der Anträge der Verteidigung wie die Anhörung wei-

78 Stellungnahme Pol.Oberst.Ing.Massak. Amtssachverständiger vom 18. Oktober 1971. Angeblicher Anschlag „STEINALM". BMI/Ehemaliges Dokumentationszentrum. Ordner 28.

79 Südtirol; Steinalmprozeß; neues Sachverständigengutachten. BMfAA Zl. 156.520-5(Pol)72 vom 16. Mai 1972. Angeblicher Anschlag „STEINALM". BMI/Ehemaliges Dokumentationszentrum. Ordner 28.

80 Die Sicherheitsmaßnahmen bei der Winterolympiade 1976 in Innsbruck wurden für überaus wichtig erachtet, um eine Tragödie wie bei der Sommerolympiade in München 1972, als ein Palästinensisches Terrorkommando die israelische Sportlerdelegation als Geiseln nahm, zu verhindern. Beim missglückten Befreiungsversuch kamen alle neun Geiseln ums Leben. Vgl. dazu https://de.wikipedia.org/wiki/Münchner_Olympia-Attentat [Stand: 28. Februar 2022].

81 Vgl. dazu die umfangreiche Korrespondenz betreffend Polizei-Oberst Massak mit den Anwälten im Steinalm-Prozess sowie der Tiroler Landesregierung, vor allem mit Hofrat Dr. Viktoria Stadlmayer sowie die beiliegende Sammlung von Zeitungsartikeln. Angeblicher Anschlag „STEINALM". BMI/Ehemaliges Dokumentationszentrum. Ordner 28.

82 Steinalm-Prozeß in zweiter Instanz. „Dolomiten", Mittwoch, 14. Jänner 1976. S. 9. Ferdinandeum.

terer Zeugen und Experten sowie eines Lokalaugenscheins auf der Steinalm berichtet. Nachdem der Hauptangeklagte Jörg Klotz zwei Tage zuvor gestorben war, verlangte der Staatsanwalt die Vorlage eines Totenscheines.[83]

Die beiden Staatsanwälte Dr. Stecanella und Dr. Vaccari verlangten am nächsten Verhandlungstag dann trotz des Todes von Jörg Klotz dessen Verurteilung zu einer Schadenersatzleistung von zwei Milliarden Lire und Dr. Vaccari zudem die Verurteilung, da *„Klotz für das Gericht noch nicht tot sei"*. Als sich Dr. Sarno, der Verteidiger von Klotz, außer Stande sah, *„einen toten Mandanten zu verteidigen"*, bestimmte das Gericht einen *„Amtsverteidiger"* für den Verstorbenen. Nachdem der Verteidiger einen Freispruch für Klotz beantragt hatte, hatte das Geschworenengericht die Weiterführung des Verfahrens gegen ihn beschlossen.[84] Am 2. Februar 1976 forderte Staatsanwalt Elio Vaccari für Luis Larch und Alois Rainer wiederum die Höchststrafe „lebenslänglich" sowie 30 Jahre für Richard Kofler. Das Verfahren gegen Jörg Klotz wurde durch das Gericht eingestellt, eine Entscheidung, die nach den Verhandlungen der letzten Woche überraschend kam.[85]

83 Steinalm-Prozeß: Gericht braucht einen Totenschein. „Dolomiten", 27. Jänner 1976. S. 8. Ferdinandeum.

84 Amtsverteidiger für den Verstorbenen. „Dolomiten", 30. Jänner 1976. S. 5. Ferdinandeum.

85 4mal „lebenslänglich" gefordert. „Dolomiten", 3. Februar 1976. S. 9. Ferdinandeum.

Die Verteidiger verlangten in ihren Plädoyers erwartungsgemäß Freisprüche für ihre Mandanten, da es sich bei der Explosion auf der Steinalm um einen Unfall anstatt eines Anschlages gehandelt habe, für den keine Beweise vorlägen. Dr. Gamper bemerkte im Zuge seines Plädoyers, eine Verurteilung könne *„schwerwiegende Reaktionen in der Bevölkerung auslösen"*.[86]

Mittlerweile hatten sich die Angehörigen der drei Opfer der Steinalm aus dem Verfahren *„zurückgezogen"*, das Verteidigungs- und Finanzministerium schien zur Verwunderung des Verteidigers Dr. Roland Riz aber weiterhin als *„Zivilpartei"* auf. Dieser Einwand des Verteidigers brachte den Ankläger Dr. Stecanella derart in Rage, dass er aus Protest den Gerichtssaal verließ – ein Hinweis auf die auch beim Berufungsverfahren offenbar angespannte Atmosphäre.[87]

Am 12. Februar 1976 endete das Berufungsverfahren wider Erwarten mit der Verurteilung der Angeklagten. Der verstorbene Jörg Klotz war in der ersten Instanz zu 23 Jahren Gefängnis verurteilt worden. In der zweiten Instanz wurde keine weitere Verurteilung ausgesprochen. Luis Larch wurde anstatt der 24 Jahre in erster Instanz zu 28 Jahren verurteilt, Alois Rainers Urteil von zwei Jahren in erster Instanz wurde auf 23 Jahre und sechs Monate und jenes von Richard Kofler von zwei Jahren und vier Monaten auf 23 Jahre und sechs Monate erhöht. Der Verteidiger Dr. Hugo Gamper sprach in der Folge von einem *„Fehlurteil"* in dieser *„merkwürdigen Prozeßführung"*, das ähnlich dem „Pfunderer-Prozess" einige Jahre zuvor *„Folgen nach sich ziehen könne"*. Für Dr. Walcher war der Entschluss der Verweigerung der deutschen Sprache durch das Schwurgericht *„eine schwere Verletzung des Rechts der deutschen Sprachgruppe"*, zudem wäre das Urteil ein *„Fehlurteil"*, da es keine Beweise für einen *„Anschlag und Mord"* gäbe. Alle Verteidiger legten gegen das Urteil Berufung ein. Staatsanwalt Dr. Stecanella forderte als Nebenankläger in Vertretung des Staates, die Angeklagten zu einer Schadenersatzleistung von 2,3 Milliarden Lire und zu vier Millionen Lire Anwaltskosten zu verurteilen, wobei die Angehörigen der Todesopfer als Zivilpartei zurückgetreten waren.

86 Steinalmprozeß: Am Mittwoch das Urteil. „Dolomiten", 7./8. Februar 1976. S. 10. Ferdinandeum.

87 Unfall, kein Anschlag. „Dolomiten", 9. Februar 1976. S. 10. Ferdinandeum.

Im Zug der Verhandlung wurde ein beachtenswertes Detail bekannt. Das Verteidigungsministerium hatte zur Rekonstruktion der Explosion die Kaserne nachgebaut, allerdings hatte dieser Nachbau kein Dach und nur drei Wände. Die Schäden an diesem Nachbau nach dessen Sprengung hatte die Gerichtssachverständigen bewogen, abermals von einer *„Fremdladung"* als Explosionsursache auszugehen. Zudem hatten die Sachverständigen nur die Sprengstoffmenge der 64 Handgranaten verwendet und nicht der weiteren vorhandenen Leuchtraketen und der in der Kaserne gelagerten Munition von immerhin 1.285 Schuss. Den Verteidigern war zudem nicht die Möglichkeit gegeben worden, an diesen Sprengversuchen teilzunehmen, und das Schwurgericht hatte es sogar abgelehnt, die Gerichtssachverständigen zum Vortrag ihres Gutachtens vor Gericht zu laden. Immerhin wurde in diesem Gutachten die Möglichkeit zugegeben, dass auch ein Schuss aus dem leichten Maschinengewehr B.A.R. die Explosion hätte auslösen können. Die Verteidigung wies daher darauf hin, dass in den Trümmern des Büroraumes der Kaserne eine derartige Waffe und eine abgeschossene Patronenhülse gefunden worden waren. Die Richter und Geschworenen des Berufungsgerichtes in Mailand hätten dieser Möglichkeit aber *„keine Bedeutung"* beigemessen. Die Möglichkeit eines Unfalles wurde vom Gericht ausgeschlossen und daher die *Angeklagten „ohne daß ein Beweis für deren Tat vorgelegen hätte"*, zu *„schwersten Strafen"* verurteilt.[88]

Italienischen Online-Quellen zufolge wurden Jörg Klotz, Alois Rainer und Alois Larch vom Berufungsgericht in Mailand am 12. Februar 1976 (Urteil Nr. 7/70 R. G.) verurteilt, da sie den Terroranschlag auf der Steinalm *„geplant, organisiert und durchgeführt"* *hätten. Gemäß Urteil „brach Georg Klotz in der Nacht des 8. September 1966 in die Kaserne der Guardia di Finanza in Malga Sasso ein und platzierte eine Sprengladung, die durch ein Uhrwerk ausgelöst wurde, während seine Komplizen unweit des Militärgebäudes auf ihn warteten.* [...] *Klotz wurde nicht verurteilt, da er während des Prozesses, am 24. Januar 1976, auf freiem Fuß in Österreich an einem Herzinfarkt starb."*[89]

Völlig unüblich, da eher emotionslos, beschreibt die neofaschistische Online-Plattform „ilprimatonazionale.it" den Abschluss der Gerichtsverfahren zur Steinalm: *„Am 16. Dezember 1977 erklärte der Oberste Gerichtshof das Urteil für rechtskräftig und wies die Berufungen von Richard Kofler, Alois Rainer und Alois Larch zurück. Am 26. Januar 1983 wurde die gegen Richard Kofler verhängte Strafe aufgrund des Todes des Verurteilten für erloschen erklärt. Am 22. November 1995 wurde Alois Rainer die Reststrafe von einem Jahr erlassen, und am 24. Juli 2007 begnadigte der Präsident der Republik Alois Larch."*[90]

Jörg Klotz war, wie in italienischen Quellen angemerkt, im Exil in Österreich – nahe seiner Köhlerhütte im Ruetztal nahe Innsbruck – verstorben. Die Todesursache war eine Lungenembolie.[91]

Beachtenswert an der Bestätigung des Urteils durch den obersten Gerichtshof in Rom scheint auch der „Nebeneffekt" des Urteils. Die Anwälte der angeklagten Südtiroler hatten in der zweiten Instanz versucht, gegen den Umstand höchstgerichtlich vorzugehen, dass den Angeklagten die Anklageschrift nur in italienischer statt in deutscher Sprache zugestellt worden war. Diese Anträge wurden 1971 in Mailand mit dem Argument abgewiesen, der Gebrauch der deutschen Sprache vor Gericht würde nur einen *„politischen Zweck"* erfüllen. Mit der Bestätigung des Urteils wurde auch die gegen die Autonomiebestimmungen verstoßende Abweisung durch den obersten Gerichtshof bestätigt. Diese höchstrichterliche Interpretation hatte somit eine enorme *„politisch-sprachliche Tragweite"*, da die Staatsanwaltschaft ihre Berufungsbegründungen nicht auch in deutscher Sprache abzufassen brauchte, was letztlich eine Verweigerung der wenige Jahre zuvor erlassenen Autonomiebestimmungen durch den obersten Gerichtshof bedeutete.[92]

Jörg Klotz, Richard Kofler, Luis Larch und Alois Rainer wurden in Österreich wegen der Explosion auf der Steinalm gerichtlich nicht verfolgt. Richard Kofler trat nach der Bestätigung des Urteiles des italienischen obersten Gerichtshofes im Exil in Österreich in der Innsbrucker Hofkirche vor dem Grabmahl Andreas Hofers in einen Hungerstreik. Das Urteil gegen ihn wäre laut seinem Anwalt Dr. Hugo Gamper ein *„Justizirrtum"*. Wenn der Hungerstreik ohne Erfolg bleibe, würde er den *„Gerichtshof für Menschen-*

88 Ein schwerwiegendes Fehlurteil. „Dolomiten", 13. Februar 1976. S. 4f. Ferdinandeum.

89 https://robigreco.wordpress.com/2018/09/09/la-strage-di-malga-sasso-9-settembre-1966/ [Stand: 16. Jänner 2022].

90 https://www.ilprimatonazionale.it/uncategorized/strage-malga-sasso-terroristi-sudtirolesi-uccisero-tre-finanzieri-italiani-167316/ [Stand: 16. Jänner 2022] sowie Heute Steinalmprozeß. „Dolomiten", 16. Dezember 1977. S. 11. Teßmann.

91 Eva Klotz, Georg Klotz – Freiheitskämpfer für die Einheit Tirols. S. 338.

92 Urteil von schwerwiegender Tragweite. „Dolomiten", 17./18. Dezember 1977. Ferdinandeum.

rechte" mit der Angelegenheit befassen.[93] Kofler verstarb am 2. November 1981 im Alter von 51 Jahren in Innsbruck an einer Gehirnblutung. Er hatte Südtirol nach seinem Freispruch beim 1. Mailänder Südtirol-Prozess verlassen. Offenbar hatte sein Vertrauen in die italienische Justiz beträchtlich gelitten, trotzdem traf ihn die neuerliche Verurteilung zu 23 Jahren im Jahr 1976 hart. Sein Verfahren wegen der *„Verletzung der europäischen Konvention der Menschenrechte"* beim Europäischen Gerichtshof in Straßburg verlief teilweise erfolgreich. Am 7. November 1981 wurde Richard Kofler in St. Pauls beerdigt.[94]

Bei den Gerichtsverhandlungen kamen Situationen zur Sprache, die schwere „Sicherheitsmängel" in der Finanzerkaserne zutage brachten. Diese Mängel wurden allerdings mit dem „Druck" begründet, der nach der Warnung vor einem Anschlag auf der Steinalm am 28. oder 29. August durch den italienischen Geheimdienst entstanden wäre. So habe Leutnant Petrucci, das dritte Opfer der Explosion auf der Steinalm, bis 31. August selbst das Kommando in der Kaserne der *Guardia di Finanza* gehabt, dieses dann an den Unterleutnant Pierotti übergeben. Als nach dem 6. September die Nachricht von dem ausgehobenen Waffenlager jenseits der Grenze einlangte, habe der Offizier das Kommando an den Unteroffizier Giovanni Nieddu übergeben, der allerdings auf Urlaub war, wodurch das Kommando auf den ranghöchsten Soldaten auf der Steinalm, Vizebrigadier Herbert Volgger, überging. Der wochenlange Druck aufgrund der Anschlagswarnungen habe nach der „Entwarnung" zu der Sorglosigkeit geführt, die dann zum Verderben geführt habe. Allerdings dürfte es auch bereits davor häufigen „Damenbesuch" von Italienerinnen wie Südtirolerinnen sowie zumindest einer Österreicherin vom Brenner in der Kaserne auf der Steinalm gegeben haben und umgekehrt auch Besuche der Besatzung der Kaserne in einem Lokal mit „einschlägigem Ruf" jenseits der Grenze in Österreich.

Für die „Damenbesuche" in der Finanzerkaserne sei der weiter oben erwähnte Lebensmittellieferant namens Sebastiano Cavallin verantwortlich gewesen, der eben nicht nur Lebensmittel in die Kaserne „geliefert" habe, sondern auch Frauen, die dann auch mit den Soldaten „im gleichen Bett" übernachtet hätten.[95]

93 R. Kofler in Hungerstreik. „Dolomiten", 16. Jänner 1978. S. 3. Teßmann.

94 Richard Kofler in Innsbruck verstorben. „Dolomiten", 6. November 1981. S. 6. Teßmann.

95 Vgl. dazu Hans Karl Peterlini, Feuernacht. Südtirols Bombenjahre. S. 387 – 397. Peterlini konnte in seinem Kapitel „Das Rätsel der Steinalm" offenbar auf Gerichtsakten in der Sammlung von Dr. Erwin Walcher, einem der damaligen Anwälte der Südtiroler Angeklagten zurückgreifen. Anm. d. Verf.

EXKURS Detonation auf der Steinalm im Jahr 1966

Max Ruspeckhofer

Am 9. September 1966 wurde das Finanzergebäude auf der Steinalm am Brenner durch eine Detonation zerstört. Die italienische Justiz machte österreichische Aktivisten dafür verantwortlich.

Zweifellos steht fest, dass eine Kiste mit 64 Handgranaten detoniert ist. In der Umgebung der Detonationsstelle befand sich ein Maschinengewehr. Eine abgeschossene Patronenhülse wurde bei den anschließenden Untersuchungen gefunden. Die Nettoexplosivstoffmasse der Handgranaten betrug 3,14 kg TNT. Das italienische Gutachterkollegium war der Ansicht, dass diese 3,14 kg TNT nicht ausreichend waren, um die vorgefundenen Schäden anzurichten. Außerdem wurde eine Zündung durch einen Schuss mit einem Gewehr für nicht wahrscheinlich angesehen. Daher nahm das italienische Gutachterkollegium eine weitere Ladung von 9 bis 11 kg Gelatine Donarit an, welche durch eine urwerksgesteuerte Zündung zur Umsetzung gebracht wurde. Diese Ladung hat die Handgranaten gezündet. Nachdem man bei der berechneten Zeitverzögerung auf über zwölf Stunden kam und diese Zeitspanne von zwölf Stunden mit den damaligen Uhren nicht überschritten werden konnte, ist man von einer vorläufigen Fehlfunktion der Uhr ausgegangen. Erst als einer der Finanzer die Ladung untersuchte, setzte das System um.

Es gibt ein weiteres Gutachten vom österreichischen Sachverständigen Massak zu dem Thema. Massak bezweifelt das Vorhandensein einer Fremdladung. Die Version des Gutachterkollegiums zur Auslösung würde zu einer gewaltsamen Amputation der Arme jenes Finanzers führen, der sie untersucht hat. Anscheinend ist der Körper aber weitgehend intakt geblieben. Weiters geht Massak, unterstützt von einem Gutachten zweier österreichischer Statiker davon aus, dass die gut 3 kg TNT ausreichend waren, um die entstandenen Schäden zu erklären.

Der Fall reduziert sich somit auf folgende Fragestellungen:

- Sind 3 kg TNT ausreichend, um die vorgefundenen Schäden zu verursachen?
- Kann eine Gewehrpatrone eine Handgranate auslösen?

Bei der Gutachtenserstellung wurden verschiedene Formeln verwendet, um die entsprechenden Drücke auf die Mauern zu berechnen. Diese theoretischen Ansätze haben den Nachteil, dass sie nicht nachgeprüft werden können bzw. konnten. Ideal wäre es, wenn man den vorliegenden Fall mit einem ähnlich gelagerten Fall vergleichen könnte. Und tatsächlich hat sich am 14. Juli 1984 im Basaltsteinbruch Weitendorf in der Steiermark eine ähnliche Detonation ereignet. 1.500

Stück Sprengkapseln (Nettoexplosivstoffmasse ca. 1,5 kg) wurden bei einem Einbruch unabsichtlich zur Detonation gebracht. Dazu schaffte man den Tresor, in dem sich die Sprengkapseln befanden, in den Keller und versuchte ihn aufzuschneiden. Die Hitzeentwicklung brachte die Sprengkapseln zur Umsetzung. Das Gebäude stürzte ein. Die beiden Einbrecher starben. Jener Einbrecher, der sich der polizeilichen Rekonstruktion nach vor (!!) dem Gebäude befunden haben muss, wurde 40 m weit weggeschleudert. Beine und ein Teil des Gesichts wurden ihm laut damaligem Zeitungsbericht (OÖ-Nachrichten) weggerissen. Leider ist über die Konstruktionsweise des Gebäudes wenig bekannt. Das Vorhandensein eines Kellers würde für eine eher robuste Bauweise und gegen eine Leichtbauweise sprechen. Es ist anzunehmen, dass die doppelte Menge Sprengstoff die beschriebenen Schäden am Gebäude der Steinalm verursachen konnte.

Zur Auslösung: Die Geschossenergie eines Projektils ist im Normalfall nicht ausreichend, um das TNT in den Handgranaten zu zünden. Wenn das Projektil aber auf einen Zünder trifft, wird dieser umsetzen. Im konkreten Fall dürfte das Projektil durch mehrere Handgranaten hindurchgegangen sein. In so einem Fall ist das Auftreffen auf einen Zünder bzw. jenen Teil, der den Verzögerungssatz zündet, leicht möglich.

Am Ende stehen zwei Hypothesen: Eine des italienischen Expertengremiums, die von einer zweiten Ladung ausgeht, die jemand in das Gebäude eingebracht hat. Dazu wäre es notwendig gewesen, dass sich eine Person mit einer Tasche mit Ladung und Uhrzeitzündung über das freie Gelände hinweg zum Gebäude geschlichen und am Wachhund unbemerkt vorbeigekommen wäre. Anschließend hätte er die, ansonsten laut knarrende, Tür unbemerkt öffnen und sich an den Leuten vorbei ins Büro begeben müssen. Nach dem Schärfen der Ladung hätte er wiederum unbemerkt das Gebäude und Gelände verlassen müssen. Für diese Hypothese spricht lediglich die Ladungsberechnung des italienischen Expertengremiums. Der österreichische Sachverständige Massak kam seinerseits ohne dieses komplizierte Intermezzo aus. Er ging lediglich von jener Sprengstoffmenge aus, die in den Handgranaten enthalten war. Dazu addierte er noch die energetischen Materialien der ebenfalls im Büroraum lagernden Leuchtraketen.

Wie die beschriebene Detonation im Basaltsteinbruch in Weitendorf zeigt, reicht auch eine relativ kleine Menge hochbrisanten Sprengstoffes aus, um beträchtliche Schäden an Gebäuden anzurichten. Die vom italienischen Expertenkollegium errechnete Menge hätte wohl wesentlich dramatischere Schäden an Gebäude und Menschen angerichtet.

Nachdem auch die Zündung einer Handgranate durch eine Gewehrpatrone möglich ist, ist die Variante der italienischen Experten zu verwerfen.

Es spricht absolut nichts dafür, dass für die Detonation noch eine weitere Ladung bzw. spezielle Zündung notwendig gewesen wäre.

Die wahrscheinlichste Variante ist: Ein Finanzer hat aus welchen Gründen auch immer und wohl unabsichtlich einen Gewehrschuss abgefeuert. Die Energie des Projektils hat eine oder mehrere Handgranaten gezündet. Die Lagerung der Handgranaten war dergestalt, dass eine sympathetische = gleichzeitige Detonation aller Handgranaten erfolgte. Anschließend hat man – ähnlich wie beim Unglück auf dem Pfitscherjoch – einen Anschlag „erfunden", um den Unfall zu vertuschen.

Quelle: Bestand Christoph Franceschini/Eppan.

←
Abb. 30 Auf dem Bild aus dem Gerichtsakt ist zu erkennen, dass die Mauer stark beschädigt, jedoch noch nicht wie auf der Abbildung 31 ausgebrochen ist. Wesentlich ist, dass die Dachschalung wie auf der Abbildung 30 nicht mehr ersichtlich ist (GELB markiert) und offensichtlich bereits abgeräumt wurde.

Quelle: BMI/Ehemaliges Dokumentationszentrum. Ordner 28.

→
Abb. 31 Mauerrest im „Büroraum" – Zentrum der Explosion" – etwa drei Jahre nach der Explosion.

Quelle: Bestand Christoph Franceschini/Eppan.

←
Abb. 32 Mauerteile/Träger (GELB markiert). Mauerverformung (ROT markiert).

EXKURS Fachmännische Sachverständigenbeurteilung und wissenschaftliche Neubeurteilung zum Explosionsvorfall am 9. September 1966 auf der Steinalm, Finanzerkaserne „Malga Sasso"

Harald Hasler

Ziel der Neubeurteilung war es, durch die genaue Sichtung der vorhandenen Akten, Pläne, Gutachten, Bilder und Unterlagen zu dem Vorfall einerseits und eine fundierte fachmännische, kriminaltechnische und forensische Sachverständigenbeurteilung gemäß dem Stand der Technik samt einem Lokalaugenschein, bei dem die Ruine der Finanzerkaserne genau vermessen und begutachtet wurde, das „Explosionsereignis" gemäß den aktenkundigen Angaben den ermittelten Explosionsauswirkungen gegenüberzustellen. Aus dem empirisch ermittelten Schadensbild einerseits und der aktenkundigen Detailbeschreibung des Vorfalles andererseits, konnten eindeutige **klare** wissenschaftliche Schlussfolgerungen und Neuerkenntnisse über den Hergang, wie er sich **NICHT** ereignet haben konnte, gewonnen werden. Somit erfolgte durch den Sachverständigen eine Neubeurteilung auf dem Stand der Technik.

Dazu wurden die Bilder vom Tatort akribisch analysiert und ausgewertet, um Nachweise der eindeutigen Spuren und das markante Schadensbild von Explosionsereignissen durch das Einwirken der Explosionskenngrößen Druck, Impuls (Druck/Zeit), Trümmerflug und Hitze auf die bauliche Struktur der Finanzerkaserne sowie auf die betroffenen Personen, die bei dem Vorfall laut Aktenlage verletzt und getötet wurden, zu ermitteln. Gerade die präzise forensische Analyse der Tatortbilder war zur Rekonstruktion und zur Prüfung der Plausibilität der historischen Aktenlage von größter Bedeutung in diesem Fall, denn es zeigte sich, dass zwar gutes aussagekräftiges Bildmaterial vorhanden ist, jedoch offenbar nur sehr wenige der Bilder unmittelbar nach dem Ereignis aufgenommen worden sind und damit das wahre Schadensausmaß abbilden. Dieser Umstand muss berücksichtigt werden, um Rückschlüsse und fundierte Aussagen treffen zu können. Aufgrund dieser Tatsache ist ersichtlich, dass das Schadensausmaß von Laien deutlich größer eingeschätzt wird, als es tatsächlich war. In den offiziellen Akten zu dem Vorfall wurden keine Hinweise zu dieser entscheidenden Tatsache und zur Bedeutung der Bilderanalyse sowie der fachmännischen Bewertung durch Sachverständige gefunden.

Zu dem Vorfall und zur Aufarbeitung liegen viele Dokumente und Aussagen vor, welche widersprüchlich, nicht erklärbar, mangelhaft, nicht objektiv, unplausibel und aus Gutachtersicht daher falsch sind. Fundierte, klare Aussagen sind hier sehr komplex und nur durch anerkannte Ingenieursmethoden sowie ballistisch/forensisches Fachwissen zu treffen. Aufgrund dieser Komplexität wird der Vorfall gutachterlich in der Tiefe durch den Sachverständigen untersucht und aufgearbeitet, da seinerzeit mehrere namhafte italienische Sachverständige in die fachliche Bewertung und Rekonstruktion sowie die daraus resultierenden gutachterlichen Schlussfolgerungen entscheidend involviert waren. Eine weiter vertiefte Aufarbeitung mit den Schlussfolgerungen zu dem Vorfall wird noch in einem umfassenden Gutachten durch den Sachverständigen erfolgen.

Dem Sachverständigen standen insbesondere die im Bozner Gerichtsakt enthaltenen **Bilder Abb. 6 bis 14 (Seite 72 bis 79)** zur Verfügung. Diese entscheidenden Bilder dürften direkt nach dem Vorfall gemacht worden sein und unterscheiden sich **wesentlich** zu den erst später im Zuge der Ermittlungen des österreichischen Sachverständigen Polizei-Oberst Alois Massak auf der Steinalm angefertigten **Bildern Abb. 15 bis 27 (Seite 82 bis 91)** in Bezug auf die Ausmaße der Explosionsschäden und das Schadensbild.
Es ist auf den Bildern zu sehen, dass auf dem Dach fast gänzlich die Holzdachschalung (Bretter) sowie die Dachplatten (Schieferplatten) abgeräumt sind.
Diese Bilder wurden deutlich später aufgenommen, nachdem Räumarbeiten bereits durchgeführt worden waren und sind damit gutachterlich **NICHT** aussagekräftig in Bezug auf das explosionsbedingte Schadensbild.

Zusammenfassung der wesentlichen aktenkundigen, historischen Aussagen zu dem Vorfall, welche überprüft und fachmännisch nach dem Stand der Technik neu beurteilt werden sollen

- Die Finanzer Volgger und Cossu wurden bei der Explosion sofort getötet, Oberleutnant Petrucci wurde schwerst verletzt. Petrucci und Volgger waren als einzige im Büroraum, in dem sich die Explosion ereignete.
- Zwei weitere in Nachbarräumen anwesende Soldaten wurden nur leicht verletzt.
- Das Opfer Petrucci wies massive Verbrennungen (50 % der Körperfläche) auf, der Kopf war völlig verbrannt und in den Verletzungen waren winzige Aluminiumsplitter mit schneidenden und eingerollten Kanten enthalten. Dem Opfer Volgger wurden die Kleider bis auf den Hüftbereich herunter- bzw. weggerissen.
- Das Opfer Volgger kam auf den Trümmern der eingestürzten Mauer zu liegen, welche die Küche vom Büroraum trennte. Die Kopfhaut, das Gesicht und die Haare waren verkohlt.
- Im Objekt, nämlich im Büroraum des Dienstführenden, wurden Handfeuerwaffen (leichtes MG, Marke B.A.R), Handfeuerwaffenmunition (MG Patronen Kal. 7,62 mm), Handgranaten 64 Stk. (Modell S.R.C.M), Leuchtraketen 134 Stk.) gelagert. Erstaussagen auch über die Lagerung von Minen im Raum wurden nicht näher erläutert.
- Kurz vor der Explosion hörten zwei der überlebenden Soldaten **einen Schuss** im Objekt.
- Nach der Explosion wurden noch acht Stück Handgranaten auf einem Tisch ca. 4 m Luftlinie weg vom Explosionszentrum, verstreute beschädigte Patronen und drei Stück beschädigte MG im Objekt gefunden.
- Unter den Trümmern fand man einen leere, angeschlagene Patronenhülse Kal. 7,62 mm.
- Ein Zeuge gibt an, bei den Aufräumarbeiten im Büro ein MG (B.A.R) gefunden zu haben, welches ein Magazin angesteckt hatte, wobei beim Zurückziehen des Verschlusses eine **nicht** abgeschossene Patrone ausgeworfen wurde.

- Offizielle Erstaussage – Anschlag mit 20 bis 25 kg Sprengstoff.
- Der Sachverständige Dr. Ing. Cerri Teonesto erstellte ein umfassendes Gutachten, in welchem er eindeutig feststellte, dass eine **Menge von 9 bis 12 kg Explosivstoff** gezündet worden sei und dass es sich eindeutig um eine platzierte „Fremdladung“ mit einem Zündmechanismus gehandelt habe.
- Die Berechnung der eingesetzten Explosivstoffmenge erfolgte mittels spezifischer Formeln und Parameter für Explosionswesen durch Dr. Ing. Cerri Teonesto. Die Berechnungen für die notwendige Ladungsmenge zur Sprengung der nordwestlichen Außenwand erfolgte unter Zugrundelegung einer angelegten Sprengladung.
- Laut Gutachter Dr. Ing. Cerri Teonesto kniete das Opfer Volgger im Augenblick der Detonation direkt vor der Sprengladung und untersuchte diese, wobei es wahrscheinlich bei der Berührung zur Auslösung der Zündung kam.
- Dem Opfer Volgger wurden weder die Arme, noch der Kopf vom restlichen Körper abgetrennt, auch wurde nicht beschrieben, dass menschliches Gewebe oder Gliedmaßen der Opfer zerfetzt wurden.
- Laut Gutachter Dr. Ing. Cerri Teonesto ereignete sich die Explosion im „Fensterbereich im Büroraum“ des Dienstführenden. Die Wandstärke war 60 cm und es war eine Ziegelmauer.
- Im Holzboden direkt unter dem Fenster der zerstörten Außenwand, wo sich die Explosion (Zentrum) ereignet haben soll, wurde ein prismatischer Krater mit den Abmessungen 73 cm lang, 40 cm breit und 45 cm tief festgestellt. Handgranatensplitter befanden sich im Inneren des Kraters.
- Laut Gutachter Dr. Ing. Cerri Teonesto war es ein Explosivstoff, welcher als Minensprengstoff eingesetzt wird. Mit großer Wahrscheinlichkeit sei es der Sprengstoff „Donarit“ gewesen, welcher oft bei Attentaten in Südtirol eingesetzt würde.
- Um die Kaserne waren in einem Radius von 50 m Schutt und Mauerteile durch die Explosion verstreut.
- Die Gasflaschen, welche in der Küche gelagert waren, blieben durch die Explosion unbeschädigt.
- Laut Gutachter Dr. Ing. Cerri Teonesto kann die Zündkapsel einer Handgranate durch den Beschuss eines Geschosses Kal. 7,62 mm zur Explosion gebracht werden, und damit kann die Handgranate vollkräftig umsetzten.
- Die südwestliche Außenwand des Büroraumes zum Verbindungsgang wurde durch die Explosion schwer beschädigt (massive Rissbildung und Versetzungen), aber nicht zerstört.

Gutachterliche Aussagen durch ein ballistisches Sachverständigenkollegium, bestehend aus drei italienischen Gutachtern/Experten

- Das Explosionszentrum war im Fensterbereich, mittig am Boden des Büroraumes.
- Eine Gasexplosion wurde ausgeschlossen.
- Die Explosion von 64 Handgranaten (insgesamt 3,1 kg TNT) reichte nicht aus, um die vorhandenen Schäden zu verursachen, aber die Explosion war in der Nähe der Handgranaten, mit einer Sprengstoffmenge von insgesamt 7 bis 8 kg Tritol, abzüglich der 3 kg Tritol von den 64 Handgranaten. Damit war eine Fremdladung von 4 bis 5 kg involviert.
- Detonation einer nicht zu Recht vorhandenen Sprengladung, also einer „Fremdladung".
- Explosion auf vorsätzliche Weise, keine zufällige Ursache.
- Die Wandstärke betrug 60 cm und die Bauweise der Kaserne war ein Ziegelmauerwerk.
- Die Explosion kann durch einen Schuss nicht ausgelöst worden sein, da die gefundene Patronenhülse keine spezifischen Merkmale, Charakteristiken und Spuren aufwies.
- Die Berechnung der eingesetzten Explosivstoffmenge erfolgte mittels spezifischer Formeln und Parameter für Explosionswesen. Berechnungen für die notwendige Ladungsmenge zur Sprengung der nordwestlichen Außenwand erfolgte unter der Annahme einer angelegten Sprengladung. Es wurden andere Formeln angewandt als im Gutachten von Dr. Ing. Cerri Teonesto.

- Das Gericht urteilte eindeutig, dass eine „Fremdladung" angebracht worden sei, die Explosion der Handgranaten für die entstandenen Schäden alleine nicht ausreichen würde und es erwiesen sei, dass die Fremdladung den Einsturz des Objektes und die Opfer verursacht habe.
- Der österreichische Sachverständige Ing. Massak stellte eindeutig fest, dass die Explosion der Handgranaten mit einem Gehalt von 3,1 kg TNT für die Schäden ausreichen und diese erklären würde. Massak kam zum Schluss, dass keine „Fremdladung" für die Zerstörung des Objektes und die Opfer verantwortlich wäre und dass die Gutachten der italienischen Sachverständigen nicht nachvollziehbar, unglaubwürdig und nicht richtig seien. Es seien von diesen keine Beweise und Tatsachen geliefert worden, sondern nur Hypothesen.
- Durch österreichische Statiker wurde im Auftrag des unterfertigten Sachverständigen Polizei-Oberst Massak die Situation mit dem Bauwerk und der Explosion geprüft und gutachterlich ermittelt, dass **1,8 kg Sprengstoff** (TNT) für die festgestellte Zerstörung der Außenmauer des Büroraumes ausreichend sind.

Lokalaugenschein – Begutachtung vor Ort

Durch den Sachverständigen Dr. Ing. Hasler wurde der Vorfallsort im September 2021 besichtigt und die Überreste der Kaserne befundet und vermessen.

Dabei wurde folgendes festgestellt:

- Die Mauer ist als Bruchsteinmauerwerk aus Kalksteinen ausgeführt und mit kalkgebundenem Mörtel außen verputzt.
- Die Mauerstärke beträgt 50 cm (ohne Putz).
- Auf den Mauern wurde als oberer Abschluss ein Betonrost mit Bewehrung aufgesetzt.
- Die nordwestliche Außenmauer des Büroraums mit einer Länge von ca. 4,22 m und einer Höhe von ca. 2,50 m wurde bis auf das Bruchsteinfundament (Sockel) abgetragen.
- Die nördliche Außenmauer wurde stark beschädigt, es blieben massive Rissbildungen in den verbauten Steinen und ein Ausbruch von ca. 2 m Länge.
- Es handelt sich um eine inhomogene Bruchsteinwand, welche durch Baufachmänner als Mauerwerk mit geringer Widerstandsfähigkeit gegen horizontale Schubbelastungen, gegen Biegebeanspruchungen sowie gegen Druckstöße eingestuft wurde.
- Größere Stahlbetonrostteile (Träger bzw. Bewehrungen) wurden vorgefunden, die Verteilung bzw. Lage der größeren Bruchstücke der Außenwand ist nicht ident mit den historischen Bildern.

Prüfung – Sachverständigenschlussfolgerungen und wissenschaftliche Neubeurteilung des Sachverhaltes

Durch den Sachverständigen Dr. Ing. Hasler wurden die wesentlichen Aussagen, Berechnungen und Sachverhalte zu der Rechtssache geprüft und neu beurteilt, um die wesentlichen Erkenntnisse vorzulegen und die bisherigen Darstellungen richtigzustellen. In diesem Exkurs werden die einzelnen Punkte zusammengefasst und erläutert. Eine wesentliche tiefere Betrachtung und Aufbereitung erfolgt in einem ausführlichen Sachverständigengutachten.

Sachverständigenbeurteilung Explosionsvorfall 9. September 1966 – Steinalm:

- Durch die forensische Bildanalyse konnte eindeutig festgestellt werden, dass nur wenige Bilder des Tatortes den Tatort direkt nach der Explosion zeigen und damit das Schadensausmaß für eine technische Beurteilung abbilden. Alle weiteren Bilder wurden zu einem späteren Zeitpunkt gemacht, wo Räumarbeiten bereits stattgefunden hatten.
- Die Befundaufnahme am Tatort durch die italienischen Sachverständigen und die technischen Daten, welche von diesen als Grundlage für die Berechnungen herangezogen wurden, sind nicht nachvollziehbar und widersprechen wesentlichen Erkenntnissen des Sachverständigen.

- Die Mauerstärke der zerstörten Außenmauer beträgt 50 cm und nicht 60 cm.
- Die Raumabmessungen wurden unterschiedlich erhoben.
- Das Objekt besteht nicht aus einem **Ziegelwerk** mit Ziegelaußenmauern, sondern aus einem Bruchsteinmauerwerk.
- Die zerstörte Trennwand (Büro/Küche) war keine Ziegelwand mit 50 cm Stärke, sondern auf den Bildern sind Trümmer einer Betonwand mit geschätzt ca. 20 cm Stärke zu erkennen.

- Der Finanzer Volgger kann nicht direkt bei der Explosionsladung gestanden haben oder darüber gebeugt gewesen sein, da weder Gliedmaßen noch der Kopf abgetrennt bzw. zerfetzt wurden. Bei einer Umsetzung von 9 bis 12 kg Sprengstoff (TNT) im unmittelbaren Nahbereich würde der Körper massiv zerfetzt werden. Vergleichsbilder von Minenopfern zeigen hier die entsprechenden Ausmaße. Das vorliegende Schadensbild widerspricht diesen zu **100 %** und ist absolut **unmöglich.** Auch bei einer Sprengladung von 3,1 kg wären massive Verletzungen, zerfetzte Gliedmaßen und deutliche Explosionsspuren durch die unmittelbare Nähe zum Explosionszentrum zu erkennen. Diese Spuren sind hier nicht ersichtlich, und daher kann der Finanzer Volgger nicht im unmittelbaren Nahbereich der Sprengladung bei deren Umsetzung gewesen sein.

Abb. 33 Büroraum mit zerstörter nordwestlicher Außenmauer und eingebrochener nördlicher Außenmauer. Stahlbetonrost/Träger (GELB markiert), welcher rechts an der Bewehrung hängengeblieben ist, lehnt an der Mauer. Mauerausbruch (ROT markiert).

Quelle: Horst Konrad

Abb. 34 Bewehrung des Stahlbetonrostes/Trägers

Quelle: Horst Konrad

←
Abb. 35
Vermessung der Breite
des Stahlbetonrostes/Trägers.

Quelle: Horst Konrad

→
Abb. 36 Vermessung
der Wandstärke
der Bruchsteinmauer.

Quelle: Horst Konrad

Wissenschaftlicher Sprengversuch am 9. September 2022

Rekonstruktionsversuch des Sprengstoffanschlages auf die Kaserne Steinalm, Explosionsauswirkungen von 3,1 kg TNT äquivalent.

Quelle: Harald Hasler

↑
Abb. 37 Diese Explosivstoffmenge mit der großflächigen Zerstörungsauswirkung entspricht den laut Akten angegebenen 64 Stück Handgranaten, welche im Büroraum der Kaserne zur Umsetzung gekommen sind und das Mauerwerk dabei massiv zum Einsturz brachten. Das Bild zeigt den Moment der Explosion und damit augenscheinlich den Umfang der zerstörerischen Auswirkungen.

Quelle: Harald Hasler

←
Abb. 38 Durch die Größe und den Umfang des augenscheinlichen Explosionsfeuerballes sind die fatalen Auswirkungen, die Zerstörungskraft und die Wucht der Explosion von 3,1 kg TNT äquivalent auf die Räumlichkeiten der Kaserne der *Guardia di Finanza* und das Dienstbüro mit dessen Außenmauern absolut offensichtlich und plausibel.

Quelle: Harald Hasler

←
Abb. 39 Bei der Rekonstruktion wurde das Opfer *Vice Brigadiere* Herbert Volgger mittels eines humanoiden Dummies gemäß den Akten simuliert. Das Opfer kniete demzufolge direkt vor der Kiste mit den Handgranaten und manipulierte mit den Händen an dieser Kiste. Der Rekonstruktionsversuch zeigte eindeutig, dass in diesem Fall das Opfer Vizebrigadier Volgger durch die Explosion in tausende Stücke gerissen worden wäre. Da Volgger laut den Akten nur schwere Verbrennungen am Körper hatte, kann mit an Sicherheit grenzender Wahrscheinlichkeit belegt werden, dass sich die Ereignisse so NICHT ereignet haben können.

Abb. 40 Augenscheinliche Explosionsauswirkungen und die Wucht der Sprengladung von 3,1 kg TNT äquivalent am humanoiden Dummie, der das Opfer *Vice Brigadiere* Volgger simuliert. Der Dummie wurde in tausende Stücke zerrissen und die Teile lagen bis zu 100 m vom Explosionsort verstreut. Der Kopf des Dummies wurde vom Torso abgerissen und 100 m weit weggeschleudert. ↓

Quelle: Harald Hasler

Quelle: Harald Hasler

↑
Abb. 41 Durch die enorme Wucht und den starken Überdruck ist in den Highspeedkamera-Aufnahmen augenscheinlich zu sehen, wie der humanoide Dummie (rechts im Bild), der das Opfer *Vice Brigadiere* Herbert Volgger simuliert, zerrissen (offener Torso ohne Kopf) und 17 m weggeschleudert wird.
Links im Bild ist eine ballistischer Gelatineblock mit 70 kg zu sehen, welcher das menschliche Gewebe unter der Druck-/ Splitterwirkung simulierte.
Durch die wissenschaftlichen Explosionsrekonstruktionsversuche zeigten sich eindeutig die umfangreichen und verheerenden Auswirkungen sowie die enorme Wucht der Zerstörungskraft einer Explosion von 3,1 kg TNT äquivalent, die entsprechend den Akten die Sprengstoffmenge von 64 Stück Handgranaten simulierten.

- Das verbrannte Gesicht, die verbrannten Haare, Hautstücke und die Aluminiumsplitter zeigen eindeutig die Nähe zur Sprengladung und dass Leuchtmunition mitexplodiert ist.
- Dass das Opfer Volgger gemäß Gerichtsgutachten bis zum Hüftbereich ausgezogen wurde, ist ebenso nicht nachvollziehbar und erklärbar. Bei der Explosion von 3,1 kg Sprengstoff, auch im unmittelbaren Nahbereich, werden den Opfern durch die Explosion die Kleider nicht vom Leib gerissen. Versuche des Sachverständigen im Rahmen der Neubeurteilung der Rechtssache Porzescharte belegen das eindeutig. Auch bei 9 bis 12 kg Sprengstoff in unmittelbarer Nähe wäre diese sehr fraglich und unwahrscheinlich.
- Eine Handgranate SRCM hat eine Füllung mit TNT, und wenn ein Geschoss im Kaliber 7,62 mm die Sprengkapsel (Zündkapsel) trifft, kann diese vollkräftig, detonativ umsetzten. 64 Stk. gelagerte Handgranaten in einer Holzkiste sind massenexplosionsfähig, und im Fall eines Beschusses und einer Zündung/Explosion einer Handgranate, würden sofort alle Handgranaten in der Holzkiste vollkräftig umsetzten. Damit würden 3,1 kg TNT schlagartig umgesetzt.
- Laut Recherche hat eine Handgranate SRCM Mod. 35 eine Sprengladung von 43 g TNT. Bei 64 Stk. wären das **2,8 kg** (1 g pro Sprengkapsel). Die Leuchtmunition mit ca. 2,1 kg kann nicht als Sprengstoff mitgerechnet werden. Somit ist **nicht** erklärbar, wie die italienischen Gutachter auf eine Sprengstoffmenge von **3,1 kg** kommen. Jedoch macht diese Angaben laut Aktenlage Ing. Vianello, welcher als verantwortlicher Handgranatenhersteller dies wissen musste.
- Die acht gefunden Handgranaten am Tisch müssen separat betrachtet werden. Dass diese Handgranaten nicht gezündet haben, ist durch den Abstand von ca. 4 m plausibel.
- Dass Gasflaschen in der Küche mit dem vorliegenden Abstand nicht explodieren und unbeschädigt waren, ist bei einer Sprengladung von max. 3,1 kg plausibel. Bei 9 bis 12 kg TNT wären die Flaschen mit hoher Wahrscheinlichkeit beschädigt und massiv verbeult worden. Der Abstand der Gasflasche zum Explosionszentrum wird anhand des Lokalaugenscheins auf ca. 5 bis 6 m geschätzt.
- Die leere, angeschlagene Patronenhülse ist ein eindeutiger **Beweis** dafür, dass – wie auch die überlebenden Finanzer zu Protokoll geben – im Büro ein Schuss abgegeben wurde. Dass durch diesen Schuss die Handgranaten getroffen wurden und es zu einer Massenexplosion gekommen ist, steht für den Sachverständigen **außer Zweifel** und hat sich mit an Sicherheit grenzender Wahrscheinlichkeit so ereignet.
  Dass eine einzige abgeschossene, abgeschlagene Patrone unter einer großen Anzahl von nicht abgeschossenen Patronen im Büroraum gefunden wurde, lässt keine andere Schlussfolgerung zu, und es gibt eine ganz entschei-

dende Zeugenaussage, dass ein Maschinengewehr nach der Explosion in geladenem Zustand vorgefunden wurde. Der laut den italienischen Gutachtern festgestellte Mangel an spezifischen Merkmalen, Charakteristika sowie Spuren auf der abgeschossenen Patronenhülse – wodurch die italienischen Sachverständigen schlussfolgerten, dass **kein** Schuss die Explosion ausgelöst haben könne – ist unverständlich und kann objektiv nicht erklärt werden. Es wurden dazu auch keine Grundlagen oder nähere Erläuterungen zu dieser Feststellung im umfangreichen Gutachten ausgeführt, und es wurde auch nicht auf den Fund der geladenen Waffe eingegangen.

- Der Sprengstoff DONARIT ist ein ziviler Sprengstoff für Gewinnsteinsprengungen und wurde nie in militärischen Rüstungsgütern wie Minen verbaut. Die Grundlage dieser Aussage ist absolut unerklärbar und eine reine **freie** Annahme.
- Der dokumentierte Sprengkrater kann unmöglich von einer 9 bis 12 kg starken Sprengladung stammen, da laut Berechnung dieser die Abmessungen von min. 2 m im Durchmesser und 1 m in der Tiefe bei einem trockenen Erdboden aufweisen müsste. Durch den mindestens 10 cm starken Holzboden und den Schotteruntergrund wird die Wirkung – nämlich der Eintrag in den Boden – deutlich reduziert. Bei einer Ladungsgröße von 3,1 kg wären die errechneten Kraterabmessungen deutlich kleiner, was für die Ladungsgröße von 3,1 kg spricht. Die dokumentierten Splitter im Krater stammen eindeutig von den Handgranaten. Eventuell ist die Munitionskiste mit den Handgranaten nicht direkt am Boden gestanden, was damit die Kraterbildung beeinflussen und weiter reduzieren würde.
- Die Feststellung, dass es sich um keine Gasexplosion gehandelt habe, ist richtig, da das Schadensausmaß und Schadensbild in diesem Fall ganz anders wäre und es sich hier eindeutig um eine Sprengladung mit Explosivstoff gehandelt hat.
- Das Explosionszentrum war zweifelsfrei in der Mitte der nordwestlichen Außenwand unter dem Fenster.
- Auf den Bildern aus dem Bozner Gerichtsakt ist erkennbar, dass in der Küche und im Nebenraum (Gang) die Decken der Räume intakt waren. Damit war keine Zerstörung der Raumdecke zum Dachboden in den beiden Räumen gegeben.
- Es wurde die nordwestliche Außenmauer (Bruchsteinwand) zerstört und der Stahlbetonrost/Träger wurde mittig abgebrochen. Die Trägerteile wurden max. 2 m weit weggeschleudert. Die einzelnen Bruchsteine wurden bis zu 50 m weit im Umkreis verteilt. Für eine Sprengladung von 3,1 kg ist das Schadensbild stimmig und plausibel, bei einer Sprengladung von 9 bis 12 kg wären die Trägerteile wesentlich weiter weggeflogen, es hätte viele kleinere Teile gegeben und der große,

hängengebliebene Trägerteil wäre abgerissen und weggeschleudert worden und nicht in der Endposition laut Abbildungen verblieben. Es wurde festgestellt, dass die Bewehrung am Träger sehr schwach ausgeführt war (nur 2 bis 3 Bewehrungsrundeisen).

- Die nördliche Außenmauer wurde massiv verformt (Ausbauchung) und zeigt starke Rissbildung durch massive Schubeinwirkung der Explosion.
- Die westliche Mauer zum Gang zeigt ebenfalls starke Rissbildung durch massive Schubeinwirkung der Explosion, ist aber im Nahbereich (bis 2 m) zur Explosionsstelle nicht stark beschädigt oder zerstört worden.
- Die Raumdecke des Büros wurde komplett geöffnet, der Dachstuhl massiv beschädigt, die Holzdachschalung aufgerissen, und die Dachplatten wurden abgetragen und zerstört. Die wirklichen Schäden durch die Explosion am Gebäudedach sind anhand der vorliegenden, historischen Bilder nicht auswertbar und eindeutig feststellbar.
- Bruchsteinmauerproben des Mauerwerkes von der Steinalm wurden im Auftrag des Sachverständigen durch die MAPAG (Materialprüfung GmbH/www.mapag.at) untersucht und die Komponentenfestigkeit mit Prüfbericht laut ÖNORM bestimmt. Das Gestein ist ein Kalkstein.
  Die ermittelte Druckfestigkeit der Bruchsteine wurde als **sehr gering** eingestuft, mit 23,4 N/mm²; die Mörtelfestigkeit als mittel bis gering. Weiters wird das Mauerwerk als sehr inhomogen in der Ausführung auf den Bildern bewertet. Die Haftscherfestigkeit und speziell die Biegezugfestigkeit sind gering. Somit ist das Bruchsteinmauerwerk in seiner Güte und damit Festigkeit insgesamt als gering einzustufen mit einem geringen Haftverbund. Damit ist das Bruchsteinmauerwerk deutlich geringer belastbar gegenüber Explosionskräften. Die Alterung des Baumaterials muss hier mitbedacht werden.
- Im Fall einer Explosion von 9 kg TNT in der Mitte der nordwestlichen Bruchsteinaußenwand – unterhalb des Fensters am Boden aufliegend ohne Verdämmung – würde **schlagartig** die Stoßwelle auf alle Wände und den Dachstuhl des Objektes einwirken. Es würde in 1 m Abstand in 0,6 Millisekunden (ms) ein reflektierter Überdruck von min. 34.400 Kilopascal (kPa), was 344 bar einspricht, einwirken. Der einwirkende Impuls auf die Mauern wäre über 4.500 Pascalsekunden (Pa-s). Der reflektierte einwirkende Spitzenüberdruck ist ca. achtmal so groß wie der nicht reflektierende Überdruck. Danach würden die Schwaden in der Gasphase mit langanhaltenden Schubkräften weiter auf das Mauerwerk und den Dachstuhl, die Dachschalung und die Dachplatten einwirken. 9 kg TNT würden 6.570 Liter Schwadenvolumen innerhalb weniger Zehntelsekunden erzeugen und zur Wirkung bringen.

Quelle: Bestand Christoph Franceschini/Eppan.

↑
Abb. 42 Die nicht zerstörte Raumdecke ist klar erkennbar.

Quelle: Harald Hasler

↑
Abb. 43

Quelle: Horst Konrad

←
Abb. 44

Alle Mauern des Büroraumes würden mit **an Sicherheit grenzender Wahrscheinlichkeit** komplett einstürzen, und es würde ein ganz anderes Schadensbild, ein anderes Bild der Verwüstung mit deutlich größeren Gesamtschadensausmaßen ersichtlich sein. Es ist unmöglich, dass die beiden seitlichen Wände bei einer Explosion von 9 kg TNT nur beschädigt (Risse, Verformungen), aber nicht **völlig** zerstört würden.
Auch die Außenwände der Küche müssten bei einer Explosion von 9 kg TNT schwer beschädigt werden und zumindest zu einem Teil einstürzen. In der Küche wurden keinerlei Mauerwerksschäden festgestellt und dokumentiert. Das ermittelte Schadensbild, welches eindeutig vorliegen müsste, ist aus den Akten nicht ersichtlich.

- Die Dachbeschädigung mit der Dachschalung und den Dachplatten zeigt optisch einen massiven Umfang und damit ist für Laien naheliegend, dass es auch eine große Sprengladung gewesen sein muss. Diese Annahme ist jedoch falsch, und die Dachzerstörung im vorliegenden Umfang ist zur Rekonstruktion und Explosivstoffmengenermittlung kein zuverlässiger aussagekräftiger Parameter, welcher durch Sachverständige herangezogen werden sollte. Bereits durch geringen Überdruck und die Wirkung der Schwaden entstehen leicht großflächige Dachschäden. Ein Vergleich der Ausführungsqualität und damit der geringen Festigkeit des Daches mit den Aussagen zu dem geprüften Mauerwerk erscheint dem Sachverständigen Dr. Ing. Hasler aufgrund der Bilder zulässig und plausibel.
- Die international anerkannte Fachliteratur für das Explosionswesen und deren Auswirkungen, der AASTP-1, definiert Überdruckwerte und die daraus resultierenden Schäden an Bauwerken. Bei einem Explosionsüberdruck von 100 kPa (1 bar) würde eine Ziegelmauer mit 45 cm Stärke völlig zerstört werden.
- Die Opfer Cossu und Volgger wurden sofort getötet, Cossu wurde aus Sicht des Sachverständigen von einem wegfliegenden Mauerteil am Kopf tödlich getroffen. Petrucci wurde schwer verletzt und verstarb 14 Tage später. Petrucci war im selben Raum wie Volgger und muss in unmittelbarer Nähe in ca. 1 bis 4 m Entfernung zur Sprengladung gestanden sein.

Auf Grundlage der international anerkannten Fachliteratur für die Ermittlung der Überlebenswahrscheinlichkeit (Bowen Curve/1968) kann die Überlebenswahrscheinlichkeit einer Person ganzheitlich betrachtet auf alle Organe und Gliedmaßen des Körpers für den Explosionsfall ermittelt werden. Bei einer Sprengstoffmenge von 9 kg TNT und einem max. möglichen Abstand von 4 m kommt es zu einer extrem hohen, schlagartigen Belastung auf eine stehende Person.

→
Abb. 45

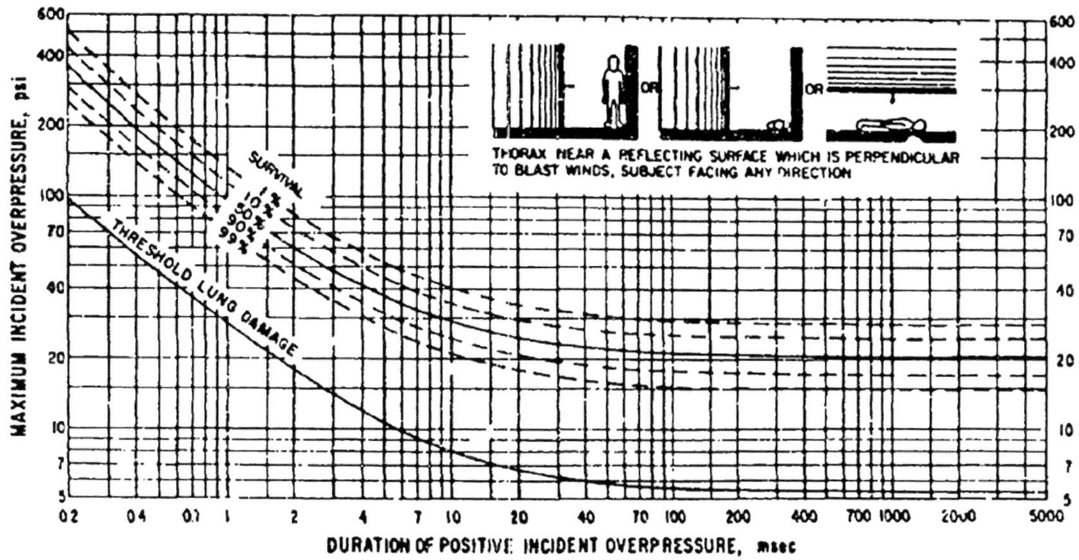

Figure 7 Survival curves predicted for 70-kg man applicable to blast situations where the thorax is near a surface against which a shocked blast wave reflects at normal incidence.

Quelle: www.researchgate.net/publication/51190051_Effect_of_Blast_Exposure_on_the_Brain_Structure_and_Cognition_in_Macaca_fascicularis

Auf die Person würde in 4 m Abstand in 4,6 ms ein reflektierter Überdruck von 960 kPa einwirken. Da die Explosionsbelastung in einem Raum mit umgrenzenden Mauern stattfindet, wird die Person mit dem reflektierenden Druck belastet. Das sind schlagartig 9,6 bar.

Aus der Überlebenskurve (bowens curve) ist ersichtlich, das bei der Explosionsbelastung von 9,6 bar in 4,6 ms die Überlebenswahrscheinlichkeit einer Person im Raum 0 % ist! Petrucci wäre wie Volgger unter den aktenkundigen Angaben zweifelsfrei sofort getötet worden.

Ermittelte Überlebenswahrscheinlichkeit einer Person bei der Explosion von 3,1 kg TNT im Raum:

Im Fall einer Explosion von 3,1 kg TNT im Raum würde auf eine Person in 4 m Abstand in 4 ms ein reflektierter Überdruck von 339 kPa einwirken. Das sind schlagartig 3,4 bar.

Aus der Überlebenskurve ist ersichtlich, das bei der Explosionsbelastung von 3,4 bar in 4 ms die Überlebenswahrscheinlichkeit einer Person im Raum max. 20 % ist! Petrucci ist nach zwei Wochen verstorben, was die ermittelte Überlebenswahrscheinlichkeit von 20 % plausibel erklärt und belegt.

- Durch die italienischen Sachverständigen wurde mittels spezifischer, ingenieurstechnischer Formeln und Parameter die eingesetzte Explosivstoffmenge berechnet, die notwendig ist, um die Mauer zu zerstören. Aufgrund dieser Berechnungen kamen die Sachverständigen zum Schluss, dass die Sprengladung mindestens 9 kg TNT gehabt haben muss.
  Die Länge der Mauer wurde noch berücksichtigt und mit einer Formel die Gesamtmenge von mindestens 12 kg TNT errechnet.
  Das italienische Sachverständigenkollegium hat in seinen Berechnungen festgestellt, dass 2,92 kg Sprengstoff als Einzelladung reichen würden die Mauer zu zerstören, jedoch wurde dann der Wirkradius der Einzelladung von 2,92 kg auf die Gesamtlänge der Mauer umgelegt, und damit wurden drei Ladungen mit je 2,92 kg errechnet.
  Dem Sachverständigen Dr. Ing Hasler sind die angewendeten Berechnungsformeln nicht bekannt, und diese konnten in der Literatur nicht recherchiert und nachvollzogen werden. Es wurden keine Berechnungen der Explosionskenngrößen Druck und Impuls von Sprengladungen mit 9 bis 12 kg TNT vorgelegt. Auch wurde keine statische Berechnung zur fachlichen Bauwerksbeurteilung vorgelegt und miteinbezogen.
  Aus fachlicher Sicht erscheint die Berechnung der Einzelladung von 2,92 kg TNT als sehr plausibel und passend, jedoch wurde mit dem Wirkradius von 2 x 0,6 m (60 cm Mauerstärke) durch die Sachverständigen angenommen, dass es keine zerstörende Wirkung an dem Mauerwerk über den Wirkradius der Einzelladung hinaus gibt. Es kann festgestellt werden, dass hier ein Wirkradius für Mauerwerkssprengungen nach militärischen Berechnungen ermittelt wurde. Jedoch ist die zerstörende Wirkung gerade in der Realität wesentlich größer und umfangreicher als rein der Wirkradius von 60 cm. Zusätzlich wurde nicht berücksichtigt, dass die Explosionswirkung einer Sprengladung in einem geschlossenen Raum mit solchen Außenmauern einen enormen Einfluss auf die einwirkenden Explosionsgrößen hat. Der reflektierte Druck ist deutlich höher, und durch den Einschluss wirkt der Druck als Impuls auf das Bauwerk wesentlich länger und fataler. Praktische Erfahrungen betreffend die zerstörende Wirkung und das Schadensausmaß müssen hier ganz bedeutend mitberücksichtigt werden wie auch die (mangelnde) Güte der Bausubstanz.
- Nach den heutigen Berechnungsmethoden würde für eine Bruchsteinwand mit 50 cm Stärke eine Sprengladung von **1,8 kg** nötig sein, um diese zu zerstören. Damit wäre theoretisch im Zentrum ein Loch mit 1 m Durchmesser in die Wand gesprengt. In der Realität wären jedoch die Ausmaße der Zerstörung **deutlich** größer, als es sich durch das Anwenden dieser militärischen Berechnungsformel ergibt. Die Formel gilt für das unverdämmte

Anlegen einer Ladung im Freien. In einem geschlossenen Raum ist die Explosionswirkung durch Druckreflexionen und einem wesentlich längeren Druckeinwirkungsdauer-Impuls deutlich höher und wirksamer bei gleicher Ladungsmenge. Zudem ist zu berücksichtigen, dass militärische Berechnungsformeln üblicherweise so ausgelegt und überdimensioniert sind, dass die berechnete Wirkung und der Erfolg sichergestellt sind. Sekundärschäden werden hier vernachlässigt. Wie umliegende Mauern dabei zerstört werden, ist sekundär. Daher ist die Wirkung deutlich stärker.

- In der Sprengtechnik gibt es das standardisierte Verfahren und die Berechnungsmöglichkeit einer Vollraumsprengung. Bei diesem Verfahren wird in einem allseitig geschlossenen Raum in der Mitte eine freie Sprengladung angebracht. Bei der Sprengung werden damit alle Wände zerstört. Um hier Vergleiche von nötigen Sprengladungsgrößen heranzuziehen und diese mit in die Schlussfolgerungen einfließen zu lassen, wurde durch den Sachverständigen der Büroraum als Vollraumsprengung berechnet. Unter der ermittelten Raumkubatur und einem Ladungswert von 0,3 kg/m³ eingeschlossenen Luftraum, wären 11 kg Sprengstoff für die totale Zerstörung des Raumes und seiner umfassenden Wände nötig.
  Somit ist eindeutig belegt, dass die ermittelten mindestens 9 bis 12 kg Sprengstoff das Büro komplett zerstört und auch das restliche Gebäude viel umfangreicher beschädigt hätten. Das Schadensbild wäre zweifelsfrei ein ganz anderes.
- Die beiden anderen Finanzer wären bei einer Explosion von 9 bis 12 kg TNT im Nebenraum sicher ebenfalls schwer verletzt worden.

Zusammenfassung und Sachverständigenschlussfolgerungen zum Vorfall STEINALM

Nach einer fundierten Befundung, einer forensischen, kriminaltechnischen Analyse sowie der Bewertung der angeführten einzelnen Sachverhalte, können durch den Sachverständigen eindeutige Schlussfolgerungen gezogen und fachlich nach dem Stand der Technik belegt werden.

- Die Befunde und Aussagen zu dem Vorfall durch die italienischen Gutachter sind mangelhaft und widersprüchlich. Sie sind nicht nachvollziehbar und basieren nicht auf fundierten fachgerechten Analysen, sowie daraus abgeleiteten objektiv nachvollziehbaren Schlussfolgerungen. Wesentliche in den Akten dokumentierte Details zur Explosion wurden in den Gutachten nicht näher betrachtet und nicht in die fachlichen Schlussfolgerungen miteinbezogen. So wurde das sehr aussagekräftige Verletzungsbild der Finanzer Volgger und Petrucci nicht näher untersucht und hinterfragt.

- Zur essentiellen gutachterlichen Feststellung, dass die Explosion keinesfalls durch einen Schuss ausgelöst worden sein kann, wurden keinerlei ballistische Beurteilungsgrundlagen und fachliche Erläuterungen für die Schlussfolgerung vorgelegt. Die Zeugenaussage über ein aufgefundenes geladenes Maschinengewehr und eine abgefeuerte Patronenhülse, sowie die Zeugenaussagen zu einem Schuss wurden nicht weiter erwähnt und berücksichtigt.
- Die offizielle Aussage, dass es sich um eine Sprengung mit 20 bis 25 kg Sprengstoff gehandelt hat, ist völlig falsch und anhand des Schadensbildes unmöglich.
- Die italienische gutachterliche Beurteilung und Bewertung, dass die Sprengladung mindestens 9 kg TNT gehabt haben muss, ist mit an Sicherheit grenzender Wahrscheinlichkeit **NICHT** richtig; ein solches Schadensausmaß würde sich für einen Fachmann ganz anders und eindeutig darstellen. Die Druckreflexionen mit einer deutlich stärkeren Impulswirkung bei einer Explosion in einem Raum wurden zwar als Phänomen erwähnt, aber nicht richtig berücksichtigt. Entscheidende Explosionskenngrößen wurden nicht ermittelt und eine statische Bauwerksbeurteilung nicht miteinbezogen; im Gegenteil wurde von nicht vorhandenen Mauerwerksqualitäten (Ziegelmauerwerk mit 60 cm Stärke) ausgegangen.
- Bei der Sprengladung von 9 kg TNT wären die Außenwände des Büroraums zerstört worden.
- Das Opfer Petrucci wäre bei einer Explosion von 9 kg TNT im Abstand von 4 m sofort tot gewesen. Die Überlebenswahrscheinlichkeit nach Bowen Curve beträgt 0 %.
- 3,1 kg TNT reichen aus, um die Schäden am Objekt zu verursachen, das Schadensbild ist plausibel und aus der Erfahrung für die Explosion von 64 Handgranaten zweifelsfrei nachvollziehbar.
- Für eine Fremdladung gibt es **keinerlei** Grundlage sowie Anhalte aus fachlicher Sicht.
- Das temporäre Überleben des Opfers Petrucci würde die ermittelte Überlebenswahrscheinlichkeit von **maximal 20 %** bei der Explosion von 3,1 kg TNT belegen.
- Für die gerichtlichen Sachverständigen und das Gericht war es erwiesen, dass die Explosion der Handgranaten nicht ausreiche, um die Schäden am Gebäude und an den Opfern zu erzielen. Diese Schlussfolgerung ist **NICHT** richtig und basiert auf **keiner** nachvollziehbaren Grundlage.

Conclusio
Für den Fachexperten und beeideten, unabhängigen Sachverständigen Prof. Dr. Ing. Harald Hasler ist aufgrund der festgestellten technischen Tatsachen und Sachverhalte zweifelsfrei klar, dass sich der aktenkundig beschriebene Vorfall am 9. September 1966 auf der Steinalm mit an Sicherheit grenzender Wahrscheinlichkeit so **NICHT** ereignet haben konnte und keinen fachlich fundierten und objektiv ermittelten gerichtsverwertbaren Schlussfolgerungen unterliegt.Die Beurteilung und Bewertung der einzelnen Sachverhalte mit den festgehaltenen Detailerkenntnissen durch die italienischen Sachverständigen ist **sehr widersprüchlich, fraglich und mangelhaft sowie im Widerspruch** zu allen wissenschaftlich anerkannten Aussagen und Herangehensweisen. Da die gutachterlichen Schlussfolgerungen die Basis für das Gerichtsurteil bildeten und die fachlichen Erkenntnisse durch das Gericht als erwiesen angesehen wurden, muss aufgrund der Fakten dieser Neubeurteilung die Objektivität und fachliche Eignung der Gutachter angezweifelt werden. Eine vertiefte, detailliertere Betrachtung der Untersuchung und der Bewertung der einzelnen Sachverhalte wird durch ein unabhängiges Sachverständigengutachten vom Sachverständigen Dr. Ing. Hasler vorgelegt.

Obwohl auch nicht wenige hochrangige italienische Sicherheitsdienstoffiziere ihre Zweifel an der Attentatsversion hegten und teilweise äußerten – in vielen Fällen aber auch erst Jahre später –, ging das offizielle Italien nie von der Version eines heimtückischen Attentats durch den BAS ab, teilweise mit absolut skurril anmutenden Thesen. In diese Thesenbildung mischte sich auch der für den italienischen Nachrichtendienst tätige Doppelagent Joosten, der sich 1966 bereits in Zürich im „Exil" befand. Offenbar wurde hierzu in Rom eine „Sprachregelung" herausgegeben und es ging in der Folge keinesfalls mehr um die juristische Wahrheitsfindung, sondern um die „Staatsräson"[96] – und dieser ging es nach der Steinalm augenscheinlich um die massive Verstärkung der diversen italienischen militärischen Sicherheitsdienste von den *Alpini* über die *Carabinieri* bis zur *Guardia di Finanza*, aber auch um die entsprechende Verstärkung der zivilen Sicherheitskräfte, die allerdings in einem offenbar harten Konkurrenzkampf mit den militärischen Diensten standen.[97] Sozusagen als „Höhepunkt" der militärischen und sicherheitsdienstlichen Verstärkungen in Südtirol wurde im September 1966 in Leifers südlich von Bozen – vorerst streng geheim – eine Antiterroreinheit unter dem Kommando der *Carabinier*i aufgestellt. Dieser *„Reparto Speciale"* sollte erst im Juni

96 Vgl. dazu Helmut Golowitsch, Für die Heimat kein Opfer zu schwer. S. 555–561.

97 Vgl. dazu Christoph Franceschini, Spielwiese der Geheimdienste. S. 188f.

1967 offiziell in Erscheinung treten und bestand aus Kadersoldaten aller Waffengattungen der italienischen Armee, vor allem aus Fallschirmjägern der *Carabinieri* und des Heeres. Der erste Kommandant dieser Spezialeinheit war der hochqualifizierte *Carabinieri*-Hauptmann Francesco Gentile.[98]

Gemäß der Homepage des Museums der *Guardia di Finanza* in Rom besteht am Grund für den Tod der Finanzieri keinerlei Zweifel: Sie wurden *„durch die Explosion einer in der Kaserne betrügerisch platzierten Hochleistungsbombe auf der Stelle getötet"* (*„per effetto dell'esplosione di una bomba ad alto potenziale collocata fraudolentemente nei locali della casermetta"*). Neben den drei Toten Leutnant Petrucci, Vizebrigadier Volgger und *Finanziere* Cossu wären *„andere Soldaten des Trupps mehr oder weniger schwer verletzt worden"* (*„mentre rimasero feriti più o meno gravemente altri militari in forza al Distaccamento"*). Auch bei den Tätern und deren Hintergrund besteht kein Zweifel: *„Der Anschlag entpuppte sich als Werk der Südtiroler Separatistenorganisation Befreiungsausschuss Südtirol (BAS)"* (*„L'attentato risultò essere opera dell'organizzazione separatista sudtirolese Befreiungsausschuss Südtirol (BAS)"*. *„Angeklagt waren vier Südtiroler Terroristen, Georg Klotz, Richard Kofler, Alois Larch und Alois Rainer, die in erster Instanz aus Mangel an Beweisen freigesprochen wurden, das Massaker provoziert zu haben, aber sieben Jahre später im Berufungsprozess mit Ausnahme von Georg Klotz verurteilt wurden"* (*„Per tale atto furono imputati quattro terroristi sudtirolesi, Georg Klotz, Richard Kofler, Alois Larch e Alois Rainer, assolti in primo grado per insufficienza di prove dall'accusa di aver provocato la strage, ma condannati, ad eccezione di Georg Klotz, nel processo d'appello, sette anni dopo"*).

Alle drei Opfer wurden im März 2010 – wie auch Bruno Bolognesi, das Opfer der Explosion im Pfitscherjochhaus, und die Opfer der Porzescharte – per Dekret zum *„Opfer des Terrorismus"* (*„vittima del terrorismo"*) erklärt, da sie *„durch einen terroristischen Anschlag getötet"* worden wären (*„da un attentato terroristico"*).

Ihr Opfer hatte der *Guardia di Finanza* die Auszeichnung *„Vittoriano d'Oro"* eingebracht, *„eine hohe Auszeichnung, die im November 1966 von der ‚Gruppo Medaglie d'Oro' in Rom verliehen wurde, zum Gedenken an die Gefallenen des Korps im selben Jahr im harten Kampf gegen den Terrorismus"* (*un alto riconoscimento concesso il 4 novembre del 1966 da parte del „Gruppo Medaglie d'Oro" di Roma, in ricordo dei caduti subiti dal Corpo, in quello stesso anno, nella durissima lotta al terrorismo"*).

Die drei Opfer der Steinalm wurden gleich dem Opfer des Pfitscherjoch-Hauses im März 2013 von Staatspräsident Giorgio Napolitano mit der *„Goldenen Medaille für zivile Verdienste"* (*„Medaglia d'Oro al Merito Civile"*) ausgezeichnet. Die gleichlautende Begründung war wiederum der Umstand, dass die drei Finanzer *„in einer feigen und ungeheuerlichen terroristischen Aktion barbarisch abgeschlachtet"* (*„barbaramente trucidato in una vile e proditoria azione terroristica"*) worden wären, während sie ihr Leben *„den edelsten Idealen der Legalität und der Vaterlandsliebe"* (*„sacrificando la vita ai più nobili ideali di legalità ed amor patrio"*) geopfert hätten.[99]

Die Kaserne der *Guardia di Finanza* auf der Steinalm wurde nach der Zerstörung im September 1966 nicht wieder aufgebaut. Unweit der Ruine wurde ein Denkmal für die drei Opfer der Explosion errichtet.

98 Vgl. dazu Simone Baschiera, Alto Adige – Südtirol 1966 – 1971. Il Battaglione Sabotatori Paracadutisti nel Reparto Speciale.

99 http://museostorico.gdf.it/giorno-della-memoria-delle-vittime-del-terrorismo/giorno-della-memoria-delle-vittime-del-terrorismo/finanziere-bruno-bolognesi [Stand: 16. April 2021].

Quelle: Horst Konrad

← Abb. 46 Ostseite (Unterkunftsräume der Finanzer).

→ Abb. 47 Nordseite (Küche und Büroraum)

Quelle: Horst Konrad

Ruine der Kaserne der Guardia di Finanza auf der Steinalm im Herbst 2021.

Quelle: Horst Konrad

↑
Abb. 48
Ort der Explosion
(Büroraum).

Abb. 49
Ort der Explosion
(Büroraum).
↓

Quelle: Horst Konrad

Quelle: Horst Konrad

←
Abb. 50
Denkmal unweit
der Ruine.

Quelle: Horst Konrad

→
Abb. 51 Denkmal
für die Opfer
der Steinalm-Explosion.

EXKURS **Die Explosion auf der Steinalm „online"**

Rupert Gietl

Die Steinalm liegt auf rund 1.700 Höhenmetern westlich der Ortschaft Brenner. Bei einer Explosion am 9. September 1966 kamen drei Beamte der Finanzwache ums Leben. Aus diesem Grund findet sich die ausführlichste Quelle zu dem Ereignis auf der Internetseite des Historisches Museum der Finanzwache. Sie stammt von Gerardo Severino und umfasst die Kurzbiographien der drei Opfer mit besonderer Berücksichtigung der Ereignisse auf der Steinalm. Zur Detonation, welche die Unterkunft der Finanzwache und weiterer Uniformierter um 11.15 Uhr verwüstete, findet sich jedoch nur ein kurzer Absatz. Es habe sich dabei um eine Bombe großer Sprengkraft gehandelt, welche auf „betrügerische" Weise in den Räumen der Kaserne platziert worden war *(„una bomba ad alto potenziale collocata fraudolentemente nei locali della casermetta")*. Erneut sei der Befreiungsausschuss Südtirol verantwortlich gewesen. Dieselbe Beschreibung der Vorgänge findet sich bei allen drei Opfern. Wie es die Südtirol-Aktivisten geschafft hätten, einen Sprengsatz in einem von bewaffneten Beamten und Soldaten besetzten Stützpunkt zu platzieren, wird nicht weiter erläutert. Der Umstand, dass es mit Herbert *(„Eriberto")* Volgger aus Pfitsch auch einen toten Finanzwachebeamten aus Südtirol gegeben hatte, findet ebenso keine gesonderte Erwähnung.

Von dieser primären Quelle schreiben mehrere Seiten teilweise wörtlich ab, darunter auch das Portal des Kulturministeriums *Rete degli archivi per non dimenticare* und mehrere private Opferorganisationen, wie *Vittime del dovere* (Opfer der Pflicht) und *Associazione italiana vittime del terrorismo* (Nationale Organisation der Terroropfer).

Dass den Ereignissen auf der Steinalm eine wesentlich größere digitale Aufmerksamkeit zukommt, als beispielsweise der Explosion auf dem Pfitscherjoch, zeigt der Umstand, dass eine eigene Seite auf Wikipedia.it existiert. Inhaltlich bietet der Beitrag allerdings keine Einzelheiten von historischem Wert und beschränkt sich auf wenige Allgemeinplätze.

Ähnlich wie bei anderen Anschlägen kam es auch bei der Steinalm zu einer Häufung von Beiträgen rund um den 50. Jahrestag der Ereignisse im Jahr 2016. In diesem Fall aus Sardinien, der Heimatregion des Opfers Martino Cossu und aus Umbrien, von wo Franco Petrucci stammte. Besonders der Artikel im Blog *Umbriasud* bietet interessante Informationen, die nicht einmal auf der Seite des Museums der Finanzwache auftauchen. So wird beschrieben, wie eine „bemerkenswerte" *(notevole)* Menge von Sprengstoff in einem der vier Kamine des Gebäudes versteckt worden sei und deren Explosion eine Kiste mit 52 Handgranaten zur Detonation gebracht habe. Es folgt die entscheidende Frage, wie es möglich gewesen sei, dass die Attentäter dazu in der Lage waren, denn das Gebäude sei isoliert auf einer Lichtung gestanden, war von einem

Stacheldrahtverhau umgeben und von Hunden bewacht. Die Ermittler hätten sich lange mit der Frage beschäftigt, es sei jedoch ein Geheimnis geblieben. *(„Rimase un mistero su cui gli inquirenti si interrogarono a lungo, come fosse stato possibile per gli attentatori piazzare l'esplosivo senza essere visti, tenuto conto che l'edificio che ospitava i finanzieri era isolati, e al centro di una radura senza alberi, circondata da una recinzione di filo spinato e con cani da guardia.")* Leider bleibt der Beitrag eine Quellenangabe schuldig. Nicht schuldig bleibt er jedoch die Schuldzuweisung: Die Explosion wird einer Tiroler Terrororganisation mit neonazistischer Inspiration zugeschrieben, welche die Tat durchgeführt habe, um einen von *Carabinieri* zwei Jahre zuvor erschossenen Kameraden zu rächen (gemeint dürfte Luis Amplatz sein).

Den Reigen der Beiträge zu den Gedenktagen im Internet begann am 9. September 2015 mit einer Pressemitteilung des Landtagsabgeordneten Alessandro Urzì, in der dieser mit drastischen Worten (beispielsweise *„carnefici"* – Schlächter) zu den Ereignissen Stellung nimmt. Die Attentäter hätten 25 kg Sprengstoff in das Gebäude geschmuggelt und diesen zur Explosion gebracht.

Anlässlich des 50. Jahrestages berichtete auch die italienische Lokalzeitung „Alto Adige" in ihrer Onlineausgabe von den Gedenkfeierlichkeiten in Sterzing. Der Artikel bietet allerdings keinerlei Informationen zu den damaligen Geschehnissen und bleibt auch in der Frage der Verantwortlichen sehr vage. Es sei eine Bombe der „Sprenger" *(dinamitardi)* gewesen.

Am 9. September 2018 schildert der italienische Musiker und Filmemacher Roberto Greco auf seinem Blog unter der Rubrik *„Diario Civile"* (Ziviles Tagebuch) die Ereignisse auf der Steinalm. Er beschreibt genau die Auswirkungen der Explosion und die Verletzungen der Opfer. Bei der Schuldfrage stützt er sich auf das Urteil im Prozess von 1976, das allen voran Jörg Klotz als Verantwortlichen sieht. Er sei in der Nacht des 8. September 1966 in das Gebäude eingedrungen und habe einen Sprengsatz mit Zeitzünder platziert.

Abb. 52 ↑

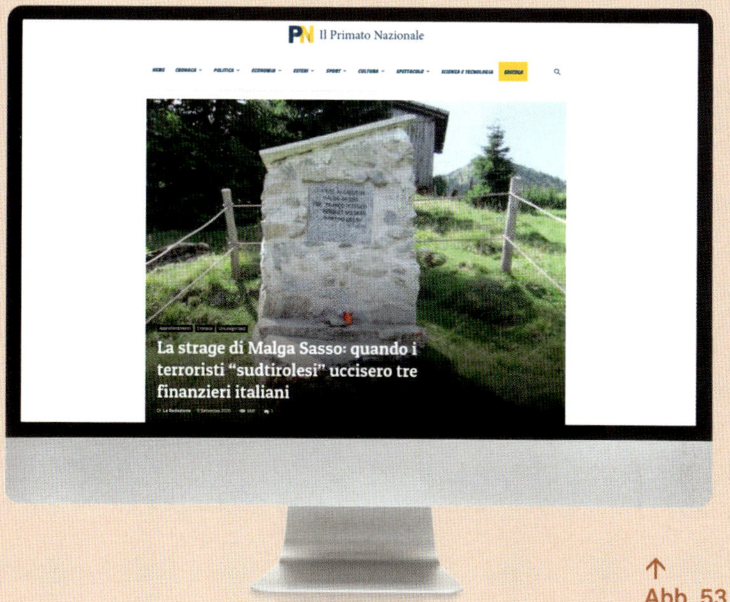

↑ Abb. 53

Sehr genau berichtet hingegen am 9. September 2020, dem 54. Jahrestag der Ereignisse, die neofaschistische Zeitung Il *Primato Nazionale*, erneut aus der Feder des Bozner Turnlehrers Eriprando della Torre di Valsassina. Dieser scheint den Hergang und die Auswirkungen der Explosion, sowie die Verstümmelungen der Opfer großteils vom Artikel Grecos aus dem Jahr 2018 übernommen zu haben. Darüber hinaus beschreibt er, wie der Geheimdienst bereits Tage vorher, dem 5. September 1966, eine potenzielle Bedrohung des Stützpunktes auf der Steinalm gemeldet habe. Die Frage, wie es daraufhin den Südtirol-Aktivisten noch gelungen war, den Sprengsatz in dem schwer bewachten und alarmierten Gebäude zu verstecken, wird nicht beantwortet. Stattdessen werden genau die Reaktionen des damaligen italienischen Staatspräsidenten Saragat und die Verurteilungen sowie Freisprüche der folgenden Jahre geschildert. Wie die Opfer der Explosion bis heute in der staatlichen Erinnerung präsent sind, zeigen Nachrichten aus der lokalen Presse Mittelitaliens aus dem Jänner 2021, wonach in Viareggio ein Patrouillenboot der Finanzwache nach Leutnant Petrucci benannt worden ist.

Onlinequellen (gesichtet im Mai 2021):

http://museostorico.gdf.it/giorno-della-memoria-delle-vittime-del-terrorismo/giorno-della-memoria-delle-vittime-del-terrorismo/finanziere-martino-cossu.
http://www.vittimeterrorismo.it/vittime/martino-cossu/.
https://it.wikipedia.org/wiki/Strage_di_Malga_Sasso.
https://umbriasud1.altervista.org/lattentato-malga-sasso-sacrificio-del-ten-petrucci/.
http://altoadigenelcuore.it/ricordare-malga-sasso/.
https://www.ilprimatonazionale.it/uncategorized/strage-malga-sasso-terroristi-sudtirolesi-uccisero-tre-finanzieri-italiani-167316/.
https://robigreco.wordpress.com/2018/09/09/la-strage-di-malga-sasso-9-settembre-1966/.
http://www.umbriadomani.it/il-fatto-di-cronaca/terni-varata-nave-guardia-di-finanza-intitolata-al-tenente-franco-petrucci-nato-a-montecastrilli-259136/.

Wohl auch aufgrund der beiden Vorfälle im Mai und September 1966 ordnete das Generalkommando der *Guardia di Finanza* in Rom mit Weisung vom 29. September 1966 die Errichtung eines *„Geheimen Zentrums ‚I'„* in Bozen an. Dieses Informationszentrum, das *„in direkter Abhängigkeit von der Zentrale in Rom"* stand und für die Dauer des *„Notstandes in dieser Zone"* seinen Dienst versehen sollte, hatte die Aufgaben, *„antiterroristische Informationstätigkeit; selbstständige Aneignung des Informationsmaterials;* [...] *Verbindung mit den anderen Nachrichtendienst-Organen der Zone* [...]*"* zu erfüllen. Zum Kommandanten des Zentrums „I" wurde Hauptmann Lucio Siragusa und Brigadier Salvatore Saija als zugeteilter Unteroffizier ernannt.[100]

Gegen beide Soldaten der *Guardia di Finanza* wurden einige Jahre später Ermittlungen wegen deren Verwicklung in Sprengstoffanschläge in Trient im Jänner und Februar 1971 durchgeführt, die 1976 zu deren Verhaftung führten. Die beiden Finanzer sollen jenen Personen – drei Südtirolern und einem Italiener –, die Sprengstoffanschläge auf Regierungsgebäude verübt hatten, den Sprengstoff übergeben haben.

In dieser Affäre soll neben den angeführten Finanzern auch der italienische Geheimdienst SID *„eine nicht unbedeutende Rolle gespielt"* haben.[101]

Als ab dem Sommer 1990 auf Initiative der italienischen Staatsanwälte bzw. Untersuchungsrichter Felice Casson und Carlo Mastelloni aus Venedig, Giovanni Tambroni aus Padua und Cuno Tarfusser aus Bozen das bis dahin geheim gehaltene *„Gladio"*-Netzwerk ins Visier der Justiz gelangte – dies sehr zum Unwillen der Politik – kam auch die Explosion auf der Steinalm wieder kurz ins Blickfeld:

Im Protokoll des *„Parlamentarische*[r]*n Untersuchungsausschuss*[es] *zum Terrorismus in Italien und zu den Ursachen für das Versäumnis, die Verantwortlichen für die Massaker zu identifizieren"* *(„Commissione Parlamentare d´inchiesta sul terrorismo in Italia e sulle cause delle mancata individuazione dei responsabili delle stragi")* mit dem Kurztitel *„Berichte über terroristische Vorfälle in Südtirol"* *(„Relazioni su episodi di terrorismo in Alto Adige")* vom 22. April 1992 geht das Kapitel 9 *„Das Massaker der Malga Sasso"* *(„La strage di Malga Sasso")* auf die Explosion auf der Steinalm ein. General Frederico Marzollo – der seinerzeitige Kommandant der *Carabinieri*-Gruppe Bozen und in der Geschichte der 1960er Jahre in Südtirol keinesfalls *ein „unbeschriebenes Blatt"* – hatte den venezianischen Untersuchungsrichter Mastelloni über *„einen möglichen Anschlag auf eine Kaserne der Guardia di Finanza"* informiert. Die Meldung des Kommandos der *Carabinieri* im Frühjahr 1966 sei gemäß Marzollo an die *„Zentrale der Guardia di Finanza"* übermittelt worden. Trotzdem habe der „Anschlag" stattgefunden. *„Die Terroristen brachten eine Sprengladung an, die ihrerseits die Explosion von unter einem Fenster gelagerten Bomben* [ital. „bombe"] *auslöste"* – Marzollo sprach offenbar nicht von explodierten Handgranaten. Jedenfalls habe er die Vorgesetzten des Stützpunktes auf der Steinalm auf den schlechten *„Sicherheitsdienst"* in der Kaserne aufmerksam gemacht. Weiters wäre Innenminister Taviani bei seinem Besuch am Ort des Vorfalls bereits sehr erzürnt am Brenner angekommen, weil jemand aus dem *„Büro für vertrauliche Angelegenheiten des Viminale"* *(„dell'Ufficio affari riservati del Viminale")* – des italienischen Innenministeriums – ohne sein Wissen die Version eines „Anschlages" verbreitet hatte, wobei dann *„die erste Version in ‚Explosion' geändert"* worden wäre. Taviani selbst hätte laut Marzollo dann auf der Steinalm vorgeschlagen, *„eine Gasflasche in der Küche der Kaserne zu untersuchen, die nur drei Tage nach ihrer Lieferung auf mysteriöse Weise fast leer war"*.

100 Appunto per le decisioni di S.E. il Comandante Generale. Comando Generale della Guardia di Finanza. Servizio Informazioni. Roma li 29.9.1966. Bestand Kameradschaft der ehemaligen Südtiroler Freiheitskämpfer/Nürnberg.

101 Wer steckt hinter Attentaten? Dolomiten 11./12. Dezember 1976. Ferdinandeum. vgl. dazu Christoph Franceschini, Die Rolle der Finanzwache. https://www.salto.bz/de/article/10062021/die-rolle-der-finanzwache [Stand: 12. Juni 2021].

Über ein Ergebnis dieser Untersuchungen äußerte sich Frederico Marzollo äußerst knapp: *„Es kam nichts dabei heraus, und Klotz wurde angeklagt"*.[102]

Die Möglichkeit, dass – ähnlich der Explosion auf dem Pfitscherjoch im Mai 1966 – auch auf der Steinalm Gas an der Explosion mitgewirkt habe, wurde in allen Gutachten der italienischen Gerichtssachverständigen „verworfen", da die Gasflasche unversehrt gewesen wäre.

Die mit dem „Vorfall" befassten Spreng-Sachverständigen, deren Gutachten als Exkurse in dieser Arbeit enthalten sind, beurteilen die Situation eindeutig: Das offenbar ausgetretene Gas war in Bezug auf die für die Opfer und die Zerstörungen verantwortliche Explosion ohne Bedeutung. Es handelte sich bei der Explosion wie weiter oben erörtert zweifelsfrei nicht um eine „Gasverpuffung" – wie bei der Explosion am Pfitscherjoch –, sondern um die Explosion von Sprengstoff – jenen der Handgranaten. Falls das ausgetretene Gas zusätzlich an der Explosion mitgewirkt hätte, wären mit Sicherheit weit größere Schäden an der Kaserne der *Guardia di Finanza* entstanden mit zudem weiteren Opfern unter den Finanzern.

102 Vgl. Commissione Parlamentare d´inchiesta sul terrorismo in Italia e sulle cause della mancata individuazione dei responsabili delle stragi. Senato della Republica – Camera dei deputati, X Legislatura, Doc. XXIII n. 52. Comunicate alle Presidenze il 22 aprile 1992. https://senato.it/leg/10/BGT/Schede/docnonleg/30540.htm [Stand: 19. April 2022].

Demgegenüber erwähnte der Sachverständige der Verteidigung, Polizei-Oberst Alois Massak, die Möglichkeit der Explosion eines Gas-Luft-Gemisches. Beim „3. Mailänder Südtirol-Prozess" wurde diese Variante zwar von der Verteidigung kurz erwähnt, allerdings dann nicht weiter erörtert. Ein Ergebnis der beauftragten Überprüfung der Frage durch Innenminister Taviani kam in Mailand ebenfalls nicht zur Sprache – es musste offenbar unbedingt von einer „Fremdladung" ausgegangen werden. Allerdings wurden in Mailand die als Zeugen anwesenden Finanzer gemäß den Berichten der „Dolomiten" vom Prozess durchaus nach dem Geruch von Gas befragt, was von den Zeugen verneint wurde.

Zu dieser Frage wurde dem Verfasser ein wichtiges Detail übermittelt: Bei der Verwendung von Gas kam es immer wieder zu Unfällen durch die Explosion von ausgetretenem Gas aus Gasflaschen oder Gasleitungen, da Propan- oder Erdgas sowohl farb- wie geruchslos ist. Daher werden dem Gas Geruchsstoffe (zum Beispiel schwefelhaltige Substanzen wie Tetrahydrothiophen oder Mercaptan) beigemengt, um ausgetretenes Gas „riechen" zu können. In Italien wurde die Verpflichtung, Gas durch Geruch erkennbar zu machen, im Gesetz Nr. 1083 vom 6. Dezember 1971 (legge 6 dicembre 1971 n. 1083) verankert.[103]

103 Vgl. https://www.certifico.com/impianti/documenti-impianti/337-documenti-impianti-riservati/11903-odorizzazione-del-gas-quadro-normativo [Stand: 1. Juni 2022], erhoben von Elmar Thaler/Montan.

Die Parallele zur Explosion im Pfitscherjoch-Haus scheint aber durchaus bemerkenswert, da dabei offenbar gleichfalls defekte – oder im schlimmsten Fall „präparierte" – Gasflaschen im Spiel waren. Es sind keinerlei Hinweise auf die Lieferanten der Gasflaschen oder sicherheitsdienstliche Ermittlungen dazu in den Kasernen der *Guardia di Finanza* aktenkundig! Der Hüttenwirt des Pfitscherjoch-Hauses, dessen Familie die Schutzhütte seit ihrer Errichtung betreibt, berichtete dem Verfasser, dass nach der Explosion am Pfitscherjoch im Pfitschtal berichtet wurde, in den Tagen vor der Explosion wären einige Gasflaschen in das Pfitscherjoch-Haus transportiert worden. Eine durchaus erklärbare Situation, nachdem die *Guardia di Finanza* den Steinteil des Hauses in der nächsten Zeit wieder als Stützpunkt genutzt hätte. Das zweifellos in der Hütte ausgetretene Gas dürfte sich in der Senkgrube der Toilette direkt neben der Küche gesammelt haben, zum Unheil des Finanzers Bruno Bolognesi.

Das Rätsel um die Ursache der Explosion auf der Steinalm und vor allem deren Folgen würde durch diese späten Aussagen zwar offenbar auch nicht leichter lösbar – woran außenpolitisch allerdings von Seiten Italiens ohnehin wenig Interesse bestand.

Quellen zur Steinalm

- ÖStA/AdR/BMfAA/Pol Südtirol, ST 1D 1966, Kt. 22.
- ÖStA/AdR/BMfAA/Pol Südtirol, Diverse Beilagen 1967–1968, Kt. 39.
- ÖStA/AdR/Bestand Inneres/„Anschlag auf der Steinalm am 9.9.1966". Zl. 41.585-17/69.
- ÖStA/AdR/BKA/MRP 2. Rep/Kt. 247.
- ÖStA/AdR/BMfAA/Pol Südtirol/ST 1D 1965-1966/Karton 22 und ST 2C – D 1966/Karton 23.
- ÖStA/AdR/Bestand Inneres/fol. 1–111 (Richard KOFLER). Zl. 128.318/80 „Verschluß".
- ÖStA/AdR/Bestand Inneres/„Züricher Besprechungen", Zl. 24.222-17/70.
- ÖStA/AdR/BMfAA/Pol Südtirol, ST 1D 1969 („Vorläufiger Bestand"), Kt. 144.
- Angeblicher Anschlag „STEINALM". Bundesministerium für Inneres/Entschärfungsdienst (BMI)/Ehemaliges Dokumentationszentrum. Ordner 28.
- Appunto per le decisioni di S.E. il Comandante Generale. Comando Generale della Guardia di Finanza. Servizio Informazioni. Roma li 29.9.1966. Bestand Kameradschaft der ehemaligen Südtiroler Freiheitskämpfer/Nürnberg.
- Commissione Parlamentare d´inchiesta sul terrorismo in Italia e sulle cause della mancata individuazione dei responsabili delle stragi, Senato della Republica – Camera dei deputati. X Legislatura. Doc. XXIII n. 52. https://senato.it/leg/10/BGT/Schede/docnonleg/30540.htm
- „Dolomiten", Jahrgänge 1966/1969/1971/1976/1977. Teßmann bzw. Ferdinandeum.
- „Tiroler Tageszeitung", Mittwoch, 3. Jänner 1968. ÖNB.
- https://robigreco.wordpress.com/2018/09/09/la-strage-di-malga-sasso-9-settembre-1966/
- https://www.ilprimatonazionale.it/uncategorized/strage-malga-sasso-terroristi-sudtirolesi-uccisero-tre-finanzieri-italiani-167316/
- http://museostorico.gdf.it/giorno-della-memoria-delle-vittime-del-terrorismo/giorno-della-memoria-delle-vittime-del-terrorismo/finanziere-bruno-bolognesi
- https://www.salto.bz/de/article/10062021/die-rolle-der-finanzwache

Literatur zur Steinalm

- Simone Baschiera: Alto Adige – Südtirol 1966–1971. Il Bataglione Sabotatori Paracedutisti nel Reparto Speciale. o.O. o.J.
- Elisabeth Baumgartner/Hans Mayr/Gerhard Mumelter: Feuernacht. Südtirols Bombenjahre. Ein zeitgeschichtliches Lesebuch. Bozen [2]1992.
- Christoph Francescini: Spielwiese der Geheimdienst. Südtirol in den 60er Jahren. In: Steinacher, Gerald (Hrsg.): Im Schatten der Geheimdienste. Südtirol 1918 bis zur Gegenwart. Innsbruck 2003.
- Helmut Golowitsch: Für die Heimat kein Opfer zu schwer. Folter – Tod – Erniedrigung: Südtirol 1961–1969. o.O. [2]2012.
- Eva Klotz: Georg Klotz – Freiheitskämpfer für die Einheit Tirols. Eine Biografie. Neumarkt an der Etsch [4]2010.
- Hans Karl Peterlini: Feuernacht. Südtirols Bombenjahre. Hintergründe, Schicksale, Bewertungen 1961–2011. Bozen 2011.
- Otto Scrinzi (Hrsg.): Südtirol-Chronik 1959–1969. Von der Kolonie Alto Adige zur Autonomen Provinz Bozen. Graz 1996.
- Hubert Speckner: Von der „Feuernacht" zur „Porzescharte" .... Das „Südtirolproblem" in den österreichischen sicherheitsdienstlichen Akten. Wien 2016.
- Rolf Steininger: Südtirol zwischen Diplomatie und Terror 1947–1969, Band 3: 1962–1969. Veröffentlichungen des Südtiroler Landesarchivs, Band 8, Bozen 1999.

„VORFALL" AUF DER PORZESCHARTE

25. Juni 1967

In einer Auflistung der Terroranschläge des Jahres 1967, die als Beilage einer italienischen diplomatischen „Verbalnote“ vom 18. Juli 1967 beigeheftet ist, wird der „Vorfall“ auf der Porzescharte am 25. Juni 1967 durch das „offizielle Italien“ in Form des römischen Außenministeriums klar und eindeutig beschrieben:

„15 [sic!]*.6.1967*[1] *Porzescharte (Belluno)*
Sprengung eines Hochspannungsmasten durch eine mit Uhrwerk versehene Sprengvorrichtung. Während des Lokalaugenscheins tritt der Alpini-Soldat Armando Piva auf eine Tretmine und verursacht eine Explosion. Infolge der schweren Verletzungen stirbt der Soldat kurz darauf im Zivilkrankenhaus von Innichen. Gegen 15 Uhr desselben Tages gerät eine Feuerwerker-Truppe nach Säuberung des um den Hochspannungsmasten gelegenen Geländes in eine weitere Minenfalle. Die Explosion verursacht den Tod des Karabinierihauptmanns Francesco GENTILE, des Fallschirmjägerleutnants Di Legge Mario und des Fallschirmjäger-Unteroffiziers Olivo TOZZI [sic!, der richtige Name ist Dordi], *sowie schwere Verletzung des Fallschirmjäger Feldwebels Marcello FAGNANI. Am Tatort wurde ein Gerät mit der Aufschrift B.A.S. aufgefunden.“*[2]

Italien war mit der „Aufklärung“ des Vorfalls auf der Porzescharte im *„Aide Memoire“* Nr. 1941 der italienischen Botschaft in Wien vom 27. Juni 1967 rasch bei der Hand – lange vor dem Beginn echter Ermittlungen und mit dem klar erkennbaren Ziel, Österreich außenpolitisch unter Druck zu setzen:

„Alle verfügbaren Angaben über den Terroranschlag in der Nähe der Vallona Spitze, der den Tod von vier italienischen Wehrmachtsangehörigen verursacht hat, beweisen deutlich, dass er auf österreichischem Boden, von Verbrechern, die aus österreichischem Gebiet kamen und wiederum auf österreichischen Boden flüchteten, organisiert wurde.“[3]

Die italienische Öffentlichkeit – bestens „informiert“ durch die Presse – wie auch die Politik reagierten auf den Vorfall mit ungeheurer Hysterie. Bis in höchste Regierungskreise sah man in Österreich und vor allem bei dessen Regierung die Verantwortung für die vier Toten und den verletzten Soldaten von der Porzescharte und forderte sofortige und strenge Maßnahmen der eigenen Regierung.[4] Völlig zusammenhanglos und oftmals mit primitivsten Unterstellungen wurden Anschuldigungen gegenüber Österreich geäußert, deren Inhalt aus heutiger Sicht unfassbar erscheint. Die italienischen Neofaschisten forderten neben einer Überprüfung der gesamten Beziehungen zu Österreich die Ausrufung eines *„Gefahrenzustands“* in Südtirol, das Auslieferungsbegehren für Terroristen an Österreich und die *„Vertagung der bilateralen Verhandlungen“*. Dieser Abbruch der Verhandlungen bezüglich eines EWG-Assoziationabkommens Österreichs wurde dann auch von den liberalen Parteien gefordert, weiters die Rückberufung des italienischen Botschafters aus Wien sowie eine Anzeige gegen Österreich bei den Vereinten Nationen.

1 Die Datumsangabe im Originalakt lautet auf 15.6.1967. Der Anschlag auf der Porzescharte fand tatsächlich am 25. Juni 1967 statt. Vgl. Beilage der italienischen Verbalnote N. 120/1045 vom 18. Juli 1967. ÖStA/AdR/BMfAA/Pol Südtirol, Diverse Beilagen 1967–1968, Kt. 38.

2 Beilage der italienischen Verbalnote N. 120/1045 vom 18. Juli 1967. ÖStA/AdR/BMfAA/Pol Südtirol, Diverse Beilagen 1967–1968, Kt. 38. Die unterschiedliche Schreibweise der Namen der Opfer entspricht dem Dokument.

3 Aide Memoire der italienischen Botschaft No. 1941 vom 27. Juni 1967 (Dem Herrn Bundeskanzler durch Botschafter Martino übergebene deutsche Fassung). ÖStA/AdR/BMfAA/Pol Südtirol, Diverse Beilagen 1967–1968, Kt. 39.

4 Als Beispiel für diese beispiellose Hysterie kann ein mit *„Zorro“* gezeichnetes anonymes Schreiben aus Viterbo gelten, dem Wohnort des getöteten Fallschirmjägerleutnants Di Lecce, das am 30. Juni aufgegeben wurde. Darin wird dem österreichischen Innenminister mitgeteilt, dass Di Lecce und die anderen Opfer der Porzescharte, die *„durch Eure dreckigen und feigen Meuchelmörder umgebracht wurden“*, gerächt würden. Es ginge darum, *„jene niedrigen und feigen Ungeheuer zu töten, die durch Eure schmutzige Politik gestützt“* würden. Durch den *„Rächer“* und seine *„Angeworbenen“* würden *„mindestens 20 österreichische Schweine“* umgebracht, da bisher ebenso viele Italiener durch die österreichischen *„Mörder“* getötet worden wären. Der *„Rächer“* sah sich durch *„die dreckigen und feigen Mörder“* jedenfalls *„beleidigt“* und werde den *„Abkömmlingen barbarischer Horden“* zeigen, dass die Italiener *„die Söhne Roms“* seien. Auszugsweise Übersetzung des anonymen Schreibens vom 29. Juni 1967 (Original im Akt enthalten). ÖStA/AdR/BMfAA/Pol Südtirol, Diverse Beilagen 1967–1968, Kt. 39.

In dieses „Lied" stimmte erwartungsgemäß die italienische Presse ein und verlangte in seltener Einmütigkeit Sanktionen gegen Österreich: den Abbruch der diplomatischen Beziehungen, die Ausschaltung Österreichs von den Südtirol-Verhandlungen – ohnehin eine Art „Langzeit-Ziel" Italiens –, den Abbruch der Vermögensverhandlungen und ein Veto Italiens gegen die EWG-Assoziationsverhandlungen Österreichs.

Die österreichische Regierung fasste ihre unmittelbar und in weiterer Abfolge getroffenen Maßnahmen einige Wochen später in einer „Information" für einen italienischen Abgeordneten für dessen Intervention im Sinne Österreichs in der „Südtiroldebatte" der italienischen Abgeordnetenkammer im Juli 1967 zusammen:

„a) Nach Verständigung der österreichischen Behörden wurden ohne Verzug Patrouillen in das Grenzgebiet und an andere Punkte der Staatsgrenze beordert.
b) Verstärkte Straßenkontrollen wurden angeordnet.
c) Am 26. Juni früh wurde das Osttiroler Grenzgebiet durch Hubschrauber kontrolliert.
d) Am 26. Juni fand in Brixen eine Kontaktbesprechung zwischen dem Sicherheitsdirektor für Tirol und General Palombi statt.
e) Am 26. Juni wurde das Alibi aller Personen, die früherer Terrortätigkeit verdächtig sind in Tirol und im übrigen Bundesgebiet überprüft; entsprechende Perlustrierungen wurden vorgenommen.
f) Die ständige Überwachung des Personenkreises um Dr. Burger wurde sofort intensiviert.
g) Am 26. Juni hat Österreich auf diplomatischem Wege den italienischen Stellen angeboten, zwecks Klärung des Sachverhalts einen österreichischen Experten auf dem Gebiet des Sprengmittelwesens zum Tatort zu entsenden. Am 3. Juli erfolgte die kommissionelle Begehung des Tatorts welche zu dem bekannten Ergebnis geführt hat.
h) Der österreichische Ministerrat hat über Antrag des Bundesministers für Inneres am 11. Juli 1967 die Assistenzleistung des Bundesheeres zur Überwachung des Grenzgebietes angeordnet. Die Durchführung des Beschlusses geschah unverzüglich.
i) An Einfahrtsstraßen und Grenzübertrittsstellen von Tirol nach Italien werden trotz daraus resultierender Verzögerung des Reiseverkehrs Reisende und Fahrzeuge genau überprüft.
k) Gegen Klotz wurde die Konfinierung in Niederösterreich, Burgenland und Wien verhängt, wenn auch der Anlaß dazu vor dem Vorfall Porzescharte liegt."[5]

Die erste Meldung italienischer Dienststellen über Explosionen auf der Porzescharte an Österreich erfolgte am 25. Juni um 18.50 Uhr, als die *„Grenzpostenstelle Brenner"* österreichischen Beamten meldete:

„Heute um 04.00 Uhr früh, wurde in der Ortschaft Simon Vallopass, Gemeindegebiet St. Stefan di Cadore (Sexten) ein Hochspannungmast durch unbekannte Täter gesprengt. Beim Lokalaugenschein folgte noch eine [sic!] *weitere Explosion durch Minen wodurch 3 Soldaten getötet und zwei weitere schwer verletzt wurden."*[6]

Die erste Frage ist nun, warum die italienische Seite erst nach fast 15 Stunden die österreichischen Behörden über den Vorfall informierte. Natürlich waren auch bisher die italienischen Meldungen nach derartigen Vorfällen – wie bei der Explosion in der *Finanzieri*-Kaserne auf der Steinalm – mit einer ähnlichen Zeitverzögerung erfolgt, allerdings hatte man – eben wegen dieser Verzögerungen – erst wenige Tage zuvor, bei der *„4. Besprechung zwischen Organen des Bundesministeriums für Inneres und den italienischen Sicherheitsbehörden sowie der beiderseitigen Außenministerien"* am 14. Juni 1967 in Zürich einige direkte Verbindungsmöglichkeiten zwischen den führenden italienischen und österreichischen Dienststellen mit der Möglichkeit raschester Information besprochen und festgelegt. Gemäß dem damaligen Übereinkommen hätten die verantwortlichen österreichischen Sicherheitsorgane innerhalb von Minuten über den Vorfall informiert werden können, weshalb Österreich spätestens am 25. Juni gegen 03.00 Uhr früh (österreichische Zeit) die ersten Maßnahmen treffen hätte können. In Zürich wurde zwar von italienischer Seite eifrig beteuert, die österreichischen Sicherheitsbehörden umge-

5 Information für einen ital. Abgeordneten zwecks Information in der Südtiroldebatte der Abgeordnetenkammer (Juli 1967) betreffend österreichische Maßnahmen gegen den Terrorismus in der Zeit zwischen 25. Juni und 15. Juli 1967 (Zl. 26.720-5(POL)67). ÖStA/AdR/BMfAA/Pol Südtirol, Diverse Beilagen 1967–1968, Kt. 38.

6 Information BMfI/Gruppe staatspolizeilicher Dienst vom 26.6.1967, ÖStA/AdR, „Anschlag auf der Porzescharte am 25.6.67"/Bestand Inneres/Zl. 25.633-70.

hend und umfassend zu informieren, am 25. Juni vergingen dann allerdings fast 15 Stunden, und überdies erfolgte die Erstinformation auf einem Grenzposten und nicht auf dem vereinbarten direkten Weg.

Die Reaktionen

Ganz im Gegensatz zu den österreichischen Sicherheitsverantwortlichen zeigten sich die italienischen und auch deutschsprachigen Medien in Südirol rasch und bestens über den Vorfall informiert:

Am Montag, dem 26. Juni 1967, titelten die „Dolomiten“:

„Im Zeichen des fatalen Linzer Freispruches. Scheußlicher Hinterhalt: vier Tote, ein Verletzter. *Blutbad auf der Porzescharte knapp an der österreichischen Grenze – Terroristen sprengten einen Leitungsmast und legten Tretminen – Erstes Todesopfer am Morgen – Zweite Explosion traf das Räumkommando – Welle der Empörung in ganz Italien – Beileidstelegramme Saragats und Moros.“*[7]

Der darauffolgende Artikel spart nicht mit heftigen Worten. Die Rede ist von einem *„mörderischen Hinterhalt“* des *„unmenschlichen Terrorismus“*, der von *„unbekannten gewissenlosen Mördern“* gelegt worden sei. In dem Artikel ergeben sich durch einige Bemerkungen interessante Informationen: Gegen vier Uhr früh seien die Bewohner des Ortes Santo Stefano di Cadore durch den *„starken Knall einer Explosion aus dem Schlaf gerissen worden“* und in den dortigen Ortschaften sei *„gleichzeitig“* das Licht ausgegangen. *„Unverzüglich“* begaben sich daraufhin in *„Santo Stefano und Umgebung“* stationierte *Carabinieri* und *Alpini* zum *„grenznächsten Leitungsmast“*, der *„nur wenige hundert Meter von österreichischem Gebiet entfernt“* sei. *„Schon von weitem“* bemerkten sie den gesprengten Mast und kamen dann auf einem *„schmalen Steg – die dortige grenznahe Gegend ist mit keinem Fahrzeug zu erreichen“* an den Sockel des gesprengten Mastes heran, wobei der *Alpini*-Soldat Armando Piva, der der Abteilung voranging, *„bereits ganz nahe dem gesprengten Masten“* eine *„gut getarnte“* Tretmine auslöste, deren Explosion den Soldaten einige Meter zurückschleuderte. Die tödlichen Verletzungen Pivas werden dabei genau beschrieben.

Bei der Schilderung der Ereignisse am Nachmittag des 25. Juni gingen die „Dolomiten“ vorerst auf die Diskrepanz zwischen den ersten Meldungen ein. *„Kurz nach 15 Uhr“* kam die erste Meldung, dass drei weitere Soldaten durch eine Tretmine verletzt worden seien und mit einem Hubschrauber nach Bozen in ein Krankenhaus geflogen worden sein sollen. Eine *„Anfrage“* soll allerdings ergeben haben, dass dort keine Verletzten angekommen waren. *„Wenig später“* kam dann die zweite Meldung, der zufolge *Carabinieri*-Hauptmann Gentile, Leutnant Di Lecce und Unteroffizier Torzi [sic!] von der Fallschirmjägerbrigade „Folgore“ ihr Leben durch eine Tretmine verloren hätten und der Unteroffizier Fagnani schwer verletzt mittels Hubschrauber ins Krankenhaus Innichen geflogen worden war. Eine Gruppe Soldaten hätte unter der Leitung Gentiles die Umgebung des gesprengten Mastes nach versteckten Minen untersucht, dabei aber keine gefunden und befand sich bereits auf dem Heimweg, als einer von ihnen im Abstand von 500 m vom gesprengten Strommast um 14.45 Uhr eine versteckte Mine zündete. Drei der insgesamt vier Soldaten seien durch diese zweite, viel stärkere, Mine *„buchstäblich zerrissen“* worden, sodass ihre Erkennungsmarken erst *„lange Zeit später“* gefunden worden seien. Die irrige Meldung vom Transport der verletzten Soldaten nach Bozen sei *„im ersten furchtbaren Schrecken“* dem *Alpini*-Kommando in Santo Stefano durch- und von diesem weitergegeben worden. *„Nach der zweiten Explosion“* habe sich der Kommandant der Bozner *Carabinieri*, Oberst Grassini, sofort auf die Porzescharte begeben, *„um die Suche nach weiteren Minen persönlich zu koordinieren. Zentimeter für Zentimeter wurde der Boden abgesucht – ohne Ergebnis“* und man kam daher zu dem Schluss, dass *„die Terroristen nur zwei Minen gelegt hatten – diese aber mit großer Ortskenntnis und tödlicher Präzision“*.

Schließlich „klärte“ sich auch die erste Meldung: Ein Militärarzt und ein Soldat, die beide dem Kommando unter Hauptmann Gentile angehört hätten, sollen diese *„Todesmeldung“* abgegeben haben. Innichen hätte an diesem

7 Scheußlicher Hinterhalt: vier Tote, ein Verletzter. „Dolomiten“, 26. Juni 1967. S. 1f. ÖNB.

Sonntag einem *„Bienenschwarm“* geglichen, da *„pausenlos“* Militärhubschrauber einflogen. *„Später am Abend“* wurden dann auch die *„sterblichen Überreste der drei toten Militärs“* nach Innichen gebracht und aufgebahrt, wobei ihnen hohe Behördenvertreter, der Quästor von Bozen, die *Carabinieri*-Kommandanten von Bozen und Belluno sowie der Generalkommandeur der Heeresbrigade „Cadore“ neben weiteren hohen Offizieren die Ehre bezeugten.

Der weitere Zeitungsartikel besteht aus der Wiedergabe der zahlreichen Erklärungen italienischer Politiker. Staatspräsident Giuseppe Saragat sandte Verteidigungsminister Tremelloni ein Beileidstelegramm mit prägnantem Inhalt:

„Dieses unmenschliche Verbrechen gegen das menschliche zivile Zusammenleben findet die ganze Nation vereint in einem Gefühl der bewegten Dankbarkeit für die Opfer der Pflichterfüllung und für die bewaffneten Kräfte, in einem Gefühl unendlichen Mitleids für die in ihrer heiligsten Liebe getroffenen Familien, in einem Gefühl moralischer Verabscheuung gegenüber den Mördern. Das Verbrechen, das in seiner blinden Bestialität die unheilvollen Zeichen des Nazismus verrät, lässt diejenigen, die sich indirekt zu Komplizen machen, die schreckliche Verantwortung mehr denn je fühlen.“ [8]

Bevor irgendwelche Untersuchungen stattgefunden hatten, stand für den italienischen Staatspräsidenten Saragat demnach die Ursache eindeutig fest: Es war ein *„bestialischer Anschlag“* unter *„unheilvollen Zeichen des Nazismus“*. Die Drohung gegenüber Österreich, das sich *„indirekt zu*[m] *Komplizen“* mache, war eindeutig und wurde von vielen Politikern noch wesentlich deutlicher ausgesprochen. Als besonderes Unheil wurde das „Linzer Urteil“ angesehen.

Am 31. Mai 1967 hatte das Geschworenengericht in Linz im sogenannten „dritten Südtirolprozess“ Freisprüche über 13 österreichische und zwei deutsche BAS-Aktivisten, darunter Peter Kienesberger und Dr. Norbert Burger, ausgesprochen, was die italienische Volksseele einigermaßen in Wallung versetzt hatte.

Die „Dolomiten“ zeigten sich am 27. Juni auch bestens über den Inhalt der italienischen diplomatischen Note Nr. 1941 informiert, die am selben Tag in Wien durch den italienischen Botschafter im Außenministerium überreicht wurde:

„Die Umstände des Attentates bestätigen, daß die Kriminellen, die es vorbereitet hatten, von österreichischem Gebiet gekommen und anschließend dorthin zurückgekehrt seien.“ [9]

Italien wusste demzufolge einen Tag nach dem Vorfall genau, dass einerseits mehrere Personen den *„kriminellen Anschlag“* auf der Porzescharte verübt hätten und dass diese jedenfalls aus Österreich kamen.

Am Folgetag des Vorfalles bestand darüber hinaus auch die Berichterstattung der „Dolomiten“ zu einem hohen Prozentsatz aus den politischen Reaktionen sowie aus italienischen Pressekommentaren auf das *„feige Attentat“* vom Sonntag sowie der inzwischen von den *„Militärbehörden“* vorgenommenen *„Rekonstruktion“* des Vorfalls:

„[...] Der Ort, wo der Hinterhalt stattfand, die sogenannte Porzescharte, befindet sich rund 15 Kilometer Luftlinie östlich von Innichen im Gebiet der Provinz Belluno, nahe der österreichischen Grenze. Über die Porzescharte führt eine Hochspannungsleitung durch das Gailtal nach Italien.

Der grenznächste Mast dieser Leitung auf italienischem Staatsgebiet wurde laut Darstellung der Militärbehörde durch eine rund zehn Kilogramm umfassende Sprengstoffmenge, die mit einem Uhrwerk zur Explosion gebracht wurde, zerstört. Eine Alpiniabteilung begab sich zur Explosionsstelle, wo sie zwei Uhren der Marke ‚Peter Kinzle‘ fanden. Noch während die anderen Alpinisoldaten die Stelle untersuchten, löste der 22jährige Armando Piva mit seinem linken Fuß eine Tretmine aus, die mitten auf dem Steig, welcher zum Masten führt, angebracht worden war. Die Wirkung dieser Mine – sie soll aus rund 30 Dekagramm Plastiksprengstoff bestanden haben – ist bekannt. Piva erlitt schwerste Verletzungen, an deren Folgen er am Sonntag kurz vor Mitternacht das Leben lassen mußte. Die Mine war auf der linken Seite des Steiges vergraben worden.

8 Scheußlicher Hinterhalt: vier Tote, ein Verletzter. „Dolomiten“, 26. Juni 1967. S. 1f. ÖNB.

9 Scharfer Protest Italiens in Wien. „Dolomiten“, 27. Juni 1967. S. 1. ÖNB.

Die zweite Abteilung, die etwa acht Stunden später die Stelle nach weiteren Minen absuchte, wurde von der Explosion einer zweiten Tretmine erfaßt, die aus rund fünf Kilogramm Plastiksprengstoff bestanden haben soll, also um ein Vielfaches stärker war als die erste. Die Abteilung, in deren Reihen es drei Tote gab, schritt denselben Steig wie die Alpinisoldaten Stunden vorher in folgender Reihenfolge hinan: Voraus Oberst Costanzo, Kommandant des Alpinibataillons ‚Val Cismon', das in Santo Stefano di Cadore stationiert ist; ihm folgten Fallschirmjägerleutnant Di Lecce, der Carabinierihauptmann Gentile sowie die beiden Unteroffiziere Dordi und Fagnani (als letzter). Während Oberst Costanzo ohne Schaden an der Tretmine vorbeikam, trat Hauptmann Gentile anscheinend auf den Auslöser der Tretmine, die unter den Soldaten ein Blutbad anrichtete: Gentile, Di Lecce und Dordi waren auf der Stelle tot; Fagnani wurde schwer verletzt.
Der Umstand, daß keiner der Toten an den Beinen Verletzungen davontrug, ließ die Militärbehörden darauf schließen, daß die Mine an der Böschung des schmalen Steiges angebracht worden war, während der Kontakt auf den Steig lief.
Es wurde auch die Vermutung ausgesprochen, daß die Mine ferngesteuert zur Explosion gebracht worden sein könnte, da vor dieser tragischen Explosion bereits zahlreiche andere Soldaten die Stelle passiert hatten, ohne die Explosion auszulösen. Diese Vermutung fand in einer großmäuligen Erklärung Burgers Nahrung, der in einem Interview mit einer deutschen Zeitung vor kurzem behauptet hatte, seine Gruppe wäre in der Lage, auf italienischem Gebiet Explosionen auszulösen, ohne sich selbst auf italienisches Gebiet zu begeben. […]"[10]

Am ersten Tag nach dem Vorfall wurde auch die österreichische Bundesregierung aktiv: Aktenkundig ist, dass von Seiten des Innenministeriums bereits am 26. Juni 1967 *„zwecks Koordinierung der Erhebungen zur Aufklärung des Sprengstoffanschlages auf einen Hochspannungsmast in der Ortschaft Simon Vallopass, Gemeindegebiet St. Stefan di Cadore (Sexten) die sofortige Entsendung von Sachverständigen auf dem Gebiet des Sprengstoffwesens und des Erkennungsdienstes"* angeboten wurde – was zunächst ohne Reaktion der italienischen Seite blieb.[11]

Am nächsten Tag, am Dienstag, den 27. Juni, wurde die in Innsbruck erscheinende „Tiroler Tageszeitung" direkter: In einem auf der zweiten Seite der Ausgabe erscheinenden umfassenden Artikel titelt die Zeitung *„Auf der Porzescharte sind keine Minen explodiert"*.

Sicher war für die Tiroler Tageszeitung am 27. Juni lediglich, dass der *Alpino* Armando Piva seinen schweren Verletzungen erlegen war und die italienischen Berichte über diesen Vorfall, denen zufolge Südtirolextremisten die Minen – gut getarnt – ausgelegt hätten, *„nach wie vor widersprüchlich"* seien. Das Angebot des österreichischen Innenministers Franz Hetzenauer, der noch am Vortag der italienischen Regierung die unverzügliche Entsendung von Sachverständigen angeboten hätte, sei aus *„gutem Grund"* gemacht worden:

„Bereits Montag Mittag hat die ‚Tiroler Tageszeitung' auf geeignete Weise feststellen können, daß die von den Italienern ausgegebenen Meldungen über die furchtbaren Geschehnisse, die zum Tod der vier italienischen Soldaten geführt haben, zumindest hinsichtlich des O r t e s nicht stimmen können.
Die ‚Tiroler Tageszeitung' vermochte einwandfrei festzustellen, daß sich die 25köpfige Patrouille der italienischen Experten nie im Raum des gesprengten Mastes aufgehalten hat und daß deshalb auch nicht drei der Experten in diesem Bereich auf eine Mine getreten sein können. Das ganze Gebiet ist noch verschneit. Die Schneedecke ist unversehrt. Nirgends sind Anzeichen dafür vorhanden, daß hier eine Gruppe von Menschen während der letzten Tage Untersuchungen vorgenommen und daß hier eine oder sogar zwei Minen mit so schwerwiegenden Folgen für vier Menschenleben detoniert seien."[12]

Und weiter:

„Vom gestürzten Masten aus läßt sich überhaupt kein Anzeichen dafür erkennen, daß hier Minen losgetreten worden seien: Der Schnee zeigt keine Fußspuren, nirgends lässt sich ein Detonationsloch, nirgends eine Fußspur erkennen. Den ganzen Tag über war gestern kein italienischer Soldat in

10 Opfer der mörderischen Falle nach Belluno gebracht. „Dolomiten", 27. Juni 1967. S. 9. ÖNB.

11 Vgl. Sprengung eines Hochspannungsmastes an der italienisch-österreichischen Grenze. BMfI/Sektion III an BMfAA vom 26. Juni 1967. ÖStA/AdR, „Anschlag auf der Porzescharte am 25.6.67"/Bestand Inneres/Zl. 25.633-70.

12 Auf der Porzescharte sind keine Minen explodiert. „Tiroler Tageszeitung", 27. Juni 1967 Nr. 146, S. 2. ÖNB.

dem angeblichen Unglücksraum zu sehen. Wenn es stimmte, daß hier vier Soldaten am Sonntag den Tod gefunden haben, dann hätte man am Montag sicherlich Experten bei der Sicherung der Spuren feststellen können.“ [13]

Der Osttiroler Bezirkshauptmann Dr. Othmar Doblander flog am 26. Juni mittels Hubschrauber auf die Porzescharte. Das Ergebnis seines Erkundungsfluges meldete die Sicherheitsdirektion für Tirol an das Innenministerium: *„Der Bezirkshauptmann schließt ‚mit 100%-iger Sicherheit' aus, daß in der Nähe dieses Mastes eine andere Explosion erfolgt ist. Es konnten weder Fußspuren noch Blutspuren noch irgendwie andere Spuren festgestellt werden, die darauf hindeuten würden, daß sich hier mehrere Menschen befunden haben. Der italienische Grenztrupp soll aber aus 25 Personen bestanden haben. Die Anwesenheit dieser 25 Personen in der Nähe dieses Mastes hält der Bezirkshauptmann auf Grund der Bodenlage und -beschaffenheit für ausgeschlossen.“* [14]

Von der Öffentlichkeit vorerst völlig unbemerkt, befanden sich am 27. Juni zwei Monteure der österreichischen Verbundgesellschaft aus Lienz auf der Porzescharte, um den Schaden an der Leitung von Lienz nach Pelos zu begutachten. Sie wurden dabei vom Gendarmeriebeamten Weiler aus Obertilliach begleitet, gingen zweifellos auch einige Meter auf italienisches Staatsgebiet und stießen dabei auf einige Gegenstände, die sie an sich nahmen und in der Folge der Staatspolizei übergaben. Dazu wurde eine „Aktennotiz“ der Verbundgesellschaft angefertigt, in der detailliert die Vorgänge vom 24. Juni bis 28. Juni dargelegt wurden: Die Zeitpunkte der Leitungsabschaltungen sind in der Aktennotiz der Verbundgesellschaft aufgelistet, und zusätzlich ist neben der Erdung der Leitung in Soverzene am 25. Juni um 05.27 Uhr auch eine Erdung der *„220-kV-Leitung Lienz – Soverzene“* in Lienz um 05.59 Uhr angeführt. Grundlage der präzisen Auflistungen der Verbundgesellschaft über den Stromausfall ist der *„Bericht Nr. 1/67, Betr. Ausfall der Leitung 261 Lienz – Soverzene, Sprengung des Grenzmastes (Porzescharte)“* des Umspannwerks Lienz vom 28. Juni 1967, in dem der genaue Ablauf der Ereignisse am Morgen des 25. Juni dargestellt wird. Der Lastverteiler in Soverzene hatte demzufolge *„in der Nacht“* in Lienz angerufen, der Nachtdienst, ein Herr Idl, verstand aber nicht italienisch und so nahm nach der Ablöse um 05.00 Uhr ein Herr Taschler mit Soverzene Kontakt auf und erfuhr die genauen Daten des Stromausfalles. Der Bericht stellt auch fest, dass im Umspannwerk Lienz der Stromausfall nicht bemerkbar war, da *„der Leitungstrenner bei anstehender Spannung geöffnet ist und somit eine Spannungsüberwachung nicht gegeben ist.“* [15]

Es gab also eine Mitteilung über die ausgefallene Leitung von italienischer Seite an die österreichische Verbundgesellschaft. Der Leitungsausfall wurde dabei mit einem *„Fehler auf italienischen* [sic!] *Staatsgebiet“* begründet. Gemäß der späteren italienischen Darstellung des Vorfalles hätte um diese Zeit allerdings schon festgestanden, dass der Mast Nr. 119 gesprengt worden war. Die erste Mitteilung über eine Sprengung erfolgte dann erst am Montag, dem 26. Juni gegen 18.00 Uhr, als der Osttiroler Bezirkshauptmann Dr. Doblander den Leitungsobermeister Siegl in Lienz über die Sprengung des *„wenige Meter auf italienischem Boden stehenden Grenzmastes“* informierte und diese Information umgehend von Ing. Mayr in Lienz an den *„Hauptlastverteiler“* weitergemeldet wurde. Zwei Tage vor dem Ausfall der Leitung, am Freitag, dem 23. Juni, hatten die beiden Monteure Kofler und Lang des Lienzer Umspannwerkes „routinemäßig“ den Leitungsabschnitt kontrolliert und konnten dabei *„nichts Besonderes wahrnehmen“*.

Als am Dienstag, dem 27. Juni, die Verbundgesellschaft dem *„italienischen Geschäftspartner“* ihre Unterstützung bei der Instandsetzung der Leitung anbot, wurde von Seiten der Italiener darum gebeten, *„davon Abstand zu nehmen, da das Gebiet zufolge der Ereignisse als vermint gilt und wir* [die Verbundgesellschaft; Anm.

13 Auf der Porzescharte sind keine Minen explodiert. „Tiroler Tageszeitung“, 27. Juni 1967 Nr. 146, S. 2. ÖNB.

14 Betr. Südtirol. Information BMfI/Sektion III vom 26. Juni 1967. ÖStA/AdR, „Anschlag auf der Porzescharte am 25.6.67“/Bestand Inneres/Zl. 25.633-70.

15 Vgl. Bericht Nr. 1/67, Umspannwerk Lienz vom 28.6.1967. ÖStA/AdR, „Anschlag auf der Porzescharte am 25.6.67“/Bestand Inneres/Zl. 25.633-70.

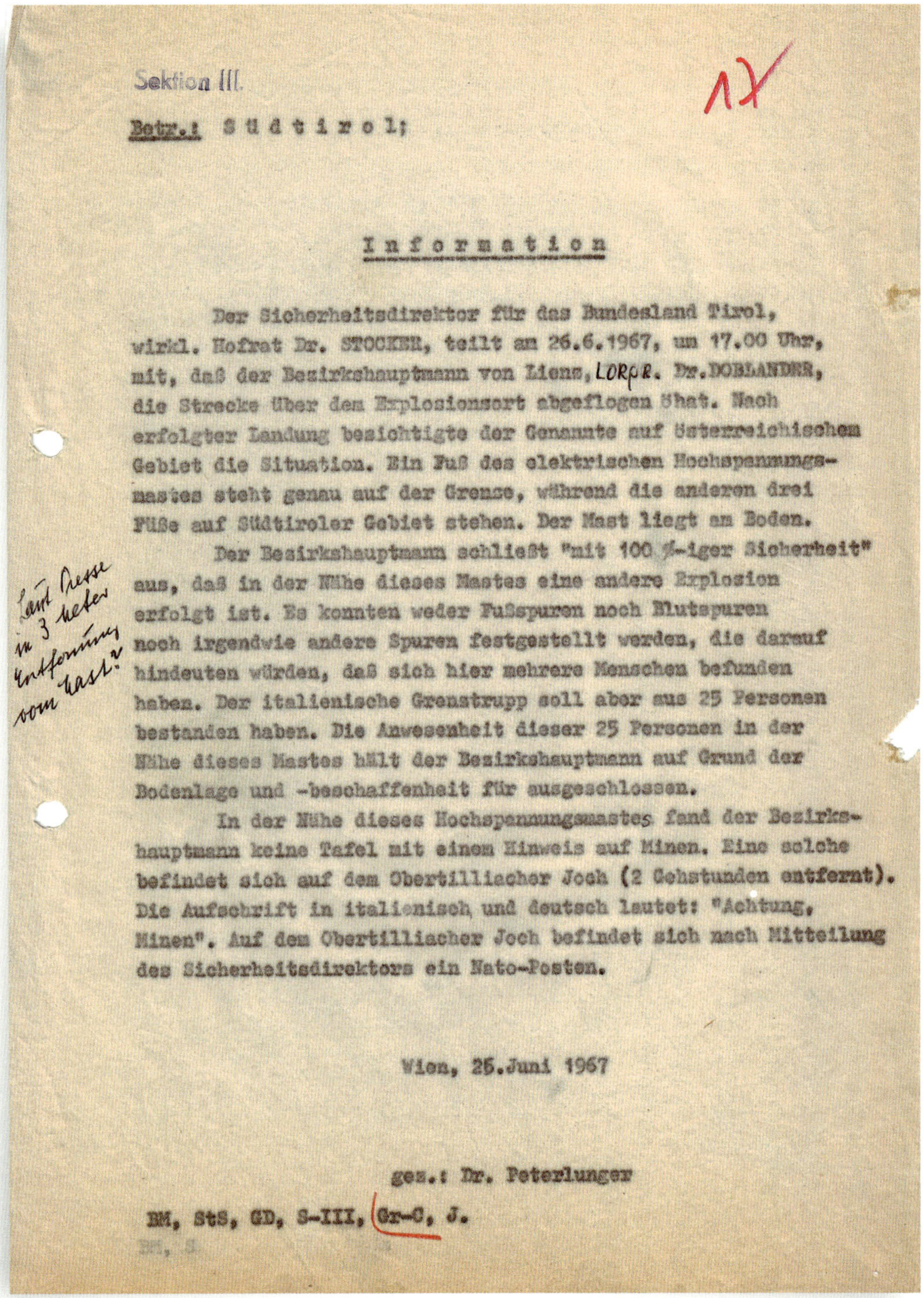

Sektion III.

Betr.: S ü d t i r o l;

I n f o r m a t i o n

Der Sicherheitsdirektor für das Bundesland Tirol, wirkl. Hofrat Dr. STOCKER, teilt am 26.6.1967, um 17.00 Uhr, mit, daß der Bezirkshauptmann von Lienz, LORpR. Dr.DOBLANDER, die Strecke über dem Explosionsort abgeflogen hat. Nach erfolgter Landung besichtigte der Genannte auf österreichischem Gebiet die Situation. Ein Fuß des elektrischen Hochspannungsmastes steht genau auf der Grenze, während die anderen drei Füße auf Südtiroler Gebiet stehen. Der Mast liegt am Boden.

Der Bezirkshauptmann schließt "mit 100 %-iger Sicherheit" aus, daß in der Nähe dieses Mastes eine andere Explosion erfolgt ist. Es konnten weder Fußspuren noch Blutspuren noch irgendwie andere Spuren festgestellt werden, die darauf hindeuten würden, daß sich hier mehrere Menschen befunden haben. Der italienische Grenztrupp soll aber aus 25 Personen bestanden haben. Die Anwesenheit dieser 25 Personen in der Nähe dieses Mastes hält der Bezirkshauptmann auf Grund der Bodenlage und -beschaffenheit für ausgeschlossen.

Laut Presse in 3 Meter Entfernung vom Mast?

In der Nähe dieses Hochspannungsmastes fand der Bezirkshauptmann keine Tafel mit einem Hinweis auf Minen. Eine solche befindet sich auf dem Obertilliacher Joch (2 Gehstunden entfernt). Die Aufschrift in italienisch und deutsch lautet: "Achtung, Minen". Auf dem Obertilliacher Joch befindet sich nach Mitteilung des Sicherheitsdirektors ein Nato-Posten.

Wien, 26.Juni 1967

gez.: Dr. Peterlunger

BM, StS, GD, S-III, Gr-C, J.

BM, S

Quelle: ÖStA/AdR, „Anschlag auf der Porzescharte am 25.6.67"/Bestand Inneres/Zl. 25.633-70.

← Abb. 1
Meldung der Sicherheitsdirektion Tirol an das Innenministerium vom 26. Juni 1967.

Quelle: BMI/Ehemaliges Dokumentationszentrum. Ordner 32.

←
Abb. 2 Der gesprengte Mast 119 bei der Begehung der Verbundgesellschaft am 27. Juni 1967.

Quelle: BMI/Ehemaliges Dokumentationszentrum. Ordner 32.

→
Abb. 3
Der gesprengte Mast 119 bei der Begehung der Verbundgesellschaft am 27. Juni 1967.

d. Verf.] *von der Inangriffnahme der Reparaturarbeiten verständigt werden.*“ [16]

Die Aktennotiz Nr. 760 vermerkt auch die Information des Lienzer Bezirkshauptmanns an Ing. Mayr vom Umspannwerk Lienz, dass dieser am 26. Juni mit einem Hubschrauber zur Porzescharte geflogen und in der Nähe des umgestürzten Mastes gelandet war. Dr. Doblander habe dabei festgestellt, dass der Mast gesprengt worden sei und quer zur Leitungsrichtung lag. Er hatte dabei keinerlei italienisches Personal an der Grenze angetroffen und glaube nicht, *„wie aus italienischen Aussendungen hervorgeht, daß die 4 italienischen Soldaten im unmittelbaren Bereich des Mastes ums Leben gekommen sind.“* Aus dieser eigenen Beobachtung heraus erschien dem Lienzer Bezirkshauptmann die Antwort des *„italienischen Geschäftspartners unverständlich“*.

Ein Team der Verbundgesellschaft, bestehend aus den Herren Ing. Hammerschmid und Siegl, inspizierte gemäß Aktennotiz am 27. Juni die Porzescharte, fand den Grenzmast auf italienischem Gebiet in Richtung Italien umgestürzt, aber nur geringe *„Seilbeschädigungen“*. Lediglich beim letzten Tragmast auf österreichischem Gebiet würden die *„Hängeketten“* leicht schief stehen. Der Umbruch des Mastes müsste nach der Beurteilung der österreichischen Sachverständigen nur sehr langsam erfolgt sein, da die den Boden berührende Spitze des *„Lyra-Auslegers“* kaum deformiert war. Somit konnte offenbar keine leistungsstarke Sprengladung verwendet worden sein, da eine hochbrisante Sprengung bzw. eine starke Ladung zu einem raschen Kippen des Mastes geführt hätte. Durch diese Tatsache erklärt sich möglicherweise auch, dass jene Sprengung, die zum Ausfall der Leitung geführt habe und die daher um 02.12 Uhr – 03.12 Uhr italienische Sommerzeit – stattgefunden hätte, vom nächstgelegenen *Alpini*-Stützpunkt nicht wahrgenommen wurde, sondern erst eine offenbar stärkere Sprengung gegen 03.45 Uhr, die dann zur bekannten Reaktion der Soldaten führte.

Die weiteren Bemerkungen der Aktennotiz Nr. 760 sind dann äußerst geeignet, den vorhandenen und bereits kursierenden Vermutungen und Gerüchten weitere Nahrung zu geben:
„Im näheren Bereich des Mastes auch auf italienischem Gebiet konnte außer einem Zettel, italienisch beschriftet, einigen Drähten, keine Spuren gefunden werden, die auf Minenexplosionen und vor allem auf das Verunglücken von Menschen schließen lassen. Es wäre anzunehmen, daß in solchen Fällen Verbandreste, Blutspuren oder ähnliches wahrnehmbar gewesen wäre. Außer einem weit entfernten Posten in der meist besetzten Kaverne aus dem 1. Weltkrieg waren im gesamten Bereich weder Grenzschutzorgane, Militär noch Arbeiter zu bemerken.“ [17]

Am Mittwoch, dem 28. Juni 1967, berichtete die „Tiroler Tageszeitung“ Genaueres über „Gerüchte“ aus Innichen: Zum fraglichen Zeitpunkt – am Sonntag, den 25. Juni – hatte es nach den Informationen der „Tiroler Tageszeitung“ tatsächlich Opfer von Minenexplosionen gegeben, allerdings nicht auf der Porzescharte, sondern auf dem Kreuzbergpass. Die Opfer dieser Explosionen wurden zur Straße transportiert und mit Hubschraubern in das Krankenhaus Innichen transportiert. Diese Meldungen stimmten laut „Tiroler Tageszeitung“ völlig mit der ersten Meldung der italienischen Nachrichtenagentur ANSA überein, die alle Zeitungen im deutschsprachigen Raum erhalten hatten und die wenig später zurückgezogen und durch eine neue Meldung ersetzt worden war. Gemäß dieser neuen Meldung waren dann drei Fallschirmjäger durch von Terroristen ausgelegte Minen getötet worden.[18]

Heftige Reaktionen der italienischen Seite waren der „Tiroler Tageszeitung“ für ihre *„absurde und unwahre“* Darstellung der vergangenen Tage sicher. Mit der Berichterstattung durch die „Tiroler Tageszeitung“ befasste sich immerhin der Generalstabschef des 4. Italienischen Armeekorps in Bozen in einer amtlichen Erklärung.

In der Zwischenzeit waren die italienischen Medien und praktisch alle politischen Ebenen aktiv dabei, das „brutale Attentat“ auf der Por-

16 Verbundgesellschaft/Betrieb-LE, Aktennotiz Nr. 760, Wien, den 27. Juni 1967, B/Ma/BK. ÖStA/AdR, „Anschlag auf der Porzescharte am 25.6.67“/Bestand Inneres/Zl. 25.633-70.

17 Verbundgesellschaft/Betrieb-LE, Aktennotiz Nr. 760, Wien, den 27. Juni 1967, B/Ma/BK. ÖStA/AdR, „Anschlag auf der Porzescharte am 25.6.67“/Bestand Inneres/Zl. 25.633-70.

18 Vgl. Starben die Soldaten durch Minen am Kreuzberg? „Tiroler Tageszeitung“, 28. Juni 1967 Nr. 147, S. 2. ÖNB.

zescharte zu verurteilen: Schuld war grundsätzlich „Österreich" mit seinem „Schutz" und seiner „Förderung" des Terrorismus in Südtirol.

Die österreichische Botschaft in Rom sandte am 27. Juni ein Fernschreiben an das Außenministerium in Wien mit dem Bericht über die Äußerungen des italienischen Innenministers zur Porzescharte:

„Innenminister Taviani drückte gestern vor dem Senat das tiefe Beileid und die lebhafte Empörung der Regierung über das ‚verabscheuungswürdige Verbrechen der Neonazi' bei der Cima Vallona aus. Die Urheber dieser Tat seien die geistigen und vielleicht nicht nur geistigen Söhne der Henker von Dachau und Mauthausen. ‚Unsere Generation wagte es zu hoffen, dass die Untaten von Dachau und Mauthausen bereits zu Symbolen von Ungeheuerlichkeiten der Vergangenheit geworden sind. Stattdessen breitet sich die Tradition der Barbarei weiterhin aus – immer um die gleichen anachronistischen und haarsträubenden Mythen willen.' Die Verbrecher dürften sich keiner Illusion hingeben. Italien werde fest und unerschütterlich in der Überwachung und in der Unterdrückung des Terrorismus sein. Er werde dabei jedes Mittel anwenden, um zu einer Konsolidierung des friedlichen Zusammenlebens der Volksgruppen verschiedener Sprache im Tiroler Etschland zu gelangen. Denn dieses Land sei ein italienisches Land, gestern, heute und morgen."[19]

Im italienischen Parlament fielen am selben Tag nicht minder deutliche Worte: Der Präsident der Kammer, Ducci, forderte im Namen des Parlaments den italienischen Staat auf, das *„Leben seiner Söhne in der Provinz Bozen zu verteidigen"*. Seine *„Empörung und Verachtung"* betreffe auch die *„Komplizen"* der Mörder, die *„in Kreisen jenseits der Grenze Unterstützung und Zustimmung finden"* würden. Verteidigungsminister Tremelloni wusste zu diesem Zeitpunkt bereits – auch ohne eine genauere Untersuchung des Vorfalls –, dass *„der Anschlag eindeutig jenseits unserer Grenzen vorbereitet worden"* sei. Während die Abgeordneten der Christdemokraten noch davon redeten, dass es *„notwendig"* sei, eine *„Mahnung"* an Österreich zu richten, forderte der Neofaschist Almirante gleich die *„Überprüfung der Gesamtbeziehungen zu Österreich"*, die Ausrufung des *„Gefahrenzustandes"* in Südtirol und ein Auslieferungsbegehren für die in Linz freigesprochenen *„Terroristen"*. Ein Abbruch der Verhandlungen mit Österreich war auch für die Liberalen *„unvermeidbar"* geworden und Österreich müsste bei den Vereinten Nationen *„angezeigt"* werden. Für die Kommunisten war die österreichische Verantwortlichkeit *„offenkundig"* und die Monarchisten vermeinten weniger ein Wiederaufleben des *„Nazismus"* zu bemerken, als vielmehr einen *„Plan Österreichs"*, *„die Vorbedingungen für die Annexion Südtirols durch Volksabstimmung"*. Also müsse das „Gruber-De Gasperi-Abkommen" gekündigt und die Optanten zurückgeschickt werden.[20] Alles in allem höchst aufschlussreiche Äußerungen zur innenpolitischen Sichtweise im Italien des Jahres 1967.

Und so setzte Italien während der offiziellen Forderung nach „spektakulären Maßnahmen" gegen den Terrorismus durch Österreich selbst durchaus „spektakuläre Maßnahmen":

„Die italienische Regierung hat durch ihre Vertreter im EGKS-Ministerrat am 29. Juni 1967 sowie im Ausschuss des Ständigen Vertreters in Brüssel am 28. Juni d. J. Erklärungen abgeben lassen, denen zufolge sie sich dem Beginn von Verhandlungen und präliminären Kontakten zwischen der Bundesregierung und der EGKS solange widersetze, bis sie imstande sein wird festzustellen, dass das österreichische Hoheitsgebiet nicht für die Organisation von Terrorakten auf italienischem Hoheitsgebiet und als Zufluchtsstätte für die Terroristen gebraucht werde."[21]

Dieses EWG-Veto wurde Botschafter Max Löwenthal allerdings auch schon vor dem Vorfall auf der Porzescharte angedroht: Am 19. Juni meldete der österreichische Botschafter in Rom, dass ihm Roberto Gaja, der „politische Direktor" des italienischen Außenministeriums zwei Tage vor-

19 Chiffre-Fernschreiben Nr. 10154. Österreichische Botschaft Rom an BMfAA vom 27.6.1967. Zit. nach: Rolf Steininger (Hrsg.), Akten zur Südtirol-Politik. 1959–1969. 1967. Terror und „Operationskalender". S. 224.

20 Vgl. Chiffre-Fernschreiben Nr. 10155. Österreichische Botschaft Rom an BMfAA vom 27.6.1967. Zit. nach: Rolf Steininger (Hrsg.), Akten zur Südtirol-Politik. 1959–1969. 1967. Terror und „Operationskalender". S. 224f.

21 Gedächtnisnotiz vom 4. Juli 1967. Beiblatt zu Ital. EWG-Veto; Frage der Erwähnung durch den Bundesminister bei der Sitzung des Ministerkomitees des ER am 11.12. ÖStA/AdR/BMfAA/Pol Südtirol, ST 2D 1967–1968, Kt. 27.

her mitgeteilt habe, dass es *„undenkbar"* sei, dass Italien nach den Freisprüchen im Linzer Prozess und aufgrund der *„Mitverantwortlichkeit für die Attentate"* Österreich *„in die EWG hereinlasse"*. Man könne in Österreich doch nicht meinen, dass die italienische Regierung *„bereit oder in der Lage wäre"*, Österreich in dieser Angelegenheit entgegenzukommen, solange man sich in Österreich vor Gericht *„ungestraft rühmen könne, Attentate gegen italienische Menschenleben zu organisieren"*.[22]

Es hat somit den Anschein, als wäre der Vorfall auf der Porzescharte der italienischen Außenpolitik äußerst gelegen gekommen!

Für das österreichische Innenministerium stand am 28. Juni umgekehrt fest, dass die Sache keineswegs so einfach war, wie sie von der italienischen Seite dargestellt wurde:

„1) Bis zur Stunde liegen auch nicht die geringsten Anhaltspunkte vor, daß die Täter, die den Hochspannungsmast gesprengt haben, von Österreich aus operierten oder nach vollbrachter Tat nach Österreich geflüchtet sind.

2) Die Ursachen der Explosion von Minen liegen nach wie vor im Dunkeln."[23]

General Marchesi, der Kommandant des IV. Armeekorps, gab am 29. Juni höchstpersönlich der italienischen Presse in Bozen einen ausführlichen Bericht über das „Attentat" ab. Darin wurden einige Details des Vorfalls neuerlich etwas anders als bisher dargestellt: Die erste Detonation um – nun – 03.30 Uhr hatte demnach eine Abteilung *Alpini*-Soldaten im Gebiet der *Forcella Dignas*, knapp unterhalb des Obertilliacher Jochs – ungefähr 1,7 km von der Porzescharte entfernt (Anm. d. Verf.) – gehört, worauf eine aus 19 Mann bestehende Patrouille zur Explosionsstelle entsandt wurde. Diese Patrouille war mit Fahrzeugen in Richtung Scharte unterwegs, die allerdings zu Beginn des *„steilen Muliweges"* wegen einer kleinen Schneelawine zurückgelassen werden mussten. Die Patrouille näherte sich nach dem *„Absitzen"* dem gesprengten Mast zuerst im *„Gänsemarsch"* und später *„fächerförmig"*, zu beiden Seiten von Finanzsoldaten mit Maschinenpistolen gesichert. Dabei wurde wenige Minuten vor 07.00 Uhr der *„Radiotelegrafist"* Armando Piva, der einige Schritte hinter dem Kommandanten ging, von einer starken Explosion erfasst. Ein der Patrouille angehörender Militärarzt leistete Erste Hilfe und ein Hubschrauber wurde angefordert, der Piva in das Krankenhaus Belluno bringen sollte. Der besorgniserregende Zustand des *Alpini*-Soldaten habe zu dem Entschluss geführt, ihn in das nur 15 km entfernte Krankenhaus Innichen einzuliefern. Der angeforderte Hubschrauber landete dann gegen 08.30 Uhr, und gleichzeitig war ein Sanitätswagen für den Fall, dass der Hubschrauber nicht landen könnte, bis zur Lawine beordert worden. Inzwischen hätte General Marchesi die Entsendung einer *„Abteilung von spezialisierten Feuerwerkern"* angeordnet. Also wurde am Sonntag um 09.30 Uhr der Befehl gegeben, dass *Carabinieri*-Hauptmann Francesco Gentile, der Kommandant der Spezialeinheit *„Reparto Speciale"* aus Leifers, *„mit seinen besten Feuerwerkern von Bozen aus sofort das Gebiet des Attentats erreichen solle."* Außer Gentile waren der Fallschirmjäger-Leutnant Mario Di Lecce, die Unteroffiziere Olivio Dordi und Marcello Fagnani, ein *Carabiniere,* ein Militärfotograph und der Militärarzt Mangiarotti von der IV. Hubschrauberabteilung dabei. Nach der Schilderung der Sprengvorrichtung tat Marchesi auch bereits das Ergebnis der Untersuchungen der *„Feuerwerker"* kund. Die Sprengkörper seien zwischen 21.00 Uhr des 25. Juni und 01.00 Uhr des 26. Juni 1967 [sic!] am Mast angebracht worden – abgesehen vom Datumsirrtum des Generals eine bemerkenswert genaue Kenntnis des Verminungsvorganges! Sodann habe der Trupp auch einige Beweisstücke gefunden. General Marchesi gab am 29. Juni seiner eigenen Angabe zufolge jedenfalls die Schilderung des Vorfalles des auf der Porzescharte anwesenden Oberst Costanzo[24] bekannt, wonach die

22 Schreiben von Staatssekretär Bobleter an Landeshauptmann Wallnöfer „streng vertraulich" vom 20. Juni 1967. Tiroler Landesarchiv, Kanzlei Landeshauptmann/Sammelakten, Position 114 (17) 1967 sowie Rolf Steininger, Südtirol zwischen Diplomatie und Terror 1947–1969, Band 3: 1962–1969, S. 543ff.

23 Information Betr.: Südtirol; hier: Sprengstoffexplosion auf der Porzescharte; Pressemitteilung „Tiroler Tageszeitung" vom 27. 6.67. BMfI/Sektion III vom 28. Juni 1967. ÖStA/AdR, „Anschlag auf der Porzescharte am 25.6.67"/Bestand Inneres/Zl. 25.633–70.

24 Costanzo war zum Zeitpunkt der Ereignisse Oberstleutnant, wird in der italienischen Darstellung sowie in den Medien jedoch stets als „Oberst" bezeichnet, was allerdings auch in der militärischen Tradition verankert ist. Anm. d. Verf.

Patrouille um 14.30 Uhr auf dem Rückweg zum Hubschrauber war, als die Explosion erfolgt sei, bei der zwei Soldaten *„rund 50 Meter"* durch die Luft geschleudert worden seien und zwei Körper leblos auf dem *„Steg"* lagen. Die Ladung sei etwa 300 m vom Mast entfernt *„wahrscheinlich in einem Mauerloch längs des Steges"* angebracht gewesen und soll aus etwa *„5 Kg hochbrisanten Sprengstoffes"* bestanden haben, der in einem *„Plastik- oder Holzbehälter"* untergebracht gewesen sein musste, da man in den Körpern der Opfer keine *„Metallsplitter"* gefunden habe.

Die Überlebenden hätten sofortige Hilfsaktionen eingeleitet, Hubschrauber angefordert, und der Militärarzt Mangiarotti leistete, nachdem er *„den augenblicklichen Tod zweier Soldaten und die schweren Verletzungen eines dritten festgestellt hatte, dem Unteroffizier Fagnani Beistand, der weniger schwer verletzt zu sein schien. Dieser wurde mit dem Hubschauber nach Innichen gebracht. Der andere Schwerverletzte konnte nicht mehr gerettet werden, er starb wenige Minuten später."* Auf der Porzescharte sei, außer an einigen wenigen Flecken, kein Schnee gelegen. Abschließend betonte Marchesi noch die Landung eines Hubschraubers auf der österreichischen Seite der Grenze am Montag.[25]

Dieser *„umfassende Bericht über das Attentat"* des General Marchesi bietet einige Ungereimtheiten was den geschilderten Ablauf und auch den erwähnten Personenkreis betrifft. In den ersten Meldungen am 26. Juni war von einem weiteren *Carabiniere*, dem Fotographen und dem Militärarzt noch keine Rede, was insofern verwundert, als gerade der „Augenzeugenbericht" dieses Arztes später von italienischer Seite als Beweis für ein „Attentat" verwendet wurde. Ursprünglich wurde allerdings von italienischer Seite bemerkt, dass man drei der Opfer der Porzescharte wegen der Minengefahr *„lange"* nicht habe bergen können[26], wohingegen der Militärarzt Carlo Enzo Mangiarotti von einer sofortigen Bergung der Verletzten und Toten berichtet haben soll. Für eine weitere Befragung schied der italienische Mediziner im Grad eines Leutnant-Arztes allerdings aus, da er am 29. September 1967 einem Hubschrauberabsturz in Bozen zum Opfer fiel.[27]

Seltsamerweise wird der mehrfach erwähnte *„Carabiniere"* im Gegensatz zu den weiteren Anwesenden nie beim Namen genannt. Gerüchteweise sollte es sich dabei aber um *Carabinieri*-Oberstleutnant Frederico Marzollo, den Kommandanten der *Carabineri* in Bozen gehandelt haben, einen in Südtirol auch aufgrund der Folterungen von inhaftierten BAS-Aktivisten bekannten Mann.

Vollends überrascht dann das genaue – an Ort und Stelle gemachte – Untersuchungsergebnis der „Experten" mit der Ladung des Hochspannungsmastes. Abgesehen davon, dass sich der General dabei um einen Tag geirrt hatte, konnte es sich bei den erwähnten Experten nur um das Team des Hauptmann Gentile gehandelt haben, da nach den Stellungnahmen von österreichischer Seite bis zum 29. Juni – dem Zeitpunkt der Pressekonferenz – keine italienischen Sachverständigen auf der Porzescharte anzutreffen waren. Die Frage, wie dennoch der sehr genaue Zeitpunkt der Ladung auf italienischer Seite bekannt war, nachdem die „Experten" entweder tot oder schwer verletzt waren, kann einigen Stoff für Vermutungen bieten.

Die Entfernungsangaben vom Explosionsort zum gesprengten Mast (300 m), die General Marchesi machte, weist nun ziemlich deutlich darauf hin, dass von italienischer Seite bis zum 29. Juni keinesfalls eine gründliche Untersuchung des Vorfalles durchgeführt worden sein kann – analog zu den Beobachtungen von österreichischer Seite.

Sehr fragwürdig scheint weiters der Hinweis auf das erwähnte Obduktionsergebnis, wonach keine Metallteile in den Körpern der Opfer gefunden worden wären. Abgesehen davon, dass diese Aussage nicht mit dem Krankenakt des schwer verletzten Unteroffiziers Fagnani[28]

25 Vgl. Umfassender Bericht über das Attentat. „Dolomiten", 30. Juni 1967. S. 16. ÖNB.

26 Vgl. Information des BMfI, Gruppe Staatspolizeilicher Dienst vom 28. Juni 1967. ÖStA/AdR, „Anschlag auf der Porzescharte am 25.6.67"/Bestand Inneres/Zl. 25.633-70.

27 Vgl. Militärhubschrauber zerschellte an Hochspannungsmast. „Dolomiten", 30. September/1. Oktober 1967. S. 3. ÖNB.

28 Vgl. Krankengeschichte des Marcello Fagnani. Beilage zu Gerichtsakt Porzescharte. 20 Vr 6502/68 Hv 41/68. Landesgericht Wien.

zusammenpasst, betrug die Zeit zwischen dem Bergen der Opfer – die gemäß früheren Aussagen längere Zeit nicht geborgen werden konnten – und deren Abtransport aus dem Krankenhaus in Innichen zur feierlichen Verabschiedung in Belluno nur wenige Stunden. Wie angesichts der teilweise völlig zerfetzten Körper in dieser kurzen Zeitspanne ein derart genaues Ergebnis vorliegen konnte, scheint recht eigenartig.

Die größte Diskrepanz ergibt sich allerdings durch die – späteren – Aussagen des Kommandanten des ersten *Alpini*-Trupps am Morgen des 25. Juni 1967: Der damalige *Capitano* Zenobio Alamari machte gegenüber dem Verfasser klare Aussagen über die Zusammensetzung dieses Trupps aus der Kaserne in Santo Stefano di Cadore. Der Trupp bestand aus *„einem Fahrzeug mit 5 bzw. 6 Mann, darunter der Funker Ferdinando Zanella aus Lozzo di Cadore, der das fahrzeuggebundene Funkgerät bediente, da das Funkgerät des Funkers Armando Piva nicht die Kaserne in Santo Stefano erreichen konnte“* und war nach einer Meldung des Stützpunktes Forcella Dignas auf die Porzescharte in Marsch gesetzt worden. Da Alamari nahe der Kaserne wohnte, wurde er zuerst alarmiert. Sie hielten ihr Fahrzeug, einen *„Campagnola“*, vor einer Schneelawine an, die am Beginn der Geländemulde den Karrenweg auf die Porzescharte verlegt hatte, und stiegen durch die Geländemulde zur Scharte auf. Kurz vor der Scharte erreichte die Gruppe den Karrenweg und ging die letzten Meter auf dem Weg. Am Ende des Weges, etwa 50 bis 100 Meter vom gesprengten Strommasten entfernt, trat der *Alpino* Armando Piva auf ein Holzkästchen, das die Sprengladung seitlich von ihm zündete.

Alamari blieb bis zum Eintreffen des Rettungshubschraubers bei Piva und fuhr dann mit seiner Gruppe zurück nach Santo Stefano, wo er gegen Mittag eintraf.[29]

Am Tag nach den Erklärungen des *Alpini*-Generals Marchesi, am 30. Juni 1967, legte die „Tiroler Tageszeitung“ zu ihrer bisherigen überaus kritischen Berichterstattung noch etwas nach und wurde unter der Schlagzeile *„Italienische Erklärungen sind falsch!“* – diesmal auf der Titelseite – äußerst direkt:

„Italienische Erklärungen sind falsch! Bautrupp der Verbundgesellschaft untersuchte Porzescharte-Gebiet und stellte fest: Die ‚TT‘ hat recht. An der Porzescharte sind keine Minen explodiert • Der Bozner General sagt nicht die Wahrheit.
ROM/WIEN/LIENZ/INNSBRUCK (TT). Die italienische Presse hat die Falschmeldungen des Stabschefs des IV. Italienischen Armeekorps zur Grundlage einer hysterischen Kampagne gegen das Nachbarland Oesterreich genommen. So sehr man auch sucht, findet man im italienischen Blätterwald kaum eine abgewogene Äußerung. Man macht die Österreicher zu einem ‚Volk von Austronazisten‘. Das südliche Temperament tobt sich aus. Die politische Leidenschaft hat den Verstand weitgehend außer Kurs gesetzt. Engstirniger Chauvinismus feiert fröhliche Urständ. Man meint, Mussolini sei wieder auferstanden.
Mittlerweile sind die Aussagen des Stabschefs des IV. Italienischen Armeekorps zur Gänze widerlegt und die Untersuchungen der ‚Tiroler Tageszeitung‘ auf der Porzescharte im vollen Ausmaß bestätigt worden.“[30]

In der Folge schilderte die „Tiroler Tageszeitung“ die Tätigkeit eines Bautrupps der *„Verbundgesellschaft“*, der am Vortag zur Porzescharte aufgestiegen war, um die Schäden an der Hochspannungsleitung zu beheben. Der Bautrupp, der durchwegs aus Fachleuten für die Verwendung von Sprengmitteln bestanden habe, habe jedenfalls das gesamte Gelände abgesucht und damit die *„Erhebungen“* der „Tiro-

29 Zeitzeugengespräch mit Generalleutnant i.R. Zenobio Alamari am 6. Oktober 2017 in Rom. Der Verfasser dieser Arbeit lernte Zenobio Alamari am 25. Juni 2017 anlässlich der jährlichen Gedenkfeier auf der Porzescharte kennen und vereinbarte dabei ein Treffen in Rom. Dabei wurde General Alamari die italienische Übersetzung der umfangreichen Arbeit des Verfassers über den Vorfall auf der Porzescharte – *„La strage del Passo di Cima Vallona“* überreicht. Dieses Gespräch mit dem Kommandanten des ersten *Alpini*-Trupps am Morgen des 25. Juni 1967 war sehr aufschlussreich, weshalb ein gemeinsames Treffen mit weiteren Soldaten dieses Trupps sowie der Schwester des *Alpino* Armando Piva – Gabriella Piva – vereinbart wurde. Bei diesem Treffen am 29. Juni 2019 – am Vortag der jährlichen Gedenkfeier auf der Porzescharte und bei der Gedenkkapelle in S. Nicolò di Comelico – wurde von den anwesenden Zeitzeugen hingegen praktisch ausschließlich die „offizielle“ italienische Version wiedergegeben. Vgl. dazu die Protokolle der beiden Zeitzeugentreffen, die sich im Besitz des Verfassers sowie der weiteren Teilnehmer und Dolmetscher befinden.

30 Italienische Erklärungen sind falsch. „Tiroler Tageszeitung“, 30. Juni 1967 Nr. 149, S. 1. ÖNB.

ler Tageszeitung" im *„vollen Umfang"* bestätigt: *„In dem ganzen Bereich der Porzescharte findet sich kein einziges Anzeichen dafür, daß hier versteckt Minen ausgelegt oder gar die Minen explodiert sein sollen, die vier bedauernswerten Soldaten das Leben kosteten."*[31]

Der österreichische Bundeskanzler Klaus wandte sich in einer Rundfunkrede am Abend des 1. Juli 1967 mit klaren Worten an die österreichische Bevölkerung – zweifellos mit der Aussicht auf eine starke Beachtung seiner Rede im südlichen Nachbarland:

„Meine lieben Mitbürger!
Zu Beginn dieser Woche erreichte uns die Nachricht, daß eine Minenexplosion, die nahe der österreichischen Grenze auf italienischem Boden erfolgte, vier Todesopfer gefordert hat. Ein objektives Untersuchungsergebnis über die Ursache der Katastrophe liegt bis heute nicht vor. Überhaupt wurden die österreichischen Sicherheitsbehörden erst viele Stunden nach dem bedauernwertem [sic!] *Ereignis vom Unglück in Kenntnis gesetzt; ein Zeitraum, der eine wirksame Verfolgung von allfälligen Terroristen kaum ermöglicht.*
Die österreichische Bundesregierung zögerte nicht, ihr Bedauern und ihr Mitgefühl für die Opfer zum Ausdruck zu bringen und auch aus diesem Anlass Terroraktionen jeder Art auf das schärfste zu verurteilen. Aber nicht nur das, die österreichische Bundesregierung hat sofort eine noch verschärftere Überwachung der Grenze und extremistischer Elemente angeordnet und der italienischen Regierung die Mitwirkung österreichischer Sachverständiger auf dem Gebiete des Sprengmittelwesens und des Erkennungsdienstes angeboten, um eine objektive Feststellung des Sachverhaltes zu ermöglichen."[32]

Für den österreichischen Bundeskanzler standen die Attentate in keinem Bezug zum italienischen EWG-Veto:

„Mit Nachdruck appelliere ich an die italienische Regierung, die jüngsten Vorfälle nicht mit Existenzfragen großer Teile der österreichischen Bevölkerung zu koppeln und Emotionen bei der Beurteilung von Wirtschaftsfragen, deren Lösung auch im gesamteuropäischen Interesse liegen, außer acht zu lassen. Es geht dabei auch um die Glaubwürdigkeit der italienischen Politik als Vorkämpferin für den Europagedanken, die stets feststellte, den Südtirolern ihre Lebensrechte zuerkennen zu wollen und für d. wirtschaftlichen Interessen Österreichs Verständnis zu haben."[33]

Die gesamte Rundfunkrede des österreichischen Bundeskanzlers dürfte für die italienische Öffentlichkeit eine ungeheure Provokation[34] gewesen sein, denn Dr. Josef Klaus sprach zum Schluss offen die Grundproblematik an, die ihrerseits von Italien seit Jahren geleugnet wurde – nicht ohne auf den Weg zur Lösung der Problematik zu verweisen:

„Ich erinnere daran, daß dem Terrorismus der Boden dadurch bereitet wurde, daß die ital. Regierung durch 20 Jahre hindurch versäumt hat, dem Südtiroler Volk die versprochene Autonomie zu gewähren. Die gegenwärtige politische Weltlage müßte uns ebenfalls sagen: es ist nunmehr höchste Zeit, daß wir in Südtirol zu der angestrebten Lösung gelangen, um nicht nur eine freundschaftliche Entwicklung der österr.-italienischen Beziehungen zu ermöglichen, die noch so viele unausgeschöpfte Möglichkeiten, vor allem auf wirtschaftlichem Gebiete, beinhalten, sondern auch einen im Herzen Europas seit langem bestehenden Unruheherd endgültig zu beseitigen."[35]

---

31 Italienische Erklärungen sind falsch. „Tiroler Tageszeitung", 30. Juni 1967. S. 1. ÖNB.

32 Rundfunkrede des Bundeskanzlers Dr. Josef Klaus vom 1. Juli 1967; auf Südtirol bezüglicher Teil (aus Anlass des Terroranschlags auf der Porzescharte). ÖStA/AdR/BMfAA/Pol Südtirol, Diverse Beilagen 1967 – 1968, Kt. 38.

33 Rundfunkrede des Bundeskanzlers Dr. Josef Klaus vom 1. Juli 1967; auf Südtirol bezüglicher Teil (aus Anlass des Terroranschlags auf der Porzescharte). ÖStA/AdR/BMfAA/Pol Südtirol, Diverse Beilagen 1967 – 1968, Kt. 38.

34 Tatsächlich bemerkte der politische Direktor des italienischen Außenministeriums, Roberto Gaja, gegenüber dem österreichischen Botschafter in Rom, Max Löwenthal, am 18. Juli 1967, dass der österreichische Bundeskanzler und auch der Außenminister in ihren Beileidstelegrammen und *„sonstigen Äußerungen"* nach dem Vorfall auf der Porzescharte darauf *„angespielt"* hätten, dass es sich dabei um einen Unfall gehandelt haben könnte. Dies sei in Italien *„ernstlich übel genommen"* worden. Vgl. „streng geheim"-Schreiben Staatssekretär Bobleter an Landeshauptmann Wallnöfer vom 19. Juli 1967. Tiroler Landesarchiv, Kanzlei Landeshauptmann/Sammelakten, Position 114 (17) 1967.

35 Rundfunkrede des Bundeskanzlers Dr. Josef Klaus vom 1. Juli 1967; auf Südtirol bezüglicher Teil (aus Anlass des Terroranschlags auf der Porzescharte). ÖStA/AdR/BMfAA/Pol Südtirol, Diverse Beilagen 1967 – 1968, Kt. 38.

Ebenfalls am Samstag, dem 1. Juli 1967, thematisierte die „Tiroler Tageszeitung" abermals die Ungereimtheiten bezüglich des Vorfalls vom 25. Juni samt einer Kartenskizze über das Grenzgebiet um die Porzescharte. Am Vortag war eine Gendarmeriepatrouille unter Leitung des Bezirksgendarmeriekommandanten von Lienz, Kontrollinspektor Scherer, zur Porzescharte aufgestiegen und stellte abermals keinerlei italienische Aktivitäten in deren Umgebung fest. Jedenfalls beobachteten die Beamten eine größere Anzahl Murmeltiere, die sich *„völlig ungestört fühlten"*. Der gesprengte Hochspannungsmast war in demselben Zustand wie bei der Visite durch den Bautrupp der Verbundgesellschaft, und im gesamten Areal der Porzescharte befand sich kein italienischer Soldat.[36]

Mag sein, dass der Druck durch die Berichterstattung der Presse und hier vor allem der „Tiroler Tageszeitung", aber auch der internationalen Öffentlichkeit auf die italienischen Verantwortlichen zu groß wurde, zumal sich auch bedeutende Zeitungen wie die „Frankfurter Allgemeine" (FAZ) und die „Neue Zürcher Zeitung" (NZZ) der Vorgänge annahmen. Jedenfalls willigte am 30. Juni die italienische Seite in eine gemeinsame Untersuchung durch Sachverständige ein, die dann am 3. Juli auf der Porzescharte durchgeführt wurde. Ursprünglich verweigerte die italienische Regierung eine entsprechende Kommission mit folgender Begründung, die noch am 29. Juni von „offizieller Seite" gegenüber der DPA (Deutsche Presseagentur) abgegeben wurde:

„Die italienische Regierung hat des öfteren darauf hingewiesen, daß der Kampf gegen die Terroristen, die ihre Stützpunkte auf österreichischem Gebiet haben und dort Unterschlupf finden, ein Problem ist, bei dessen Lösung die Mitwirkung der österreichischen Regierung wesentlich ist. Bisher sind alle entsprechenden italienischen Forderungen, die in den verschiedenen Noten der italienischen an die Wiener Regierung formuliert wurden, unbeantwortet geblieben. Es handelt sich also nicht darum, unter Beteiligung internationaler Vertreter gemischte Untersuchungskommissionen zu bilden oder solche, die sich zur Aufklärung an die Orte der verbrecherischen Handlungen in Südtirol begeben. Notwendig ist vielmehr, daß die österreichischen Sicherheitsbehörden gegenüber den Terroristen, die sich auf österreichischem Gebiet befinden, die nötigen Maßnahmen ergreifen und vorbehaltlos mit den italienischen Ordnungsbehörden zusammenarbeiten. Um dieses Ziel zu erreichen, bedarf es keiner neuen österreichischen Angebote oder zweiseitiger Verhandlungen."[37]

Auch wenn der „Notenkrieg" zwischen Italien und Österreich weitergeführt wurde, war am 30. Juni die Situation dann plötzlich gänzlich anders, und auf informellem Weg erfolgte die italienische Einwilligung in eine gemeinsame Begehung und Untersuchung der Porzescharte.

Auch die mehrmals von der „Tiroler Tageszeitung" beschriebene und aktenmäßig belegbare Situation, dass bis Freitag, den 30. Juni keine italienischen Soldaten auf der Porzescharte zu sehen waren, änderte sich gründlich: Zumindest ab Samstag, dem 1. Juli, befand sich unzweifelhaft ein Stützpunkt italienischer Sicherheitskräfte in der Nähe der Porzescharte, von dem aus am Vormittag des 2. Juli eine österreichische Gendarmeriepatrouille beschossen wurde. Gemäß der Beschreibung des Vorfalls in der „Tiroler Tageszeitung" befand sich die Patrouille, die aus einem Gendarmen und einem Zollwachebeamten bestand, zum Zeitpunkt des Beschusses auf dem „normalen Touristensteig" in Richtung Roßkarspitze und suchte wegen eines Gewitters Deckung.[38]

Der Vorfall vom 2. Juli 1967 bot für die italienische Regierung dann auch die „Notwendigkeit", am 8. Juli im Wege der italienischen Botschaft in Wien abermals ein „Memorandum" einzubringen: Demnach hätten sich zwei Personen auf italienisches Staatsgebiet begeben und wären nach einigen Warnschüssen italienischer Soldaten in einem kleinen Schuppen in Deckung gegangen sowie nach einigen Minuten zurück auf österreichisches Staatsgebiet gekehrt. Die italienischen Soldaten hätten nicht erkennen können, dass es sich um zwei österreichische Beamte in Uniform handelte oder um

36 Landesregierung für internationale Untersuchung. „Tiroler Tageszeitung", 1. Juli 1967. S. 2. ÖNB.

37 Italienische Erklärungen sind falsch. „Tiroler Tageszeitung", 30. Juni 1967. S. 1. ÖNB.

38 Vgl. Minister Hetzenauer inspiziert die Staatsgrenze. „Tiroler Tageszeitung" Montag 3. Juli 1967 Nr. 151, S. 2. ÖNB.

Touristen, da einer der beiden einen Pullover getragen habe. Im italienischen Memorandum wird der Verdacht geäußert, dass die *„nicht bewilligte Anwesenheit von Fremdpersonen am Tatort* [...] *sich auch auf die Veränderung von für die Untersuchung wesentlichen Tatbeständen richten* [könnte].*"*

Außerdem versuche Österreich offenbar, durch die Veröffentlichung des Textes eines „Aide Memoire" bezüglich des Vorfalls über die Medienagentur APA, die *„ganz normale Haltung der italienischen Grenzbehörden"* mit dem offenkundigen Fehlverhalten und den *„zahlreichen Anschlägen seitens der Terroristen, deren Ziel die italienischen Soldaten gewesen sind"* auf die *„gleiche Ebene"* zu heben. Darum verlange die italienische Regierung von Österreich – neben der Einbringung des *„schärfsten Protestes"* wegen der Grenzüberschreitung und der formellen Versicherung von Österreich, dass sich solche Vorfälle nicht wiederholen dürften – die Verantwortlichen, *„im Falle es sich tatsächlich um Angehörige des Militärs handelt"*, zu bestrafen.[39]

Am 1. oder 2. Juli wurde nach italienischen Angaben von Soldaten des IV. Armeekorps in der Nähe jener Mine, durch die Franceso Gentile und die zwei Fallschirmjäger getötet worden seien, ein weiterer im Erdreich versteckter Sprengkörper entdeckt. Der Sprengkörper wurde allerdings an seinem Platz gelassen, und man werde ihm *„am Montag"* – also bei der inzwischen vereinbarten Begehung mit den österreichischen Sachverständigen – *„zu Leibe rücken"*.[40]

Über die letztendliche italienische Einwilligung zu einer gemeinsamen Kommission auf der Porzescharte am 3. Juli 1967 berichtete die „Tiroler Tageszeitung" am 4. Juli und bewertete dies als *„bedeutenden Erfolg der österreichischen Bundesregierung"*, wobei vor allem die Rundfunkrede von Bundeskanzler Klaus am vergangenen Wochenende mit ihrem großen Aufsehen in Italien als wegbereitend dargestellt wurde, da sie *„in ganz Italien und besonders in Rom starken Eindruck"* hinterlassen habe.

Am 30. Juni, am selben Tag, an dem die Italiener dann einer gemeinsamen Untersuchungskommission „auf lokaler Ebene" zustimmten, wurden der Sicherheitsdirektion für Tirol auch die ersten Fahndungserfolge der Lienzer Gendarmen in der Angelegenheit Porzescharte gemeldet. Von einem Hirten war um die „Tatzeit" im Osttiroler Grenzgebiet ein Personenfahrzeug beobachtet worden, in dem sich vier männliche Insassen befunden haben sollen. Der Pkw fiel dem Hirten vor allem deshalb auf, weil das Fahrzeug eine Panne hatte und die Insassen den Wagen streckenweise schieben mussten.[41]

Österreichisch-italienische Begehung der Porzescharte

Von der dann mit einer beträchtlichen Zeitverzögerung von einer Woche erfolgten gemeinsamen österreichisch-italienischen Begehung des Tatortes auf der Porzescharte am 3. Juli 1967 existieren mehrere Gutachten in den Akten des Entschärfungsdienstes des österreichischen Innenministeriums. Das wesentlichste Gutachten erstellte Polizei-Oberstleutnant Alois Massak unmittelbar nach seiner Rückkehr nach Wien am 5. Juli 1967.[42]

Darin beschreibt Massak den Aufstieg zur Porzescharte und die Entnahme von zwei Blutproben an der Explosionsstelle am Karrenweg

39 Vgl. Memorandum der italienischen Botschaft Wien vom 8. Juli 1967. ÖStA/AdR/BMfAA/Pol Südtirol, Diverse Beilagen 1967, Kt. 43. Bis zu diesem Zeitpunkt waren gelegentliche Gernzüberschreitungen der Sicherheitsbehörden der beiden Staaten grundsätzlich kein Problem und zwischen den österreichischen Zollwachbeamten und den Soldaten *der Guardia di Finanza* herrschte ein gutes Übereinkommen mit zahlreichen Kontakten. In Obertilliach erinnern sich viele Bewohner daran, dass die *Alpini*-Soldaten des Stützpunktes Forcella Dignas am Sonntag häufig zu Fuß nach Obertilliach gingen, um die katholische Messe sowie auch die örtlichen Gasthäuser aufzusuchen. Gespräch mit Peter Auer am 29. Juni 2011 auf der Porzehütte im Tilliachertal. Peter Auer ist der Hüttenwirt auf der Porzehütte und stammt aus Obertilliach. Dies scheint auch deshalb durchaus einsichtig, da der Weg von der Forcella Dignas nach Obertilliach um einiges kürzer als jener in die nächstgelegene italienische Ortschaft ist. Anm. d. Verf.

40 Vgl. Ein Grenzzwischenfall auf der Porzescharte. „Dolomiten", 3. Juli 1967. S. 1. ÖNB.

41 Vgl. Fahndungsmaßnahmen im Bereiche der BH Lienz. Anhang zum Aktenstück Betr. Südtirol; hier: Sprengstoffexplosion auf der Porzescharte. BMfI/Sektion III vom 30. Juni 1967. ÖStA/AdR, „Anschlag auf der Porzescharte am 25.6.67"/Bestand Inneres/Zl. 25.633-70.

42 Alle Protokolle bzw. Gutachten sind in der Studiensammlung des Entschärfungsdienstes in der Rossauer Polizeikaserne in Wien vorhanden. Sprengstoffanschlag „PORZESCHARTE". BMI/Ehemaliges Dokumentationszentrum. Ordner 32 und sind als Faksimile-Abdruck in der Publikation des Verfassers „Zwischen Porze und Roßkarspitz ...". Der „Vorfall" vom 25. Juni 1967 in den österreichischen sicherheitsdienstlichen Akten. Wien 2013 enthalten.

Von der Porzescharte führende Hochspannungs-
leitung

Quelle: BMI/Ehemaliges Dokumentationszentrum. Ordner 32.

←
Abb. 4
Begehung des Tatortes
am 3. Juli 1967.

Bildtext entspricht dem Original

→
Abb. 5

Bild 2

a) und b) = Durch Soldaten markierte Liegeorte der beiden Leichen

c) = Raupenfahrzeug am Karrenweg, 10 m vor dem Detonationsort

d) = Gesprengter Winkelabspannmast mit der Nr.119 der Hochspannungsleitung Lienz - Soverzene

Bemerkung

Die Böschung des Karrenweges gut sichtbar

Quelle: BMI/Ehemaliges Dokumentationszentrum. Ordner 32.

Der Amtssachverständige, PolObstl.Ing.Massak, beim Freilegen der von der angeblichen Mine am Karrenweg wegführenden Zwillingsleitung

→ Abb. 6

Quelle: BMI/Ehemaliges Dokumentationszentrum. Ordner 32.

Quelle: BMI/Ehemaliges Dokumentationszentrum. Ordner 32.

← Abb. 7

Raupenfahrzeug mit Minenrechen am Karrenweg stehend

→
Abb. 8
Auffindung der angeblichen Zündvorrichtung.

Der Amtssachverständige, PolObstl.Ing. Massak, beim Freilegen der angeblichen Mine am Karrenweg

Quelle: BMI/Ehemaliges Dokumentationszentrum. Ordner 32.

Freigelegter Deckel des Holzkästchens mit darüber gelegtem Maßband

←
Abb. 9

Quelle: BMI/Ehemaliges Dokumentationszentrum. Ordner 32.

Freigelegtes Holzkästchen mit davon wegführenden 2 Drähten

← Abb. 10

Quelle: BMI/Ehemaliges Dokumentationszentrum. Ordner 32.

Vorderansicht des geborgenen Holzkästchens, an dem die Kontakteinrichtung gut sichtbar ist

→ Abb. 11

Quelle: BMI/Ehemaliges Dokumentationszentrum. Ordner 32.

zur Scharte. Der Oberstleutnant wurde sodann *„von einem Mitglied der ital. Untersuchungskommission“* auf ein *„glänzendes Metallstück“* hingewiesen, das *„einen Teil einer zweiten, verdeckt verlegten Mine darstellen sollte.“* Dieses Metallstück befand sich etwa 30 cm vom Kraterrand entfernt in Richtung Porzescharte. In unmittelbarer Nähe dieses Metallstückes ragten zwei braun isolierte Drähte aus dem Erdreich. Aufgrund der naheliegenden Annahme, dass es sich bei dem Metallstück tatsächlich um eine zweite Mine handeln könnte, forderte Massak die weiteren Personen der italienisch-österreichischen Untersuchungskommission auf, sich in Deckung hinter ein ungefähr zehn Meter entfernt stehendes *„Räumfahrzeug“* zu begeben.

Alois Massak suchte anschließend das Gelände um das Metallstück mit seinem mitgebrachten Metallsuchgerät, einer sogenannten „Förstersonde“, genauestens ab, offenbar ohne Unterstützung durch die anwesenden Italiener. Nachdem sich alle Personen der gemischten Untersuchungskommission außerhalb des *„Gefährdungsbereiches“* befanden, machte sich der Polizei-Oberstleutnant an das Ausgraben der vermeintlichen zweiten Mine. Bald stellte er fest, dass das Metallstück ein „Scharnierband“ zur Befestigung des Deckels eines Holzkästchens war, das Massak freilegte. Dabei kam eine mit roter Farbe in Blockschrift verfasste Aufschrift auf dem Deckel eines Holzkästchens zutage, die ein „Bekennerschreiben“ darstellen sollte:

„IHR SOLLT SIE NIEMALS HABEN
DES BRENNERS–SCHEIDEWAND
ERST MUßT IHR EUCH NOCH GRABEN
DAS GRAB IN UNSER´M LAND   BAS“[43]

Der Polizei-Sprengstoffsachverständige beschrieb in seinen Protokollen genauestens die Funktion des Kästchens, die eine sehr *„einfach“* konstruierte Zündvorrichtung darstellte, zu der auch noch in Überresten vorhandene Taschenlampenbatterien gehörten. Bestärkt auch durch die Ansicht des italienischen Sachverständigen, *„Dr. Ing. Cerry“*[44], befand Massak in seinem Gutachten vom 4. Februar 1968, dass es sich bei der Explosionsstelle um jene gehandelt haben musste, bei der *Carabinieri*-Hauptmann Francesco Gentile und die beiden Fallschirmjäger Mario Di Lecce und Olivio Dordi den Tod fanden und Marcello Fagnani schwer verletzt wurde.[45]

Allerdings schien Oberstleutnant Massak von der Version, dass Hauptmann Gentile und Leutnant Di Lecce im Gegensatz zu den beiden Unteroffizieren Dordi und Fagnani ungefähr 40 bis 50 m von der Explosionsstelle weggeschleudert wurden, nicht überzeugt gewesen zu sein, da er sie mit den Worten protokollierte, dies sei *„den Angaben der ital. U.-Kommission nach“* so passiert.

In keinem seiner Berichte und Gutachten ging Massak aber auf eine auffallende Diskrepanz ein: Die zwei Zünddrähte des Kästchens gingen vom Explosionskrater weg in Richtung Porzescharte, sodass vorerst von einer daran angeschlossenen weiteren Mine ausgegangen wurde. Womit wäre dann aber die tödliche Ladung des Explosionskraters gezündet worden, da die Zünddrähte ja in die entgegengesetzte Richtung verliefen und im Erdreich endeten? Gemäß einer – weiter hinten angeführten – italienischen Meldung wäre die Zündvorrichtung *„über zwei dünne Drähte mit der Mine verbunden“* gewesen. Nun könnte hier angeführt werden, der Druck der Explosion habe die Zünddrähte in die entgegengesetzte Richtung geschleudert. Auf den Fotos vom „Tatort“ ist hingegen klar erkennbar, dass die Drähte auch auf der dem Explosionskrater entgegenliegenden Seite aus dem Holzkästchen führen, somit entspricht diese Meldung kaum der Realität!

Nach der „Entschärfung“ des Auslösekästchens wurde Oberstleutnant Massak von der italienischen Untersuchungskommission mitgeteilt, dass jenes Stück des Karrenweges, der zwischen der als erstes untersuchten Explosionsstel-

43 Gutachten Pol. Obstlt. Ing. Massak, Amtssachverständiger. Republik Österreich, Bundesministerium für Inneres. Generaldirektion für die öffentliche Sicherheit vom 4. Februar 1968. Sprengstoffanschlag „PORZESCHARTE“. BMI/Ehemaliges Dokumentationszentrum. Ordner 32.

44 Der Name des Sachverständigen war tatsächlich Teodoro Cerri, wurde von Polizei-Oberstleutnant Massak aber als „Cerry“ wiedergegeben. Anm. d. Verf.

45 Vgl. Gutachten Pol. Obstlt. Ing. Massak, Amtssachverständiger. Republik Österreich, Bundesministerium für Inneres. Generaldirektion für die öffentliche Sicherheit vom 4. Februar 1968. Sprengstoffanschlag „PORZESCHARTE“. BMI/Ehemaliges Dokumentationszentrum. Ordner 32.

le und jenem Ort, an dem der Alpino Armando Piva *„seine tödlichen Verletzungen erlitt"* lag, bisher noch nicht *„betreten"* worden wäre – entgegen absolut anderslautender bisheriger Medien- und offizieller italienischer Berichte. Daher möge der österreichische Sprengstoffsachverständige dieses verbleibende Stück des Karrenweges mit seinem *„Spezialsuchgerät"* nach eventuell noch verdeckt gelegten Minen absuchen.[46]

Es stellt sich hier natürlich die Frage, wozu dann der von Massak als *„Räumgerät"* bezeichnete *„Minenrechen"* auf den Karrenweg unterhalb der Porzescharte transportiert worden war, wenn nun doch wieder eine dabei stark gefährdete Person – in diesem Fall der österreichische Sprengstoffsachverständige und Polizei-Oberstleutnant Ing. Massak – die 107 m zur Explosionsstelle knapp hinter der Staatsgrenze „händisch" absuchen musste.

Massak erledigte diese Aufgabe und fand dabei – 16 m von jenem „ersten" Minenkrater und zwei Meter abseits des Karrenweges auf der Böschung – eine leere Zigarettenpackung der Marke *„Mercedes"* sowie fünf Meter unterhalb des Karrenweges ein Stück Uniformstoff, das offenbar *„gewaltsam"* aus dem Stoffverband herausgerissen worden war. Durch Oberstleutnant Massak konnte dieses Stück Uniformstoff *„asserviert"* und seinem Gutachten beigelegt werden – im Gegensatz zum Fundstück *„Zigarettenpackung"*, das ein besonderes Interesse der italienischen Delegation weckte:

„Die Zigarettenpackung mußte der italienischen U-Kommission auf deren Verlangen übergeben werden."[47]

Eine gerichtsmedizinische Behandlung dieses Beweisstückes in Italien ist – noch – nicht aktenkundig. Dem Verfasser dieser Arbeit ist allerdings bekannt, dass Zigarettenpackungen häufig eine hohe Aussagekraft hinsichtlich Fingerabdrücken haben können. Offenbar wollten – oder konnten – die italienischen Behörden derartige Untersuchungen nicht den österreichischen Kollegen überlassen! Sicher ist lediglich, dass diese Sorte Zigaretten in Österreich nicht erhältlich war und demzufolge kaum Hinweise auf den von Italien stets betonten Täterkreis aus Österreich zu erhalten gewesen wären. Umso interessanter scheint daher das Interesse der italienischen Sicherheitsbehörden an diesem Fundstück.

Vom Institut für gerichtliche Medizin der Universität Wien wurde hingegen an dem von Massak gefundenen Stoffstück *„eine zwar schwache aber eindeutige Reaktion auf Nitrit bzw. Nitrat mit Diphenylaminschwefelsäure und mit Lunges-Reagenz"* festgestellt, womit dieses einer Sprengstoffexplosion unterlag.[48] Weitere 19 m vom Wegrand entfernt konnte ein *„Schulterstück eines Tarnanzuges"* durch Kriminalmajor Jank, den Begleiter von Polizei-Oberstleutnant Massak, sichergestellt werden.

Nun war allerdings – zumindest den „Dolomiten" zufolge – in den ersten Stunden nach dem *„scheußlichen Attentat"* am 25. Juni *„jeder Zentimeter"* des Geländes genauestens durch italienische Sicherheitskräfte abgesucht worden, denen eigentlich derartige Beweisstücke kaum hätten entgehen sollen[49] – was allerdings die oben angeführten Aussagen von österreichischen Augenzeugen und der „Tiroler Tageszeitung" bekräftigt.

Der sodann untersuchte Explosionskrater, bei dem der *Alpino* Armando Piva seine letztlich tödlichen Verletzungen erfahren haben sollte, war wesentlich kleiner als der Explosionskrater weiter unten am Karrenweg, woraus Massak schloss, das dort eine geringere Menge Sprengstoff verwendet worden war. Der Polizei-Oberstleutnant suchte auch dort die unmittelbare Umgebung des Explosionsortes ab, mit geringem Erfolg:

„Trotz genauer makroskopische Absuche und Absuche mittels des Spezialsuchgerätes des Kraters sowie

46 Vgl. Gutachten Pol. Obstlt. Ing. Massak, Amtssachverständiger. Republik Österreich, Bundesministerium für Inneres. Generaldirektion für die öffentliche Sicherheit vom 4. Februar 1968. Sprengstoffanschlag „PORZESCHARTE". BMI/Ehemaliges Dokumentationszentrum. Ordner 32.

47 Bericht über eine gemeinsame Untersuchung an der italienisch-österreichischen Grenze (Porzescharte). 5. Juli 1967. Sprengstoffanschlag „PORZESCHARTE". BMI/Ehemaliges Dokumentationszentrum. Ordner 32.

48 Vgl. Institut für gerichtliche Medizin der Universität Wien. Tgb.-Nr.: 4400/67 Ch 639/67/Ii, Gerichtlicher Sachverständiger Doz. Dr. G. Machata vom 5. Juli 1967. ÖStA/AdR, „Anschlag auf der Porzescharte am 25.6.67"/ Bestand Inneres/Zl. 25.633-70.

49 Vgl. Scheußlicher Hinterhalt: vier Tote, ein Verletzter. „Dolomiten", 26. Juni 1967. S. 1f. ÖNB.

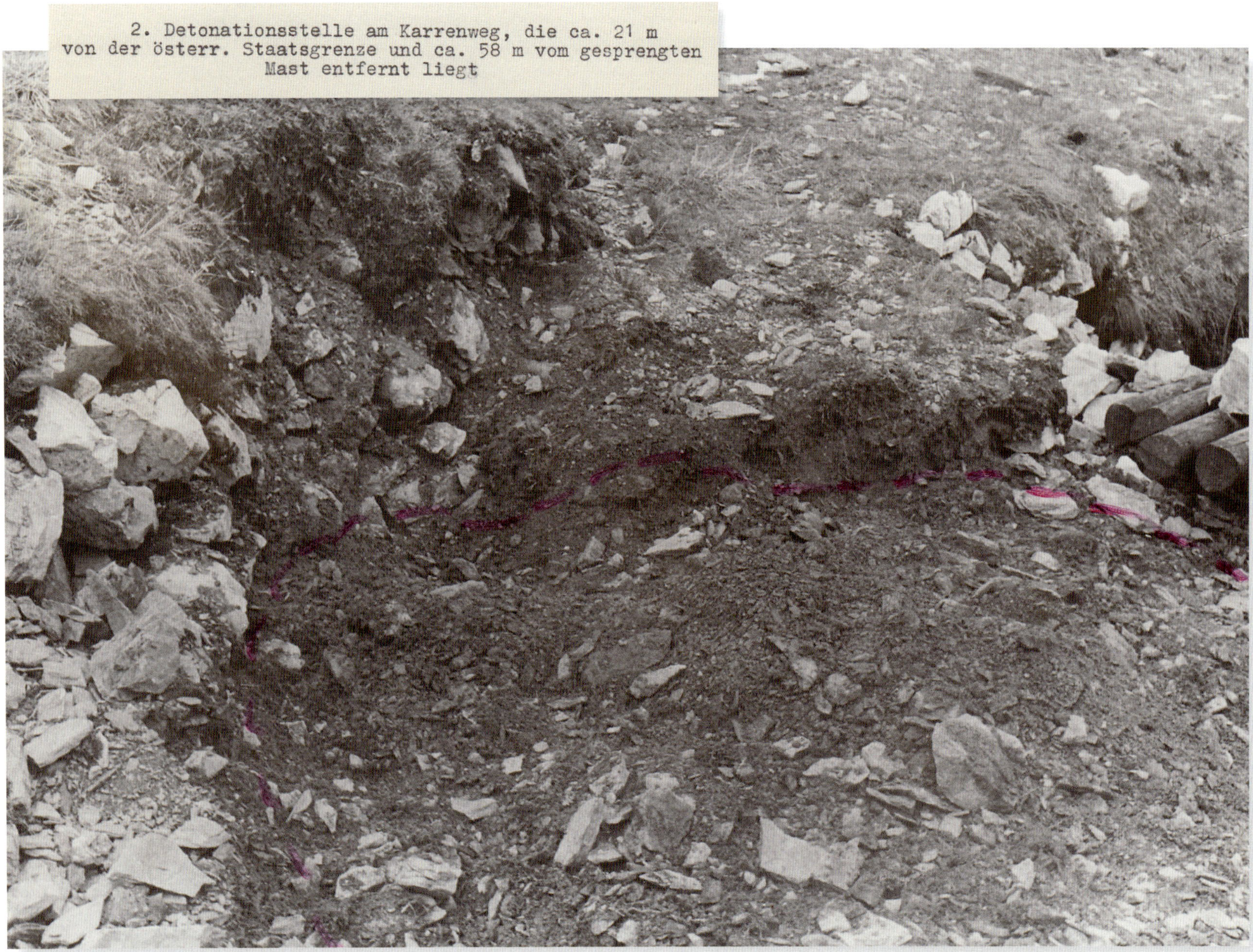

Quelle: BMI/Ehemaliges Dokumentationszentrum. Ordner 32.

↑
Abb. 12 Explosionsort
des Opfers Armando Piva.

der diesem benachbarten Umgebung, konnten keine Teile oder Teilchen aufgefunden werden, die auf die Art der verwendeten Mine oder eines Sprengkörpers Schlüsse zuließen. Lediglich ein kleinerer Blutfleck wurde festgestellt.“ [50]

Vom Blutfleck wurde jedenfalls eine Bodenprobe gezogen.

Nachdem der österreichische Sprengstoffsachverständige – auf italienischem Staatsgebiet – das Gelände mit seiner *„Förstersonde“* abgesucht hatte, machten sich die italienischen Behörden daran, dieses abgesuchte Gelände mit dem *„Minenrechen“*, der hinter dem erwähnten Kettenfahrzeug angebracht war, ihrerseits abzusuchen, gleichfalls ohne Erfolg, wie Ing. Massak festhielt.[51] Die Antwort darauf, warum dies erst jetzt geschah und damit offenbar das Leben des österreichischen Sprengstoffsachverständigen – unnötig oder vielleicht sogar bewusst – aufs Spiel gesetzt worden war, blieb auch Oberstleutnant Massak schuldig.[52]

Schlussendlich räumte der österreichische Sprengstoffsachverständige – trotz der Anwesenheit des wenige Wochen nach der Begehung am 3. Juli 1967 als Sprengstoffexperten dargestellten *Carabinieri*-Oberstleutnant Frederico Marzollo sowie des italienischen Sachverständigen Dr. Cerri – mit Unterstützung des Kriminalbeamten Jank – neben den 107 m bis zur weiteren Explosionsstelle auch den Weg bis zum gesprengten Mast. Nachdem der Zugangsweg zum Mast auf der italienischen Seite der Porzescharte nun also – nach mehr als einer Woche – gefahrlos zu begehen war, wandte sich Ing. Massak dem gesprengten Mast selbst zu und untersuchte die Stellen, an denen die Sprengstoffpakete, die zum Umfallen das Mastes führten, angebracht waren.[53]

Am 28. Juli 1967 wurden von der italienischen Delegation bei der *„5. Züricher Besprechung auf hoher Ebene“* zwischen höchsten österreichischen und italienischen Sicherheitsbeamten weitere Beweisstücke *„mit dem Hinweis übergeben, daß diese vom Sprengstoffanschlag auf den Winkelabspannmast Nr. 119 der Hochspannungsleitung Lienz – Soverzene auf der Porzescharte stammen“*. Es handelte sich dabei um einen *„Zeitschalter“*, der aus einer Taschenuhr *„Marke Kienzle“* und zwei Taschenlampenbatterien mit angelöteten Drähten bestand, einer *„Weckeruhr Marke Peter“*, weiteren Taschenlampenbatterien, Leitungsdrähten, einem *„Zündverteilungssystem“*, einer Rolle *„Tesaband, grünfärbig“* sowie *„mehreren Lichtbildaufnahmen von den toten Offizieren und Soldaten“*.

Die Weckeruhr der Uhrenfabrik Peter aus Wien wurde in dieser Form in Österreich laut Alois Massak allerdings nicht vertrieben, sehr wohl aber in Deutschland, der Schweiz und in Italien. Das *„Stromverteilungssystem“* erregte die besondere Aufmerksamkeit Massaks, da *„diese Art eines Stromverteilungssystems* [...] *den Schluß zu*[läßt], *daß der Hersteller sehr gute elektrotechnische Kenntnisse besitzt.“* Anhand den Fotos von den *„toten Offizieren und Soldaten“* wäre zu ersehen, *„daß diesen durch die Einwirkung der detonierten Sprengladung buchstäblich die Uniform vom Leib gerissen wurde. Hiedurch wird bewiesen, daß die Detonation der Sprengladung am erstbezeichneten Minenkrater ganz in der Nähe der Soldaten erfolgt ist“*.[54]

Polizei-Oberstleutnant Ing. Massak kam *„auf Grund des am 3. 7. 1967 im Bereich der Porzescha*[rte] *durchgeführten Lokalaugenscheins sowie der Untersuchung, die an den mir übergebenen und vom Sprengstoffanschlag auf der Porzescharte stammenden Gegenstände durchgeführt wurde“* zu einem klaren Ergebnis: Jene Mine, durch

50 Gutachten Pol. Obstlt. Ing. Massak, Amtssachverständiger. Republik Österreich, Bundesministerium für Inneres. Generaldirektion für die öffentliche Sicherheit vom 4. Februar 1968. Sprengstoffanschlag „PORZESCHARTE“. BMI/Ehemaliges Dokumentationszentrum. Ordner 32.

51 Vgl. Gutachten Pol. Obstlt. Ing. Massak, Amtssachverständiger. Republik Österreich, Bundesministerium für Inneres. Generaldirektion für die öffentliche Sicherheit vom 4. Februar 1968. Sprengstoffanschlag „PORZESCHARTE“. BMI/Ehemaliges Dokumentationszentrum. Ordner 32.

52 Wenige Wochen später, am 10. August 1967, wird Oberstleutnant Massak von *Carabinieri*-Oberstleutnant Marzollo auf der Landshuter Hütte offenbar sehr gezielt zu einer Sprengfalle hingeführt, die um ein Haar sein Leben gekostet hätte. Anm. d. Verf.

53 Vgl. Gutachten Pol. Obstlt. Ing. Massak, Amtssachverständiger. Republik Österreich, Bundesministerium für Inneres. Generaldirektion für die öffentliche Sicherheit vom 4. Februar 1968. Sprengstoffanschlag „PORZESCHARTE“. BMI/Ehemaliges Dokumentationszentrum. Ordner 32.

54 Gutachten Pol. Obstlt. Ing. Massak, Amtssachverständiger. Republik Österreich, Bundesministerium für Inneres. Generaldirektion für die öffentliche Sicherheit vom 4. Februar 1968. Sprengstoffanschlag „PORZESCHARTE“. BMI/Ehemaliges Dokumentationszentrum. Ordner 32.

Quelle: BMI/Ehemaliges Dokumentationszentrum. Ordner 32.

←
Abb. 13
Der gesprengte Mast Nr. 119.

Quelle: BMI/Ehemaliges Dokumentationszentrum. Ordner 32.

→
Abb. 14
Rechts unten der Explosionsort am Ende des Karrenweges

→
Abb. 15
Beweisstücke:
Zündmaschinen aus
Taschenuhren.
Die abgebildeten Zündmaschinen wurden laut italienischen Angaben von Hauptmann Gentile unter dem gesprengten Strommast
Nr. 119 gefunden

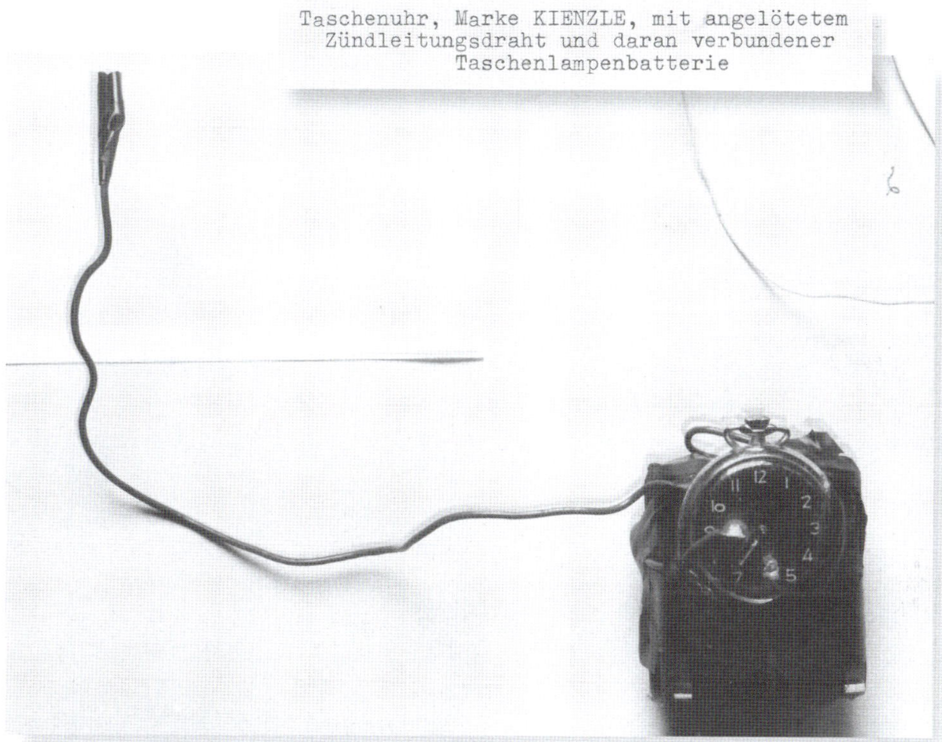

Quelle: BMI/Ehemaliges Dokumentationszentrum. Ordner 32.

Quelle: BMI/Ehemaliges Dokumentationszentrum. Ordner 32.

←
Abb. 16

die *Carabinieri*-Hauptmann Francesco Gentile, die Fallschirmjäger Leutnant Mario Di Lecce und Unteroffizier Olivo Dordi tödlich, sowie der Unteroffizier Marcello Fagnani schwer verletzt wurden, war *„mit an Sicherheit grenzender Wahrscheinlichkeit"* durch einen elektrischen Zünder, der durch einen von der Porzescharte auf dem Karrenweg abwärts gehenden Soldaten ausgelöst worden war, gezündet worden. Die Mine und die Zündvorrichtung müssten *„verdeckt verlegt"* gewesen sein, da sie sonst von den Soldaten der Untersuchungskommission gesehen worden wären. Da die Täter die Mine aus *„Zeitmangel und Angst entdeckt zu werden"* nicht besonders tief verlegt hätten, beurteilte Massak zwei bis drei Kilo Sprengstoff als verwendete Sprengmasse. Da am Explosionsort keinerlei Kunststoff- oder Metallteile aufzufinden waren, kam er zu dem Schluss, dass es sich nicht um Sprengstoff mit *„militärischem Charakter"* gehandelt habe, wofür auch die *„Verletzungssymptome"* sprechen würden, die an den toten Soldaten zu beobachten gewesen seien. Von der bei der zweiten Explosionsstelle verwendeten Mine – an der Armando Piva sein Leben verloren haben musste – konnte der österreichische Sachverständige keinerlei Überreste auffinden. Aufgrund des Explosionskraters ging er von ungefähr einem Kilo Sprengstoff vom *„Typ Trinitrotoluol"* (TNT) aus. Die von den an den Minentrichtern vorhandenen Blutflecken entnommenen Bodenproben stellten sich bei den Untersuchungen im Gerichtsmedizinischen Institut der Universität Wien als menschliches Blut heraus.[55]

An eine Bestimmung der Blutgruppe und damit eine eindeutige Zuordenbarkeit zu den Opfern scheint im Zuge der Untersuchungen niemand gedacht zu haben! Merkwürdigerweise wurden offenbar auch keine Blutproben an den Fundstellen der beiden Offiziere Gentile und Di Lecce ca. 40 und 50 m unterhalb des Karrenweges gemacht.

Grundsätzlich stellt sich nun die Frage, warum die erwähnten Beweisstücke dem Polizeisachverständigen nicht gleich direkt auf der Porzescharte bei der gemeinsamen Begehung am 3. Juli übergeben wurden. Weiters stellt sich die Frage, wann diese Beweisstücke geborgen wurden. Am 3. Juli war der Karrenweg auf die Porzescharte und weiter zum gesprengten Mast auf über 100 m augenscheinlich noch nicht begehbar, da ihn Massak – auf Ersuchen der italienischen Delegation – entschärfen musste. Bei der anschließenden Besichtigung des Mastes Nr. 119 waren sie offenbar nicht mehr vor Ort, da sie dem österreichischen Sachverständigen zweifellos nicht entgangen wären.

Ein weiteres Rätsel gibt das „Bekennerschreiben" auf dem Deckel der Zündvorrichtung auf. Grundsätzlich ist bei keinem einzigen Sprengstoffattentat durch BAS-Aktivisten das Zurücklassen eines „Bekennerschreibens" bekannt. Der Spruch auf dem Holzkästchen stammte von einem wesentlichen italienischen Beweisstück, das Jahre zuvor aufgefunden worden sein sollte: Im Dezember 1963 wurden vier Verstecke der „Pusterer Buam" gefunden. In einem dieser Verstecke befand sich ein Tisch, auf dem der Spruch eingeritzt war. Der Tisch wurde als Beweisstück beschlagnahmt und somit war das „Bekennerschreiben" seit 1963 den italienischen Sicherheitskräften bekannt.[56]

Warum diese in allen Medien umfassend beschriebene Zündvorrichtung samt deren „BAS-Bekenner-Aufschrift" erst durch die gemeinsame Kommission gefunden wurde, wo doch laut der früheren Berichterstattung in den italienischen Medien „jeder Zentimeter" des Geländes genau untersucht worden sei, wurde von „offizieller Seite" durchaus interessant dargestellt:

„Wie mitgeteilt wird, sind in den letzten Tagen in dem Gebiet auf der Porzescharte für die Minensäuberung äußerste Vorsichtsmaßnahmen ergriffen worden. Unter anderem wurde ein kleiner ferngesteuerter Traktor den zur Porzescharte führenden Steg entlanggefahren. Wahrscheinlich wurde von ihm das Erdreich gelockert und die

55 Vgl. Gutachten Pol. Obstlt. Ing. Massak, Amtssachverständiger. Republik Österreich, Bundesministerium für Inneres. Generaldirektion für die öffentliche Sicherheit vom 4. Februar 1968. Sprengstoffanschlag „PORZESCHARTE". BMI/Ehemaliges Dokumentationszentrum. Ordner 32.

56 Vier Bunker der Terroristen entdeckt. Pressekonferenz der *Carabinieri*. „Dolomiten", 6. Dezember 1963. S. 7. ÖNB.

,BAS'-Falle zum Vorschein gebracht. Die Falle war über zwei dünne Drähte mit der Mine verbunden.“[57]

Warum dann die italienische Delegation am 3. Juli trotz dieses „Minenräum-Traktors“ darauf bestand, dass Oberstleutnant Massak persönlich den Karrenweg bis zur Porzescharte auf Minen absuchen sollte, ist ein weiteres Rätsel. Jedenfalls stimmt die in den „Dolomiten“ kolportierte Darstellung, dass erst durch den Traktor die Auslösevorrichtung freigelegt worden sein könnte, nicht mit der Darstellung durch Ing. Massak überein, der von einem Halten des „Minen-Traktors“ ca. zehn Meter vor der Sprengstelle am Karrenweg berichtete.

Ein in außenpolitischer Hinsicht interessantes Detail stellt die Bemerkung des *„Presseamtes des Vizeregierungskommissärs“* in Bozen anlässlich des Eintreffens der österreichischen Delegation am 3. Juli dar: Es handle sich dabei *„ausschließlich“* um *„Kontakte ausdrücklich technischer Natur“* zwischen *„Beamten der österreichischen und Organen der italienischen Polizei im Rahmen der Zusammenarbeit zwischen den Polizeidirektionen verschiedener Länder in der Unterdrückung gemeiner Delikte“*[58] – mithin also keinesfalls um außenpolitische Akte zwischen Österreich und Italien. Ein Umstand, der auch bei der folgenden *„5. Züricher Besprechung auf hoher Ebene“* zwischen höchsten italienischen und österreichischen Beamten der Innen- und Außenministerien eigens betont wurde. Es handelte sich aus italienischer Sicht zweifellos um einen „außenpolitischen Drahtseilakt“, eine österreichische Kommission die Aufklärung des Vorfalles durchführen zu lassen. Einerseits ging es der Außenpolitik Roms offenbar vorrangig um das Hinausdrängen Österreichs aus der „rein inneritalienischen“ Angelegenheit Südtirol – samt der Negierung der völkerrechtlich durch das Gruber-De Gasperi-Abkommen festgelegten „Schutzmachtfunktion“ Österreichs –, und andererseits wollte oder musste man die rund um den Vorfall entstandenen „Gerüchte“ bekämpfen und alle Verdachtsmomente auf einen etwaigen anderen Hintergrund als den eines BAS-Attentats beseitigen.

Und dabei spielte die österreichische Regierung oder besser Teile derselben tatkräftig mit: Der „Bericht“ des Oberstleutnant Massak von der gemeinsamen Begehung auf der Porzescharte datiert vom 5. Juli 1967. Bereits am 4. Juli, also vor dem Vorliegen des Sachverständigen-Protokolls wurde der Vorfall auf der Porzescharte zu einem wesentlichen Besprechungspunkt des 50. Ministerrates der Regierung „Klaus II“. Innenminister Hetzenauer erweckte am 4. Juli den Eindruck, als ob die Angelegenheit auf der Porzescharte eindeutig ein Anschlag gewesen sei, zu welchem Zweck er eine *„Fotomappe“* im Kreise der Regierungsmitglieder herumreichte, in der auch Fotos der zu Tode gekommenen Soldaten zu sehen waren. Im Anschluss an seine „Kurzdarstellung“ verlas Minister Hetzenauer das offizielle österreichische Kommuniqué zum Vorfall auf der Porzescharte – noch vor dem Vorliegen des Begehungsprotokolls des österreichischen Sachverständigen Oberstleutnant Massak.[59]

Entgegen dem – beim Ministerrat erwähnten – Erfolg der österreichischen Kommission am 3. Juli auf der Porzescharte wurden im Nachfeld aber auch durchaus kritische Stimmen laut: *„Der österreichische Sachverständige war mit großer Gründlichkeit am Werk und wir haben auch von italienischer Seite eine Lichtbildmappe erhalten. Wir haben aber nichts von der Spurensicherung gehört und keinerlei corpora delicti zu Gesicht bekommen. Für unsere Fahndung haben wir daher nur sehr wenige Anhaltspunkte bekommen.“*[60]

Die *„corpora delicti“* sollten erst zu einem viel späteren Zeitpunkt nachgereicht werden und führten jedenfalls zu dem – von Italien gewünschten – Ergebnis.

Nach der offiziellen Bekanntgabe des Ergebnisses der Untersuchungen Massaks auf der Porzescharte – und noch vor dem Vorliegen seines Protokolls – stellte sich für die „Tiroler Tageszeitung“ die bisher beschriebene Situation

57 Kommission aus Wien auf der Porzescharte. „Dolomiten“, 4. Juli 1967. S. 1f. ÖNB.

58 Vgl. Kommission aus Wien auf der Porzescharte. „Dolomiten“, 4. Juli 1967. S. 1f. ÖNB.

59 Verhandlungsschrift Nr. 50 über die Sitzung des Ministerrates am 4. Juli 1967. ÖStA/AdR, BKA/MRP 2. Rep/Kt. 258.

60 ÖSTERREICH-ITALIEN; 5. Besprechung auf hoher Ebene zwischen Organen des österreichischen und des italienischen Sicherheitsdienstes in Anwesenheit je eines Vertreters der beiden Außenministerien in Zürich am 28.7.1967. Protokoll Peterlunger. BMfI Zl. 50.110-SL. III/67 vom 4. August 1967. ÖStA/AdR/Bestand Inneres/ Zl. 24.222-17/70.

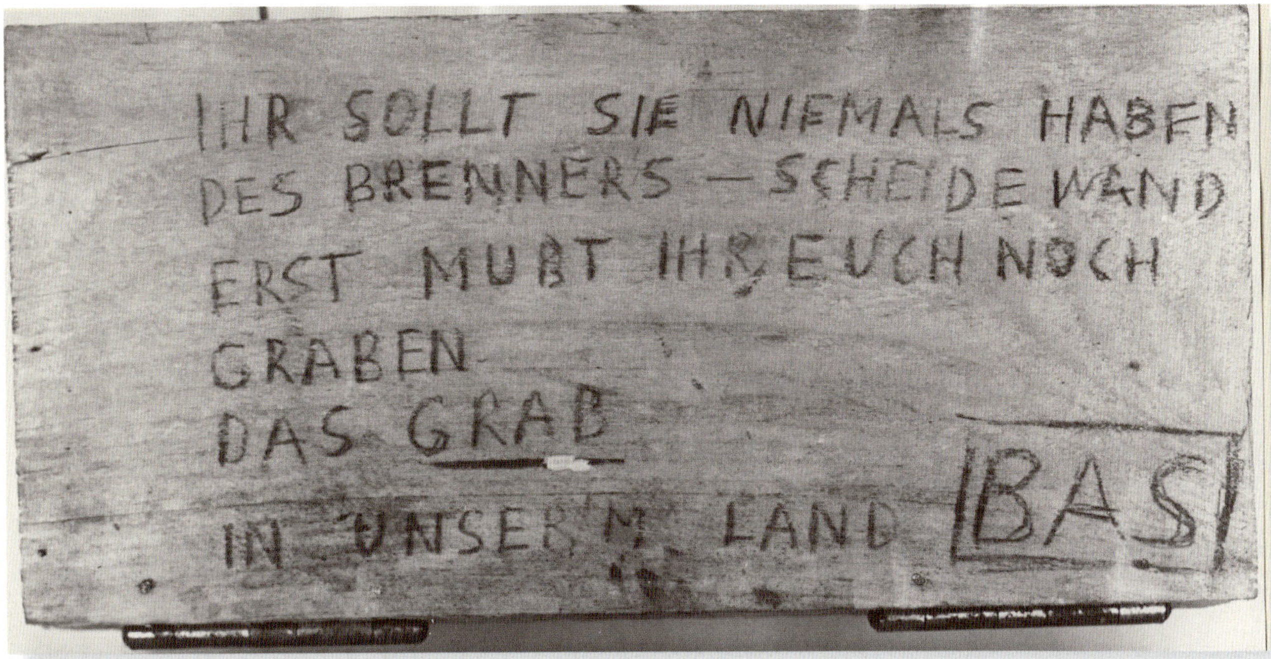

Quelle: BMI/Ehemaliges Dokumentationszentrum. Ordner 32.

←
Abb. 17
„Bekennerschreiben" auf der Zündvorrichtung. Das von Polizei-Oberstleutnant Massak gefundene Original.

Quelle: BMI/Ehemaliges Dokumentationszentrum. Ordner 32.

←
Abb. 18
Die in den Medien verbreitete Kopie.

überraschend schnell grundsätzlich anders dar! Nunmehr ist von *„Mord"* anstatt von einem Unfall die Rede, wobei allerdings ein kritischer Unterton bezüglich der Urheberschaft zu lesen war: *„Es besteht kein Zweifel mehr: Das Minenunglück auf der Porzescharte, dem das blühende Leben von vier jungen italienischen Soldaten zum Opfer fiel, war kein Unfall, sondern Ergebnis einer Terroraktion, war vorbedachter Mord. Noch ist nicht bekannt, wer die Täter sind. Man kann sie in Österreich ebenso suchen wie in Italien, in Südtirol oder in Deutschland."*[61]

Die italienische Presse wiederum berichtete erstaunlich wenig über den Vorfall auf der Porzescharte, dafür wurde umfassend der *„Empörung Luft gemacht"* und in weiterer Folge der Ausschluss Österreichs von den Südtirolverhandlungen verlangt.[62]

Ein eigenartiges Detail liegt allerdings in den Presseberichten über die österreichisch-italienische Begehung der Porzescharte am 3. Juli vor: In den deutschsprachigen Medien im Raum Tirol, den „Dolomiten" und der „Tiroler Tageszeitung", wird zwar ausführlich über die gemeinsame Begehung berichtet, allerdings ohne Wiedergabe irgendwelchen Bildmaterials. In den italienischen Medien sowie in einigen – in Wien erscheinenden – österreichischen Medien hingegen wird auch Fotomaterial von der angeblichen Zündvorrichtung publiziert. Diese in den italienischen und teilweise österreichischen Medien verbreiteten Fotos von der auf der Porzescharte durch Ing. Massak gefundenen Zündvorrichtung samt „Bekennerschreiben" weisen allerdings eine Besonderheit auf: Es handelt sich zweifelsfrei nicht um die auf dem Karrenweg unterhalb der Porzescharte von Massak ausgegrabene Zündvorrichtung. Diese in den Medien verbreiteten Bilder weisen eklatante Unterschiede zum von Massak geborgenen Original auf. Das im Original mit *„ß"* geschriebene Wort *„müßt"* bzw. *„mußt"* wird auf diesen Bildern mit *„ss"*, somit *„musst"*, geschrieben, wohl nicht zuletzt, da die italienische Sprache kein *„ß"* kennt. Das österreichische Innenministerium stellte dazu eine Vergleichsstudie zwischen dem Original und dem italienischen Agenturbild an.[63]

In der ausländischen Presse wurde die grundsätzliche Problematik des Vorfalls auf der Porzescharte oftmals in ihrer wesentlichen Tragweite beurteilt:
„Man hat guten Grund zu der Annahme, daß Außenminister Fanfani die Wogen nationaler Empörung, die von dem Linzer Freispruch, dem österreichischen Fernsehinterview mit Burger und schließlich dem Tod der vier Soldaten ausgelöst wurde, bewußt als Instrument gebraucht, die ihm seit langem zuwidere Mitsprache Österreichs bei den Südtirolverhandlungen radikal auszuschalten."[64]

Die Südtiroler selbst waren von der Darstellung in den Massenmedien offenbar nicht vollständig überzeugt – vor allem im Pustertal. Am 5. Juli rief der Osttiroler Bezirkshauptmann Dr. Doblander den Tiroler Landesamtsdirektor an und erklärte diesem, dass die Bevölkerung von Innichen nach wie vor davon überzeugt sei, dass die vier Opfer der Porzescharte bei einem Unfall und nicht durch ein Attentat ihr Leben verloren hätten. In der Bevölkerung herrsche die Meinung vor, die österreichischen Experten seien von der italienischen Seite „irregeführt" worden. Dem Lienzer Bezirkshauptmann gab auch zu denken, dass der im Krankenhaus von Innichen liegende verletzte *Alpino* (tatsächlich Fallschirmjäger; Anm. d. Verf.) rund um die Uhr bewacht werde. Ein Wachposten sei ständig im Zimmer des Verletzten und ein Mann ständig auf dem Gang davor. Das Spitalpersonal gab auf Anfragen keinerlei Auskünfte.[65]

61 Porzescharte – es war ein Anschlag! „Tiroler Tageszeitung", 5. Juli 1967. S. 1. ÖNB.

62 Vgl. Aktenvermerk Referat S mit Pressebericht vom 30.6.1967. Tiroler Landesarchiv, Kanzlei Landeshauptmann/Sammelakten, Position 114 (17) 1967.

63 Betr.: Veröffentlichung eines italienischen Agenturbildes in der Arbeiterzeitung vom 6.7.1967. BMI/Kriminaltechnische Zentralstelle. Wien, am 11.4.1968. Sprengstoffanschlag „PORZESCHARTE". BMI/Ehemaliges Dokumentationszentrum. Ordner 32.

64 Jagd auf Terroristen mit ganzem Einsatz. „Süddeutsche Zeitung". Zit. in: „Dolomiten", 7. Juli 1967. S. 3. ÖNB.

65 Vgl. Aktenvermerk für den Herrn Landeshauptmann vom 6. Juli 1967. Tiroler Landesarchiv, Kanzlei Landeshauptmann/Sammelakten, Position 114 (17) 1967.

Fahndungsergebnisse und Gerüchte

Die Sicherheitsdirektion für das Bundesland Tirol meldete am 12. Juli die ersten Fahndungsergebnisse in einer Sachverhaltsdarstellung an die „Gruppe Staatspolizeilicher Dienst" des Innenministeriums. Demzufolge wurde sofort nach Bekanntwerden des Vorfalls auf der Porzescharte durch das Bezirksgendarmeriekommando Lienz die Kontrolle *„aller Bewegungen im Grenzabschnitt Sillian-Obertilliach"* durch die Funkpatrouillen der Gendarmerie angeordnet. Besonderes Interesse kam dabei dem Tilliachertal als dem unmittelbaren Aufstiegsgebiet zur Porzescharte zu. Die Suche nach Personen in diesem Tal war nicht schwierig, da sich in dem ansonsten unbewohnten abgelegenen Tal lediglich im Sommer zwei Hirten aufhielten. Die beiden Hirten Alois Scherer und Josef Micheler hatten dann auch eine Beobachtung zu melden:

„Tatsächlich konnten im Zuge dieser Aktion am Poritzboden zwei Hirten angetroffen werden, die am 24.6.1967 gegen 17 Uhr einen graubraunen VW beobachteten, der auf der Fahrt vom Pfaffenboden zur Klapfalmhütte bei der sogenannten Renlahn aufgefahren ist, sodaß drei der Insassen, Männer im Alter von 20 bis 30 Jahren aussteigen und neben dem VW einhergehen mussten. Den Hirten ist aufgefallen, daß alle 3 Männer von gleicher Statur waren und eine gleichartige Bekleidung trugen. Nach ca. 1 Stunde sahen die Hirten denselben graubraunen VW auf dem Pfaffenboden in Richtung Obertilliach zurückfahren. Sie konnten dabei aber nicht feststellen, ob der Lenker des Fahrzeuges allein war bzw. ob die vorher wahrgenommenen Insassen sich im Wagen befanden."[66]

Der zweite Hirte der Klapfalm, der damals 19jährige Josef Micheler aus Obertilliach, schloss sich in der Einvernahme durch die Sicherheitsdirektion für Tirol vollinhaltlich den Beobachtungen des Hirten Alois Scherer an, konnte aber noch eine weitere wesentliche Aussage hinzufügen: Er habe in der betreffenden Nacht gemeinsam mit Scherer in der Pfaffenbodenhütte übernachtet:

„Weder Scherer noch ich hörten in der Nacht eine Sprengdetonation. Am Sonntag, den 25. Juni 1967 standen Alois Scherer und ich gegen 6.30 Uhr auf. Während des ganzen Sonntags hüteten wir auf der ‚Tilliacheralm' das Vieh. Wir hörten den ganzen Sonntag aus Richtung ‚Porzescharte' keine Detonation."[67]

Eine verwunderliche Aussage, wenn man bedenkt, dass die Pfaffenbodenhütte 3,5 km und das Gebiet der Tilliacheralm unterhalb des Tilliacher Jochs um die zwei Kilometer von der Porzescharte entfernt sind!

Der Sachverhaltsdarstellung der Innsbrucker Sicherheitsdirektion vom 12. Juli wurde nach einer weiteren Darstellung der Situation um die angeblich durch einen Isolatorentausch bedingte Stromabschaltung auf italienischer Seite am 24. Juni sowie des Stromschlusses am 25. Juni um 02.12 Uhr auch das Original jenes Brieffragments beigeheftet, das Ing. Hammerschmied von der Verbundgesellschaft bei seiner Begehung der Porzescharte am 27. Juni gefunden hatte:

Die Sicherheitsdirektion Innsbruck ging dabei auf den Inhalt des Brieffragments nicht näher ein, sondern lieferte lediglich eine Übersetzung des italienischen Textes:

„[...] wohne in Via Bartolomeo Avanzini Nr. 79. Zu Hause habe ich noch kein Telefon. Man kann mir nur am Morgen telefonieren, im Büro unter Nr. 496602 (537).

Ich würde Sie mit großer Freude wieder sehen, bei einer vernünftigen Gelegenheit [...]."[68]

Eine Befassung mit dem Brieffragment durch die österreichischen Sicherheitsverantwortlichen ist nicht aktenkundig. Das Papierstück wurde – in Kopie – am 28. Juli bei der 5. Züricher Besprechung der italienischen Delegation übergeben, worauf der italienische Innenministeriumsvertreter Dr. Russomanno

66 Betr.: Sprengstoffexplosion im Gebiete der Porzescharte; Sachverhaltsdarstellung. Sicherheitsdirektion für das Bundesland Tirol, Zl.: Res.Pos.G 667/1/67 an die Staatsanwaltschaft Innsbruck vom 12. Juli 1967. ÖStA/AdR, „Anschlag auf der Porzescharte am 25.6.67"/Bestand Inneres/Zl. 25.633-70.

67 Niederschrift, aufgenommen mit Josef Micheler. Sicherheitsdirektion für das Bundesland Tirol. Obertilliach, am 4.7.1967. ÖStA/AdR, „Anschlag auf der Porzescharte am 25.6.67"/Bestand Inneres/Zl. 25.633-70.

68 Beilage zu: Betr.: Sprengstoffexplosion im Gebiete der Porzescharte; Sachverhaltsdarstellung. Sicherheitsdirektion für das Bundesland Tirol, Zl.: Res.Pos.G 667/1/67 vom 12. Juli 1967. ÖStA/AdR, „Anschlag auf der Porzescharte am 25.6.67"/Bestand Inneres/Zl. 25.633-70.

zusagte, man werde *„der Sache nachgehen"*, wobei es auch nicht *„sehr schwer sein* [würde], *hier nachzuforschen"*.[69] Im entsprechenden Protokoll der italienischen Delegation in Zürich wird das Brieffragment nur äußerst kurz und der Text mit Adresse und Telefonnummer merkwürdigerweise gar nicht erwähnt.[70]

Bei der folgenden 6. Züricher Besprechung am 15. Dezember 1967 wurde das Brieffragment von der italienischen Delegation allerdings nicht mehr erwähnt.

Für weitere kritische Stimmen in Österreich sorgte zwischenzeitlich ein weiteres „Gerücht", das durch die Massenmedien verbreitet wurde: Die italienische Stromgesellschaft habe den Strom auf der Leitung über die Porzescharte vor dem Vorfall abgeschaltet.

Tatsächlich wurde gemäß der „Aktennotiz" Nr. 760 vom 27. Juni die *„220 kV-Leitung 261 Lienz–Soverzene"* am Samstag, den 24. Juni um 02.00 Uhr in Soverzene abgeschaltet und um 07.04 wieder unter Spannung versetzt. Nach Mitteilung der Italiener fiel die Leitung dann am Sonntag, dem 25. Juni um 02.12 Uhr aus und wurde nach einem negativ verlaufenen Schaltversuch um 02.20 Uhr schließlich um 05.27 Uhr in Soverzene geerdet. Die Abschaltung am 24. Juni wurde *„bei in Lienz anstehender Spannung über Verständigung des italienischen Partners"* vorgenommen und am Folgetag wurde nach der Erdung in Soverzene um 05.59 Uhr auch in Lienz geerdet. Diese Maßnahme wurde *„vom italienischen Partner* [...] *mit einem Fehler auf italienischen* [sic!] *Staatsgebiet"* begründet.[71]

Das „Gerücht" von einer Stromabschaltung vor der Sprengung des Strommast Nr. 119 erfährt allerdings auch eine gewisse Bestätigung durch die vorliegenden Bilder vom Tatort: Auf jenen beiden Bildern im Bestand des österreichischen Sprengstoff-Sachverständigen Polizei-Oberstleutnant Alois Massak, auf denen am Boden aufliegende Stromkabel der Überlandleitung zu sehen sind, können keinerlei Brandspuren beobachtet werden. Solche Spuren wären aber durch den entstehenden Lichtbogen kurz vor dem Bodenkontakt der Kabel zu erwarten. Jedenfalls muss der gesprengte Strommast sehr langsam – und zudem gegen den Zug der Kabel – umgefallen sein, da der „Ausleger" des „Lyra"-Mastes kaum Verbiegungen aufwies, worauf bereits Ing. Hammerschmied, der Schadensbegutachter der Verbund-Gesellschaft hingewiesen hatte.

Die inzwischen angelaufenen Fahndungsmaßnahmen der Staatspolizei, bei denen vorwiegend die „Gruppe Burger" – die BAS-Aktivisten um Dr. Norbert Burger mit deutschnationalem und zumeist Burschenschafter-Hintergrund – überwacht wurde, stieß bald auf Schwierigkeiten: Die *„konspirative Überwachung"* durch jene Kriminalbeamten, die ausschließlich für diesen Zweck nach Tirol dienstzugeteilt worden waren, war bereits nach wenigen Tagen durch den *„stark ausgebauten Abwehrdienst"* der Gruppe Burger aufgefallen und musste daher reorganisiert werden.[72]

In den darauffolgenden Tagen kam es zu umfangreichen Alibiüberprüfungen in ganz Österreich, und bei der Staatsanwaltschaft Innsbruck wurden am 12. Juli Anträge auf Erlassen von Haftbefehlen gegen Karl Ausserer, Adolf Obexer, Dr. Norbert Burger und Peter Kienesberger eingebracht.[73]

Am 20. Juli meldete die Sicherheitsdirektion in Innsbruck dem BMfI von den umfassenden Fahndungsaktionen in Osttirol, musste aber ein negatives Ergebnis vermerken, welches zudem ein klares Licht auf die Sichtweise der Osttiroler Bevölkerung wirft:

„Zusammenfassend wird zur gesamten Fahndungsaktion berichtet, daß die Befragung aller im Fahndungsbereich liegenden Tankstellenwärter, Straßenwärter, Baustellenarbeiter, Gastwirte, Pensions-

69 Vgl. ÖSTERREICH-ITALIEN; 5. Besprechung auf hoher Ebene zwischen Organen des österreichischen und des italienischen Sicherheitsdienstes in Anwesenheit je eines Vertreters der beiden Außenministerien in Zürich am 28.7.1967. BMfI Zl. 50.110-SL.III/67 vom 4. August 1967. ÖStA/AdR/Bestand Inneres/Zl. 24.222-17/70.

70 Vgl. Christoph Franceschini, Segretissimo – Streng geheim! S. 355.

71 Vgl. Verbundgesellschaft/Betrieb-LE, Aktennotiz Nr. 760, Wien, den 27. Juni 1967, B/Ma/BK. ÖStA/AdR, „Anschlag auf der Porzescharte am 25.6.67"/Bestand Inneres/Zl. 25.633-70.

72 Vgl. Information für den Herrn Bundesminister. BMfI/Gruppe Staatspolizeilicher Dienst vom 12. Juli 1967. ÖStA/AdR, „Anschlag auf der Porzescharte am 25.6.67"/Bestand Inneres/Zl. 25.633-70.

73 Vgl. zu diesen Alibiüberprüfungen den Bestand ÖStA/AdR, „Anschlag auf der Porzescharte am 25.6.67"/ Bestand Inneres/Zl. 25.633-70.

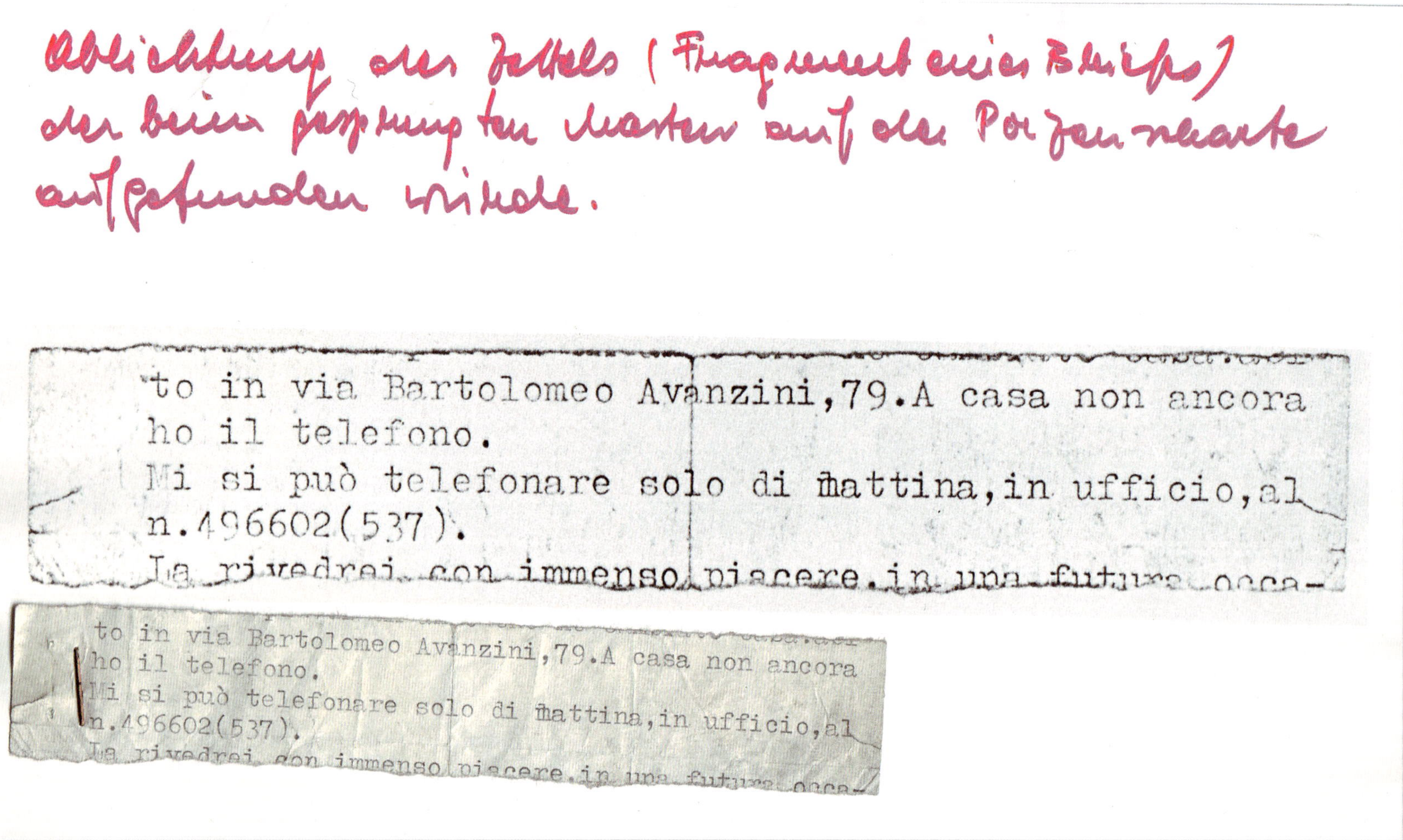

Ablichtung des Zettels (Fragment eines Briefes) der beim gesprengten Masten auf der Porzescharte aufgefunden wurde.

to in via Bartolomeo Avanzini,79.A casa non ancora
ho il telefono.
Mi si può telefonare solo di mattina,in ufficio,al
n.496602(537).
La rivedrei con immenso piacere in una futura occa-

to in via Bartolomeo Avanzini,79.A casa non ancora
ho il telefono.
Mi si può telefonare solo di mattina,in ufficio,al
n.496602(537).
La rivedrei con immenso piacere in una futura occa-

Quelle: ÖStA/AdR, „Anschlag auf der Porzescharte am 25.6.67".

↑
Abb. 19
Brieffragment von der Porzescharte.

→
Abb. 20
Kabel des umgestürzten Strommastes mit Erdkontakt. Es sind keinerlei Brandspuren aufgrund eines „Lichtbogens" zu beobachten.

Quelle: BMI/Ehemaliges Dokumentationszentrum. Ordner 32.

Quelle: BMI/Ehemaliges Dokumentationszentrum. Ordner 32.

←
Abb. 21

besitzer, zahlreicher Privatzimmervermieter, aller aufgesuchten Hüttenwirte, insbesondere auch die Kontaktnahme mit der Zivilbevölkerung, ebenso die Kontaktnahme mit den örtlichen Sicherheits- und Zollwachdienststellen, die Nachschau in den Fremden- und Hüttenbüchern, die Befragung der Campingplatzinhaber, die Befragung des Alppersonals und schließlich noch die Überprüfung festgestellter Fahrzeugbesitzer keine wie immer geartete, verwertbare Hinweise auf die unbekannten Sprengstoffattentäter von der Porzescharte bzw. auf Schlupfwinkel vorhandener Terroristengruppen erbrachte.
Nachteilig für die gesamte Fahndung wirkte sich die Tatsache aus, daß die Fahndung zweifellos zu spät anlief und ein großer Teil der Osttiroler Bevölkerung nach wie vor glaubhaft zu machen versucht, daß es sich auf der Porzescharte nicht um ein Attentat, sondern um ein Unglück bzw. von den Italienern inszeniertes Unternehmen handelt. Die von Bezirkshauptmann Dr. D o b l a n d e r und Bezirksgendarmeriekommandant S c h e r e r, die anfänglich mit den Erhebungen betraut waren, vertretene und von der ‚Tiroler Tageszeitung' verbreitete Ansicht, es handle sich beim Vorfall auf der Porzescharte um kein Attentat, ist bei der Osttiroler Bevölkerung in aller Munde. Es war daher von vorneherein nicht zu erwarten, daß die angeordnete Fahndungsaktion in Osttirol auf eine brauchbare Hilfe durch die Zivilbevölkerung stoßen werde.“[74]

74 Betr.: Sprengstoffexplosion im Gebiete der Porzescharte; Fahndungsaktion in Osttirol. Sicherheitsdirektion für das Bundesland Tirol, Zl.: Res.Pos.G 667/67 vom 20. Juli 1967. ÖStA/AdR, „Anschlag auf der Porzescharte am 25.6.67"/Bestand Inneres/Zl. 25.633-70.

5. Besprechung „auf hoher Ebene" in Zürich

Die österreichische Delegation legte bei der 5. Besprechung zwischen österreichischen und italienischen hohen und höchsten Sicherheitsbeamten und Vertretern der Außenministerien am 28. Juli 1967 in Zürich dar, dass die österreichische Regierung am 26. Juni – einen Tag nach dem Vorfall auf der Porzescharte – das Angebot zur Entsendung einer Expertenkommission gemacht hatte:
„Der Bundesminister für Inneres habe unmittelbar nach dem Bekanntwerden des Attentats auf der Porzescharte im Wege des Bundesministeriums für Auswärtige Angelegenheiten der italienischen Regierung die Entsendung von Experten auf dem Gebiete des Sprengmittelwesens und des Erkennungsdienstes angeboten, um in gemeinsamer Arbeit zu versuchen, das Verbrechen aufzuklären. Dieses Angebot habe keine offizielle Erwiderung gefunden. Nach einer Mitteilung Dr. RUSSOMANNO´s habe das italienische Innenministerium dieses Angebot zwar sofort aufgegriffen. Auch das italienische Außenministerium habe sich zunächst positiv zu diesem Vorschlag geäußert. Dann aber kam die Nachricht, daß das Angebot Österreichs vom italienischen Außenministerium nicht beantwortet werde. Das italienische Innenministerium werde aber, so lautete die Mitteilung vom 30. 6. 1967, nichts dagegen einwenden, wenn sich auf lokaler Ebene österreichische Experten mit italienischen Offizieren und Sachverständigen aus den Provinzen Bozen und Belluno auf der Porzescharte treffen, um an Ort und Stelle Erhebungen durchzuführen. Als Termin wurde der 3. 7. 1967 vereinbart, was österreichischerseits *sofort akzeptiert wurde.“*[75]

Aufgrund *„verschiedener Situationen in Italien“* sei die Kommission dann allerdings erst eine Woche nach dem Vorfall zusammengetreten. Dabei konnten keinerlei Anzeichen dafür gefunden werden, dass die Attentäter von Österreich aus operiert hätten. Man könne nicht einmal feststellen, ob der Anstieg wie auch der Abstieg der Attentäter von italienischer oder österreichischer Seite aus erfolgt sei. Jedenfalls erfolgte die Verständigung über den Vorfall von der italienischen Seite relativ spät und habe in der Folge zu zahlreichen „Gerüchten“ geführt, von denen eines lautete, dass offenbar in den verstrichenen acht Tagen am Ort des Vorfalls *„eine Situation hergestellt werden konnte, die es 8 Tage vorher nicht gegeben habe“.*[76]

Mit der Übergabe einer Kopie des zwischen den gesprengten Strommasten auf der Porzescharte am 27. Juni von den Mitarbeitern

75 ÖSTERREICH-ITALIEN; 5. Besprechung auf hoher Ebene zwischen Organen des österreichischen und des italienischen Sicherheitsdienstes in Anwesenheit je eines Vertreters der beiden Außenministerien in Zürich am 28.7.1967. BMfI Zl. 50.110-SL.III/67 vom 4. August 1967. ÖStA/AdR/Bestand Inneres/Zl. 24.222-17/70.

76 ÖSTERREICH-ITALIEN; 5. Besprechung auf hoher Ebene zwischen Organen des österreichischen und des italienischen Sicherheitsdienstes in Anwesenheit je eines Vertreters der beiden Außenministerien in Zürich am 28.7.1967. BMfI Zl. 50.110-SL.III/67 vom 4. August 1967. ÖStA/AdR/Bestand Inneres/Zl. 24.222-17/70.

der Verbundgesellschaft gefundenen Brieffragments, mit der italienischen Zusicherung, sich darum zu kümmern, sowie der Feststellung, dass die gleichfalls gefundene und für die Mastsprengung verwendete Uhr der Marke „Peter" nicht in Österreich, sehr wohl aber in Italien und Deutschland erhältlich sei, und der Anfrage Dr. Russomannos über etwaige Ergebnisse der Alibi-Überprüfungen durch die österreichischen Sicherheitsbeamten endeten die Erörterungen über den Vorfall auf der Porzescharte bei der 5. Züricher Besprechung bereits. Aus italienischer Sicht wären neben Georg Klotz natürlich vor allem die „Pusterer" die hauptsächlichen Tatverdächtigen, wie die italienische Delegation versicherte.

Die Italiener wussten weiters, dass sich *„unter den 4 Männern"*, die zur Scharte aufgestiegen wären, einer befunden habe, der *„Erich"* gerufen worden sei. Um welche *„4 Männer"* es sich dabei handelte, geht aus dem Protokoll der 5. Züricher Besprechung nicht hervor. Es müssen laut Dr. Russomanno aber *„neue Leute am Werk"* gewesen sein, die von *„den alten instruiert worden sein könnten"*.[77] Demzufolge waren die Italiener über die Anwesenheit von Personen auf der österreichischen Seite der Porzescharte informiert, die Frage drängt sich auf, woher diese Information stammte!

77 ÖSTERREICH-ITALIEN; 5. Besprechung auf hoher Ebene zwischen Organen des österreichischen und des italienischen Sicherheitsdienstes in Anwesenheit je eines Vertreters der beiden Außenministerien in Zürich am 28.7.1967. BMfI Zl. 50.110-SL.III/67 vom 4. August 1967. ÖStA/AdR/Bestand Inneres/Zl. 24.222-17/70.

Der österreichische Polizei-Oberstleutnant Ing. Massak war nur in seiner Funktion als Sprengstoffsachverständiger Angehöriger der österreichischen Delegation der 5. Besprechung in Zürich, er erhielt am 28. Juli aber auch die Gelegenheit, ausführlich zu den auf der Porzescharte verwendeten Sprengvorrichtungen Stellung zu nehmen. Oberstleutnant Massak legte vor der italienischen Delegation klar, dass die von ihm auf der Porzescharte gefundene Zündvorrichtung völlig anders und komplizierter aufgebaut war als die bisher durch die BAS-Aktivisten verwendeten.

Das italienische Delegationsmitglied Dr. Russomanno ersuchte darüber hinaus die österreichische Delegation ausdrücklich, im Protokoll festzuhalten, dass Ing. Massak die Gelegenheit erhalten habe, die italienischen Beweismittel zu studieren.[78]

Davon konnte in der Realität allerdings keine Rede sein. Bei der 5. Züricher Besprechung kam es zwar zur Übergabe von *„zahlreichen Unterlagen"* durch die Italiener, doch das später so „entscheidende" Beweisstück, ein Handschuh, der von *Carabinieri*-Hauptmann Francesco Gentile beim gesprengten Stromast gefunden worden sein soll, war nicht dabei. Italien hätte stets Beweismaterial ausgefolgt, *„wenn darum ersucht wurde"*. Die italienische Delegation gab aber zu, dass dies manchmal sehr lange dauern würde und auch bezüglich des Handschuhs könne man derzeit – am 28. Juli – noch keine endgültige Zusage machen. Trotzdem erwähnte der *Carabinieri*-General Palombi in Zürich, dass die italienische Delegation diesen Handschuh dabei hätte. Das wesentliche *„Beweismittel"*, der auf der Porzescharte gefundene *„Handschuh"*, würde den österreichischen Behörden *„in Bälde"* übergeben werden.[79]

78 ÖSTERREICH-ITALIEN; 5. Besprechung auf hoher Ebene zwischen Organen des österreichischen und des italienischen Sicherheitsdienstes in Anwesenheit je eines Vertreters der beiden Außenministerien in Zürich am 28.7.1967. BMfI Zl. 50.110-SL.III/67 vom 4. August 1967. ÖStA/AdR/Bestand Inneres/Zl. 24.222-17/70.

Erste Fotos von den Explosionskratern, vom Wecker der Zündvorrichtung und von den verstümmelten Leichen hatte General Marchesi, der Kommandant des IV. Armeekorps, während seiner Pressekonferenz am 29. Juni in Bozen der Presse gezeigt.[80] Vom Beweisstück Handschuh war aber bei dieser Pressekonferenz offenbar nicht die Rede.

Beweisstücke

Am 10. August war es dann tatsächlich so weit: Bei einer – vom Innenministerium angeordneten – Zusammenkunft des Sicherheitsdirektors

79 ÖSTERREICH-ITALIEN; 5. Besprechung auf hoher Ebene zwischen Organen des österreichischen und des italienischen Sicherheitsdienstes in Anwesenheit je eines Vertreters der beiden Außenministerien in Zürich am 28.7.1967. BMfI Zl. 50.110-SL.III/67 vom 4. August 1967. ÖStA/AdR/Bestand Inneres/Zl. 24.222-17/70.

80 Vgl. Umfassender Bericht über das Attentat. „Dolomiten", 30. Juni 1967. S. 16. ÖNB.

für Tirol, Dr. Stocker, mit *Carabinieri*-General Palombi übergab dieser einen *„gestrickten grauen Fünffinger-Handschuh mit Lederrand"*, der gemäß italienischer Darstellung am 25. Juni *„auf der Mauerbasis des gesprengten Elektromastes bei der Porzescharte"* von *Carabinieri*-Hauptmann Francesco Gentile gefunden worden sein soll. Der Handschuh wies laut Meldung der Innsbrucker Sicherheitsdirektion *„Schmutzspuren, Wachsspuren und vermutlich auch Sprengstoffspuren"* auf und sollte einer kriminaltechnischen Untersuchung zugeführt werden.[81]

Die erste Untersuchung nahm dann das biochemische Labor der Abteilung 21 des Innenministeriums vor, und dort lag am 28. August das erste Ergebnis vor: Dieses erste Untersuchungsergebnis scheint äußerst aufschlussreich: Neben einem Haar, das möglicherweise von einer Hand oder einem Arm stammte, wurden *„reichliche Wachsspuren"*, ein Tierhaar, Laubmoose, ein Stück einer Daunenfeder und Holzsplitter auf dem Beweisstück gefunden.

Da der Handschuh aber von *Carabinieri*-Hauptmann Gentile gefunden worden sein soll, hätten sich zweifellos auch menschliche Blutflecken daran feststellen lassen müssen. Dies umso mehr, da Francesco Gentile kurze Zeit nach dem Auffinden des Handschuhs von einer Mine zerfetzt worden wäre und gemäß Pressemitteilungen sowie aufgrund der vorhandenen Unterlagen seine tödlichen Verletzungen vorwiegend im Bereich des Oberkörpers angesiedelt waren. Auffällig ist auch, dass von Sprengstoffspuren in diesem ersten Untersuchungsergebnis nicht die Rede ist.[82]

Weitere bereits früher übergebene Beweisstücke – die zwei auf der Porzescharte gefundenen Uhren als angebliche Auslöser der Sprengladungen am Strommast – wurden umfassend durch den Sachverständigen Ing. Alois Massak untersucht.[83] Auf die Beweisstücke Uhren trifft allerdings dieselbe Grundproblematik wie für das Hauptbeweismittel „Handschuh" zu. Nachdem gemäß italienischen Angaben auch diese Beweisstücke von Francesco Gentile auf einem der Sockel des gesprengten Mastes gefunden worden wären, der *Carabinieri*-Hauptmann kurze Zeit später bei einer heftigen Explosion das Leben verlor und dabei sein Körper und seine Uniform praktisch zerfetzt wurden, stellt sich die Frage, warum das Beweisstück „Kienzle Uhr" derart wenig beschädigt blieb wie auf dem vorhandenen Foto erkennbar.[84] Nach offiziellen Angaben war Hauptmann Gentile der ranghöchste *Carabiniere* auf der Porzescharte, womit davon auszugehen wäre, dass er die Beweisstücke bei sich getragen hätte.

Der „Augenzeuge" Marcello Fagnani lieferte bei der zweiten Gerichtsverhandlung zur Porzescharte im April und Mai 1971 in Wien eine Erklärung zu der Situation: Hauptmann Gentile habe zwar die von den Soldaten des *„Reparto Speciale"* gefundenen Beweisstücke gesammelt und in seinem Rucksack verstaut, zum Zeitpunkt der Explosion habe diesen Rucksack aber der Fallschirmjäger-Unteroffizier Olivo Dordi getragen.[85]

Als neben den Handschuhen und den Uhren aussagekräftigstes Beweisstück wurde vor Gericht in Österreich im Beweiswürdigungsverfahren das von Oberstleutnant Massak aufgefundene „Zündkästchen" samt dem darauf zu lesenden „Bekennerschreiben" herangezogen, das allerdings erst sehr viel später den österreichischen Sicherheitsbehörden vorlag.

81 Vgl. Betr.: Sprengstoffattentat an der Porzescharte; hier: Antrag auf kriminaltechnische Untersuchung eines Handschuhs. Sicherheitsdirektion für das Bundesland Tirol, Zl.: Res.Pos.G 667/10/67 vom 17. August 1967. ÖStA/AdR, „Anschlag auf der Porzescharte am 25.6.67"/ Bestand Inneres/Zl. 25.633-70.

82 Vgl. Aktenvermerk BMfI/Abteilung 17, Betr.: Attentat auf der Porzescharte; kriminaltechnische Untersuchung des Handschuhs. Beilage zu Betr.: Sprengstoffattentat an der Porzescharte; hier: Antrag auf kriminaltechnische Untersuchung eines Handschuhs. Sicherheitsdirektion für das Bundesland Tirol, Zl.: Res.Pos.G 667/10/67 vom 17. August 1967. ÖStA/AdR, „Anschlag auf der Porzescharte am 25.6.67"/Bestand Inneres/Zl. 25.633-70.

83 Vgl. Republik Österreich, Bundesministerium für Inneres. Generaldirektion für die öffentliche Sicherheit vom 4. Februar 1968. Sprengstoffanschlag „PORZESCHARTE". BMI/Ehemaliges Dokumentationszentrum. Ordner 32.

84 Vgl. Bild 23. Bericht über den Sprengstoffanschlag auf den Winkelabspannmast Nr. 119 der Hochspannungsleitung Lienz – Soverzene. ÖStA/AdR, „Anschlag auf der Porzescharte am 25.6.67"/Bestand Inneres/Zl. 25.633-70.

85 Vgl. Hauptverhandlung Landesgericht für Strafsachen Wien am 27. April 1971. Strafsache gegen Peter Kienesberger und Egon Kufner wegen § 4 Sprenggesetz. Beilage Gerichtsakt Porzescharte. 20 Vr 6502/68 Hv 41/68. Landesgericht Wien.

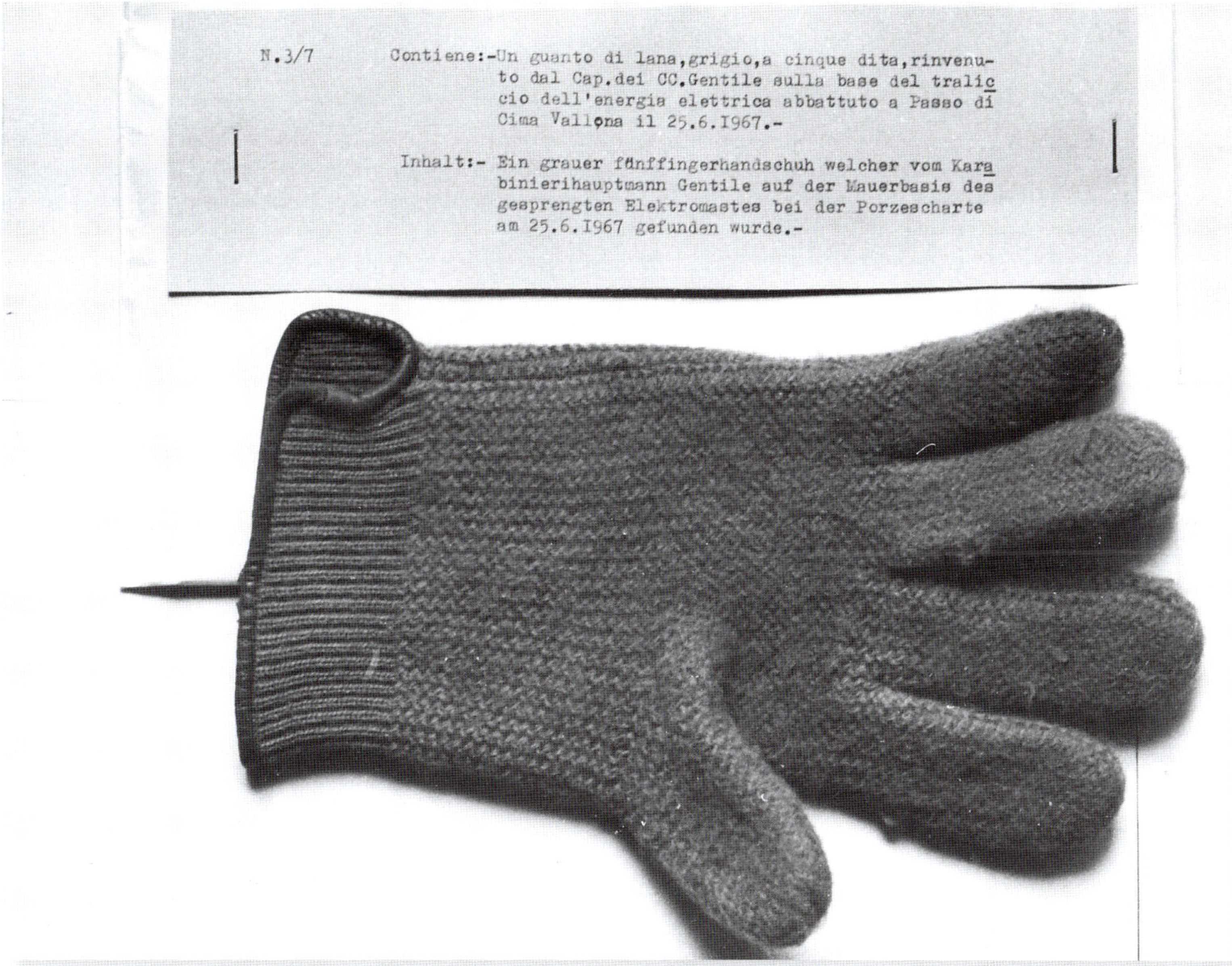

Quelle: BMI/Ehemaliges Dokumentationszentrum, Ordner 32.

↑
Abb. 22 Beweisstück Handschuh, der von Hauptmann Gentile unter dem gesprengten Strommast gefunden worden sein soll.

Verhaftungen

Am Donnerstag, dem 12. Oktober 1967, brachte die „Tiroler Tageszeitung" in ihren *„letzten Meldungen und Berichten aus allen Teilen der Welt"* die doch überraschende Meldung über zwei mutmaßliche Attentäter der Porzescharte, wonach *„der in Innsbruck lebende Peter Kienesberger und der Innsbrucker Arzt Dr. Hartungen"* in der Nacht von Dienstag, 10. Oktober auf Mittwoch, 11. Oktober in Innsbruck verhaftet worden seien.[86] Der Bericht enthielt auch die neuesten sicherheitsdienstlichen Erkenntnisse zum „Anschlag" auf der Porzescharte:

„Die Behörden halten absolutes Stillschweigen über die gesamte Aktion [den „Anschlag" auf der Porzescharte; Anm. d. Verf.]. *Dies ist insofern erstaunlich, als alles dafür spricht, daß der Anschlag auf der Porzescharte von einem Zweimann-Team ausgeführt wurde. Die nochmalige Rekonstruktion der Sprengung während der letzten Tage hat zudem ergeben, daß die Sprengung des Mastes auf der Porzescharte nicht von einem Sprengmeister oder einem von einem Sprengmeister ausgebildeten Terroristen getätigt wurde, sondern nur von einem fachlich hochstehenden Elektriker vorbereitet und ausgeführt worden sein konnte. Bei der Sprengung fand nämlich ein überaus kunstvolles System Anwendung, das lediglich ein bestausgebildeter Elektriker zuwege bringt. Mit verschiedenfarbigen Litzen war eine Schaltung geschaffen worden, die es ermöglichte, die Zündung von österreichischen* [sic!] *Gebiet aus zu tätigen und die Sprengung mittels eines einzigen Impulses über vier getrennte Stromkreise an vier verschiedenen Stellen des Mastens vorzunehmen. Kienesberger ist ausgebildeter Elektriker. Er hat an der Gewerbeschule in Innsbruck Elektrotechnik studiert."*[87]

Am darauffolgenden Tag konnte die „Tiroler Tageszeitung" bereits mehr Details berichten. Die österreichischen Sicherheitsbehörden hätten nunmehr mit der *„Feinarbeit"* begonnen und *„umfangreiche Vergleiche zwischen den verschiedensten Aussagen sowohl der Verhafteten als auch der nur Verhörten"* angestellt. Das Ergebnis dieser Ermittlungen hänge nun von der *„Auswertung dieser Aussagen und der Funde bei den Hausdurchsuchungen"* ab. Inzwischen war auch bekannt geworden, dass Peter Kienesberger in der Wohnung des Innsbrucker Arztes Dr. Erhard Hartung verhaftet worden war. In der Wohnung Kienesbergers in Solbad Hall wie auch in jener Dr. Hartungs in Innsbruck/Saggen wurden Hausdurchsuchungen durchgeführt.[88]

Somit wurde Peter Kienesberger in der Wohnung von Dr. Erhard Hartung verhaftet und dabei sein Gepäck beschlagnahmt. Der Inhalt dieses Gepäcks wird in der Folge Anlass zu umfangreichen Untersuchungen geben. Zum einen handelte es sich dabei um einige Handschuhe, von denen einer besonderes Interesse der Sicherheitsbehörden erlangen würde. Weiters wurden gemäß Gutachten der *„Kriminaltechnischen Zentralstelle"* des Innenministeriums dabei einige *„Handskizzen"* beschlagnahmt, die von Kienesberger stammen sollten und die *„auf Grund ihrer Erscheinungsform möglicherweise in Zusammenhang mit der ins Obertilliachertal erfolgten Fahrt"* stehen könnten.[89] Es handelte sich dabei um – nach dem Urteil der österreichischen Sicherheitsbehörden – zwei als „Wegskizzen" beurteilte Papierzettel, die umfassend untersucht und beurteilt wurden und die tatsächlich als Wegskizze auf die Porzescharte beurteilt werden könnten.

Für gewisse Kreise – auch in Südtirol – war die Täterschaft somit klar, und diese Kreise waren äußerst daran interessiert, BAS-Aktivisten als „Mörder von der Porzescharte" präsentieren zu können, offenbar ungeachtet der seitdem noch nicht verstummten „Gerüchte" sowie auch der immer noch bestehenden zahlreichen „Ungereimtheiten" zu dem Vorfall vom 25. Juni 1967. Nicht zuletzt passte eine derartige Täterschaft hervorragend ins politische Konzept dieser Kreise.

Eng mit den Untersuchungsergebnissen zur Porzescharte ist offenbar die Verhaftung von

86 Vgl. Steht der Fall Porzescharte vor der Aufklärung? „Tiroler Tageszeitung", 12. Oktober 1967. S. 14. ÖNB.

87 Steht der Fall Porzescharte vor der Aufklärung? „Tiroler Tageszeitung", 12. Oktober 1967. S. 14. ÖNB.

88 Vgl. Erhebungen gegen Kienesberger auf Hochtouren. „Tiroler Tageszeitung", 13. Oktober 1967. S. 2. ÖNB.

89 Betr.: Peter KIENESBERGER u.a. Sprengstoffanschlag auf der Porze-Scharte. Zl. 137.476-21/67 ohne Datum. BMfI/Generaldirektion für die öffentliche Sicherheit/Kriminaltechnische Zentralstelle. Sprengstoffanschlag „PORZESCHARTE". BMI/Ehemaliges Dokumentationszentrum. Ordner 32.

drei BAS-Aktivisten aus Österreich verknüpft: Andreas Egger, Karl Schafferer und Hans Jürg Humer wurden im September in Südtirol verhaftet, in allen drei Fällen auf eine durchaus beachtenswerte Weise. Alle drei hatten Sprengstoff-Anschläge in Südtirol verübt, aber keiner der drei hatte irgendetwas mit dem Vorfall auf der Porzescharte zu tun. Hans Jürg Humer gestand am 21. September dem Bozner Untersuchungsrichter Mario Martin – einem in Südtirol nicht gänzlich „unbeschriebenen Blatt" – mehr oder weniger direkt die Verantwortlichkeit von Peter Kienesberger an den Toten der Porzescharte:

„Als ich mit Dr. Burger über das Attentat von der Porzescharte [im Original als ‚Porzeschachte' geschrieben; Anm. d. Verf.] *gesprochen habe, hat er sich in einer Weise benommen, dass es klar gewesen ist, dass Kienesberger einer der Verantwortlichen ist."*[90]

Am 7. Oktober besuchte die Mutter von Hans Jürg Humer ihren Sohn im Gefängnis in Südtirol und stellte dabei fest, dass dieser Folterungen ausgesetzt gewesen sein dürfte:

„Hans Jürgen wurde mehrmals mit Salzlösung vollgepumpt, bis sein Körper wie ein Ballon angeschwollen war. Dann wurde ihm diese Salzlösung oder Säure wieder herausgepreßt. Diese Prozedur wurde mehrmals wiederholt.

Außerdem wurde Hans Jürgen nackt ausgezogen und an den Geschlechtsteilen schwer mißhandelt. [...] *Des weiteren rissen ihm die Carabinieri Körperhaare aus und schlugen ihn dauernd. Außerdem wurde Hans Jürgen nackt ausgezogen festgebunden und dann mißhandelt.* [...] *nach sechs Tagen brach Humer zusammen und machte die von den Carabinieri gewünschten Angaben.* [...]"[91]

Einen ähnlichen „Hintergrund" hatten auch die Belastungs-Geständnisse der weiteren in Südtirol Inhaftierten, die übrigens die ersten österreichischen Staatsbürger waren, die von italienischen Sicherheitsbehörden gefoltert wurden. Wie auch immer man die „Geständnisse" Eggers, Schafferers und Humers verstehen will, eine Tatsache ist jedenfalls, dass die italienischen Sicherheitsbehörden bereits am 28. Juli bei der 5. Züricher Besprechung ziemlich klare Vorstellungen von den „Attentätern" auf der Porzescharte hatten und jedenfalls wussten, dass sich einige BAS-Aktivisten in der betreffenden Nacht auf der Scharte befunden hatten.[92]

Offenbar haben die italienischen Sicherheitskräfte kaum erst durch Karl Schafferer und Hans Jürg Humer von dem „Verdächtigen" Peter Kienesberger erfahren. Schafferer selbst spricht in seiner eidesstattlichen Erklärung jedenfalls von „vorgefertigten" Protokollen, die er unter dem Einfluss der Folter unterschrieben habe.[93]

Peter Kienesberger scheint jedenfalls als „Attentäter" für die italienische Seite festgestanden zu haben. Möglicherweise hatten die Italiener von den beiden Gefolterten allerdings noch weitere Namen erfahren, vor allem jenen von Dr. Erhard Foltin-Hartung und Christian Genck, der den Aktivisten-Trupp um Peter Kienesberger am Nachmittag des 24. Juni 1967 in seinem VW-Käfer nach Obertilliach und weiter Richtung Klapfalm transportiert hatte. Bei der zweiten Verhandlung gegen die mutmaßlichen Porze-Attentäter im Jahr 1971 in Wien gab der stellvertretende Sicherheitsdirektor für das Bundesland Tirol, Dr. Obrist, zu Protokoll, dass die Informationen über Kienesberger und die anderen *„Attentäter"* sowie Genck und Percht aus Italien gekommen seien.[94] Diese Aussage wird durch das betreffende Aktenstück der Bundespolizeidirektion Innsbruck vom 10. Oktober 1967 bestätigt.[95]

Der 7. Oktober wurde auch in den Massenmedien als jener Tag erwähnt, an dem von Italien

90 Interrogatorio dell'Imputato. Humer Hans Jörg. 28. September 1967. Bozen – Gerichtsgefängnis. Bestand Christoph Franceschini, Eppan.

91 Helmut Golowitsch. Gedächtnisprotokoll einer Unterredung mit Frau Amalia Humer in deren Wohnung in Innsbruck. Archiv der Kameradschaft der ehemaligen Südtiroler Freiheitskämpfer, Nürnberg.

92 Vgl. ÖSTERREICH-ITALIEN; 5. Besprechung auf hoher Ebene zwischen Organen des österreichischen und des italienischen Sicherheitsdienstes in Anwesenheit je eines Vertreters der beiden Außenministerien in Zürich am 28. Juli 1967. BMfI Zl. 41755-17/67 vom 19. Jänner 1968. ÖStA/AdR/Bestand Inneres/Zl. 24.222-17/70.

93 Vgl. Helmut Golowitsch, Für die Heimat kein Opfer zu schwer. S. 649.

94 Vgl. Hauptverhandlung Landesgericht für Strafsachen Wien am 27. April 1971. Strafsache gegen Peter Kienesberger und Egon Kufner wegen § 4 Sprenggesetz. Beilage Gerichtsakt Porzescharte. 20 Vr 6502/68 Hv 41/68. Landesgericht Wien.

95 Vgl. Bundespolizeidirektion Innsbruck Zl. I – P – 1561/1967 res vom 10.10.1967. Gerichtsakt Porzescharte. 20 Vr 6502/68 Hv 41/68. Landesgericht Wien.

die Information über Kienesberger und Dr. Foltin bzw. Hartung an die österreichischen Behörden übergeben wurde.[96]

Am 27. Oktober teilte das Innenministerium in einer Presseverlautbarung dann die Verhaftung des dritten angeblichen Attentäters, des 23jährigen Oberösterreichers Egon Kufner mit.[97]

Nach der Verhaftung wurde Egon Kufner nach Innsbruck überstellt und dort am 27. Oktober erstmals verhört. Dabei war Kufner zu einem „Teilgeständnis" bereit. Er habe zwar anfänglich seine Beteiligung an einem Sprengstoffattentat auf der Porzescharte *„in Abrede gestellt"*, nach *„fortgesetzter Vernehmung"* gab er zu, gemeinsam mit Kienesberger und Dr. Hartung am 24.6.1967 [sic!] die *„Sprengung des Starkstrommasten auf der Porzescharte"* durchgeführt zu haben. Er wolle aber *„von einer weiteren Beteiligung der Anbringung von Sprengladungen zum Zwecke heimtückischer Morde an einer Mehrzahl von Personen nichts wissen"*.[98]

Dies sollte sich im Verlauf der nächsten Wochen ändern – oder auch nicht, da Egon Kufner mehrmals ein Geständnis ablegte und dieses später widerrief.[99] Zuletzt erklärte Kufner seinen Widerruf vom 5. Jänner 1968, nachdem er mit dem Anschlag auf der Porzescharte *„nichts zu tun"* habe, für richtig. Diese *„scheinbaren Widersprüche"* würde er vor Gericht erklären.[100] Tatsächlich haben viele der Aussagen in Kufners Geständnissen kaum einen Bezug zur aktenkundigen Realität in der Nacht vom 25. auf den 26. Juni 1967 auf der Porzescharte!

Die bevorstehenden Aktivitäten der österreichischen Judikatur stützten sich allerdings weniger auf tatsächlich relevante Beweismittel als auf das „Geständnis" des Egon Kufner, auch wenn dieser sein Geständnis widerrief – und in der Folge mehrere Male Widerrufe widerrief.

Am 6. Dezember 1967 stellte Peter Kienesberger erstmals einen *„Beweisantrag"*, die Exhumierung der vier *„angeblich auf der Porzescharte getöteten Soldaten"* unter Beiziehung von österreichischen Sachverständigen durchzuführen sowie die Blutgruppen der Getöteten mit den auf der Porzescharte sichergestellten Spuren zu vergleichen.[101]

Im Laufe des Gerichtsverfahrens wird Peter Kienesberger den Antrag auf Exhumierung sowie zur Untersuchung der Blutgruppen der Opfer der Porzescharte noch einige Male wiederholen. Stattgegeben wurde dem Antrag nie, wobei man sich dabei schwerlich einem außenpolitischen Zusammenhang entziehen kann.

Es bedarf zur Vorstellung der außen- wie auch innenpolitischen Reaktionen Italiens auf einen derartigen Antrag eines österreichischen Gerichts wohl keiner besonderen Vorstellungskraft!

Vor Gericht in Österreich

Am 26. Juli 1968 war nach mehr als sechs Monaten „Erhebungstätigkeit" die Anklageschrift der Staatsanwaltschaft Innsbruck fertiggestellt. Die Anklage lautete auf *„Mord und versuchten Mord"*, geschehen auf *„tückische Weise"*. Die Angeklagten hätten dadurch das *„Verbrechen des teils vollbrachten, teils versuchten Meuchelmordes"* begangen.

Die umfangreiche Schilderung des „Tatherganges" aus der Sicht der Staatsanwaltschaft Innsbruck gibt indes wiederum Rätsel auf: Die bestehende Zeitdiskrepanz zwischen dem Stromausfall und der von den *Alpini* des Stützpunktes Forcella Dignas gehörten Explosion wird nicht erörtert, die Innsbrucker Juristen gingen aber von zwei Patrouillen aus, die am Morgen des 25. Juni zur Porzescharte aufstiegen. Armando Piva habe der zweiten Patrouille

96 Vgl. Das Kreuzverhör gut überstanden. „Dolomiten", 13. Dezember 1968.S. 2. Sammlung Christoph Franceschini, Eppan.

97 Entwurf einer Presseverlautbarung BMfI/Abt. 17 vom 27. Oktober 1967. ÖStA/AdR, „Anschlag auf der Porzescharte am 25.6.67"/Bestand Inneres/Zl. 25.633-70.

98 Vgl. Sicherheitsdirektion für das Bundesland Tirol Zl. Res.Pos.G–697/2/67 vom 27. Oktober 1967. Gerichtsakt Porzescharte. 20 Vr 6502/68 Hv 41/68. Landesgericht Wien.

99 Vgl. Vernehmungsprotokoll Egon Kufner. Landesgericht Innsbruck. Zl. 18 Vr 2740/67 vom 27.10.67. Gerichtsakt Porzescharte. 20 Vr 6502/68 Hv 41/68. Landesgericht Wien.

100 Vgl. Schreiben Egon Kufner an das Landesgericht Innsbruck, 11. April 1968. Gerichtsakt Porzescharte. 20 Vr 6502/68 Hv 41/68. Landesgericht Wien.

101 Vgl. Beweisantrag Peter Kienesberger an den Untersuchungsrichter zum Akt 18Vr 2740/67 vom 6. Dezember 1967. Gerichtsakt Porzescharte. 20 Vr 6502/68 Hv 41/68. Landesgericht Wien.

angehört. Die Anklageschrift liest sich auch so, als sei eine Patrouille zuerst von einer *„unweit der Porzescharte stationierten Alpinieinheit"* und eine andere von Santo Stefano di Cadore zur Porzescharte gefahren bzw. aufgestiegen. Ob diese *„unweit der Porzescharte"* stationierte Einheit vom Stützpunkt Forcella Dignas oder von einem anderen Stützpunkt, etwa dem *„Schutzhaus Vallona"* – höchstwahrscheinlich dem heutigen *„Bivacco Armando Piva"* unweit der Porzescharte – aufstieg, geht aus der Anklageschrift nicht hervor. Damit ist auch eine Diskrepanz in der Berichterstattung über die Anzahl der Soldaten der *Alpini*-Patrouille am Morgen erklärbar. Einmal ist von 25 Soldaten die Rede, an anderer Stelle von 19 Soldaten. Somit wären 19 Soldaten aus Santo Stefano und die weiteren sechs Soldaten vom *„unweit der Porzescharte"* befindlichen Stützpunkt eine Erklärungsmöglichkeit.[102] Allerdings widerspricht diese Darstellung völlig den Ausführungen des damaligen *Alpini-Capitano* Zenobio Alamari, dem Kommandanten des ersten Trupps in den Morgenstunden des 25. Juni 1967, der tatsächlich mit etwa sechs Leuten auf der Porzescharte eingetroffen wäre.

Auf die Erörterung der zahlreichen weiteren Ungereimtheiten der Anklageschrift wird in der Arbeit des Verfassers „Zwischen Porze und Roßkarspitz …" eingegangen. Die italienische Politik konnte mit dieser Anklageschrift jedenfalls höchst zufrieden sein, entsprach sie doch den Intentionen vor allem der italienischen Außenpolitik!

Der beachtenswerte Verlauf der Hauptverhandlung am Landesgericht Wien ab dem 3. Dezember 1968 würde den Umfang dieser Arbeit übersteigen und ist detailliert in der erwähnten Publikation enthalten.

Die drei Angeklagten Peter Kienesberger, Dr. Erhard Hartung und Egon Kufner, die in der betreffenden Nacht ja tatsächlich von Obertilliach aus in Richtung Porzescharte aufgestiegen waren, betonten, in jener Nacht in der Nähe der Porzescharte etwa 20 Minuten in einer Mulde, vor einem Schneefeld, angehalten und gewartet zu haben. Kienesberger habe mit einem Funkgerät *„Reinold"* oder *„Richard"* gerufen, aber keinen Kontakt bekommen. Schließlich hätten sie ein Licht aufleuchten gesehen, das Geräusch von Steinen gehört und Kienesberger habe gesagt, dass es *„doch eine Falle"* sei, worauf sie wieder abmarschiert wären.

Am sechsten Verhandlungstag wurde Ing. Walter Hammerschmied von der Verbundgesellschaft als Zeuge einvernommen. Hammerschmied war am 27. Juni 1967 zur Kontrolle des gesprengten Strommastes auf der Porzescharte gewesen und betonte vor Gericht, jedenfalls keine Spuren wahrgenommen zu haben, die auf Sprengstoffattentate hingewiesen hätten.

Am 13. Dezember 1968 sorgte die Einvernahme des *„einzig überlebenden Tatzeugen"*, Unteroffizier Marcello Fagnani, für Aufsehen. Er wäre mit seinen drei Kameraden Gentile, Di Lecce und Dordi und einem Arzt mit einem Hubschrauber aus Leifers kurz vor elf Uhr in *„unmittelbarer Nähe der Spitze des Berges"* gelandet. Der Trupp sei dann auf dem *„kürzesten Weg"* bis zum gesprengten Mast aufgestiegen, wo sie die Gegend abgesucht und zwei Uhrwerke, Drähte und Batterien *„mit deutscher Aufschrift"* gefunden hätten. Leutnant Di Lecce habe außerdem einen Handschuh gefunden. Der Mast sei an sechs Stellen durch Sprengeinwirkung beschädigt gewesen. Außer seinem Trupp seien noch *„20 bis 30 Leute oben"* auf der Scharte gewesen, die der *Alpini*-Truppe angehört hätten. Fagnani selbst habe genau die Sprengstelle gesehen, an der Armando Piva schwer verletzt wurde und er habe mit seinen Kameraden Blutspuren, das blutverschmierte Funkgerät und auch *„Fleischstücke"* von Piva gesehen. Alle vier Soldaten des *„Reparto Speciale"* wären dann zusammen auf dem *„Muliweg"* zurück zum Hubschrauber abgestiegen. Der überlebende Unteroffizier schilderte vor Gericht den weiteren Hergang:

„Nach etwa 60 bis 80 m auf dem Hang ist neuerlich eine Mine in die Luft gegangen. Ich bin sofort hingefallen und habe mich dann gleich wieder erhoben und habe bemerkt, dass mir die Gesichtsseite und der Arm schmerzte. [...] *Ich erinnere mich nur mehr, dass mir jemand eine Windjacke umgehängt hat. Ich war aber nicht bewusstlos, aber ich habe überhaupt nichts mehr verstanden. Ich habe nur*

102 Anklageschrift Staatsanwaltschaft Innsbruck. 5 St 9705/67 vom 26. Juli 1968. Gerichtsakt Porzescharte. 20 Vr 6502/68 Hv 41/68. Landesgericht Wien.

Quelle: Verfasser

←
Abb. 23
Stützpunkt Forcella Dignas, unweit der österreichischen Grenze in den 1930er Jahren errichtet und in den 1960er Jahren durch das Alpini-Bataillon Val Cismon zur Grenzüberwachung verwendet.

Quelle: Horst Konrad

→
Abb. 24
Das heutige Bivacco Armanda Piva, seit 1974 als Schutzhütte in Verwendung. Im Hintergrund die Porzescharte (Entfernung 600 m). Auf den italienischen Tatortbildern ist die Schutzhütte nicht zu erkennen, sehr wohl sind es aber deren Zugangswege.

später gehört, wie der Arzt zu mir gesagt hat, lauf Fagnani." [103]

Seine Kameraden habe Fagnani nicht mehr gesehen und er sei dann erst im Spital wieder zu sich gekommen. Seine Entfernung zur gezündeten Mine gab Fagnani mit 70 bis 80 cm an und zudem wäre er *„der nächste Soldat zu dem Explosionsherd"* gewesen.[104]

Der zwölfte Verhandlungstag widmete sich ausführlich einem der wichtigsten „Beweisstücke", dem nach italienischer Darstellung von Hauptmann Gentile – bzw. nach Unteroffizier Fagnanis Darstellung – von Leutnant Di Lecce am 25. Juni 1967 bei dem gesprengten Strommast gefundenen Handschuh. Das mehr oder weniger idente Gegenstück war laut den österreichischen Sicherheitsbehörden bei Peter Kienesberger anlässlich seiner Verhaftung im Oktober 1967 gefunden worden. Allerdings waren beide Handschuhe unterschiedlich groß und auch unterschiedlich verarbeitet. Der Gerichtsvorsitzende Dr. Kubernat kam schließlich auf die Idee, Peter Kienesberger die beiden Handschuhe anprobieren zu lassen. Dabei wurde festgestellt, dass ihm vor allem der Handschuh vom Tatort zu groß war, wodurch die Beweiskraft des ungleichen Handschuhpaares beträchtlich litt. Mit einem zu großen Handschuh mit Spreng- und Zündmitteln hantieren ist eine höchst gefährliche Angelegenheit!

Am 23. Dezember 1968 wurde nach 21 Verhandlungstagen das Urteil gesprochen. Gegen Peter Kienesberger lautete der Schuldspruch auf acht Jahre Kerker, für Dr. Erhard Hartung und Egon Kufner wurde das Strafausmaß auf ein Jahr Haft festgelegt. Durch die über ein Jahr dauernde Untersuchungshaft wurden Hartung und Kufner im Gerichtssaal aus der Gefangenschaft entlassen.

Inzwischen blieb die italienische Regierung nicht untätig. Am 9. Dezember – dem siebten Prozesstag – sprach der italienische Botschafter Ducci im Außenministerium vor und bezeichnete die Prozessführung unter Oberlandesgerichtsrat Dr. Kubernat als *„sonderbar"*, da dieser zu wenig auf die Anklage eingehe, die auf *„Meuchelmord"* laute, sondern ganz im Gegenteil diesen eher zu verharmlosen trachte, so dass die Geschworenen eventuell einen *„falschen Eindruck"* gewinnen könnten. Und Botschafter Ducci baute vor: Ein Freispruch durch die Geschworenen würde dazu führen, *„daß die Verhandlungen mit Südtirol auf viele Monate zurückgestellt werden müßten"*.[105] Somit war der italienische Standpunkt klar – und das Druckmittel beim Namen genannt.

Am 18. Juni 1970 hob der Oberste Gerichtshof in Wien nach der Nichtigkeitsbeschwerde der Anklage und dem Einspruch der Staatsanwaltschaft das Urteil auf und wies den Fall zur nochmaligen Verhandlung an das Erstgericht, das Landesgericht Wien, zurück, dies mit der Auflage, den Anklagepunkt *„Meuchelmord"* zu streichen.[106]

Bereits im Frühjahr 1970 war durch die Sicherheitsdirektion für Tirol aufgrund der *„unterschiedlichen im sogenannten Porzeschartenprozeß behaupteten Gehzeiten"* eine Begehung der Porzescharte durch die drei Staatspolizisten Ludwig Feirer, Gottfried Trost und Josef Ortner angeordnet worden. Der Aufstieg der Beamten der Staatspolizei erfolgte am 24. Juni 1970, allerdings bei Tag. Nach dem Aufstieg bis ca. 150 m unter die Porzescharte in der Dauer von eineinhalb Stunden und dem Abstieg zurück zur Klapfalm in 45 Minuten ergab sich für die Sicherheitsdirektion eine Gesamt(tat)zeit von vier Stunden und 15 Minuten, wobei – wahrscheinlich wegen Egon Kufners Geständnis – eine Stunde für die Verminung eingerechnet wurde.[107]

Am 9. Februar 1971 kam es aufgrund der Entscheidung des Obersten Gerichtshofes am Landesgericht Wien zu einer neuerlichen

103 Hauptverhandlung Landesgericht für Strafsachen Wien am 3.12.1968. Strafsache gegen 1. Peter Kienesberger 2. Dr. Erhard Hartung 3. Egon Kufner wegen §§ 134 ff, 8 StG. § 4 Sprengstoffgesetz. Gerichtsakt Porzescharte. 20 Vr 6502/68 Hv 41/68. Landesgericht Wien.

104 Hauptverhandlung Landesgericht für Strafsachen Wien am 3.12.1968. Strafsache gegen 1. Peter Kienesberger 2. Dr. Erhard Hartung 3. Egon Kufner wegen §§ 134 ff, 8 StG. § 4 Sprengstoffgesetz. Gerichtsakt Porzescharte. 20 Vr 6502/68 Hv 41/68. Landesgericht Wien.

105 Zitate nach: Rolf Steininger, Südtirol zwischen Diplomatie und Terror 1947–1969. Band 3: 1962–1969. S. 610.

106 Vgl. Urteil Oberster Gerichtshof. 12 Os 94/69-21 vom 18. Juni 1970. Gerichtsakt Porzescharte. 20 Vr 6502/68 Hv 41/68. Landesgericht Wien.

107 Vgl. Bericht Bundespolizeidirektion Wien Zl. I – Pos 416/Id/12/71 res vom 4. Februar 1971. Gerichtsakt Porzescharte. 20 Vr 6502/68 Hv 41/68. Landesgericht Wien.

„Hauptverhandlung" unter Vorsitz von Oberlandesgerichtsrat Dr. Alfred Gleißner, zwei Richtern und acht Geschworenen gegen Peter Kienesberger. Egon Kufner war im Ausland und der Antrag von Dr. Erhard Hartung auf die Ausstellung eines *„Geleitbriefes"* war durch das Justizministerium noch nicht bearbeitet worden, wodurch auch er der Verhandlung fernblieb. Hartung hielt sich in Deutschland auf, wo er um politisches Asyl angesucht hatte.[108]

Die Hauptverhandlung wurde bereits um 12.00 abgebrochen, da die beiden Verteidiger Dr. Schaller und Dr. Pippan den Gerichtssaal verließen, nachdem zuvor um das Ausmaß der Anklage verhandelt wurde. Die Verteidiger hatten den Antrag eingebracht, die Hauptverhandlung *„sofort auf unbestimmte Zeit zu vertagen, um der Staatsanwaltschaft Wien Gelegenheit zu geben eine neue Anklageschrift einzubringen, die dem Urteil des OGH vom 18.6.1970 entspricht, also nicht mehr auf Mord, sondern auf* [...] *§ 4 Sprengstoffgesetz lautet und in diesem Fall auch auf Enthaftung des Angeklagten Kienesberger"* – die Staatsanwaltschaft Wien hatte der Vorgabe des Obersten Gerichtshofes nicht entsprochen – worauf die Hauptverhandlung auf *„unbestimmte Zeit"* vertagt wurde.[109]

Bis 27. April wurde die Sachlage unter den Prozessbeteiligten offenbar geklärt, die beiden Verteidiger übernahmen wieder den Fall und auch die Staatsanwaltschaft war nicht untätig geblieben: Im Gegensatz zum Vorwurf des *„versuchten Meuchelmordes"* an italienischen Sicherheitsorganen lautete nun die abgeänderte Anklage derart, dass die Angeklagten durch das Verlegen von Sprengladungen am Karrenweg und am Strommast *„eine Gefahr für das Eigentum, die Gesundheit oder das Leben eines anderen herbeigeführt"* hätten, wodurch der Tod der vier Opfer des Anschlages auf der Porzescharte verursacht worden sei. Die Angeklagten hätten somit gegen das österreichische Sprengstoffgesetz verstoßen, es erfolgte nunmehr aber keine Anklage wegen Mordes.

Im Verlauf der Verhandlung schilderte der nun anwesende Angeklagte Egon Kufner den Hintergrund für sein ursprüngliches Geständnis: Er habe in seinem Mittagessen einen *„Kassiber"* erhalten mit dem Hinweis *„nimm die Porzescharte auf dich, sonst gibt es Massenverhaftungen und Folterungen in Südtirol."* Am selben Tag habe ihn Dr. Obrist von der Innsbrucker Sicherheitsdirektion aufgesucht und er habe das Geständnis abgelegt, bei dessen Erstellung ihm Dr. Obrist mittels einer Skizze vom Tatort und einer bereitliegenden Mappe mit Lichtbildern sozusagen „behilflich" war.

Auch die bedeutsame Frage nach einer gerichtsmedizinischen Untersuchung der vier getöteten italienischen Soldaten wurde im Verfahren wieder aufgeworfen. Peter Kienesberger hatte – bereits 1968 – eine Exhumierung beantragt, von den österreichischen Untersuchungsrichtern war dieser Antrag aber nicht weiter behandelt worden.

Wie auch schon im Dezember 1968 wurde am 6. Verhandlungstag, dem 5. Mai 1971, ein beachtenswerter Zeuge befragt: Der italienische Fallschirmjäger-Unteroffizier Marcello Fagnani, der am 25. Juni 1967 schwer verwundet worden war. Seine Aussage entsprach weitgehend der offiziellen italienischen Darstellung und seiner ersten Zeugeneinvernahme 1968. Sie seien mit einem Hubschrauber 300 bis 400 m vor der Scharte gelandet und nicht auf dem Karrenweg sondern *„wild"* über den Hang aufgestiegen. Ein Minensuchgerät hätten sie nicht mit sich geführt, weil man mit einem derartigen Gerät im Hochgebirge keinen sonderlichen Erfolg habe. Der Trupp habe dann das *„Radio"* (Funkgerät; Anm. d. Verf.) des Armando Piva, Drähte, zwei Uhren, ein Isolierband sowie einen Handschuh gefunden. Das Explosionsloch, an dem Piva seine tödlichen Verletzungen erhielt, war in Fagnanis Erinnerung nur 20 bis 30 cm groß, daneben lag dessen Funkgerät. Der Trupp sei dann am Weg zurückgegangen. Gentile voran, Di Lecce *„dahinter"*, dann Fagnani und als letzter Dordi jeweils im Abstand von einem bis zwei oder drei Metern, während Gentile und Di Lecce *„nebeneinander"* gegangen seien – ein Widerspruch, der niemandem vor Gericht aufgefallen sein dürfte. Die Mine sei – so *„glaubte"* Fagnani – seitlich hin-

108 Vgl. Mitterhofer, Es blieb kein anderer Weg. S. 257–265.

109 Vgl. Mitteilung Landesgericht Wien an die Rechtsanwaltskammer für Wien vom 22. Februar 1971. Gerichtsakt Porzescharte. 20 Vr 6502/68 Hv 41/68. Landesgericht Wien.

ter ihm losgegangen. Der Unteroffizier lag nach der Verwundung 33 Tage im Spital in Innichen, dann für sechs bis acht Monate in *„verschiedenen Militärspitälern"* und war seinen Angaben zufolge auch im Jahr 1971 noch *„in Behandlung"*.

Der Rechtsbeistand Fagnanis und der Angehörigen der weiteren Opfer, Dr. Philipp, beantragte, der Unteroffizier möge seine Narben zeigen. Kienesbergers Anwalt Dr. Pippan stellte den Antrag, die Art und Ursache der Verletzungen Fagnanis untersuchen zu lassen, wogegen Staatsanwalt Dr. Müller Einspruch erhob.

Fagnani zeigte sodann seine Narben, die laut Akten großteils in der *„Brustgegend"* sowie am rechten Unter- und Oberarm lagen.[110]

Wie die Aussage Fagnanis von der seitlich hinter ihm explodierenden Mine mit diesen Verletzungen vornehmlich in der *„Brustgegend"* in Einklang zu bringen ist, scheint schwer erklärbar und wurde vor Gericht nicht weiter erörtert.

Nach Darstellung des Zeugen geschah die Explosion um 13.40 oder 13.45 italienischer Zeit. Auf die Frage des Staatsanwaltes, ob er eine Erklärung für sein Überleben habe, gab Fagnani zur Antwort, es sei *„sehr viel Glück und vielleicht auch die große Oberfläche der Vordermänner"* gewesen, die sein Leben gerettet hätten.

Der Verteidiger Dr. Schaller stellte die Frage, ob Fagnani bekannt sei, dass in Trient ein Prozess gegen *Carabinieri* stattgefunden habe, die Südtiroler gefoltert hatten. Der Zeuge erwiderte, davon wisse er nichts, fügte aber hinzu: *„Die sind gut behandelt worden, die Südtiroler*[,] *zu gut"*.

Merkwürdigerweise ging in der zweiten Verhandlung in Wien im April und Mai 1971 niemand auf die weitreichende Diskrepanz zwischen den Aussagen des Augenzeugen Fagnani und der offiziellen italienischen Darstellung des Vorfalles ein, wie sie General Marchesi am 29. Juni 1967 in Bozen präsentiert hatte.

Die eigentliche „Sensation" trug sich am achten Tag der zweiten Verhandlung zu: Peter Kienesberger probierte erneut die vorliegenden Beweisstücke „Handschuh". Der am Tatort gefundene Handschuh war abgenützter als der andere und die Finger waren um *„cirka 2 bis 3 cm zu lange"*. Entsprechend still wurde es in der Folge um das Beweisstück „Handschuh", das sich kaum mehr zur Beweisführung eignete.

Schließlich wurde am dreizehnten Verhandlungstag, dem 18. Mai 1971, das Urteil gefällt.[111]

Die *„I. Hauptfrage"* an das Geschworenengericht lautete, ob Peter Kienesberger schuldig sei, im *„Zusammenwirken"* mit Egon Kufner und des *„gesondert verfolgten"* Dr. Erhard Hartung als *„Mittäter vorsätzlich durch Anwendung von Sprengstoff als Sprengmittel und zwar*
a) durch das Verlegen zweier Sprengladungen im Bereich eines Karrenweges bzw. eines diesen fortsetzenden Fusspfades [sic!] *und*
b) durch die Anbringung und Zündung von Sprengladungen an einem Hochspannungsmast am Masten Gefahr für das Eigentum, die Gesundheit oder das Leben eines anderen herbeigeführt zu haben; durch die [...] *der Tod des Armando Piva, Francesco Gentile, Mario Di Lecce und Olivo Dordi verursacht"* zu haben. Die acht Geschworenen beantworteten diese Hauptfrage am 18. Mai 1971 mit fünf *„Nein-"* gegen drei *„Ja"*-Stimmen.
Die *„II. Hauptfrage"* betraf die gleichlautende Anklage gegen Egon Kufner und wurde ident beantwortet.[112]

Die *„Niederschrift der Geschworenen"* im Gerichtsakt gibt Aufschluss über die wesentlichen Beweggründe der Geschworenen: Das Beweisverfahren hatte demzufolge *„gewisse Zweifel"* an der Schuld der Angeklagten offen gelassen, vor allem die *„Zeitweg-Rechnung"*, aufgrund derer der nachweislich zur Verfügung stehende Zeitraum zur Begehung der Tat nicht ausreichend gewesen wäre. Auch waren einige Punkte nach Ansicht der Geschworenen *„nicht als stichhaltig anzusehen, so z.B. der Handschuh"*. Peter

110 Vgl. Hauptverhandlung Landesgericht für Strafsachen Wien am 27. April 1971. Strafsache gegen Peter Kienesberger und Egon Kufner wegen § 4 Sprengstoffgesetz. Gerichtsakt Porzescharte. 20 Vr 6502/68 Hv 41/68. Landesgericht Wien.

111 Vgl. Hauptverhandlung Landesgericht für Strafsachen Wien am 27. April 1971. Strafsache gegen Peter Kienesberger und Egon Kufner wegen § 4 Sprengstoffgesetz. Gerichtsakt Porzescharte. 20 Vr 6502/68 Hv 41/68. Landesgericht Wien.

112 Vgl. Urteil Landesgericht Wien vom 18. Mai 1971. Gerichtsakt Porzescharte. 20 Vr 6502/68 Hv 41/71. Landesgericht Wien.

Abb. 25 Tatortbilder im Gerichtsakt Porzescharte

Quelle: Gerichtsakt Porzescharte. 20 Vr 6502/68 Hv 41/68. Landesgericht Wien.

Abb. 26

Quelle: Gerichtsakt Porzescharte. 20 Vr 6502/68 Hv 41/68. Landesgericht Wien.

1 Der Ort der Explosion
2 Der gesprengte Hochspannungsmast
3 Der Ort, an welchem der Alpino PIVA verwundet wurde

← Abb. 27

Quelle: Gerichtsakt Porzescharte. 20 Vr 6502/68 Hv 41/68. Landesgericht Wien.

→ Abb. 28

1 Ort der Explosion
2 Der gesprengte Hochspannungsmast
3 Ort, an welchem der Alpino PIVA verwundet wurde

Quelle: Gerichtsakt Porzescharte. 20 Vr 6502/68 Hv 41/68. Landesgericht Wien.

Der gesprengte Hochspannungsmast

Quelle: Gerichtsakt Porzescharte. 20 Vr 6502/68 Hv 41/68. Landesgericht Wien.

← Abb. 29

→ Abb. 30

Der Krater der Explosion, von welcher der Alpino PIVA verwundet wurde

Quelle: Gerichtsakt Porzescharte. 20 Vr 6502/68 Hv 41/68. Landesgericht Wien.

Das in der Nähe des gesprengten
Hochspannungsmastes gefundene
Material

→ Abb. 31

Quelle: Gerichtsakt Porzescharte. 20 Vr 6502/68 Hv 41/68. Landesgericht Wien.

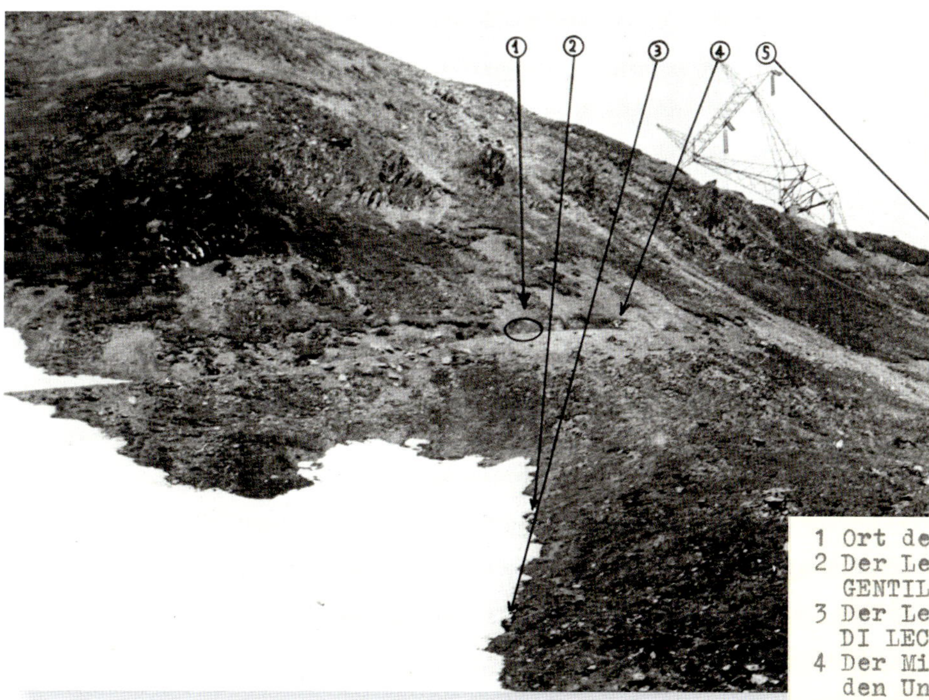

Quelle: Gerichtsakt Porzescharte. 20 Vr 6502/68 Hv 41/68. Landesgericht Wien.

← Abb. 32

1 Ort der Explosion
2 Der Leichnam des Hauptmanns GENTILE
3 Der Leichnam des Unterleutnants DI LECCE
4 Der Militärarzt,welcher den beiden Unteroffizieren Hilfe leistet
5 Der Ort der Explosion, von der der Alpino PIVA verwundet wurde

Die auf dem Sockel des gesprengten Hochspannungsmastes gefundene Uhr

Quelle: Gerichtsakt Porzescharte. 20 Vr 6502/68 Hv 41/68. Landesgericht Wien.

← Abb. 33

Zeitzünder mit Batterie,der auf dem Sockel des gesprengten Hochspannungsmastes gefunden wurde

Quelle: Gerichtsakt Porzescharte. 20 Vr 6502/68 Hv 41/68. Landesgericht Wien.

→ Abb. 34

→ Abb. 35

Der Krater der Explosion, welche den Alpino PIVA verwundete – Detail des Feuerloches

Quelle: Gerichtsakt Porzescharte. 20 Vr 6502/68 Hv 41/68. Landesgericht Wien.

← Abb. 36

1 Der Krater der Explosion, welche den Alpino PIVA verwundete
2 Blutflecke
3 Radiogerät des Alpino PIVA

Quelle: Gerichtsakt Porzescharte. 20 Vr 6502/68 Hv 41/68. Landesgericht Wien.

Quelle: Gerichtsakt Porzescharte. 20 Vr 6502/68 Hv 41/68. Landesgericht Wien.

← Abb. 37

1 Der Ort der Explosion
2 Der Leichnam des Unterleutnants DI LECCE
3 Der Leichnam des Hauptmanns GENTILE
4 Der Militärarzt, welcher den beiden Unteroffizieren Hilfe leistet

Quelle: Gerichtsakt Porzescharte. 20 Vr 6502/68 Hv 41/68. Landesgericht Wien.

→ Abb. 38

1 Der Leichnam des Sergeanten DORDI
2 Verbandkasten für erste Hilfe
3 Das geborgene Radio des Alpino PIVA
4 Der Rand des Explosionskraters
5 Unterfeldwebel FAGNANI verwundet
6 Das Gewehr eines der beiden Unteroffiziere

Der Leichnam des Unterleutnants
DI LECCE

Quelle: Gerichtsakt Porzescharte. 20 Vr 6502/68 Hv 41/68. Landesgericht Wien.

→
Abb. 39
Die Leichname der Opfer
Francesco Gentile
und Mario Di Lecce
wurden aus Gründen der
Pietät verpixelt.

Der Leichnam des Hauptmanns
GENTILE

Quelle: Gerichtsakt Porzescharte. 20 Vr 6502/68 Hv 41/68. Landesgericht Wien.

←
Abb. 40

Kienesberger wurde auf Beschluss des Gerichts enthaftet.[113]

Peter Kienesberger hatte im September 1972 das Landesgericht Wien schriftlich zu einer neuerlichen Verhandlung des Falles Porzescharte aufgefordert und verlangt, neben zahlreichen hochrangigen BAS-Aktivisten und Unterstützern wie Fritz Molden oder Gerd Bacher, den Bundeskanzler Dr. Bruno Kreisky – wegen dessen Kontaktes zum BAS – und vor allem auch den Landeshauptmann von Tirol, Eduard Wallnöfer, einzuvernehmen, da die Italiener nach dem Freispruch der Angeklagten im Jahr 1971 Verhandlungen zwischen Tirol und Italien wegen der Regelung des Warenaustausches nach dem Pariser Abkommen abgebrochen hätten. Auch Handelsminister Dr. Staribacher sollte darüber einvernommen werden, ob Italien nach dem Freispruch Druck auf das Handelsministerium ausgeübt und der Handelsminister deswegen beim Justizminister interveniert hätte. Schließlich sollte auch der damalige Justizminister Dr. Broda einvernommen werden, da das Außenministerium in dieser Sache bei ihm vorstellig geworden wäre.[114]

Aufgrund der Rückverweisung des Verfahrens an das Landesgericht Wien kam es am 25. Oktober 1972 zur neuerlichen Hauptverhandlung, bei der dann allerdings nur Egon Kufner erschien; Peter Kienesberger hatte sich mittels eines ärztlichen Attests krankgemeldet, und Dr. Erhard Hartung hielt sich in Deutschland auf.

Die erste Einvernahme des Beschuldigten Egon Kufner endete damit, dass dieser seine Unschuld beteuerte. Im weiteren Verlauf des Verfahrens wurde eine neuerliche Ausschreibung der Haftbefehle wegen Verstoßes gegen das Sprengstoffgesetz vorgenommen, eine Maßnahme, welche das Oberlandesgericht Wien am 10. Oktober 1973 widerrief. Im März 1975 wurde der Vorgang „Porzescharte" dem Bundesministerium für Justiz vorgelegt. Zwei Monate später, am 20. Mai 1975, fand die Causa ein – vorläufiges – Ende: durch die „Abolition" des Falles durch den österreichischen Bundespräsidenten.

Italien hingegen stellte im März 1978 einen Auslieferungsantrag für den nunmehr in Nürnberg als Verleger und Buchhändler lebenden Peter Kienesberger. 1981 prüfte die deutsche Bundesregierung, ob diesem Antrag stattgegeben werden solle – lehnte letztlich aber nach einem langwierigen juristischen Prozedere ab.

Ein äußerst interessanter Teil des Gerichtsaktes „Porzescharte" ist die Anlage 89, die *„Tatortermappe* [sic!] *d. ital. Behörden (Rekonstruktion)"*. Einige der Fotos wurden zweifelsfrei in engem zeitlichem Zusammenhang mit den Explosionen gemacht und fünf bis sechs der Fotos müssen relativ kurze Zeit nach dem Tod Francesco Gentiles, Mario Di Lecces und Olivo Dordis und der schweren Verletzung Marcello Fagnanis gemacht worden sein, womit es sich höchstwahrscheinlich um jene Fotos handelt, die zum einen von General Marchesi am 29. Juni in Bozen der Presse gezeigt und zum anderen am 3. Juli 1967 auf der Porzescharte der österreichischen Delegation von der italienischen Delegation übergeben worden waren.

Die Bilder Nummer 25 und 26 sind Aufnahmen, die aus einem Hubschrauber gemacht wurden, wobei das Bild Nummer 25 einige Rätsel aufgibt: Auf der Abbildung ist der Landeplatz des Hubschraubers eingezeichnet, der die Soldaten des *„Reparto Speciale"* auf die Porzescharte geflogen haben soll.

Abgesehen davon, dass es direkt unterhalb der Scharte ebenfalls einige brauchbare Landeplätze gibt, erscheint die Bildlegende merkwürdig. Mittels einer gestrichelten Linie ist jener Weg eingezeichnet, *„welcher von der Gruppe des Hauptmannes GENTILE zurückgelegt wurde, um den Pfad zu erreichen"*. Mittels einer durchgehenden Linie ist dann jener Weg gekennzeichnet, *„welcher von den 3 Feuerwerkern zurückgelegt wurde, um den Ort zu erreichen, an welchem der Alpino PIVA verwundet wurde"*.[115] Allerdings bestand der gesamte Trupp des *„Reparto Speciale"* aus vier Personen – Gentile, Di Lecce, Dordi und Fagnani. Damit stellt sich die Frage, ob nur drei der Soldaten der Spezialeinheit auf

113 Vgl. Urteil Landesgericht Wien vom 18. Mai 1971. Gerichtsakt Porzescharte. 20 Vr 6502/68 Hv 41/71. Landesgericht Wien.

114 Vgl. Schreiben Peter Kienesberger an das Landesgericht Wien am 17.9.72. Gerichtsakt Porzescharte. 20 Vr 6502/68 Hv 41/68. Landesgericht Wien.

115 Vgl. Anlage 89. Gerichtsakt Porzescharte. 20 Vr 6502/68 Hv 41/68. Landesgericht Wien.

demselben Weg zur Porzescharte aufstiegen, den auch die *Alpini*- und Finanzersoldaten am Morgen des 25. Juni zurückgelegt hatten und Hauptmann Gentile somit nicht denselben Weg benutzte? Einen Hinweis darauf hatte der Fallschirmjäger-Unteroffizier Fagnani 1968 vor Gericht in Wien gegeben: Gentile sei zuerst etwas zurückgeblieben und habe dann auf dem Karrenweg auf die anderen Soldaten seiner Einheit gewartet. Wenn nun Francesco Gentile – anstatt mit seinen Soldaten über den Grund der Geländemulde unterhalb der Porzescharte zu gehen – allein über den Karrenweg zum gesprengten Mast aufgestiegen wäre, erschiene es völlig unverständlich, dass der ausgewiesene Entschärfungs-Spezialist die aufgrund der Zeitbeurteilung höchst unzulänglich in nur wenigen Minuten mitten auf dem Karrenweg vergrabene Zündvorrichtung und den wenige Zentimeter daneben vergrabenen Sprengstoff bei diesem Aufstieg nicht bemerkt hätte, sondern erst am Rückweg mit seinen Soldaten zum Opfer dieser Sprengfalle geworden sein sollte.

Diese Darstellung des Unteroffiziers Fagnani gibt Anlass zu weiteren Thesen: Handelte es sich bei dem *Carabiniere* auf dem Karrenweg vielleicht gar nicht um Hauptmann Gentile sondern um Oberstleutnant Marzollo oder einen anderen *Carabinieri*-Offizier – der in keinem offiziellen italienischen Bericht namentlich erwähnt wurde? In diesem Fall hätte sich Gentile vielleicht gar nicht auf der Porzescharte befunden, sondern fand an einem anderen Ort den Tod – entsprechend den Gerüchten der Sextner Bevölkerung am Kreuzbergpass?

Die folgenden Bilder 27 und 28 wurden augenscheinlich ebenfalls von einem Hubschrauber aus aufgenommen. Eine auf dem dritten Bild in roter Farbe eingezeichnete Strichlinie dürfte den Weg darstellen, den die erste Patrouille aus *Alpini*- und Finanzer-Soldaten am Morgen des 25. Juni nahm.

Eine grundsätzliche Frage zu den Aufnahmen aus der Luft wäre auch, wann diese Fotos gemacht wurden. Äußerst bedenklich wäre der Umstand, dass diese Bilder sofort nach der Explosion gemacht worden wären. Falls der Hubschrauber statt der unverzüglichen Verwundetenbergung des schwer verletzten Unteroffiziers Fagnani zuerst noch Fotos gemacht hätte, müsste dazu jedenfalls eine Kamera an Bord gewesen sein. Ein Vergleich der Schneefelder auf den vorliegenden Fotos lässt allerdings eher davon ausgehen, dass die Fotos einige Zeit nach dem Vorfall gemacht wurden. Jene Schneelawine, die für den Aufstieg der ersten Patrouille am frühen Morgen des 25. Juni ein größeres Problem darstellte, stellte zum Zeitpunkt der Luftaufnahmen jedenfalls kein größeres Problem mehr dar. Allerdings sind die Schneeflecken auf den Fotos von der Begehung am 3. Juli nochmals beträchtlich kleiner, womit sich – nachdem es am 27. Juni auf der Porzescharte geregnet haben dürfte – der 28. Juni als wahrscheinlicher Tag der Aufnahme der Luftbilder ergibt. Am 29. Juni wurden die Fotos von General Marchesi in Bozen offenbar der Presse gezeigt.

Die folgenden Bilder 29 und 30 – der gesprengte Strommast Nr. 119 und jene Explosionsstelle, an der Armando Piva verwundet wurde – dürften zum selben Zeitpunkt wie die übrigen Bilder der Fotomappe im Gerichtsakt gemacht worden sein. Die im Gerichtsakt folgenden zwei Bilder weichen vom übrigen Fotobestand ab und sind in dieser Arbeit nicht abgebildet. Die beiden Fotos zeigen den Explosionsort am Karrenweg, an dem Gentile, Di Lecce und Dordi ihr Leben verloren haben sollen.

Die Bilder 31, 33 und 34 sind Fotos von „Beweismaterial", das bereits am 25. Juni beim gesprengten Mast gefunden worden sein soll.

Die Bilder 35 und 36 zeigen jenen Explosionskrater, an dem der *Alpino* Armando Piva schwer verletzt wurde. Dabei fällt auf, dass trotz eines schwerstverletzten Soldaten keinerlei Anzeichen für eine medizinische Versorgung wie herumliegendes Verbandsmaterial auf Bild 36 erkennbar sind.

Die bemerkenswertesten Fotos sind die Nummern 32 sowie 37 bis 40. Auf Foto Nummer 32 ist laut Bildlegende der italienischen Sicherheitskräfte unter der Position 1 der *„Ort der Explosion"* zu sehen. Am gekennzeichneten Fundort der Leichen des Hauptmannes Francesco Gentile – Position Nummer 2 – und des Leutnants Di Lecce – Position Nummer 3, wobei die Nummern vertauscht wurden, wie aus den weiteren Bildern hervorgeht – fällt das direkt daneben befindliche Schneefeld auf. Auf dem Schnee sind aber keinerlei Anzeichen einer

Blutlache oder auch nur irgendeiner Blutspur zu sehen, was umsomehr verwundert, als laut der italienischen Darstellung des Vorfalles die Körper der beiden Offiziere durch die Explosion der Sprengladung auf dem Karrenweg 40 respektive 50 m weit weggeschleudert worden seien – was durch den österreichischen Sprengstoffsachverständigen Ing. Massak so nicht zur Kenntnis genommen wurde. Der Polizeioffizier bemerkte jedenfalls als Zeuge vor Gericht in Wien 1968 und 1971, der italienischen Darstellung widerspreche die Menge des offensichtlich verwendeten Sprengstoffes, da diese nicht bewirken habe können, dass zwei menschliche Körper eine derart weite Strecke durch die Luft geschleudert worden wären. Diesem Vorhalt begegneten die italienischen Sicherheitskräfte mit der Bemerkung, die Leichen der beiden Offiziere seien den Hang „hinuntergekollert".

Wäre dies nun tatsächlich stichhaltig und plausibel, so wären laut dem vorliegenden Fotomaterial die beiden Opfer, denen durch die Wucht der Explosion die Uniform bzw. die Bekleidung vom Leib gerissen wurde, direkt über das Schneefeld gekollert. Der auf Bild 32 zwischen dem Explosionsort und dem Fundort der Leichen erkennbare Schnee ist „unversehrt" und weist keinerlei Spuren schrecklich zerfetzter Körper auf. Wenn – gemäß übereinstimmender Beurteilung von Sprengstoffsachverständigen – ein Körper 40 bzw. 50 m durch die Luft geschleudert würde, wäre er derart stark versehrt, dass jedenfalls kein weitgehend intakter Leichnam mehr aufzufinden wäre. Der österreichische Sachverständige Ing. Massak bemerkte als Zeuge vor Gericht in Österreich, dass aufgrund der offensichtlich verwendeten Sprengstoffmenge am Explosionsort jedenfalls nicht davon auszugehen sei, dass ein menschlicher Körper aufgrund dieser Explosion derart weit geschleudert würde.

Unter der Positionsnummer 4 des Bildes Nummer 32 ist nach italienischer Darstellung Militärarzt Mangiarotti zu sehen, der den beiden Unteroffizieren an der Explosionsstelle am Karrenweg Hilfe geleistet habe. Der laut offizieller italienischer Darstellung und laut der Aussage des Unteroffiziers Marcello Fagnani vor Gericht in Wien einzige zu jenem Zeitpunkt auf der Porzescharte vorhandene Hubschrauber war aber jener, mit dem das Team des *„Reparto Speciale"* unter Hauptmann Gentile am späten Vormittag des 25. Juni in der Mulde unterhalb der Scharte abgesetzt worden war. Als Besatzung dieses Hubschraubers sind zwei Piloten und der Militärarzt Leutnant Carlo Enzo Mangiarotti aktenkundig. Der Militärarzt befand sich auf dem vorliegenden Foto mindestens 15 bis 20 m vom schwerst verletzten Fagnani entfernt, jedenfalls nicht dort, wo er augenscheinlich dringendst gebraucht wurde. Zudem habe sich der Arzt gemäß der Aussage Fagnanis zum Zeitpunkt der Explosion beim Hubschrauber aufgehalten, wodurch noch unverständlicher wird, warum er sich auf dem Bild Nummer 32 somit in der entgegengesetzten Richtung – in Richtung Porzescharte – befand. Zudem dürfte das Bild 32 ebenfalls aus einem Hubschrauber gemacht worden sein!

Eine ähnliche Perspektive bildet das Foto Nummer 37, allerdings vom Talgrund der Mulde unterhalb der Porzescharte aus fotografiert. Die Problematik des unversehrten Schneefeldes wird auf dieser Aufnahme noch deutlicher, ein „Kollern" der Leichname Gentiles und Di Lecces ist aufgrund des Bildwinkels dieser Aufnahme weitgehend auszuschließen. Der Militärarzt Mangiarotti befindet sich auf dieser Aufnahme merkwürdigerweise noch weiter vom Ort der verletzten Unteroffiziere entfernt. Bei beiden Fotos wurden in der Bildlegende im Vergleich zu den Bildern Nummer 39 und 40 ebenfalls die Leichname des Hauptmannes Gentile und des Leutnants Di Lecce vertauscht.

Die Ungereimtheiten setzen sich im folgenden Bild Nummer 38 fort, das die weitgehend bekleideten Körper der beiden Fallschirmjäger-Unteroffiziere Dordi und Fagnani an ihrem „Fundort" in unmittelbarer Nähe des Explosionskraters auf dem Karrenweg zeigt. Die Körper sind im Vergleich zu jenen der beiden Offiziere Gentile und Di Lecce relativ weniger „versehrt" und auf dem Rücken von Dordi ist ein Gegenstand zu erkennen, der als jener Rucksack identifiziert werden kann, in dem Hauptmann Gentile gemäß Unteroffizier Fagnani die Fundstücke vom gesprengten Mast Nr. 119 untergebracht hatte. Das unter Positionsnummer 3 bezeichnete Funkgerät des *Alpino* Piva wäre somit von den „Feuerwerkern" des *„Reparto Speciale"* geborgen worden und nicht von den *Alpini-* und Finanzer-Soldaten des ersten Trupps, dem Armando Piva angehört hatte. Mehr Rätsel gibt hingegen der unter Positionsnummer 2 bezeichnete „Verbandskasten" auf. Der Behälter ist augenscheinlich geschlossen und es ist auch keinerlei Hinweis auf die Verwendung von Verbandsmaterial erkennbar, was in Anbetracht der beiden Soldaten, von denen einer zum Zeitpunkt der Aufnahme schwer verletzt und ohnmächtig war und der zweite im Sterben lag, kaum verständlich ist. Darüber hinaus wäre davon auszugehen, dass der Militärarzt Mangiarotti auf dem Foto zu sehen sein müsste, um wenigstens Fagnani für den Abtransport innerhalb der kürzestmöglichen Zeit mittels Hubschrauber vorzubereiten. Im Hintergrund dieses Bildes ist der auf Bild 25 eingezeichnete *„Landeplatz des Hubschraubers"* zu erkennen, allerdings ohne diesen.

Die beiden folgenden Bilder – Nummer 39 und 40 – zeigen, aus wenigen Metern Entfernung aufgenommen, die Leichen der beiden Offiziere *Carabinieri*-Hauptmann Francesco Gentile und Fallschirmjäger-Leutnant Mario Di Lecce an ihrem jeweiligen Fundort in 40 bzw. 50 m Entfernung vom Explosionskrater am Karrenweg. Es liegt dem Verfasser dieser Arbeit fern, gegenüber diesen Opfern einer – in jedem Fall – „terroristischen" Aktion mangelnde Pietät an den Tag zu legen. Am Fundort sowie am Zustand der Leichen der beiden Offiziere des *„Reparto Speciale"* ist aber einiges an zu erwägenden Zweifeln erwachsen: Es ist für alle Sprengstoff-Sachverständigen, mit denen der Verfasser dieser Arbeit hinsichtlich der Beurteilung des Vorfalles auf der Porzescharte und der vorliegenden Fotoaufnahmen Kontakt aufnahm, absolut unmöglich, dass die Leichen aufgrund einer Explosion mit dem sichtbaren Ergebnis des Kraters am Karrenweg derart weit entfernt vom Explosionsort entfernt zu liegen gekommen wären. Wäre die Explosion derart stark gewesen, wäre zum einen der Explosionskrater wesentlich größer bzw. tiefer als auf dem Bildermaterial zu erkennen sowie von Massak vermessen und zum anderen wären die Leichen der beiden Offiziere bei einer derartigen Explosion bis zur absoluten Unkenntlichkeit zerfetzt worden. Das auf diese – auch schon von Oberstleutnant Massak vorgebrachten – Vorhalte hin von den italienischen Sicherheitsbeamten erwähnte „Kollern" der Körper über den mit größeren Felsbrocken bedeckten Hang und über ein – unversehrtes – Schneefeld hinweg als Begründung für den Liegeort der Leichen wurde bereits weiter oben erörtert. Zudem wäre, nachdem die Leichen beider Offiziere direkt neben einem Schneefeld liegen, davon auszugehen, dass im Schnee im Umkreis der zerfetzten Körper jedenfalls Blutspuren vorzufinden wären. Des Weiteren scheint es bei einer einzigen Explosion absolut unmöglich zu sein, dass zwei Körper weitgehend vollständig bekleidet unmittelbar neben dem Explosionsort und zwei weitere Körper mit fast vollständig zerstörter Uniform bis zu 50 m weit weg von demselben Explosionsort zu liegen kommen!

Ein unlösbares Rätsel geben darüber hinaus die Liegeorte aller drei toten Soldaten am Nachmittag des 25. Juni 1967 auf. Gemäß dem Foto Nummer 38 lag der Leichnam des Unteroffiziers Dordi – in Wegrichtung gesehen – ungefähr zwei Meter vor dem Unteroffizier Fagnani, wengleich dieser nach Fagnanis Aussage vor dem Landesgericht Wien ungefähr einen Meter hinter ihm ging. Somit wäre Fagnani durch die Explosion auf dem Karrenweg nach hinten, Dordi allerdings nach vorne geschleudert worden. Auch die Erklärung Marcello Fagnanis, nachdem die Mine rechts hinter ihm explodiert sei – was mit dem Fotomaterial vom 3. Juli und dem Fundort der Zündvorrichtung nicht übereinstimmt – bietet für diesen Umstand keine Erklärung, da in diesem Fall Fagnani eigentlich nach vorne hätte fallen müssen und Dordi nach hinten – jedenfalls nicht über Fagnani und den Minenkrater hinweg. Auch die Fundorte der Leichen Gentiles und Di Lecces widersprechen dieser Darstellung völlig, da sie durch die Explosion – der Druckwelle entsprechend – nach vorne und nicht 40 bzw. 50 m nach links geschleudert worden wären, im rechten Winkel zur Druckwelle.

Eine Situation, die augenscheinlich auch dem österreichischen Sachverständigen Ing. Massak auffiel, da in der Studiensammlung des Entschärfungsdienstes des Innenministeriums eine Skizze mit den Fundorten der Opfer angefertigt wurde:[116]

116 Blick auf die Porzescharte von der ital. Seite aus gesehen. EA. K.T.D. B.P.D. Wien Zl. 30.000-17/67 vom 14. I. 1968. Sprengstoffanschlag „PORZESCHARTE". BMI/ Ehemaliges Dokumentationszentrum. Ordner 32.

Grundsätzlich ist zum Fotomaterial mit den Leichen anzumerken: Theoretisch können diese Fotos eigentlich nur wenige Minuten nach einer Explosion gemacht worden sein. Laut der ersten offiziellen Darstellung Italiens anlässlich der Pressekonferenz des Generals Marchesi am 29. Juni in Bozen befand sich mit dem Entschärfungsteam des Hauptmannes Gentile auch ein Fotograf und gemäß dem späteren Bericht des „Alto Adige" sogar ein Filmteam auf der Porzescharte. Der Zeuge Fagnani sagte in Wien hingegen aus, dass sich außer dem Entschärfungsteam und der Hubschrauberbesatzung samt dem Militärarzt Mangiarotti niemand in unmittelbarer Nähe befunden habe bzw. dass niemand außer den „Feuerwerkern" am Vormittag des 25. Juni auf die Scharte geflogen wäre. Lediglich um die 20 *Alpini*- und Finanzersoldaten hätten das Gelände „weiträumig" abgesichert.

Eigentlich hätte der Arzt Mangiarotti nicht das Eintreffen von weiteren Hilfskräften abwarten sollen, sondern hätte schnellstmöglich mit dem schwerverletzten Fagnani das nächstgelegene Spital anfliegen müssen, nachdem ohnehin weitere Kräfte der *Alpini* und einige Soldaten der *Guardia di Finanza* auf der Porzescharte anwesend waren. Wer hatte dann aber die Fotos von den Opfern samt dem umliegenden Gelände vom Hubschrauber aus gemacht? Fallschirmjäger-Unteroffizier Marcello Fagnani gab bei seinen Zeugenaussagen in Wien 1968 und 1971 auf Befragen durch die Verteidigung keine genaue Auskunft. Es habe sich um einen *Carabiniere* gehandelt.

Auf keinem einzigen der vorliegenden Fotos sind jene ungefähr 20 *Alpini*- und *Guardia di Finanza*-Soldaten zu sehen, die laut der Aussage des Unteroffiziers Marcello Fagnani vor dem Landesgericht in Wien das Gelände weiträumig absicherten. Einige Soldaten sollen direkt auf dem Bergkamm von der Scharte zum Roßkarspitz mit Blickrichtung Österreich stationiert gewesen sein und müssten somit wenigstens auf den Fotos Nummer 32 und 37 aus dem Gerichtsakt zu sehen sein.

Zu den Merkwürdigkeiten der Fotos gehört auch, dass keines der Opfer erkennbar ist, lediglich der überlebende Unteroffizier Fagnani kann identifiziert werden. Die toten Soldaten liegen alle auf dem Bauch, wodurch der österreichische Sachverständige Ing. Massak den Großteil der tödlichen Verletzungen auf der – auf den Fotos unersichtlichen – Vorderseite der Körper beurteilte. Das bewog ihn zur Annahme, die Opfer hätten im Augenblick der Explosion in „unmittelbarer Nähe" zu einander gestanden – absolut das Gegenteil zur Aussage des Unteroffiziers Fagnani 1968 in Wien sowie zur ersten offiziellen italienischen Darstellung durch General Marchesi am 29. Juni 1967, in der es hieß, die Soldaten hätten sich auf dem Rückmarsch zum Hubschrauber befunden. Jedenfalls stimmen die Aussagen des Generals Marchesi und jene des Unteroffiziers Fagnani nicht mit den Abbildungen im Gerichtsakt überein.

In Italien wurden Peter Kienesberger, Dr. Erhard Hartung und Egon Kufner zusammen mit Dr. Norbert Burger und weiteren 26 Angeklagten im Jahr 1971 bei einem Gerichtsprozess in Florenz in Abwesenheit wegen mehrerer „staatsgefährdenter" Delikte angeklagt:

„wegen des Verbrechens der politischen Verschwörung zur Bildung einer verbrecherischen Vereinigung; aufgrund von Art. 305 einziger Absatz C.P. [„Codice Penale", italienisches Strafgesetzbuch, Anmerkung des Übersetzers], *weil sie sich auf dem Staatsgebiet der Bundesrepublik Österreich und auf jenem der Italienischen Republik, und zwar in der Provinz von Bozen, von Trient und Belluno, ab einem nicht näher bestimmten Zeitraum des Jahres 1966 und bis zum 19. September 1967,* [...] *zu dem Zweck zusammengeschlossen haben, mehrere Verbrechen von jenen, die im Art. 302 C.P. angegeben sind zu begehen und, genauer gesagt* [handschriftliche Einfügung] *zu jenem der Gründung bewaffneter Banden Art. 306 C.P. zum Zweck des Angriffs auf die Integrität und Sicherheit des Staates (Artikel 285 und 241 C.P.)*
zwecks Begehens mehrerer Delikte des Massakers, um die Integrität und Sicherheit des Staates anzugreifen (Artikel 241 und 285 C.P.)
die territoriale Integrität des italienischen Staates anzugreifen, indem sie die Ablösung der Provinz Bozen von dessen Territorium und deren Unterstellung unter eine ausländische Souveränität erreichen wollten (Art. 241 C.P.) [...]."[117]

117 Repubblica Italiana, In nome del popolo italiano. La Corte di Assise di Firenze, Nr. 6170 Urteilsregister, Nr. 11/69 Allgemeines Gerichtsregister [unleserlich] 30/617 - C.P. 12571 [Rest unleserlich]. Ausgeführt durch [unleserlich, möglicherweise Polizia Giudiziaria, Gerichtspolizei]. URTEIL vom 14. MAI 197[sic] [...]. Hinterlegt am 5. Oktober 1970. Beglaubigte Übersetzung aus der italienischen in die deutsche Sprache, Studiensammlung Haus der Tiroler Geschichte/Bozen.

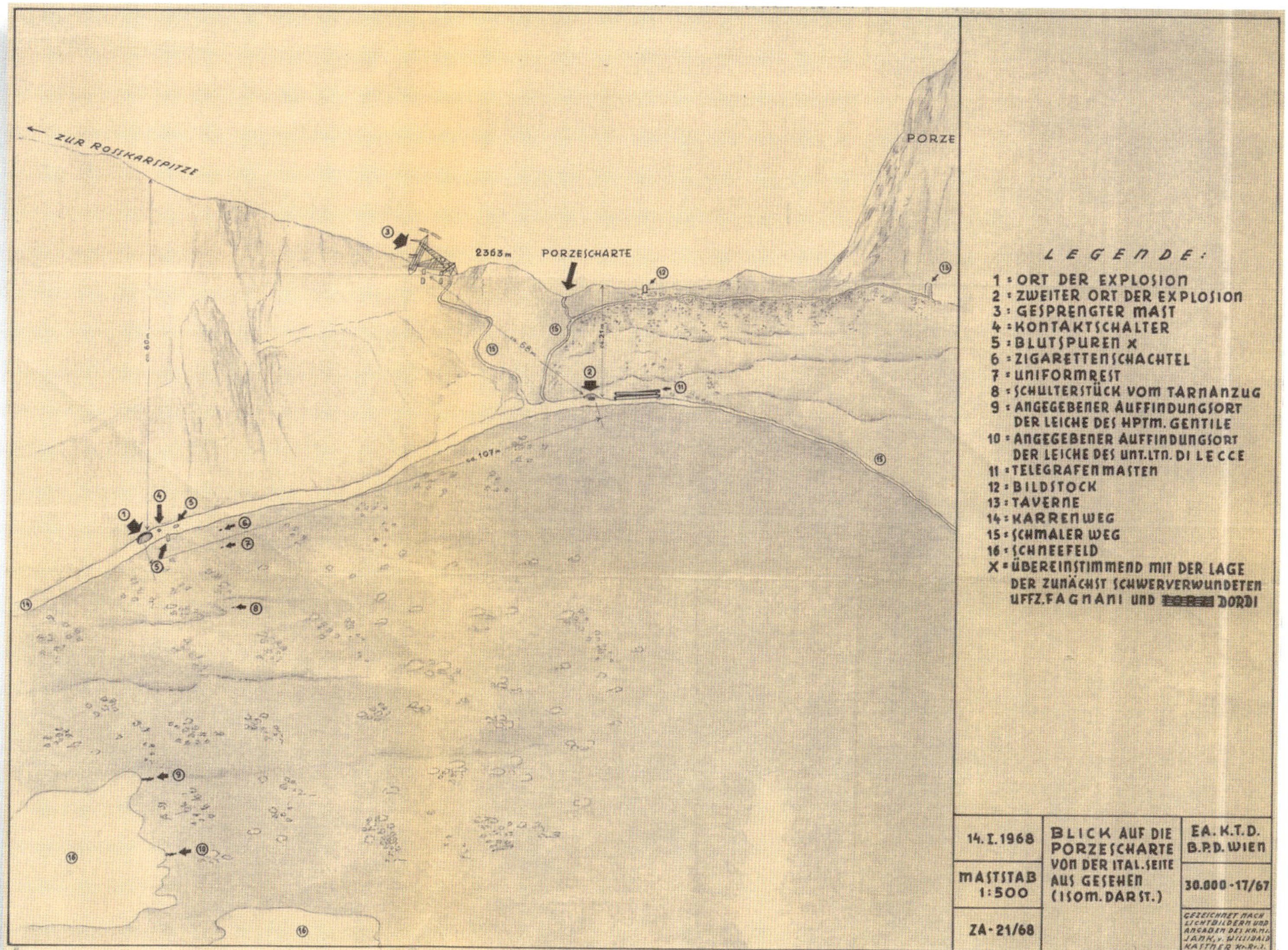

Quelle: BMI/Ehemaliges Dokumentationszentrum, Ordner 32.

↑
Abb. 41 Tatortskizze des Innenministeriums/ Kriminaltechnischer Dienst.

Den angeblichen Attentätern von der Porzescharte, Norbert Burger und Hans Christian Genck – der Kienesberger, Hartung und Kufner mit seinem Wagen in die Nähe der Porzescharte gefahren hatte – wurde zudem vorgeworfen:

„[…] wegen des Verbrechens des Massakers zum Zweck des Angriffs auf die Sicherheit des Staates, vorgesehen in den Artikeln 61 Z. 10, 118 Z.1, 285, 422, 577 Z. 2 und 3 C.P., weil sie in dem Gebiet Cima Vallona (Porzescharte) der Gemeinde S. Nicole Comelico (Provinz Belluno) am 25. Juni 1967 im verbrecherischen Zusammenwirken und zum Zweck des Angriffs auf die Sicherheit des Staates sowie zu dem der Tötung eine Tat begangen haben, die darauf abzielte, Verwüstungen und Massaker innerhalb des Staatsgebiets anzurichten, indem sie einen hochwirksamen Sprengkörper mit einem Zeitzünder an dem Leitungsmast Nr. 1 der 220.000 Volt-Stromleitung Lienz-Pelos angebracht haben, die im Eigentum der Ente Nazionale Energia Elettrica (ENEL) [italienische staatliche Stromgesellschaft, Anmerkung des Übersetzers] *steht, mit welcher sie ihn um 3 Uhr 30 zum Umstürzen brachten; sowie darin, dass sie heimtückisch auf den notwendigerweise zu benutzenden Zufahrtswegen, die zu dem Mast führen, auf dem Boden verlegte Landminen anbrachten, die mit elektrischen Auslösevorrichtungen versehen waren, die bei Druck reagierten, sodass die Angehörigen der staatlichen Einsatzkräfte, die an den Ort des umgestürzten Mastes geschickt worden waren, in die Falle gerieten und somit durch die Explosion der Minen, auf die sie notwendigerweise treten mussten, getötet wurden.*

- wobei sie dergestalt um 6 Uhr 50 schwere Verletzungen des Alpino [Gebirgsjägers] *Piva Armando verursachten, denen er in der Folge erlag, und zwar in Innichen (Provinz Bozen), und um 14 h 30 den Tod des Carabinieri-Hauptmanns Gentile Francesco, des Leutnants (Sottotenente) Di Lecce Mario und des Wachtmeisters (Sergente) Dordi Olivo sowie schwere Verletzungen des Stabswachtmeisters (Sergente Maggiore) Fagnani Marcello verursachten, die bei demselben zu Lebensgefahr, Dauerschäden im Gesicht, geschwürartigen unheilbaren Verletzungen und damit zu einem unheilbaren Krankheitszustand am ganzen Körper und einer permanenten Gehörschädigung führten;*

- wobei sie außerdem das Leben und die körperliche Unversehrtheit einer nicht bestimmten Zahl von Militärpersonen gefährdet haben, die zu dem Ort des umgestürzten Strommasts zu Fuß, in Kraftfahrzeugen und einem ebenfalls in diesem Gebiet gelandeten Hubschrauber geeilt waren.

*- wobei sie gegen öffentliche Beamte in Ausübung ihres Dienstes und ihrer Funktionen mit Vorbedacht gehandelt haben, der sich aus dem genauen Studium der Umstände des Begehens der Tat ergibt, die mehrere Tage in Anspruch nahm, aus der Vorbereitung und Herstellung der Sprengkörper und der Minen besonderer Komplexität, aus der sorgfältigen Verlegung der Sprengkörper auf dem Terrain und ihrer Verdrahtung mit aufgefundenen technischen Besonderheiten sowie mit elektrischen Zündvorrichtungen, die sich durch den Druck des menschlichen Fußes auslösen ließen, aus der Beschaffung der Sprengmittel und Geräte selbst und aus der Reise im Kraftfahrzeug von Innsbruck bis an das Ende des Tals auf österreichischer Seite und dem Fußmarsch von dort bis zum Grat der italienisch-*österreichischen Grenze an der *Porzescharte (Cima Vallona) zu dem spezifischen Zweck der Tatbegehung.“* [118]

Dr. Norbert Burger wurde vom Gericht in Florenz als „Kopf“ und Initiator der gesamten Aktion auf der Porzescharte beurteilt und Peter Kienesberger als Anführer des Trupps. Die vorhergehende Sprengung des Strommastes habe den Zweck gehabt, die Opfer *„mit Hinterlist“* an den Tatort zu locken. Bei Burger käme noch erschwerend hinzu, dass er seine *„Autoritätsstellung“* auf der Innsbrucker Universität ausgenutzt habe, um Studenten zu Straftaten anzustiften.

Das Urteil des Schwurgerichts erster Instanz von Florenz lautete für Dr. Norbert Burger *„wegen der fortgesetzten Begehung der Straftat des Massakers zu lebenslänglicher Haft“*, und weiteren insgesamt 15 Jahren wegen *„Leichenschändung“* – es ging dabei um einen Anschlag auf das Beinhaus für gefallene italienische Soldaten des Ersten Weltkrieges in Mals –, des *„Attentats auf den ENEL-Mast“*, *„schwerer Sachbeschädigung“* und *„Gründung einer bewaffneten Bande“*. Von der Straftat *„des Angriffs*

118 Repubblica Italiana, In nome del popolo italiano. La Corte di Assise di Firenze, Nr. 6170 Urteilsregister, Nr. 11/69 Allgemeines Gerichtsregister [unleserlich] 30/617 - C.P. 12571 [Rest unleserlich]. Ausgeführt durch [unleserlich, möglicherweise Polizia Giudiziaria, Gerichtspolizei]. URTEIL vom 14. MAI 197[sic] […]. Hinterlegt am 5. Oktober 1970. Beglaubigte Übersetzung aus der italienischen in die deutsche Sprache, Studiensammlung Haus der Tiroler Geschichte/Bozen.

auf die territoriale Integrität des Staates" wurde Burger hingegen freigesprochen.

Dr. Erhard Hartung wurde wegen der *„Straftat des Massakers"* zu lebenslanger Haft und zusätzlich wegen des *„Attentats auf den ENEL-Mast"* zu zwei Jahren und acht Monaten, der *„Sachbeschädigung"* ebenfalls zu zwei Jahren und acht Monaten und wegen der *„Bildung einer bewaffneten Bande"* zu fünf Jahren Freiheitsstrafe verurteilt. Vom Anklagepunkt 13, *„des Angriffs auf die territoriale Integrität des Staates"* wurde auch Erhard Hartung freigesprochen.

Peter Kienesberger erhielt ein etwas höheres Strafmaß als Dr. Hartung – lebenslange Haft wegen der *„fortgesetzten Begehung der Straftat des Massakers"* und zusätzlich 13 Jahre und sechs Monate wegen der Delikte *„Leichenschändung"*, des *„Attentats auf die ENEL-Anlage"*, der *„Sachbeschädigung"* und der *„Bildung einer bewaffneten Bande"*. Auch Kienesberger wurde vom Anklagepunkt 13 freigesprochen.

Egon Kufner wurde hingegen wegen der *„Straftat des Massakers"* zu 20 Jahren, des *„Attentats"* auf und der *„Beschädigung der ENEL-Anlage"* zu je einem Jahr sowie die *„Bildung einer bewaffneten Bande"* zu weiteren zwei Jahren verurteilt und vom Anklagepunkt 13 freigesprochen.

Gegen Dr. Norbert Burger, Dr. Erhard Hartung und Peter Kienesberger sprach das Florentiner Gericht zusätzlich *„den ewigen Ausschluss von der Fähigkeit zur Übernahme öffentlicher Ämter sowie die Entmündigung kraft Gesetzes"* aus und weiters: *„das Gericht erklärt die Genannten als verlustig der Erziehungsberechtigung, der ehelichen Vormundschaft über die Gattin und der Testierfähigkeit"*. Gegen Egon Kufner sprach das Gericht *„den ewigen Ausschluss von der Fähigkeit zur Übernahme öffentlicher Ämter sowie die Entmündigung kraft Gesetzes während der Verbüßung der Strafe"* aus.[119]

Gegen alle vier Angeklagten ergingen die Urteile in Abwesenheit.

Eine Begnadigung bzw. Rehabilitierung scheint – trotz des Freispruches bzw. der Einstellung des Verfahrens in Österreich – immer noch in weiter Ferne zu liegen; eine Amnestie scheint für Italien gänzlich undenkbar zu sein, obwohl dies bereits 1969 anlässlich der Verhandlungen zum Südtirol-Paket und dem „Zweiten Autonomiestatut" zwischen Österreich und Italien vereinbart wurde. Gemäß den italienischen Vorgaben müsste der – nach dem Tod von Peter Kienesberger im Juli 2015 – letzte noch zu einer lebenslänglichen Haftstrafe verurteilte Prof. Dr. Erhard Hartung ein „Gnadengesuch" beim italienischen Staatspräsidenten einreichen und zudem „tätige Reue" für die damaligen Taten zeigen. Dies würde allerdings bedeuten, dass der Mediziner ein Schuldeingeständnis macht, was für Dr. Hartung – aus für den Autor begreiflichen Gründen – nicht in Frage kommt!

Noch etwas eigenartiger stellt sich die Situation bei Egon Kufner dar: Auch Kufner reichte niemals ein „Gnadengesuch" ein, aus denselben Gründen wie Erhard Hartung. Allerdings wurde Kufner am 28. Juni 2007 vom italienischen Staatspräsidenten Napolitano trotzdem begnadigt, zusammen mit vier weiteren ehemaligen BAS-Aktivisten, darunter Luis Larch, der von Italien wegen des angeblichen Anschlages auf der Steinalm im September 1966 zu 28 Jahren verurteilt worden war. Nachdem nun in Italien ein Urteil nach 30 Jahren unter die „Vollstreckungsverjährung" fällt, „begnadigte" Napolitano die österreichischen Staatsbürger Egon Kufner, Josef Felder, Helmuth Moritz und Gottfried Tschaikner von der *„Zusatzstrafe des Verbotes der Bekleidung öffentlicher Ämter"*. Lediglich Luis Larch wurden die zur Verjährung seiner Haftstrafe noch fehlenden sechs Monate nachgelassen. Keine Begnadigung sprach Staatspräsident Napolitano für jene österreichischen Staatsbürger aus, die wegen *„der in diesen Jahren verübten Bluttaten"* zu lebenslänglicher Haft verurteilt worden waren – darunter der „Vorfall" auf der Porzescharte. Eine lebenslängliche Haftstrafe verjährt in Italien nicht, daher wären eine „Amnestie" oder eine „Begnadigung" die einzigen Möglichkeiten.

119 Repubblica Italiana, In nome del popolo italiano. La Corte di Assise di Firenze, Nr. 6170 Urteilsregister, Nr. 11/69 Allgemeines Gerichtsregister [unleserlich] 30/617 - C.P. 12571 [Rest unleserlich]. Ausgeführt durch [unleserlich, möglicherweise Polizia Giudiziaria, Gerichtspolizei]. URTEIL vom 14. MAI 197[sic] […]. Hinterlegt am 5. Oktober 1970. Beglaubigte Übersetzung aus der italienischen in die deutsche Sprache, Studiensammlung Haus der Tiroler Geschichte/Bozen.

Egon Kufner wurde wie die weiteren Begnadigten durch Italien offiziell nicht vom Akt des Staatspräsidenten in Kenntnis gesetzt. Die Begnadigung wurde lediglich im *„Corriere della Sera"* – der auflagenstärksten italienischen Zeitung – vom 4. August 2007 verlautbart.[120]

Nach der Begnadigung des „Pusterers" Heinrich Oberleiter im Dezember 2021 äußerte sich der Südtiroler Rechtsanwalt, Politiker der SVP und ehemalige italienische Senator, Dr. Karl Zeller, der sich jahrelang mit den noch ausstehenden Begnadigungen von ehemaligen BAS-Aktivisten befasste und sich für Oberleiters Begnadigung einsetzte, in „Die neue Südtiroler Tageszeitung" zur „richtigen" Vorgangsweise für Begnadigungen durch den italienischen Staatspräsidenten: Man dürfe *„die Frage der Begnadigung nicht auf eine politische Ebene herunterbrechen"*. Abgesehen davon, dass Zeller in dem Interview nicht mit – politischen – Beurteilungen zur Bereitschaft zur *„Reue"* der nach wie vor in Italien Verurteilten spart, stellt sich im Hinblick auf die sicherheitsdienstlichen Forschungsergebnisse, die in dieser Arbeit präsentiert werden, schon die Frage, wie denn die durch und durch „politischen Verurteilungen" der angeblichen Attentäter der Vorfälle am Pfitscherjoch, der Steinalm und der Porzescharte denn anders als auf einer „politischen Ebene" behandelt werden müssten? Offenbar verlangt der Südtiroler Politiker und Rechtsanwalt nicht viel weniger, als dass die angeblichen Attentäter „tätige Reue" für Vergehen zeigen müssten, die diese mit an Sicherheit grenzender Wahrscheinlichkeit nicht begangen haben können!

Die beachtenswerte Sicht- und Herangehensweise der italienischen Justiz in Bezug auf die „tätige Reue" schilderte Dr. Karl Zeller im selben Zeitungsbericht: Ende 2017 habe sich die Tochter von Heinrich Oberleiter an ihn gewandt, um ein Gnadengesuch für ihren Vater einzureichen. Dann vergingen Monate, *„weil das Leumundszeugnis, die Bestätigung des Bischofs zu den Bibelstunden, die Oberleiter geleistet hat, und die Bestätigung, dass er behinderte Kinder bei sich aufgenommen hat, ins Italienische übersetzt und beglaubigt werden mussten"*. Das Gnadengesuch wurde dann Ende 2019 eingereicht, der Staatsanwalt des zuständigen Gerichts in Brescia gab ein positives Gutachten ab, aber dann dauerte es wiederum, *„weil sich das Justizministerium quergestellt hat. Diese Blockade hat bis 2021 gedauert"*. Heinrich Oberleiter habe sich nicht entschuldigen müssen für seine seinerzeitigen Taten, *„aber er hat sein Bedauern darüber ausgedrückt, dass dieser Kampf Opfer gefordert hat"* und *„er hat der Gewalt abgeschworen"*.

Die Bewegung „Süd-Tiroler Freiheit" (STF) – die für die Selbstbestimmung der Südtiroler eintritt; Anm. d. Verf. – erwarte sich nun zwar auch weitere Begnadigungen, *„die guten STFler haben aber noch immer nicht verstanden, dass die Begnadigung kein politischer Akt ist, sondern ein menschlich persönlicher"*.[121]

Dieser Aussage ist allerdings entgegenzuhalten, dass eine Beschäftigung mit der Geschichte der Begnadigung von ehemaligen Südtirol-Aktivisten seit deren Vereinbarung zwischen dem österreichischen Außenminister Kurt Waldheim und seinem italienischen Amtskollegen Aldo Moro im Jahr 1969 mit aller Deutlichkeit den „politischen Charakter" der Begnadigungen bzw. von deren jahrzehntelanger Verweigerung beweist, analog zum oben angeführten „politischen Charakter" der Verurteilungen.

Resümee zum Vorfall auf der Porzescharte

Grundsätzlich ist anzuführen, dass der Versuch eines „Resümees" zum Vorfall auf der Porzescharte eine besondere Herausforderung darstellt, so man wenigstens einen Großteil der verschiedensten Informationen in Betracht zieht. Dazu kommt die Vielschichtigkeit dieser verschiedensten Informationsstränge, die sich von der offiziellen italienischen Darstellung über die zumeist anderslautenden sicherheitsdienstlichen Akten in Österreich bis hin zu den österreichischen und italienischen Gerichtsakten ziehen.

120 Vgl. https://www.corriere.it/Primo_Piano/Cronache/2007/08_Agosto/03/napolitano_grazia.html [Stand: 2 Mai 2022].

121 Vgl. „Italien ist nicht böse". Interview mit Karl Zeller in: „Die neue Südtiroler Tageszeitung", Samstag/Sonntag, 11./12. Dezember 2021. S. 1 und 4f.

Nach der Beurteilung des Verfassers ergeben sich mindestens zwei mögliche Szenarien für die Opfer der Explosionen des 25. Juni 1967.

Erstens: Die drei Toten und der Schwerverletzte des *„Reparto Speciale"* verloren bei einer militärischen Übung auf dem Kreuzbergpass ihr Leben bzw. ihre Gesundheit und wurden unmittelbar nach dem dortigen Vorfall unter dem Kommando geheimdienstlicher Kreise auf die Porzescharte geflogen, um ein – außenpolitisch höchst willkommenes – brutales Attentat vorzutäuschen. Nach den diesem Ziel entsprechenden Aktivitäten samt Dokumentation flog man die Opfer in das Zivilkrankenhaus Innichen.

Zweitens: Die beiden Offiziere Francesco Gentile und Mario Di Lecce fielen einem fingierten oder realen Unfall auf dem Kreuzbergpass zum Opfer, während die beiden Unteroffiziere Olivo Dordi und Marcello Fagnani tatsächlich auf der Porzescharte im Zuge der dortigen Entschärfungsaktion auf dem Karrenweg auf eine Mine traten. Es folgte – nach dem vorigen Drehbuch und mit derselben politischen Zielrichtung – die Überstellung der Opfer unter geheimdienstlicher Regie nach Innichen.

Das erste Opfer am Morgen des 25. Juni 1967, der *Alpino* Armando Piva, wurde unzweifelhaft durch eine Sprengladung direkt auf der Porzescharte tödlich verletzt. Die Art der Zündvorrichtung und die Urheberschaft der Sprengladung liegen allerdings nach wie vor im Dunkel.

Beurteilt nach dem möglichen „Täterkreis", ergeben sich ebenfalls zwei „Szenarien" zum Vorfall auf der Porzescharte:

Das erste Szenario ist im Wesentlichen die „offizielle" italienische Darstellung von den Ereignissen um den 25. Juni 1967. Nach diesem ersten Szenario hätte Peter Kienesberger und seine beiden Begleiter Dr. Erhard Hartung und Egon Kufner in der enorm kurzen Zeit von höchstens einer halben Stunde den Strommast direkt an der Grenze doppelt vermint und hätten die zwei perfekt getarnten Sprengfallen derart optimal verlegt, dass sie ihr mörderisches Ziel erreichten und zudem auch noch ein Bekennerschreiben aufzufinden war, das unzweifelhaft die Verantwortung des BAS an dem Anschlag dokumentierte! Zudem hätten die Attentäter zudem sogar noch den Strom der 220 kV-Leitung auf irgendeine Art und Weise abschalten und letztlich Explosionen herbeiführen müssen, deren Ergebnisse den Gutachten von Spreng- und medizinischen Sachverständigen zufolge allen naturwissenschaftlichen Gesetzen entgegenstehen! Zudem wäre im Fall der Sprengung auf dem Karrenweg eine beträchtliche Portion Zufall im Spiel: Dass auf einem drei Meter breiten Karrenweg eine Person genau auf eine Zündvorrichtung mit einer Breite von 30 cm tritt, scheint nicht besonders wahrscheinlich! Neben den Gutachten von Sachverständigen ist auch das vorliegende Bildmaterial mit keiner einzigen der mehr oder weniger offiziellen italienischen Darstellungen in Einklang zu bringen.

Szenario zwei: Den Hinweisen und Darstellungen in den – zwar ebenfalls „amtlichen", aber der Öffentlichkeit unbekannten – Akten der österreichischen Staatspolizei und anderen „offiziellen" österreichischen Quellen zufolge lässt sich der Vorfall allerdings auch gänzlich anders verstehen und darstellen. Der Mast Nr. 119 wurde bereits in der Nacht vor der Nacht des 24./25. Juni 1967 zur Sprengung mit einer Zündvorrichtung vorbereitet, die bereits mehrmals von BAS-Aktivisten verwendet worden ist, da in dieser Nacht der Strom einseitig in Italien abgeschaltet wurde. Denkbar wäre auch eine vorbereitete Sprengladung, die weniger der Sprengung des Strommastes als vielmehr der Tötung oder Verletzung der BAS-Aktivisten um Peter Kienesberger dienen sollte. Als Personenkreis eines derartigen Vorhabens kommen Spezialisten aus dem Umkreis des italienischen Geheimdienstes, im Besonderen der geheimen Organisation *„Gladio"* in Frage. Als Unterkunft bzw. Stützpunkt dieser Spezialkräfte kann ein im Sommer 1967 gut getarnter „Shelter" ca. 530 m unterhalb der Porzescharte betrachtet werden, das heutige *„Bivacco Armando Piva"*.

Der weitere Verlauf stimmt anfangs mit jenem aus Szenario eins überein: Peter Kienesberger steigt mit seinem Trupp ungefähr um 21.00 Uhr nach Einbruch der Dunkelheit – um vom *Alpini*-Stützpunkt Forcella Dignas aus nicht gesehen zu werden –, in Richtung Porzescharte auf. Aufgrund der vorhergehend beschriebenen Situation steht ein „Empfangskommando", bestehend aus „Spezialisten" bereit, dessen Personenkreis aber wenig mit dem *„Reparto Speciale"* aus Leifers zu tun gehabt haben dürfte.

Sei es, dass Kienesberger bereits beträchtlich vor der Porzescharte eine mögliche italienische Falle vermutete oder erkannte, sei es, dass er spätestens beim Versuch, den Mast Nr. 119 zu verminen auf die bereits angebrachten Sprengladungen stößt und daher das Vorhaben schleunigst abbricht – seine Erkenntnis, in dieser Nacht nicht allein auf der Porzescharte zu sein, entspricht mit einiger Sicherheit der Wirklichkeit.[122]

Über den Hintergrund und die wahre Absicht des Einsatzes der drei BAS-Aktivisten in der Nacht vom 24. auf den 25. Juni 1967 gibt es nur vage Hinweise, die zudem als „Verteidigungslinie" im Gerichtsverfahren dienten. Es wäre um die Bergung eines verwundeten BAS-Aktivisten von Südtirol nach Österreich gegangen. Vehement stellen die beiden noch lebenden angeblichen Attentäter Dr. Hartung und Kufner das von italienischer Seite unterstellte Ziel der gezielten Tötung von Angehörigen der italienischen Sicherheitskräfte mittels zweier Minen in Abrede. Die in Italien verurteilten und jedenfalls im Fall des Dr. Erhard Hartung nach wie vor von Inhaftierung bedrohten, in Österreich hingegen freigesprochenen Aktivisten beteuern mit aller Klarheit, mit dem Tod der vier italienischen Soldaten am 25. Juni 1967 nicht das Geringste zu tun zu haben, eine Situation, die vor Gericht in Wien und durch verschiedene Gutachten stark untermauert wird.

Unnötig zu erwähnen, dass in Italien nach wie vor größtenteils vom ersten Szenario ausgegangen wird und diese Annahme auch von einigen Historikern in Südtirol geteilt wird. Dies zwar zumeist unter Bedachtnahme auf ideologische Begründungen – denenzufolge die drei Porzescharte-Attentäter aus Österreich „Rechtsextremisten" gewesen wären –, allerdings auch gleichzeitig unter völliger Missachtung der sicherheitsdienstlichen Aktenlage und aller sprengtechnischen und naturwissenschaftlichen Bedingungen.

Offenbar ist der Vorfall auf der Porzescharte noch um einiges vielschichtiger als bisher erkennbar, und höchstwahrscheinlich waren weitere bis heute unbekannte Personen in das Vorhaben involviert – dies auf „beiden Seiten". Im Gespräch mit den ehemaligen Aktivisten entsteht der Eindruck, dass auf der Seite der BAS-Aktivisten nur Peter Kienesberger weitere Hintergründe wusste, diese aber leider mit ins Grab nahm!

Der einzige aktenkundige Hinweis auf Personen, die in den Vorfall auf der Porzescharte involviert sein dürften, ist jenes – weiter oben beschriebene – Brieffragment mit einer Adresse und Telefonnummer in Rom, das von Ing. Hammerschmied von der österreichischen Verbundgesellschaft am 27. Juni unter dem gesprengten Strommast Nr. 119 gefunden wurde.

Die italienischen Sicherheitsbehörden hatten sich offenbar für die Informationen des Beweisstückes auffallend wenig bis gar nicht interessiert. Beim Gerichtsverfahren gegen die angeblichen Attentäter der Porzescharte in Florenz im Jahr 1970 kam das Brieffragment nicht zur Sprache.[123]

Der Südtiroler Historiker und Journalist Christoph Franceschini konnte über 50 Jahre nach dem „Vorfall" auf der Porzescharte durch seine Arbeit im Archiv des deutschen „Bundesnachrichtendienstes" (BND) Licht in die Angelegenheit bringen und eine Person hinter der Adresse und Telefonnummer in Rom aufdecken. Die Spur führt – wie zu erwarten – in geheim-/nachrichtendienstliche Kreise: Eine Art „Schlüsselperson" ist der in Rom aufgewachsene Johannes *„Giovanni"* Gehlen, Halbbruder des Gründers und langjährigen Leiters des deutschen „Bundesnachrichtendienstes" Reinhard Gehlen. Der BND war und ist der zivile und militärische Nachrichtendienst der Bundesrepublik Deutschland und somit zuständig für die „Auslandsaufklärung". Reinhard Gehlen stand dieser ständig wachsenden Dienststelle von seiner Gründung 1946 als „Organisation Gehlen" und seiner Überleitung in den BND im Jahr 1956 bis Ende April 1968 vor.[124]

122 Vgl. Peter Kienesberger/Alois M. Euler, Sie nannten uns Terroristen. S. 384.

123 Vgl. Christoph Franceschini, Segretissimo – Streng geheim! S. 355.

124 Vgl. dazu Christoph Franceschini, Segretissimo – Streng geheim! Franceschini geht in dieser Publikation erstmals auf die Zusammenhänge zwischen dem Bundesnachrichtendienst und der Südtirol-Problematik ein. Zudem bietet der Autor einen Überblick über die Struktur und Arbeitsweise des deutschen Nachrichtendienstes.

Johannes „Giovanni" Gehlen war analog zur Präsidentschaft seines Bruders seit Ende der 1940er Jahre bis 1968 Leiter des BND-Büros in Rom. Johannes Gehlen dürfte nach seiner Tätigkeit für den BND auch für andere „Dienste" aktiv gewesen sein, darunter offenbar auch „Ost-Dienste", was zu seiner Überwachung durch den italienischen Nachrichtendienst *„Servizio Informazioni Difesa"* (SID) führte.[125] Allerdings war – und ist – die gegenseitige Überwachung auch unter „befreundeten Diensten" – wie jene der NATO-Staaten – durchaus nicht unüblich. Bemerkenswerterweise findet sich ein Akt des italienischen Innenministeriums zu Reinhard Gehlen in der Kategorie *„Ausländer, die eine Gefahr für die Sicherheit der Institutionen darstellen"* im Staatsarchiv in Rom. Das italienische Misstrauen – zumindest des Innenministeriums – gegenüber dem deutschen BND scheint beträchtlich gewesen zu sein, wenn dessen Leiter als „gefährliche Person" in den Akten aufscheint![126]

Im Sommer 1969 wurde vom SID eine intensive – und gerichtlich angeordnete – Überwachung Johannes Gehlens samt dessen Telefonabhörung gestartet, da der nunmehr ehemalige BND-Mitarbeiter der Spionage gegen Italien verdächtigt wurde. Im Frühjahr 1970 bestand ein intensiver telefonischer Kontakt zu einer Person aus Rom, der gemäß den Aufzeichnungen des SID augenscheinlich mit Gehlen *„wie alte Freunde"* verkehrte, selbstverständlich ohne Nennung von Namen. Die beiden würden nach den Informationen des SID jedenfalls „nachrichtendienstliches Material" austauschen, wobei auch der Vatikan erwähnt wurde. Johannes Gehlen bezeichnete sein römisches Gegenüber als „Professor" und „Freund Nr. 1", und zudem kannte dieser auch den Halbbruder und BND-Chef persönlich. Im April 1970 vereinbarten Johannes Gehlen und der „Professor" telefonisch ein Treffen am römischen Bahnhof Termini, und dabei wurden die beiden vom SID beschattet und fotografiert, wobei offenbar wieder ein Informationsaustausch in Form eines Briefkuverts erfolgte.[127]

Offenbar sahen die beiden Personen, die sich zweifelsfrei im „Dunstkreis" wohl mehrerer Geheimdienste bewegten, wenig „Gefahr" von Seiten des italienischen Nachrichtendienstes, worauf die vorliegenden Informationen mit einiger Deutlichkeit hinweisen.

Jedenfalls wurde der „Professor" nach diesem Treffen vom SID rasch „enttarnt": Es handelte sich um Tommaso Volpicelli, der mit seiner Familie an der römischen Adresse *„Via Bartholomeo Avanzini 79"* wohnte. Die Telefonnummer an seiner Arbeitsstelle war *„496602 537"*. Es handelte es sich somit um genau jene Daten, die Inhalt jenes Brieffragments sind, das am 27. Juni 1967 unter dem gesprengten Strommast Nr. 119 auf der Porzescharte vom Mitarbeiter der Verbundgesellschaft aufgefunden und der Staatspolizei übergeben worden war. Somit stellt sich die Frage, was Tommaso Volpicelli mit dem Vorfall auf der Porzescharte zu tun haben könnte: Der 1916 in Salerno geborene Volpicelli arbeitete für verschiedene Ministerien, darunter das Außenministerium. Nicht zuletzt durch seine eigene Indiskretion – er rühmte sich öffentlich, *„besonders vertrauliche Aufträge"* für Innen- und Verteidigungsministerium zu erledigen – geriet der „Professor" ins Visier der italienischen Polizei und wurde überwacht. In den zur Porzescharte interessanten Jahren arbeitete Volpicelli für das Kontrollamt des *„Genio Civile"* im „Ministerium für öffentliche Arbeiten". Seine politische Karriere für die *„Democrazia Cristiana"* endete nach einigen Intrigen und ungeklärten Anschlägen auf Parteilokale mittels „Papierbomben" durch seinen Parteiausschluss.[128]

Warum nun interessierten sich die italienischen Behörden nach dem Vorfall auf der Porzescharte nicht für die Person des Tommaso Volpicelli – zumindest gegenüber ihren österreichischen Kollegen? Eine mögliche Antwort fand

125 Vgl. Christoph Franceschini, Segretissimo – Streng geheim! S. 356.

126 Vgl. Ministero dell'interno, Direzione generale pubblica sicurezza. Divisione affari reservati (1948 - 1970). Categorie permanenti, Cgt. O, stranieri pericolosi per la sicurezza delle istituzioni, fascicoli personali (1949-1965). *https://search.acs.beniculturali.it/OpacACS/authority/IT-ACS-SP00001-00000363* [Stand: 7. Juni 2022].

127 Vgl. Christoph Franceschini, Segretissimo – Streng geheim! S. 356.

128 Vgl. Christoph Franceschini, Segretissimo – Streng geheim! S. 357f.

Christoph Franceschini in einem Aktenstück des *„Ufficio Affari Riservati“* (UAR), der nachrichtendienstlichen Abteilung der Staatspolizei des italienischen Innenministeriums:

„Er ist ein enger Freund einiger hoher Offiziere der Carabinieri und der Finanzwache, die ihn immer wieder zu Hause besuchen und ihn sehr oft auch mit dem Wagen abholen und wieder heimbringen. Zudem liefert ihm ein Carabiniere mit einem Motorrad immer wieder Korrespondenz nach Hause.“ [129]

Franceschini geht in seiner Arbeit auch umfassend auf die weiteren Kontakte von Tommaso Volpicelli ein, die jedenfalls auf eine Zusammenarbeit des römischen Ministerialbeamten mit hochrangigen italienischen Nachrichtendienst-Protagonisten seit der Faschistenzeit hinweisen, die schließlich im *„Servizio Difesa Civile“* münden, einer Organisation, die unter Innenminister Mario Scelba in den 1960er Jahren gegründet wurde.[130]

Innenminister Scelba spielte in den Ereignissen um Südtirol in den 1960er Jahren eine „beachtenswerte“ Rolle. Durch seine faktische Genehmigung beförderte er die Folterungen von BAS-Aktivisten durch italienische Sicherheitsbehörden, die auch unter einigen seiner Nachfolger weitergeführt wurden und die zweifellos einen Anteil an der Radikalisierung der Situation in Südtirol hatten.

Dieser *„Servizio Difesa Civile“* hatte allerdings wenig mit dem Begriff „Zivilschutz“ zu tun als vielmehr mit einer geheimen Struktur, bestehend aus Zivilpersonen, die für den Kampf gegen die Kommunisten in Italien bewaffnet und ausgebildet wurden.[131]

Die Gefahr einer politischen Machtübernahme oder zumindest einer Beteiligung der Kommunisten in Italien an der Regierungsmacht war jahrelang nicht ganz unwahrscheinlich und wurde von den Westmächten, voran den USA, entsprechend kritisch gesehen. Diese Situation führte daher unter der Förderung durch die Nachrichtendienste der Westmächte zur Gründung entsprechender geheimer Strukturen wie dem *„Servizio Difesa Civile“* des Innenministeriums oder vor allem der *„Stay behind“*-Organisation *„Gladio“*, die allerdings vom Verteidigungsministerium und dessen militärischem Geheimdienst SIFAR bzw. SID geführt wurde. Zwischen den beiden italienischen Ministerien und deren „nachgeordneten Dienststellen“ herrschte nicht unbedingt eine zielführende Zusammenarbeit![132]

Den italienischen sicherheitsdienstlichen Behörden und Teilnehmern an der *„5. Besprechung auf hoher Ebene“* in Zürich am 28. Juli 1967 zwischen hohen und höchsten sicherheitsdienstlichen Autoritäten Österreichs und Italiens wurde eine Kopie des Brieffragments mit Tommaso Volpicellis Adresse und dienstlicher Telefonnummer überreicht.[133] Auch wenn diese daraufhin eine Aufklärung zusicherten, dann aber bei den weiteren Züricher Besprechungen keine Ermittlungsergebnisse erwähnten, war wenigstens der bei allen insgesamt sechs „Besprechungen auf hoher Ebene“ in Zürich in den Jahren 1966 und 1967 als Vertreter des Innenministeriums anwesende Sylvano Russomano offenbar durchaus an einer Aufklärung der Sachlage interessiert. Auch dazu existiert ein Aktenstück des jahrzehntelang verschollenen Aktenbestandes *„Archivio Russomano“*: Der Südtirol-Spezialist des italienischen Innenministeriums identifizierte und befragte Volpicelli wenige Wochen nach der *„5. Besprechung auf hoher Ebene“* im August 1967:

„Die Telefonnummer gehört zu einem Büro des Genio Civile mit Sitz in der Via Mozambano 10 in Rom und ist die interne Klappe des leitenden Beamten, Professor Tommaso Volpicelli, wohnhaft in der Via Bartolomeo Avanzini 79 in Rom. Der Professor

129 Ministero dell'Interno, Divisione UAR, Fascicolo Volpicelli Tommaso, ACS, Min. Int., Dir. Gen. P. S., Bericht vom 6.2.1956. (Archivio Russomanno). Zit. nach: Christoph Franceschini, Segretissimo – Streng geheim! S. 358.

130 Vgl. Christoph Franceschini, Segretissimo – Streng geheim! S. 358f.

131 Vgl. Christoph Franceschini, Segretissimo – Streng geheim! S. 358f.

132 Vgl. dazu den Beitrag „Römische nachrichtendienstliche Denkwürdigkeiten“ von Reinhard Olt. S. 260

133 Vgl. ÖSTERREICH-ITALIEN; 5. Besprechung auf hoher Ebene zwischen Organen des österreichischen und des italienischen Sicherheitsdienstes in Anwesenheit je eines Vertreters der beiden Außenministerien in Zürich am 28.7.1967. BMfI Zl. 50.110-SL.III/67 vom 4. August 1967 (Verschluß/streng vertraulich). StA/AdR/Bestand Inneres/"Züricher Besprechungen", Zl. 24.222-17/70.

Volpicelli hat erklärt, ein Freund von Hauptmann Gentile gewesen zu sein und ihm diesen Brief vor ein paar Jahren geschrieben zu haben, um ihm eben seine neue Adresse mitzuteilen." [134]

Diese Erklärung klingt durchaus plausibel, allerdings drängen sich weitere Fragen auf: Wieso wurde dieses doch nicht unbedeutende Ermittlungsergebnis den österreichischen Behörden – wie versprochen – nicht bei der nächsten sich bietenden Gelegenheit mitgeteilt? Es hat somit den Anschein, dass Tommaso Volpicelli einen gewissen Schutz der italienischen Behörden genossen haben dürfte. Während Italien in seinen zahlreichen diplomatischen Noten an Österreich – im Zuge des sogenannten „Notenkrieges" – stets beteuerte, die österreichischen Behörden rasch und umfassend über die italienischen Ermittlungen zu informieren und zugleich dasselbe von den österreichischen Behörden verlangte, wurde diese Information Österreich vorenthalten. Es ist auch kaum davon auszugehen, dass Sylvano Russomanno die Person des Tommaso Volpicelli und vor allem seine Kontakte in die nachrichtendienstliche Szene für unbedeutend hielt. Der spätere stellvertretende Leiter des zivilen italienischen Nachrichtendienstes *„Servizio per le Informazioni e la Sicurezza Democratica"* (SISDE) dürfte eine sehr kritische Einstellung gegenüber dem von den *Carabinieri* dominierten militärischen Nachrichtendiensten *„Servizio Informazioni Forze Armate"* (SIFAR) bzw. *„Servizio Informazioni Difesa"* (SID) gehegt haben.[135]

Zudem waren Sylvano Russomanno die vorliegenden Tatortfotos mit dem Leichnam des Hauptmannes Francesco Gentile zweifellos vertraut. Das – in dieser Arbeit abgebildete Bild – zeigt die weitgehende Zerstörung des Leichnams, der zudem außer den Schuhen praktisch keine Bekleidung mehr trug.

Francesco Gentile habe das Schreiben von Volpicelli jahrelang in seiner Brieftasche mit sich getragen und dieses dann am 25. Juni 1967 auf der Porzescharte unter dem gesprengten Strommast Nr. 119 verloren, was ebenfalls plausibel klingt. Es gibt allerdings ein gravierendes Problem: Der siebenjährige Sohn Gentiles – Massimo Gentile – erhielt die Brieftasche seines Vaters, die dieser bei seinem Einsatz auf der Porzescharte dabeigehabt hätte, wenige Tage nach dem Tod seines Vaters als Erinnerungsstück überreicht. Die Brieftasche war völlig unversehrt und zeigte nach den Aussagen von Massimo Gentile gegenüber Christoph Franceschini keinerlei Spuren der Explosion, die seinen Vater zerfetzt hatte.[136] Nachdem Francesco Gentile augenscheinlich die Bekleidung vom Leib gerissen wurde, konnte die Brieftasche kaum unversehrt geblieben sein und zudem hätte die Explosion nach der italienischen Darstellung den Hauptmann von hinten getroffen – wobei das vorliegende Bildmaterial dieser Darstellung entschieden widerspricht (Anm. d. Verf.).

Es scheint in diesem Zusammenhang auch erwähnenswert, dass bei der Begehung der Porzescharte durch die österreichischen und italienischen Experten am 3. Juli 1967 – auf die weiter vorne eingegangen wurde – nur ein einziges Stück Uniformstoff gefunden wurde, was kaum möglich erscheint! Es sei denn, einige der Opfer der Porzescharte kamen eben nicht auf der Porzescharte ums Leben. Ein mögliches Gegenargument, die Uniform der Opfer wäre durch die Explosion fast vollständig verbrannt, hält nicht stand: Uniformstoffe sind aus naheliegenden Gründen schwer entflammbar, und die Sprengversuche von Experten – auf die weiter unten eingegangen wird – beweisen gleichfalls diese Situation. Bei der offiziell geschilderten Explosion werden die Uniformen der Opfer keinesfalls in dem auf den Tatortfotos ersichtlichen Ausmaß zerstört!

Weiters könnte noch eine Überlegung eine Rolle spielen: Laut der italienischen Darstellung des Vorfalles auf der Porzescharte wurde das Gelände des Tatortes genauestens untersucht – was durchaus üblich wäre. Allerdings fand der Techniker der österreichischen Verbundgesellschaft, Ing. Hammerschmied, das Brieffragment erst

134 Vgl. Ministero dell'Interno, Divisione UAR, Silvano Russomanno, Appunto del 22.8.1967, Oggetto: „Attentato di Cima Vallona – frammento di lettera", ACS, Min. Int., Dir. Gen. P. S., (Archivio Russomanno). Zit. nach: Christoph Franceschini, Segretissimo – Streng geheim! S. 359.

135 Vgl. dazu Christoph Franceschini, Spielwiese der Geheimdienste. Südtirol in den 60er-Jahren. In: Gerald Steinacher (Hrsg.), Im Schatten der Geheimdienste. Südtirol 1918 bis zur Gegenwart. Innsbruck 2003.

136 Vgl. Christoph Franceschini, Segretissimo – Streng geheim! S. 398f.

zwei Tage nach der Sprengung des Strommastes direkt unter diesem. Das Stück Papier wäre somit den italienischen Ermittlern bis dahin entgangen und war zudem trotz der nassen Witterung unversehrt.[137] Somit liegt auch der Gedanke nahe, dass mit der Adresse und Telefonnummer auf dem Fragment und deren Hinweis auf die – zivile – Organisation *„Servizio Difesa Civile"* gezielt eine falsche Spur gelegt wurde? Eine Spur, die weg von der – militärischen – Organisation *„Gladio"* führen sollte? Dies würde auch den „Schutzmantel" für Volpicelli durch Sylvano Russomano klären, der dem durch das Innenministerium geführten „Zivilschutz" mit großer Sicherheit nahestand.

Alle höchst merkwürdigen Situationen um den Vorfall auf der Porzescharte nähren den Verdacht, dass der Vorfall im Jahr 1967 tatsächlich als Falle präpariert worden ist, in die einer der führenden Aktivisten der späten 60er Jahre mitsamt seinen Begleitern tappen sollte. Zusätzlich tritt nun zwangsläufig noch die Variante hinzu, dass die Soldaten des *„Reparto Speciale"* um ihren Kommandanten Francesco Gentile nicht durch einen Unfall, sondern durch eine geplante Aktion der erwähnten Kräfte ihr Leben verloren bzw. schwer verletzt wurden. So unglaublich eine derartige Version auch scheinen mag, völlig von der Hand zu weisen ist sie vor dem Hintergrund der italienischen Innenpolitik von den 1960er bis in die 1980er Jahre keineswegs. Die Art der Verletzungen Gentiles und seiner Soldaten lassen jedenfalls die Explosion einer Mine im Rahmen der Ausbildung realistisch erscheinen. Die Opfer mussten aufgrund ihrer Verletzungen eng zusammengestanden haben – ganz im Gegensatz zur „amtlichen" Version einer Explosion auf dem Karrenweg zur Porzescharte.

Ob alle vier Opfer auf dem Kreuzbergpass ihr Leben bzw. ihre Gesundheit einbüßten oder – gemäß der Beurteilung der Beobachtungen von österreichischer Seite aus – wenigstens eines der Opfer oder vielleicht auch drei Soldaten tatsächlich auf der Porzescharte zu Schaden kamen, spielt in diesem Szenario eigentlich keine besondere Rolle mehr: Gewisse Strukturen innerhalb des italienischen Staates hatten augenscheinlich kein oder nur ein geringes Problem damit, eigene Staatsangehörige einem politischen Ziel zu opfern – der Auftakt zur „Strategie der Spannung".

Der (außen-)politische Nutzen für Italien bestand darin, einerseits die „Schutzmachtfunktion" Österreichs für die deutsch- und ladinischsprachige Bevölkerung Südtirols einmal mehr in Frage zu stellen, indem Österreich eine „Mitschuld" an dem Vorfall in den Personen der drei österreichischen BAS-Aktivisten zugeschrieben werden könnte. Der (innen-)politische Nutzen – allerdings lediglich für gewisse Kreise Italiens – bestand in einer weiteren „Destabilisierung" des Landes mit dem Hintergrund von kaum mehr durchschaubaren Aktivitäten und Interessen des – damals vorwiegend militärischen – italienischen Geheimdienstes und des von diesem geführten *„Gladio*-Netzes" im Sinn der „Strategie der Spannung". Der „Täterkreis" ist somit mit einiger Sicherheit auch in hohen politischen Ebenen in Rom anzusiedeln.

In politischer Hinsicht erlaubt sich der Verfasser dieser Arbeit eine zweifellos „kühne" Lagebeurteilung: Die politische Führung der Republik Italien war in die aufbereiteten und dargestellten Vorgänge rund um den Vorfall auf der Porzescharte Ende Juni 1967 allenfalls am Rande involviert. Zweifellos gab es aber in den unmittelbar betroffenen Ministerien wie dem Verteidigungs-, Innen- und Außenministerium Personen, die in hohem und höchstem Maße in die an sich unglaublichen Vorfälle involviert waren; der damalige italienische Ministerpräsident Aldo Moro war es nach Ansicht des Verfassers keinesfalls. Allerspätestens im Juni 1967 musste Aldo Moro indes gedämmert sein, dass in Italien inzwischen Kräfte „am Werk" waren oder sich anschickten, an die Macht zu gelangen, die die demokratische Grundstruktur des Staates zu unterminieren trachteten – eine Erkenntnis, die Aldo Moro möglicherweise letztlich das Leben kosten sollte![138]

Allen mit den Vorgängen befassten sprengtechnischen und medizinischen Gutachtern und Experten zufolge kann der Ablauf der Ereignisse am 25. Juni 1967 nicht so gewesen sein, wie er offiziell bis heute dargestellt wird. Das in Österreich vorliegende Archivmaterial und vor allem die vorhandenen Tatortfotos erhärten die Beurteilungen der Experten in beträchtlichem Ausmaß!

137 Es regnete am 25. und am 27. Juni 1967 auf der Porzescharte. Vgl. Wetterwerte Großraum Osttirol 1967. Zur Verfügung gestellt von der Zentralanstalt für Meteorologie und Geodynamik (ZAMG), Kundenzentrum für Tirol und Vorarlberg, Innsbruck.

138 Zur bis heute ungeklärten und von vielen Unstimmigkeiten begleiteten Entführung und Ermordung Aldo Moros vgl. Florian Trojer, Die Entführung und Ermordung von Aldo Moro im Jahr 1978, in: Michael Gehler / René Ortner (Hrsg.), Von Sarajewo zum 11. September. Einzelattentate und Massenterrorismus. Innsbruck 2007.

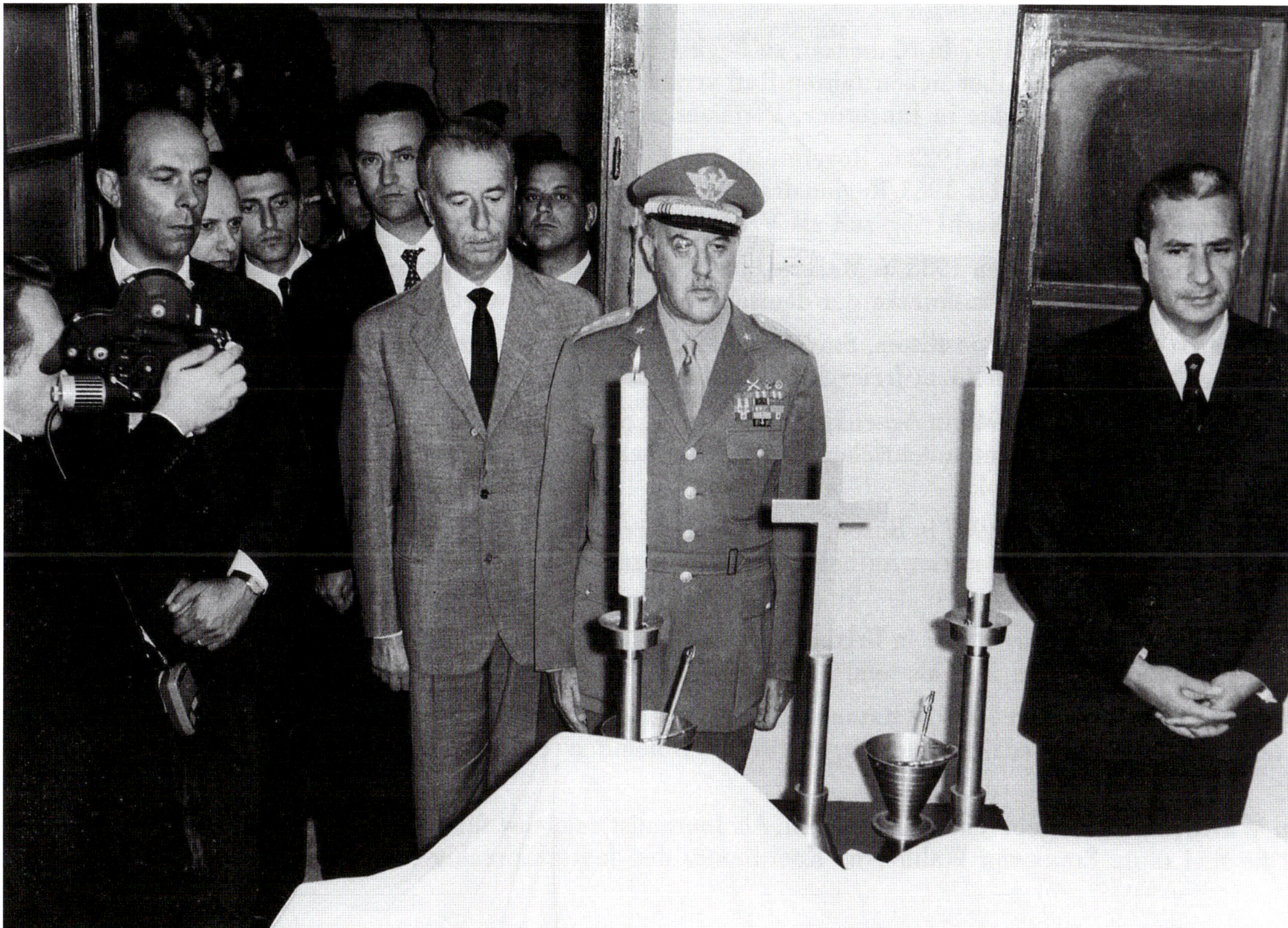

Quelle: Baumgartner/Mayr/Mumelter, Feuernacht. S. 374 (G. Salomon).

↑
Abb. 42 Ministerpräsident Aldo Moro am 26. Juni 1967 in Belluno vor den aufgebahrten Opfern der Porzescharte. Neben Aldo Moro der frühere Chef des SIFAR, General Giovanni di Lorenzo.

EXKURS Von einem Attentat das keines war – eine sprengtechnische Analyse

Max Ruspeckhofer

Im Jahr 1967 steuerte die Attentatsserie in Südtirol bzw. Italien ihrem Höhepunkt zu: Auf der Porzescharte zwischen Osttirol (Obertilliach) und Italien (Provinz Belluno) wurde ein Strommast gesprengt. Ein durch den Detonationslärm alarmiertes *Alpini*-Detachement begab sich unverzüglich zum Ort des Geschehens. Noch bevor man den Mast erreichte, detonierte eine Mine und tötete den Funker Armando Piva. Daraufhin forderte man eine Spezialeinheit an. Vier Fallschirmjäger mit einer besonderen Ausbildung zum Suchen und Aufspüren von Sprengkörpern wurden auf die Porzescharte geflogen. Dort lösten sie eine am Weg zur Scharte vergrabene Mine aus. Drei Fallschirmjäger wurden getötet, einer schwer verletzt. Soweit die offizielle italienische Darstellung.

Das Buch des österreichischen Militärhistorikers Oberst Dr. Hubert Speckner *„Zwischen Porze und Roßkarspitz…“* erregte in Fachkreisen große Aufmerksamkeit. Es wurde darin gezeigt, dass sich der Vorfall auf der Porzescharte im Juni 1967 nicht so zugetragen haben kann wie er dargestellt wurde. Während der Autor naturgemäß auf die militärische Verhaltensweise der italienischen Soldaten einging, wurden allerdings jene Punkte, die sich auf die sprengtechnischen Aspekte bezogen – ebenso naturgemäß – in dem Buch nur aus der Sicht eines Historikers und Soldaten und der Bearbeitung der archivalischen Quellen behandelt.

Es wurde selbstverständlich auch im Jahr 1967 ein sprengtechnisches Gutachten durch die österreichischen Sicherheitsbehörden eingeholt. Bei einer gemeinsamen Begehung des Tatortes durch italienische Kräfte und dem bekannten österreichischen Sachverständigen Polizei-Oberst Massak wurde von diesem sogar ein vergrabenes Kästchen (mit einem Kontaktschalter) gefunden, welches einerseits als Auslöser für eine der Minen gedient haben soll und auf dem andererseits ein Bekennerschreiben des BAS zu lesen stand.

Der österreichische Sachverständige und die Exekutive standen unter einem enormen politischen Druck. Italien drohte aufgrund der fortgesetzten Sprengstoffattentate, die Verhandlungen über ein Assoziierungsabkommen Österreichs mit der EWG scheitern zu lassen, was in Folge zu starken negativen Auswirkungen auf die österreichische Wirtschaft und den damit verbundenen Arbeitsplätzen geführt hätte. Man sah sich gezwungen, einen Ermittlungserfolg im Sinne der italienischen Forderungen zu erbringen. Das sprengtechnische Gutachten wurde in diesem Sinne verfasst. Der anschließende Prozess wurde in Wien und nicht in Tirol geführt, um nach Möglichkeit keine Geschworenen mit Sympathien für den BAS entscheiden zu lassen. Trotzdem kam es in zweiter Instanz zu einem Freispruch.

Entscheidend für den Freispruch waren zwei „Zeit-Weg-Diagramme“ von verschiedenen Sachverständigen, die als Zeitfenster für die Begehung dieser Taten maximal 30 Minuten ermittelten. Eine Zeit, die nicht im Entferntesten für die zur Last gelegten Taten reichen würde.

48 Jahre nach dem Attentat und in Kenntnis

der akribischen Arbeit von Dr. Speckner erhielt ich von ihm den Auftrag, die sprengtechnischen Aspekte genauer zu untersuchen. Zur Abklärung von sprengstatischen Fragen wurde Dr. Melzer aus Dresden herangezogen. Nachdem so eine Mastsprengung gewissen technischen Randbedingungen unterworfen ist, sollte es möglich sein, auch nach beinahe 50 Jahren weitere Informationen und Rückschlüsse auf die Täter zu gewinnen. Dazu mussten einige Fragen geklärt werden:

Zuerst galt es einmal die Fallrichtung des Mastes zu untersuchen. Nachdem die Leitung bei jenem Mast einen Knick aufweist, war die Fallrichtung zur Außenseite des Knickes sehr ungewöhnlich. Der Zug der Leitungen war Richtung Südost. Der Mast stürzte jedoch nach Nordwest. Und er muss dabei sehr langsam umgefallen sein, da der Ausleger beim Auftreffen auf den Fels nicht beschädigt wurde.

Die nächste Frage, die zu klären war, bezog sich auf die aufgefundenen Installationsmaterialien für eine zeitverzögerte Sprengung. War es denn damit überhaupt möglich, innerhalb einer vernünftigen Zeitspanne eine funktionierende Sprenganlage zu bauen?

Dem damaligen österreichischen Sachverständigen wurden eine Reihe von Drähten, Batterien, zwei Uhren, Reste von sieben Stück sogenannten BMOA-Zündern und verschiedene elektrische Steckverbinder präsentiert, die man angeblich am Fuße des Mastes gefunden hat. Eine der beiden Uhren, die man als Zeitschalter umgebaut hatte, war defekt und konnte keinen Kontakt schließen. Leider gab es keinen Versuch, aus dem Material eine vernünftige Schaltung zu bauen, um zu beurteilen, ob die drei BAS-Aktivisten in der Lage gewesen wären, so etwas in der zur Verfügung stehenden Zeit ohne künstliches Licht in schwierigem Hochgebirgsgelände auf einem Mast zu installieren. Schließlich war das Gelände von dem ca. 1,7 km Luftlinie entfernten italienischen Stützpunkt am Tilliacherjoch einsehbar. Die Verwendung von künstlichem Licht (Taschenlampe oder Stirnlampe) war daher nicht möglich. Bei der Abschätzung des Zeitbedarfes mussten noch die beiden Minen auf dem Karrenweg berücksichtigt werden. Sie wurden in der Nähe des Mastes angeblich so raffiniert vergraben, dass sie 10 bis 15 Stunden später bei hellem Sonnenlicht von ausgebildeten Spezialisten nicht rechtzeitig entdeckt werden konnten. Selbst nachdem bereits eine Mine detoniert war, fiel ein Team von eigens dafür ausgebildeten Spezialisten gut 100 m entfernt von der ersten Mine einer weiteren Mine zum Opfer. So die italienische Darstellung.

Eine andere Frage betraf die Gefährlichkeit der damals eingesetzten A-Zünder in Zusammenhang mit einer 220-kV-Leitung. Denn es war klar: Wer auch immer einen empfindlichen A-Zünder zusammen mit Sprengstoff an einem Strommast einer 220-kV-Leitung in einer Seehöhe von gut 2.300 m anbringt, ist entweder sehr mutig oder sehr naiv – wahrscheinlich aber beides.

Weitere Fragen, die sich in diesem Zusammen-

hang noch stellten, war die zeitliche Diskrepanz zwischen dem in Soverzene festgestellten Erdschluss und der Wahrnehmung der Detonation durch die Besatzung des italienischen Stützpunktes am „Schutzhaus Vallona“ (möglicherweise Tilliacher Joch/Forcella Dignas in ca. 1.700 m Entfernung). In Soverzene stellte man um 2.12 Uhr einen Erdschluss fest. Ein weiterer Schaltversuch wenige Minuten später verlief negativ. Die Besatzung der italienischen Garnison behauptete aber, dass sie erst gegen drei Uhr die Detonation gehört hätte.
Etwas rätselhaft war zudem noch die Abschaltung der Stromleitung durch die italienische Stromgesellschaft in der Nacht vor dem Attentat. Hatte diese Abschaltung etwas mit dem Attentat zu tun oder nicht? Die italienische Erklärung bezog sich auf einen Austausch von Isolatoren, der in der Kühle der Nacht einfacher durchzuführen gewesen wäre.
Und da gab es dann noch weitere recht eigenartige Informationen, die ebenfalls zu berücksichtigen waren: Italien hat Österreich relativ spät informiert. Die italienische Information sprach definitiv von drei abgesprengten Eckstielen (nicht aber von einem umgestürzten Mast). In den offiziellen Stellungnahmen des Innenministeriums (bis zehn Tage nach dem Anschlag) ist dann von vier Ladungen an den Eckstielen die Rede, von denen aber nur drei detoniert wären. Diese Version blieb selbst dann noch aufrecht, nachdem eine gemischte österreichisch-italienische Kommission neun Tage später eine Begehung durchgeführt hatte. Auf den Fotos des gesprengten Mastes sind vier abgesprengte Eckstiele zu sehen, aber keine nicht detonierte Ladungen. Das damals eingeholte sprengtechnische Gutachten erwähnte keine nicht detonierte Ladung.

Analyse der Fallrichtung

Der Mast war und ist auch heute noch ein sogenannter „Winkelabspannmast“. Dieser Mast steht am höchsten Punkt. Die benachbarten Masten befinden sich auf tieferem Gelände. Außerdem ändert die Leitung beim Mast ihre Richtung. Das Gutachten Melzer zur Statik zeigte, dass die Leitungen aufgrund der Richtungsänderung mit 300 kg nach Südosten gezogen haben. Wäre der Mast in diese Richtung abgestürzt, wären durch den plötzlichen Abfall der Zugkräfte der Seile größere Schäden auch an den benachbarten Masten unvermeidlich gewesen. Das Gelände fällt, von einem seitlichen Felsrücken abgesehen, in diese Richtung sehr steil ab. Der Mast wäre komplett abgestürzt und zerstört worden. Der Mast ist aber gegen den Zug der Seile sehr langsam bergwärts nach Nordwesten umgesunken (lt. offiziellem Protokoll der Stromgesellschaft). Der Ausleger wurde nicht verbogen, keines der Seile ist gerissen. Laut damaligem Gutachten wurden vier Eckstiele abgesprengt. Die Sprengstellen kann man auf den alten Fotos erkennen. Wenn aber nur die vier Eckstiele abgesprengt wurden, reichten laut Gutachten Melzer die 300 kg Zugkraft nicht aus, um den Mast umstürzen zu lassen. In so einem Fall wäre der Mast sicher stehengeblieben. Es muss daher zusätzliche Sprengstellen gegeben haben, die auch für die Fallrichtung verantwortlich waren. Anmerkung: Es ist sehr wahrscheinlich, dass der damalige Sachverständige nicht erkannt hat, dass auf der nordwestlichen Seite Stücke herausgesprengt wurden, falls er nicht explizit danach gesucht hat. Der Mast wurde somit bewusst in jene Richtung gesprengt, in der der mit Abstand geringere Schaden zu erwarten war. Nachdem alle vier Eckstiele abgesprengt waren, mussten auf der nordwestlichen Seite noch weitere Sprengladungen zum Einsatz gekommen sein. Die zwei möglichen Szenarien sind somit folgende:

- Es wurden zuerst die vier Eckstiele abgesprengt. Nachdem der Mast stehengeblieben ist, wurden an der gefahrlosen (weil zugabgewandten) nordwestlichen Seite zwei weitere Ladungen angebracht und der Mast zum Umstürzen gebracht. Damit ist technisch die Täterschaft der BAS-Aktivisten bereits ausgeschlossen. Die hatten nur eine Zündmöglichkeit zur Verfügung.
- Es wurden von vornherein mindestens sechs Ladungen angebracht. Zwei im Südosten und vier im Nordwesten, wobei im Nordwesten jeweils ein Stück der Eckstiele herausgesprengt wurde. Somit ließ man den Mast bewusst in jene Richtung fallen, in der bei Weitem die geringsten Schäden zu erwarten waren. Auch dieses Szenario spricht gegen die Täterschaft des BAS.

Ein kleines Detail am Rande: Die damalige Landkarte zeigt an dieser Stelle einen wesentlich stärkeren Knick der Stromleitung. Wäre der Knick in der Realität ebenfalls derart stark, hätte ein Absprengen der vier Eckstiele möglicherweise gereicht, um den Mast umstürzen zu lassen. Der Knick ist in Wirklichkeit deutlich schwächer.

Hätten die BAS-Leute die Sprengung mit den präsentierten Zeitschaltuhren durchgeführt, hätten sie lediglich eine einzige Zündmöglichkeit gehabt. Denn die zweite Uhr wurde in beschädigtem Zustand aufgefunden. Die Beschädigung ist eingetreten, bevor der Kontakt geschlossen wurde. Die einzig mögliche Variante für dieses Szenario lautet daher: Die BAS-Leute hätten die Sprengung so gestalten müssen, dass die Auswirkungen und Schäden dieser Sprengung möglichst gering ausfallen würden. Diese Annahme ist aus verständlichen Gründen zu verwerfen.

Technische Details zu den angeblich am Mastfuß aufgefundenen Materialien

Laut italienischer Darstellung wurde beim Mast eine Reihe von Materialien gefunden, die bei der Sprengung zum Einsatz gekommen wären. Es waren dies sechs Zwillingsleitungen, an denen Zünderdrähte von Schaffler-Momentzündern der Empfindlichkeitsklasse „A" (Antistatikzünder) angebracht waren.
Später wurde eine weitere Leitung nachgereicht, die auf österreichischer Seite von Verbundmitar-

beitern gefunden wurde. Die Drähte waren zum Teil an Steckverbindern angelötet (Laborstecker). Die Stecker wiesen verschiedene Farbcodes auf. Dann gab es noch zwei Batteriepakete und zwei Uhren, von denen eine beschädigt war. Die einfachste Möglichkeit, mit den präsentierten Materialien eine sinnvolle Schaltung aufzubauen war es vermutlich, zu den vier Ladungen an den vier Eckstielen je zwei Zwillingsleitungen zu legen und jeweils eine Leitung pro Ladung gemeinsam mit einer Uhr und einem Batteriepaket zu je einer funktionsfähigen Schaltung zu verbinden. Bei sieben Leitungen würde allerdings zu einer Ladung nur mehr eine einzelne Doppelleitung mit einem Zünder führen. Klarerweise sind auch kompliziertere Schaltungen möglich. Allerdings wird es sehr schwer sein, in finsterer Nacht derartige Schaltungen fehlerfrei und ohne Unfall zu installieren. Der Anführer der BAS-Mannschaft war gelernter Elektriker und verfügte zweifelsfrei über die notwendigen Kenntnisse und Fertigkeiten. Allerdings wird er wohl auch um die Gefährlichkeit einer derartigen Arbeit mit hochempfindlichen Zündern in dieser Situation gewusst haben. BAS-Aktivisten bevorzugten üblicherweise die wesentlich einfachere Version mit Sprengschnur. Dabei ersparte man sich das Hantieren mit potenziell sehr gefährlichen Zündern am Mast und brachte die Zündung in sicherer Entfernung vom Mast an der Sprengschnur an. Das Laden mit Sprengschnur ist bei Weitem zeitsparender durchzuführen und bietet einen guten Schutz vor einer Zündung durch Streuströme. In dem im Zeit-Weg-Diagramm angegebenen Zeitfenster von 30 Minuten ist es nach Ansicht des Autors jedenfalls bei Weitem nicht möglich, den Mast mit den angeblich dort gefundenen Materialien in dieser Weise zu verkabeln und zusätzlich zwei improvisierte Minen plus Auslösevorrichtung mit der dafür notwendigen Sorgfalt zu legen.

Analyse der Zündtechnik

In den 1980er-Jahren bekam der US-amerikanischer Sprengtechniker Lewis Oriard den Auftrag, in einem Kraftwerksgelände in Spanien Sprengarbeiten durchzuführen. Nachdem man die Leitungen nicht wegen den Sprengungen abschalten konnte, untersuchte Oriard die Auswirkung von Hochspannungsleitungen auf die damals bei den Amerikanern gebräuchlichen Zünder. Es handelte sich dabei – wie bei der Leitung Lienz-Soverzene – ebenfalls um 220-kV-Leitungen. Entgegen aller Erwartung stellte sich heraus, dass acht Meter unterhalb der Leitung weder Induktionsströme noch statische Elektrizität eine Gefahr für die Zünder darstellten. Die damals untersuchten Zünder wiesen eine ähnliche Empfindlichkeit wie die „A"-Zünder auf. Oriard verwendete sie dann trotz der ermutigenden Resultate seiner Untersuchungen nicht und wich auf österreichische Polex-Zünder der Firma Schaffler aus. Polex-Zünder sind hochunempfindliche elektrische Zünder. Sie sind praktisch unempfindlich gegenüber Streuströmen und für solche Arbeiten bei Weitem besser

geeignet. Heute dürfen für Sprengarbeiten ab 1.000 m Seehöhe nur mehr diese besonders sicheren Zünder verwendet werden. Aber selbst mit diesen speziell sicheren Zündern wird kein vernünftiger Sprengtechniker direkt an einem Metallmast einer unter Strom stehenden 220-kV-Leitung in einer Seehöhe von über 2.300 m arbeiten. Es besteht immer das Risiko einer unbeabsichtigten Detonation. Das Risiko ist deutlich kleiner mit den modernen weitgehend unempfindlichen Zündern und entsprechend größer mit jenen, in den 1960er Jahren gebräuchlichen hochempfindlichen Zündern.
Im Jahr 1967 gab es die gegen Streustrom unempfindlichen Zünder noch nicht. Die gebräuchlichen Zünder waren von der hohen Empfindlichkeit „A" (Antistatikzünder) und jeder Sprengtechniker wusste, dass man solche Zünder besser nicht an einem Strommast einer 220-kV-Leitung im Hochgebirge anbringen sollte. Denn neben der Gefahr durch Induktion und statischer Elektrizität gibt es bei einem Strommast noch die Gefahr von Kriechströmen am Mast und Strömen durch atmosphärische Entladungen bzw. Blitzschlag irgendwo entlang der Stromleitung. In so einem Fall ist es die einzig vernünftige Strategie, die Leitung zu erden und abzuschalten.

Und genau das dürfte auch in jener Nacht passiert sein

Nachdem in der Nacht vor diesen Ereignissen der Strom für einige Stunden (von italienischer Seite her) abgeschaltet war, liegt der Verdacht nahe, dass man in dieser Zeit eine Manipulationsvorrichtung an einem Mast auf italienischer Seite angebracht hat. Das kann durchaus ein größeres Stück weiter unten im Tal passiert sein. Mittels einer einfachen Manipulationsvorrichtung (z. B. durch einen Bolzen gesichertes bewegliches Stahlprofil am Mast) wäre es möglich gewesen, vor Beginn der Ladearbeiten einen Erdschluss herbeizuführen und somit die Leitung stromlos zu schalten. Jener Erdschluss, der um 2:12 Uhr in Soverzene registriert wurde, war höchstwahrscheinlich nicht auf das Umfallen des Mastes zurückzuführen, sondern auf das Erden der Leitung. Unmittelbar danach wurde in Soverzene die Leitung automatisch abgeschaltet. Am 1,7 km entfernten italienischen Stützpunkt mit direktem Sichtkontakt zum Mast wurde zu diesem Zeitpunkt jedenfalls keine Detonation wahrgenommen. Somit ist für den Zeitpunkt 2:12 Uhr eine Sprengung als Grund für den registrierten Erdschluss auszuschließen.

Anmerkung

Es gibt Fotos (Abbildungen 20 und 21), die jene Stelle zeigen, an der die hangseitige Phase beim Umstürzen des Mastes den Erdboden berührt hat. Es sind an dieser Stelle keinerlei Anzeichen eines Lichtbogens oder von Verbrennungen erkennbar. Wenn man aber die offizielle Version des Tatherganges unterstellt, dann ergibt sich ein Widerspruch: Nachdem beim zweiten Schaltversuch wenige Minuten nach dem automati-

schen Abschalten der Leitung die identen technischen Parameter (Relaisdaten) zum Erdschluss festgestellt wurden wie bei der automatischen Abschaltung, muss die hangseitige Phase beim Auftreffen auf die Erde noch unter Strom gestanden sein und die Abschaltvorrichtung ausgelöst haben. Die Abwesenheit von jeglichen Brandspuren ist in so einem Fall zumindest recht ungewöhnlich.
Es existiert ein Protokoll der Verbundgesellschaft als Betreiber der Leitung. Die Reparaturmannschaft, bestehend aus Österreichern und Italienern, hat das Gelände nur wenige Tage nach der Sprengung des Mastes in Augenschein genommen und ist zum Schluss gekommen, dass die von den italienischen Behörden präsentierte Geschichte unmöglich stimmen konnte. Der Lienzer Bezirkshauptmann Doblander kam bei seiner Besichtigung am Tag nach dem „Anschlag" zum gleichen Ergebnis. Weder Doblander noch die Mitglieder der Reparaturmannschaft wurden als Zeugen vernommen bzw. im Prozess angehört. Erst nachdem die Leitung geerdet und abgeschaltet war, dürften sich Sprengtechniker an die Arbeit gemacht haben und den Mast geladen haben. 30 bis 45 Minuten später erfolgte die Sprengung, und diese wurde dann auch von der Mannschaft des „Schutzhauses Vallona" wahrgenommen. Wenn man eine derartige Sprengung mit mehreren Personen auf konventionelle Weise durchführt, reichen 30 Minuten vollkommen aus, um den Mast zu laden.

Ergebnis

Es ist mit einer an Sicherheit grenzenden Wahrscheinlichkeit auszuschließen, dass die beschuldigten und in Italien verurteilten drei BAS-Aktivisten für die Sprengung des Mastes auf der Porzescharte verantwortlich sind. Die tatsächlichen Urheber der Mastsprengung haben die Leitung vor dem Laden geerdet. Sie haben vielleicht den Mast von vornherein in eine Fallrichtung gesprengt, die nur minimale Schäden bewirkt. Noch wahrscheinlicher ist allerdings, dass man nach einem ersten Sprengversuch noch ein weiteres Mal gesprengt hat, um ein Umstürzen des Mastes zu bewirken. Jene Leute, die den Mast gesprengt haben, können mit Sicherheit auch Auskunft darüber geben, wer für die vier Toten und den schwer verletzten Italiener verantwortlich ist.

Nachsatz

Was damals tatsächlich vorgefallen ist, kann nur vermutet werden. Speckner nimmt an, dass die Toten von einem Unfall stammen und nicht wenige Meter südlich der Porzescharte von einer Mine getötet wurden. Als mögliche Täter erwähnt Speckner Mitglieder der rechtsradikalen *„Gladio"*-Organisation. Die Mastsprengung in Verbindung mit der gefälschten Bitte um ärztliche Hilfe hat möglicherweise einerseits dazu gedient, den damals sehr bekannten BAS-Aktivisten Peter Kienesberger festzunehmen und andererseits weitere Unruhe in die Südtiroler Autonomieverhandlungen zu bringen. Es besteht allerdings auch die Möglichkeit, dass man für diesen Zeitpunkt Morde geplant und durchgeführt hat und die ganze Aktion lediglich dazu gedient hat, von den wahren Tätern abzulenken. Es war in dieser Zeit anscheinend nichts Ungewöhnliches, Personen, die bei einem Unfall ums Leben gekommen sind als Terroropfer zu präsentieren, wie die Vorfälle am Pfitscherjoch und auf der Steinalm beweisen.

Unfall durch Funkwellen

Beim ersten Todesopfer auf der Porzescharte handelte es sich um den Funker Armando Piva. Die im Jahr 1967 befassten Sachverständigen kamen bei der Berechnung der Sprengstoffmenge, die Piva getötet und dabei einen entsprechenden Krater hinterlassen hat und bei der Berechnung der notwendigen wirksamen Sprengladung für einen Eckstiel des Mastes auf ungefähr gleich große Sprengstoffmengen. Ein Tornister-Funkgerät, wie es Piva umgeschnallt hatte, ist vermutlich in der Lage, einen empfindlichen Zünder der Type „A", wie er damals gebräuchlich war, alleine durch die Energie der Funkwellen zu zünden. Jedenfalls befand sich der Funker deutlich innerhalb jener Distanz, die wissenschaftlichen Untersuchungen zufolge als Sicherheitsabstand notwendig ist. Ein Zusammenhang mit jener in offiziellen Quellen erwähnten vierten Ladung, die bei der Mastsprengung nicht detoniert ist, ist nicht von der Hand zu weisen. Könnte es sein, dass jemand diese vierte Ladung vom Mast entfernt und in „sicherer" Entfernung abgelegt hat? Und dass die Funkwellen des Tornister-Funkgerätes die Ladung eben in jenem Moment gezündet haben, in welchem sich Piva in unmittelbarer Nähe derselben befand? Auch eine direkte Berührung der Zünderdrähte durch die Antenne ist nicht unwahrscheinlich. Zum einen ist neben der Ladung eine steile Böschung, zum anderen waren die damaligen Antennen ähnlich den heutigen Rollmeter-Stahlmaßbändern aufgebaut und knickten, wenn sich der Funker nach vorne beugte.

Jedenfalls ist diese Erklärung logischer als jene offizielle Erklärung, die von einer im Übrigen nie gefundenen „Kupferdrahtschlinge" sprach, durch die die Zündung ausgelöst wurde. Ein Zeitzeuge berichtet darüber hinaus von einem Auslösekästchen ähnlich jenem, welches bei der anderen Detonationsstelle gefunden wurde. Das Kästchen wurde sonst von niemandem gesehen. Der damalige österreichische Sachverständige Massak schrieb in seinem Gutachten, dass er keinerlei Auslösevorrichtung entdeckt hätte. Außerdem stellte er Überlegungen zu den Verletzungen von Piva an, die so gar nicht zu einer am Boden vergrabenen Mine passen wollten. Piva hatte seine Verletzungen hauptsächlich am Oberkörper, und Massak vermutete, dass die Mine etwas höher im Hang vergraben gewesen sein könnte. Ein neugieriger Funker, der sich über die Ladung beugt und sie dabei auslöst wäre aber eine recht logische Erklärung für die schweren Verletzungen am Oberkörper.

Das diesbezügliche Szenario würde somit folgendermaßen aussehen: Bei der ersten Sprengung sind nur drei Ladungen detoniert, eine vierte Ladung versagte. Als durch den Knall alarmierte Soldaten zum Mast gekommen sind, haben sie per Funk die Situation gemeldet. Diese Meldung ist so nach Österreich weitergegeben worden und tauchte anschließend zehn Tage lang immer wieder in den offiziellen Mitteilungen des Ministeriums auf *(„Ein Mast wurde gesprengt. Von den 4 Ladungen sind 3 detoniert")*. Die nicht detonierte vierte Ladung wurde auf einer Fläche unmittelbar unterhalb der Porzescharte abgelegt, möglicherweise sogar versteckt oder getarnt, damit man sie nicht sofort sieht. Dort löste der Funker Piva mit seinem Funkgerät den Zünder unabsichtlich aus und wurde bei der Detonation schwer verletzt. Um den Unfall zu vertuschen, erfand man die Geschichte von der Kupferdrahtschlinge und der heimtückisch versteckten Mine.
Allerdings musste man sich nun um den Mast kümmern. Denn der stand vermutlich noch und ein Eckstiel war unversehrt. Das passte nun gar nicht zu der kurz zuvor gesendeten Meldung *(„von den 4 Ladungen sind 3 detoniert")*. Man näherte sich dem Mast von der oberen, ungefährlicheren Seite, brachte noch einmal drei Ladungen an und erreichte ein Umfallen der Konstruktion. (Das könnte jene Sprengung gewesen sein, die der Lehrer Scheran bei seiner Bergtour auf das vier Kilometer entfernte Spitzköfele gehört hat – siehe Buch Speckner.) Anschließend brachte man weitere Opfer eines Sprengunfalles per Hubschrauber auf die Porzescharte und erweiterte die Geschichte um diese Toten. Es gibt Informationen, nach denen am Kreuzbergpass beinahe zeitgleich ein Unfall beim Minenlegen passiert sein soll. Die Verletzungen der Opfer passen ebenfalls nicht zu der präsentierten Geschichte. Sie lassen auf eine wesentlich zerstörerischere Mine schließen.
An jener Stelle nahe der Porzescharte, an der damals angeblich jene Mine detoniert ist, die drei Menschen getötet und einen schwer verletzt hat, wurden Kreuze angebracht. An der knapp 50 m entfernten Stelle, an der die Körper zweier Soldaten zu liegen gekommen sind, wurde eine (solarbeleuchtete) Gedenkstätte errichtet. So tragisch der Tod dieser drei Soldaten war: Auch an dieser Geschichte scheint etwas nicht zu stimmen. Die beiden Soldaten können allein durch die Detonation der Mine nicht so weit geschleudert worden sein. Wie sind aber die Körper an diese Stelle gekommen? Angeblich sind sie über den 35 Grad steilen Hang gekollert bzw. zum Teil über das Schneefeld gerutscht. Allerdings wies das Schneefeld keine Blutspuren auf. Ein runder Stein, der versuchsweise von der mutmaßlichen Unglückstelle in Richtung Gedenkstätte gerollt wurde, ist der Falllinie folgend stark nach rechts abgebogen und in großer Entfernung von der Gedenkstätte liegengeblieben…
Die italienische Darstellung weist aber noch weitere Ungereimtheiten auf. Wenn bereits eine Mine detoniert ist, herrscht im entsprechenden Gebiet höchste Alarmstufe. Warum sind aber die vier Spezialisten (laut italienischer Darstellung) relativ eng beieinander den Weg entlang gegangen? Nur deswegen hätte eine einzige Mine

drei Personen getötet und eine weitere schwer verletzt. Logisch wäre vielmehr, dass die vier Männer vom *Reparto Speciale* einen möglichst großen Abstand zwischen den einzelnen Personen eingehalten hätten. Dadurch wäre bei der Detonation einer Mine nur eine Person zu Schaden gekommen. Nachdem der Karrenweg der bequemste Zugang zum Mast von italienischer Seite ist, wäre wohl hier am ehesten eine Mine zu erwarten gewesen. Massak weist in seiner ersten Stellungnahme auch genau darauf hin. Man müsste darüber hinaus annehmen, dass eine Minensuch-Spezialeinheit eine hastig vergrabene Mine rechtzeitig entdecken sollte. Somit hat sich auch dieser Teil der Geschichte mit Sicherheit ganz anders abgespielt. Vermutlich sind die Toten und der Verletzte Unfallopfer.

Wer waren die Personen, die den Mast gesprengt haben?

Der Mast auf der Porzescharte wurde im September 1966 schon einmal gesprengt. Die Zündung wurde dabei mit Sprengschnur durchgeführt. Allerdings zündeten einige Ladungen nicht. Was auf eine im Umgang mit Sprengschnur nicht ausgebildete Person hindeutet. Wollte man da einen BAS-Anschlag vortäuschen, ohne die notwendige Fachkenntnis zu haben? Und ohne Fachkenntnis kommt es unter Umständen zu einem falschen Einbau von Abzweigungen und zwangsläufig zu einem Abschlagen der Sprengschnur und damit zu Zündversagern. Der BAS hat seine Aktivisten im Umgang mit dieser Technik gut ausgebildet. Somit deutet diese erste, fehlgeschlagene Sprengung auf eine andere Tätergruppe hin. Auch hat sich der BAS zu diesem Anschlag nicht bekannt. Ein Dreivierteljahr später fand dann jene Mastsprengung statt, die Gegenstand dieses Artikels ist. Hier verwendete man nicht mehr die BAS-Methode mit der Sprengschnur, sondern setzte eine herkömmliche Sprengtechnik mit Elektrozündern ein. Somit vermied man die Probleme, die aus der mangelnden Fachkenntnis resultierten, handelte sich aber neue ein: Direkt am Mast einer unter Spannung stehenden Hochspannungsleitung angebracht, stellen elektrische Zünder ein extrem großes Risiko für eine Frühzündung dar. Daher war man gezwungen, vor Beginn der Ladearbeiten die Leitung stromlos zu schalten. Und auch bei dieser Sprengung dürfte es zu einem technischen Problem gekommen sein, welches man als „Nebenschluss" bezeichnet. Die herkömmliche Zündung von Elektrozündern erfolgt mittels einer Zündmaschine. Und diese weist eine relativ hohe Zündspannung auf. Wenn die Zünderdrähte und speziell die blanken Verbindungen unmittelbar am Gittermast anliegen, nimmt der Strom manchmal eine Abkürzung und geht den Weg des geringsten Widerstandes. Dadurch kommt es zum Versagen eines oder mehrerer Zünder. Und das scheint eine recht logische Erklärung für die darauffolgende Meldung *(„von den 4 Ladungen sind 3 detoniert")*. Der oder die Sprengtechniker dürften somit ihre Fachkenntnis schon längere Zeit nicht aufgefrischt haben. Die Probleme mit einem Nebenschluss hat man nur, wenn das Sprengobjekt selbst Strom leitet!

EXKURS **Kernaussagen/Conclusio zum Vorfall auf der Porzescharte am 25. Juni 1967 auf Basis wissenschaftlicher Grundlagen**[139]

Harald Hasler

Durch den Sachverständigen Harald Hasler wurde in vier Jahren Arbeit der Vorfall forensisch in der Tiefe akribisch analysiert, bewertet, und durch umfangreiche, wissenschaftliche Freifeldversuche und Rekonstruktionen wurden eindeutige Nachweise ermittelt und daraus Schlussfolgerungen gezogen.

Die wesentlichen Aussagen zu den Nachweisen und Schlussfolgerungen des Sachverständigen werden hier angeführt:

- Es ist **nicht möglich**, dass Menschen, welche sich im Nahbereich oder sogar direkt auf einer Sprengladung/Mine befinden, durch die Explosion von **2,25 kg** Explosivstoff entkleidet werden so wie es aktenkundig dargestellt und abgebildet ist. Aus Sachverständigensicht würde das auch bei **5 kg** Explosivstoff nicht stattfinden. Praktische Versuche mit 5 kg wurden aber nicht gemacht.
- Der Soldat Fagnani wäre als einziger **8,1 m** weit im Winkel von ca. **90°** von der Sprengstelle weggeschleudert worden. Danach wäre ein Abkullern bis zu einer Gesamtdistanz von **max. 23,1 m** vom Trichtermittelpunkt möglich gewesen. Der Soldat Fagnani hätte die Sprengung nicht überleben können.
- Das Opfer Di Lecce wäre nach dem Absturz über die Wegkante **max. 15 m** abgekullert und zum Liegen gekommen.
- Beide Opfer hätten eine spezifische Endposition nach dem Abkullern aufweisen müssen, welche laut den Akten nicht ersichtlich und abgebildet war.
- Die Opfer Gentile und Dordi wären nach der Explosion am Karrenweg in unmittelbarer Nähe zur Ausgangsposition zu Liegen gekommen. Opfer Gentile wäre nicht am Hang abgekullert.
- Die Verletzungen durch die Explosion am Opfer Fagnani wären aufgrund der extremen Explosionsbelastung (Druck/Hitze) absolut **fatal** gewesen.
- Die Verletzungen an den Opfern Di Lecce und Gentile können laut Rekonstruktionen mit den aktenkundigen Darstellungen nicht erklärt werden und sind nicht plausibel unter den Annahmen der aktenkundigen Exposition.
- Ein Wegschleudern und Abkullern der Opfer Gentile und Di Lecce bis zu einer Distanz von ca. **40 bis 50 m** hangabwärts wäre nicht

139 Dieser Exkurs des gerichtlich beeideten und zertifizierten Sachverständigen Prof. Dr. Ing. Harald Hasler besteht aus den Kernaussagen/Conclusio der umfangreichen kriminaltechnischen Analyse Harald Hasler, Wissenschaftliche Neubeurteilung der Rechtssache „Porzescharte 25. Juni 1967". Wien 2021. In dieser Publikation sind auch die beigefügten Abbildungen enthalten und deren sprengtechnischer Hintergrund beschrieben.

möglich gewesen und konnte im Feldversuch eindeutig widerlegt werden.

- Das Opfer Fagnani, welches der Sprengstelle am nächsten war, wurde bei der Rekonstruktion als einziger weggeschleudert und situationsangepasst tödlich verletzt. Aus Sachverständigensicht sind diese Erkenntnisse plausibel, reproduzierbar und zweifelsfrei.

- Die praktischen Versuche mit der Sprengstoffmenge von **2,25 kg** gelatinösen Explosivstoff haben gezeigt, dass die gemessenen Kraterdurchmesser **sehr nahe** bei den aktenkundigen Angaben liegen. Daraus kann die Schlussfolgerung gezogen werden, dass der Einsatz dieser adäquaten Sprengstoffmenge und dieser Sprengstoffart die aktenkundigen Angaben plausibel bestätigt.

- Zusammengefasst konnten die beschriebenen Sachverhalte aus den Akten praktisch **NICHT** reproduziert werden, so wie es sich laut der Dokumentation ereignet haben soll. Es konnten in den praktischen Versuchen auch im Ansatz **keinerlei** Übereinstimmungen bis auf die Aussage zur Sprengstoffmenge und Vergrabetiefe festgestellt werden.

- Es konnten bei allen Versuchen **keinerlei** (auch nur leichte) Brand- und Schmauchspuren an der Kleidung oder den Dummies festgestellt werden. Die zerfetzte Kleidung des simulierten Opfers Fagnani weist **keinerlei** Verbrennungen, Versengungen, Schmauchspuren und Rußspuren auf. Auch an den Armen, Händen oder dem Gesicht gab es keine Schmauchspuren als Rückstände der Sprengung am Dummie. Durch die Sprengung von **2,25 kg** gelatinösen Sprengstoff kommt es zu **keinerlei** Versengung, Verbrennung oder Verschmauchung der Kleidung einer Person in einem Abstand von **80 cm**, wenn die Ladung **10 cm** im Boden vergraben ist. In den Akten ist dokumentiert und ersichtlich, dass die Opfer Di Lecce und Gentile deutliche Verbrennungen, Verkohlungen sowie deutliche Schmauchspuren aufwiesen. Diese aktenkundigen, forensischen Explosionsspuren an den Opfern können **nicht** von einer Explosion mit **2,25 kg** gelatinösen Sprengstoff laut den Aktenangaben stammen. Aus Sachverständigen-Sicht könnten auch **5 kg** Explosivstoff in der aktenkundigen Situation **nicht** diese forensischen Explosionsspuren erzeugen. Praktische Nachweise dazu liegen jedoch nicht vor. Die Einwirkzeit durch thermische Einwirkung ist bei der Explosion von 2,25 kg Explosivstoff **sehr kurz** (einige Millisekunden). Durch die aufsteigende Erde wird auch eine Art Schutzschild um das Opfer gebildet, womit ein Teil der Strahlungswärme absorbiert wird. Die kalte Umgebungsluft kühlt sofort die expandierenden heißen Gase. Somit kann die entstehende Strahlungswärme auf den Menschen nicht so stark einwirken. Damit zeigt sich, dass es unter diesen Bedingungen zu keinen Verbrennungen, Versengungen oder Schmauchspuren kommt, da der eingehende thermische Fluss (Strahlungswärme) nicht ausreichend einwirken kann. Für die Indikation (Verbrennung, Versengung o. Ä.) von Kleidung wäre auch eine deutlich höhere Einwirkdauer der Strahlungswärme an den Opfern nötig, was als entscheidendes Indiz **eindeutig** für eine wesentlich größere Sprengstoffladung mit deutlich längerer Einwirkdauer spricht, welche auf die Opfer eingewirkt haben müsste. Der gelatinöse Sprengstoff setzt durch die hohe Sauerstoffbilanz ohne starke Rußbildung um. An den Opfern sind vermutlich starke Ruß-/Schmauchspuren zu sehen, was ein mögliches Indiz für einen Explosivstoff mit negativer Sauerstoffbilanz spricht, oder dafür, dass die Sprengladung an der Oberfläche explodiert ist. Die mutmaßlichen starken Ruß-/Schmauchspuren wurden aus den Schwarz-Weiß-Bildern der Akten entnommen und können nicht eindeutig festgelegt werden. Der Explosivstoff TNT hat eine deutlich negative Sauerstoffbilanz und hinterlässt starke Schmauchspuren, und damit würde aus Sachverständigen-Sicht mit hoher Wahrscheinlichkeit der Sprengstoff TNT zu den aktenkundigen Opferdarstellungen passen. Auch wenn eine größere Sprengstoffladung oberflächlich explodiert, kann der Feuerball, die Strahlungswärme deutlich besser auf das Opfer einwirken und hier markante Spuren hinterlassen. Aus Sachverständigensicht spricht hier auch einiges für den Explosivstoff TNT.

In den in den Gerichtsakten enthaltenen Einvernahmeprotokollen des Opfers Fagnani wird angegeben, dass die Uniform des Soldaten Fagnani völlig verbrannt gewesen sei.

Wie schon oben beschrieben, haben die praktischen Versuche mehrmals gezeigt, dass dies **so nicht** möglich ist und so unter den situationsbezogenen Angaben zum Vorfall nicht entstanden sein kann. Der Energieeintrag und die Einwirkdauer für eine völlig verbrannte Uniform müssten viel höher sein, was ein deutlich größeres Ereignis, also eine größere Explosion, eher an der Oberfläche und allenfalls eines anderen Sprengstoffes voraussetzt.

Weiters ist aus einer völlig verbrannten Uniform abzuleiten, dass der Energieeintrag auf den Körper, das Gesicht und die Hände ebenfalls sehr hoch gewesen sein muss. In den Einvernahmeprotokollen der Gerichtsakten zum Opfer Fagnani wird angeführt, dass Fagnani keine Verbrennungen im Gesicht hatte, und auch sonst wurden Verbrennungen nicht speziell hervorgehoben.

Aus Sachverständigen-Sicht müsste das Opfer Fagnani ganz massive Verbrennungen im Gesicht, an den Händen, am Hals und am Körper aufweisen, wenn die Uniform völlig verbrannt wäre. Der gerichtsaktenkundige Sachverhalt ist in sich zu **100 % widersprüchlich.**

- Die Erkenntnisse aus den praktischen Rekonstruktionsversuchen haben gezeigt, dass die aktenkundigen Angaben über die Abläufe, die Positionen, die Details über die Geschehnisse sowie deren Auswirkungen zu diesen Erkenntnissen zu **100 % widersprüchlich** sind, bis auf die aktenkundigen Aussagen und Angaben zur Sprengstoffmenge, Verlegeart und Vergrabetiefe der Ladung durch Egon Kufner. Die angegebenen drei Sprengstoffstangen mit einem Gesamtgewicht von **2,25 kg** Explosivstoff und die Vergrabetiefe von **10 cm** decken sich mit dem Kraterdurchmesser und der Kratertiefe, welche durch den Sachverständigen Ing. Massak am Tatort ermittelt und festgehalten wurden.

  Auch bei der Sprengung der Strommastprofile sind die aktenkundigen Angaben widersprüchlich bis auf die Aussagen zu der eingesetzten Sprengstoffmenge durch Egon Kufner. Das aktenkundige Schadensbild des gesprengten Mastprofiles (L-Profile) von der Porzescharte und das Schadensbild der Rekonstruktionsversuche belegt auch eindeutig diese Aussage.

- Der Versuch mit einer TNT-Sprengladung hat gezeigt, wie schwer es ist, gegossene TNT-Körper mittels Booster und sprengkräftiger Zünder zur vollkräftigen Umsetzung zu bringen. In den Akten wird beschrieben, wie Peter Kienesberger die Zünder fertig machte und laut Aktenaussage bei der Sprengladung im Boden einfach zwischen die Sprengstoffstäbe legte.

  Damit ist es nicht möglich, gegossenes TNT zur Initiierung, zur Umsetzung, zu bringen. Auch gepresste TNT-Körper, welche kapselsensitiv sein können, sind auf diese Art nur bedingt und mit hoher Unsicherheit zur vollkräftigen Umsetzung zu bringen. Eine sichere Bezündung von gepressten, kapselsensitiven TNT-Sprengstoffkörpern erfolgt in einem vorgefertigten Loch im Körper.

  Aus den aktenkundigen Aussagen zur Art der Bezünderung der Ladung durch Peter Kienesberger ergibt sich eine weitere eindeutige Sachverständigen-Schlussfolgerung, nämlich dass der verwendete Sprengstoff kein TNT gewesen sein kann.

- Die praktischen Versuche haben eindeutig gezeigt, dass die 2,25 kg Sprengstoff und der festgestellte Sprengkrater im Boden mit Durchmesser und Tiefe wie laut Akten beschrieben sehr gut übereinstimmen und plausibel sind, jedoch die Schadensauswirkungen und forensischen Spuren an den Opfern **keinesfalls** zu den Ergebnissen, Erkenntnissen aus den Rekonstruktionsversuchen passen.

Die Schadensauswirkungen an den Opfern (Dummies) bei den Rekonstruktionsversuchen mit den übereinstimmenden Sprengkratern (laut Akten) im Vergleich zu den aktenkundigen Angaben betreffend die Opfer, können nicht im Ansatz in Einklang gebracht werden und weichen erheblich voneinander ab. Daraus ergibt sich ein massiver Widerspruch der in den Akten dargestellten Fakten, da hier keine durchgehende Plausibilität ganz entscheidender explosionsspezifischer Parameter und Nachweise zur Situation gegeben sind.

Diese Tatsache bestätigt, dass das historische Explosionsereignis wesentlich größer gewesen sein müsste, um zu solchen Opferverletzungen (ohne Abtrennung von Gliedmaßen) und forensischen Explosionsmerkmalen sowie der völligen Entkleidung der Opfer zu kommen. Dies lässt sich aber weder mit der Kraterbildung, noch mit dem Schadensbild am Strommast, noch den Angaben Kufners in Einklang bringen.

Conclusio

Im Rahmen der Erstellung eines Sachverständigen-Gutachtens und aufgrund der sehr umfangreichen Befundaufnahme, der Rekonstruktion sowie Detailanalysen der einzelnen Sachverhalte zu den aktenkundigen Angaben der Ereignisse vom 25. Juni 1967 auf der Porzescharte, kann durch den gerichtlich beeideten und zertifizierten Sachverständigen Prof. Dr. Ing. Harald Hasler, BSc, MSc, MA, mit an **Sicherheit grenzender Wahrscheinlichkeit** gesagt werden, dass sich die untersuchten Ereignisse so **NICHT** ereignet haben können. Die dokumentierten Ereignisse sind nicht im Ansatz reproduzierbar, absolut unerklärbar und nicht im Ansatz nachvollziehbar. Dies aufgrund der umfangreichen, tiefen Detailanalyse, Rekonstruktion und den erbrachten Nachweisen, dass sich die Explosion auf dem Karrenweg mit den Opfern Francesco Gentile, Mario Di Lecce und Olivo Dordi sowie dem schwer verletzten Marcello Fagnani so nicht ereignet haben kann. Die Opferdarstellung passt mit **an Sicherheit grenzender Wahrscheinlichkeit NICHT** zu den beschriebenen, dokumentierten und aktenkundigen sprengtechnischen Sachverhaltsangaben des Vorfallortes.
Praktische Versuche, bei denen die Sprengung vom 25. Juni 1967 auf dem Karrenweg mehrmals mit ballistischer Gelatine, humanoiden Dummies und Indikatoren nach den Aktenangaben hinterfragt und nachgestellt wurde, belegen diese Aussagen für den Sachverstän-

digen **eindeutig und zweifelsfrei!** Eine Sprengstoffladung (2,25 kg gelatinös) im Boden, die den vermessenen, aktenkundigen Sprengkrater erzeugt, ist nicht in der Lage, die aktenkundigen Verletzungsmuster und Opferbilder durch die Explosion zu erzeugen beziehungsweise zu reproduzieren, auch wenn sich die Opfer im absoluten Nahbereich (0,8 – 1,9 m) zur Ladung befinden.

Durch die Versuche konnten fundierte Beweise zur Untermauerung für diese Aussagen vorgelegt werden, da sich die aktenkundigen Darstellungen der Ereignisse vom 25. Juni 1967 zu den Erkenntnissen aus den Rekonstruktionen zu 100 % widersprechen – bis auf die aktenkundigen explosivstoffspezifischen Aussagen zur Sprengstoffmenge bei der Mastsprengung, der Verlegeart und Verlegetiefe der Sprengfalle am Karrenweg im Geständnis und den Aussagen des Tatverdächtigen Egon Kufner. Ein großer Widerspruch zeigt sich jedoch bei den Angaben zu der verlegten Sprengstoffmenge der Sprengfalle und den Verletzungen der Opfer in den Aussagen Kufners.

Die starken Verbrennungen, die Schmauchspuren und Schwärzungen, welche auf den Bildern von den Opfern Di Lecce und Gentile sehr gut erkennbar sind, stellen einen gravierenden Punkt dar, welcher aus der Sicht des Sachverständigen nur durch die Explosion einer **wesentlich** größeren Sprengstoffexplosion an der Körperoberfläche der Opfer, nicht verdeckt und unter starke Hitze und Rußbildung vorstellbar wäre. Die detailliert untersuchten Sachverhalte des Gutachtens des Sachverständigen belegen, dass vieles für einen Einsatz eines gelatinösen Sprengstoffes spricht, bis auf die Art der Initiierung und das aktenkundige Opferbild mit den äußerlichen forensischen Rückständen/Spuren laut den aktenkundigen Bildern. Somit bestehen eine Teilplausibilität sowie ein eindeutiger Widerspruch in den gutachterlichen Sachverhalten. Für solche forensischen Rückstände/Spuren an Opfern würde aus der Sicht des Sachverständigen mit hoher Wahrscheinlichkeit der Sprengstoff TNT passen. Da es keine Farbbilder und weitere Details gibt, ist eine eindeutige Zuordnung und Aussage hier nicht möglich.

Für die Belege und die daraus resultierenden Schlussfolgerungen des durch den Sachverständigen erstellten Gutachtens liegen Videos zu den Rekonstruktionsversuchen beim Sachverständigen auf. **Somit liegt eine eindeutige, klare Schlussfolgerung aufgrund der Anzahl und Darstellung der festgestellten, widersprüchlichen Sachverhalte für die aktenkundigen Ereignisse vom 25. Juni 1967 auf der Porzescharte dahingehend vor, dass das Explosionsereignis, das zur nachweislichen Kraterbildung am Karrenweg geführt hat und die Aussagen zu den Abständen der einzelnen Soldaten nicht ident mit dem Explosionsereignis sein kann, das zu den Verletzungen der Opfer geführt hat.**

←
Abb. 43
Rekonstruktion der Sprengung am Karrenweg – Vorversuch, kurz nach der Zündung der Sprengladung. Der einige Meter vom Zentrum der Explosion weggeschleuderte Dummy wäre Unteroffizier Marcello Fagnani gewesen, der laut den abgebildeten Tatortfotos allerdings direkt neben dem Explosionskrater lag.

→
Abb. 44 Vorversuch, Sekundenbruchteile später. Der Dummy von Marcello Fagnani links im Bild.

Quelle: Hasler-Solution. Zertifiziertes, unabhängiges Sachverständigen-/Ingenieurbüro.

↑
Abb. 45 Bei einer weiteren Rekonstruktion wurde eine Wand aus Schaltafeln im exakt selben Winkel wie der Hang auf der Porzescharte errichtet, um dessen eventuelle Auswirkungen auf das Wegschleudern der Opfer zu prüfen. Der Dummy des Unteroffiziers Marcello Fagnani kam in 8,1 m Entfernung zu liegen. Die Dummys der anderen Opfer wurden höchstens einen Meter weggeschleudert.

Tatsache ist: Auch wenn man verschiedene andere mögliche Szenarien mit veränderten entscheidenden Parametern (Positionen Opfer, Ladungsmenge, Abstände usw.) durchdenkt, so ist kein Ausgang eines solchen Vorfalles denkbar, wo sich diese Auswirkungen und dieses Bild laut Aktenbeschreibung zeigen. Ein plausibles, erklärbares anderes Szenario, wie sich die dargestellte Sprengung ereignet haben könnte, um die aktenkundigen Angaben zu verstehen und zu bestätigen, gibt es aus der Sicht des Sachverständigen nach den Erkenntnissen aus den durchgeführten Versuchen nicht.

Entscheidende, durch den Sachverständigen untersuchte Parameter:

- Liege-/Fundort nach der Explosion – Wegschleudern, Endpositionen
- Verletzungen, Schäden an den Opfern
- Bekleidungszustand der Opfer nach der Explosion

Grafische Darstellung der Ausgangssituation des Räumtrupps Gentile bei der Explosion nach den aktenkundigen Aussagen von Hr. Fagnani:

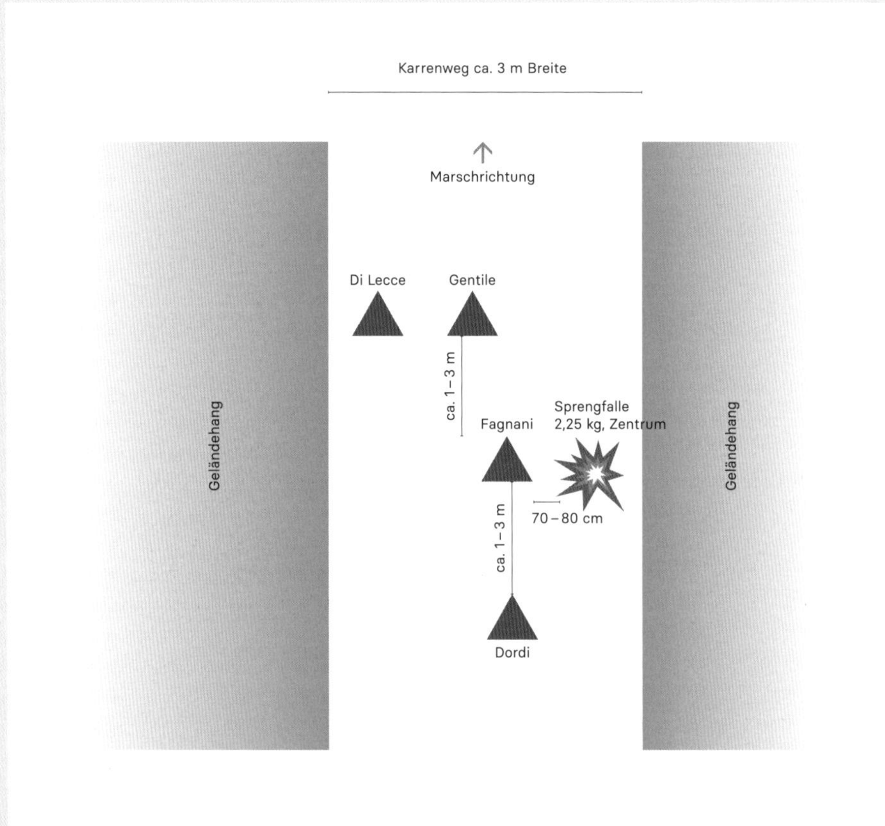

→
Abb. 46 Die Grafik zeigt, wie die einzelnen Positionen und Abstände der Soldaten am Karrenweg im Moment der Explosion gemäß den Gerichts-Aussagen Marcello Fagnanis zueinander waren.

Grafische Darstellung der Situation des Räumtrupps Gentile nach der Explosion gemäß den aktenkundigen Aussagen:

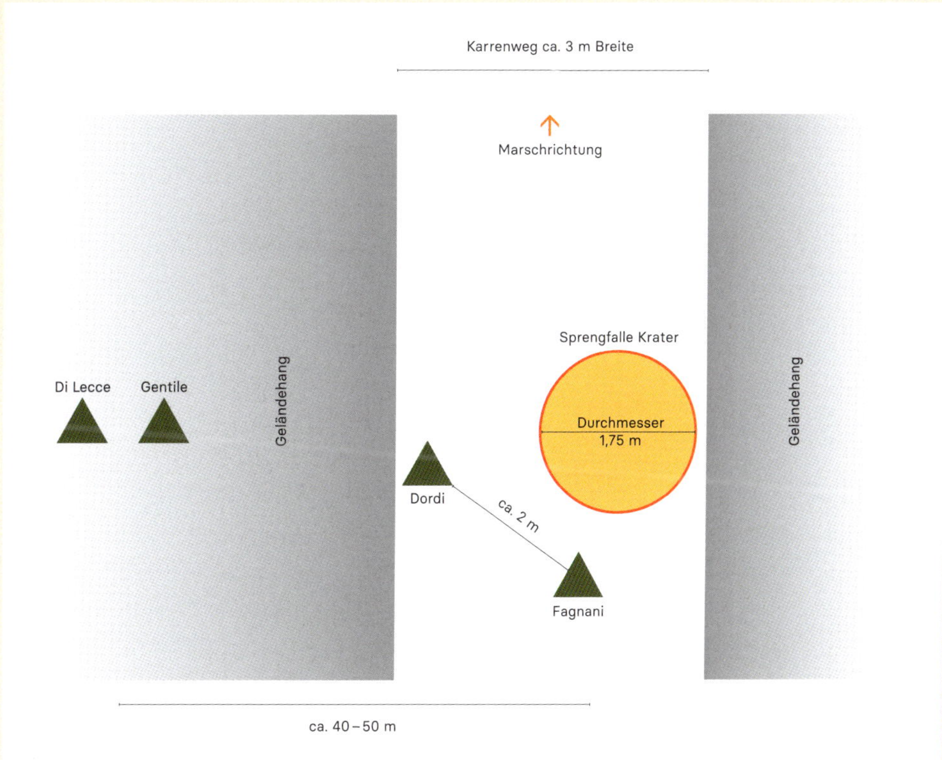

↑
Abb. 47 Erkenntnisse des Sachverständigen Harald Hasler: Auf dem vorgelegten Bild aus dem Gerichtsakt, wo die Minenopfer Fagnani und Dordi genau dargestellt werden, ist es eindeutig ersichtlich, dass nach der Explosion das Opfer Dordi vor dem Opfer Fagnani (in Marschrichtung) liegt und Dordi deutlich näher zum Sprengkrater liegt als Fagnani. Der Krater liegt vom rechten Rand bis mittig am Karrenweg nahe dem Opfer Dordi. Die Endposition der Opfer nach der Explosion – laut den Aktenangaben – ist aus Sachverständigen-Sicht so mit an Sicherheit grenzender Wahrscheinlichkeit NICHT möglich und kann sich so NICHT ereignet haben.

Ergebnisse aus Freifeld-Rekonstruktionsversuchen der Explosion nach den aktenkundigen Angaben unter Miteinbeziehung des Abkullerns der Opfer am Geländehang – „Worst Case"-Betrachtung:
Diese Ergebnisse basieren auf der Grundlage der Freifeldversuche der Explosionsrekonstruktion und der praktischen Abkullerversuche in vergleichbarem, steilem Gelände.

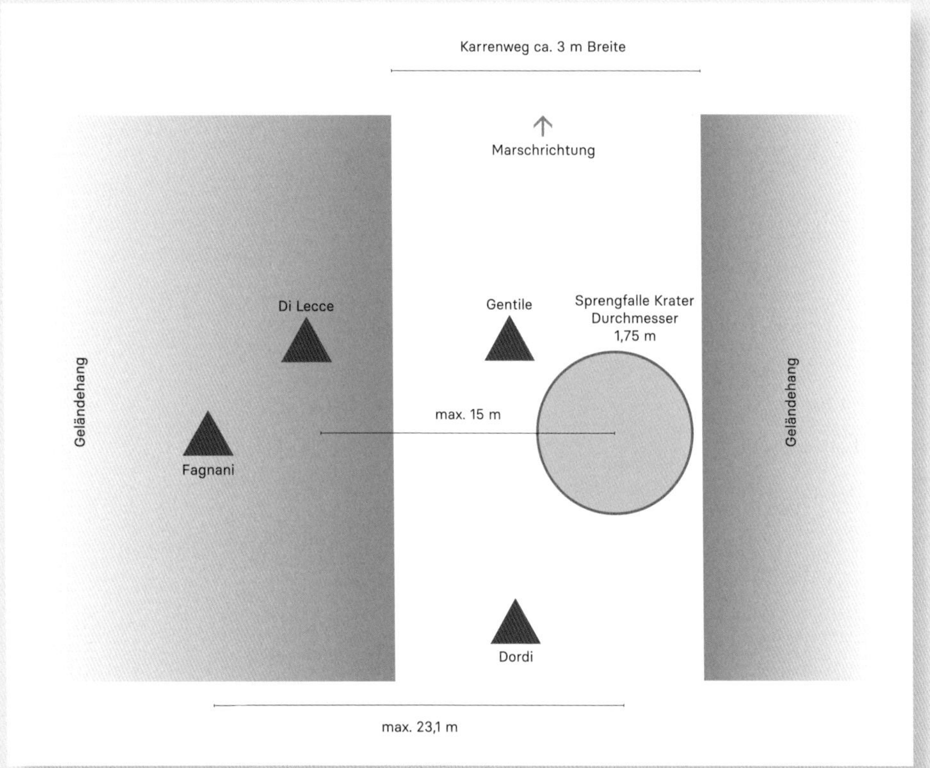

↑
Abb. 48 Auch dieses Ergebnis mit der „Worst-Case"-Auswirkungsbetrachtung zeigt eindeutig, dass die Verteilung und die Endpositionen der Opfer im Gelände einen massiven Widerspruch und eine klare Abweichung zu den aktenkundigen Angaben aufweisen.

Weiters haben die Feldversuche gezeigt, dass auch dann, wenn Leutnant Di Lecce und Hauptmann Gentile direkt auf der Ladung gestanden hätten, die Explosionsauswirkungen nicht zu den aktenkundigen Bildern und forensischen Nachweisen passen und diese fachlich in irgendeiner Weise erklären. Damit konnte weiters eindeutig der festgestellte Widerspruch, welcher im Rahmen der Gutachtenserstellung identifiziert und beschrieben wurde, nachgewiesen werden.

Weitere Sachverständigenexpertisen
Neben den beiden Sachverständigen für Sprengtechnik befasste sich auch ein Team von österreichischen Militärärzten unter der Leitung des im Fachbereich „Kriegschirurgie und Allgemeinchirurgie" habilitierten Privatdozenten Oberstarzt Dr. Klaus Stephan Wolff mit dem Vorfall auf der Porzescharte und führte mit seinem Team im Zuge der erwähnten wissenschaftlichen Sprengversuche entsprechende Versuche zur Beurteilung der Verletzungen der Opfer der Porzescharte mittels Gelatineblöcken, Ballistischer Seife und Dummys durch.
Das Gutachten der medizinischen Sachverständigen mit einer umfassenden Analyse der Verletzungssymptome der Versuchsobjekte endet mit einem ebenfalls **klaren und eindeutigen Resümee:**

„Die Beschreibungen der Verletzungen, die Auffindungsorte und die beschriebenen Tätigkeiten des italienischen Spezialistentrupps stimmen nicht mit dem angenommenen und gerichtlich unstreitigen Grundsachverhalt rund um die zweite Explosion [die Explosion am Karrenweg; Anm. d. Verf.] *überein. Die Verletzungen und Auffindungsorte, wie vom Gericht als gesichert angenommen, können in der Realität nicht nachgestellt und dadurch nicht faktisch erhärtet werden. Aufgrund der beobachteten Verletzungen in der Nachstellung 2019, und auch aufgrund der vorliegenden sanitätsdienstlichen, offiziellen Beweismittel seitens der italienischen Justizbehörden kann das Explosionsereignis so nicht stattgefunden haben."* [140]

140 Fachgutachten zu den historischen Ereignissen im Fall Porzescharte. Medizinisches Fachgutachten mit Verletzungsmustern, Schwere des Verletzungsgrades und Letalitätswahrscheinlichkeit sowie Kausalität der beschriebenen Todesfälle mit den Ereignissen vom 25.06.1967 auf der Porzescharte. Durchführung: PrivDoz Dr. Klaus Stephan WOLFF, Facharzt für Allgemeinchirurgie, Habilitation im Fach Kriegschirurgie und Allgemeinchirurgie, Notarztdiplom, Feldarzt des ÖBH (Österreichisches Bundesheer; Anm. d. Verf.). Dr. Christian Antoinne CIOCHIRCA, Facharzt für Anästhesie, zertifizierter Notarzt, Feldarzt des ÖBH. Bestand Grama Schwaighofer Vondrak Rechtsanwälte GmbH. 1010 Wien.

Quelle: BAS – Opfer für die Freiheit.

↑
Abb. 49 Caporale Armando Piva.

Quelle: BAS – Opfer für die Freiheit.

↑
Abb. 50 Capitano CC Francesco Gentile.

Quelle: BAS – Opfer für die Freiheit.

↑
Abb. 51 Sottotenente Mario di Lecce.

Quelle: BAS – Opfer für die Freiheit.

↑
Abb. 52 Sergente Olivo Dordi.

Opfer

Das erste Opfer des 25. Juni 1967, der *Alpino* Armando Piva vom *Alpini*-Bataillon Val Cismon in Santo Stefano di Cadore, war am 2. Dezember 1945 in Pederobba geboren worden und hatte in Valdobbiadene gelebt. Piva verstarb in den Nachtstunden des 25./26. Juni im Krankenhaus Innichen an den schwersten Verletzungen, die er in den frühen Morgenstunden mit weitgehender Sicherheit direkt auf der Porzescharte erlitten hatte. Armando Piva wurde im August 1967 posthum mit der „Silbermedaille für militärische Tapferkeit ‚zum Gedenken'" *(Medaglia d'argento al valor militare „alla memoria")* sowie im März 2010 mit der „Gedenkmedaille für Opfer des Terrorismus" *(Medaglia ricordo di vittima del terrorismo)* ausgezeichnet. Die Medaille wurde „für die hohen moralischen Werte, die in der Tätigkeit in der Verwaltung zum Ausdruck kamen, der er angehörte und für die er am 25. Juni 1967 in Cima Vallona (BZ) von einer Sprengfalle getroffen wurde, die von Südtiroler Terrororganisationen gelegt wurde" verliehen.[141] *(„per gli alti valori morali espressi nell'attività prestata presso l'Amministrazione di appartenenza e per i quali, a Cima Vallona (BZ), il 25 giugno 1967, venne investito da una trappola esplosiva posta da organizzazioni terroristiche sud-tirolesi")*

Besonders ins „Visier" bestimmter Kräfte dürfte der Kommandant der Spezialsoldaten aus Leifers, *Carabinieri*-Hauptmann Francesco Gentile geraten sein, der nach Ansicht des Verfassers nicht ins „*Gladio*-Netz" verwickelt war. Hauptmann Gentile müssen seit seiner Kommandoübernahme in Leifers im Sommer 1966 viele Merkwürdigkeiten im Einsatzraum der Sondereinheit aufgefallen sein!

Francesco Gentile war am 18. März 1930 in Udine geboren worden, hatte in Fano (Pesaro) gelebt, die Militärakademie in Neapel sowie in Modena besucht und war 1953 zum Leutnant der Infanterie ernannt worden. 1958 war Gentile dem *Carabinieri*-Corps beigetreten und hatte von 1961 bis 1966 im *Carabinieri*-Fallschirmjäger-Bataillon (ab 1975 Bataillon bzw. Regiment „Tuscania") gedient. 1967 war er zum Kommandanten des *„Reparto Speciale"* in Leifers ernannt worden.

1982 wurde Gentile posthum die „Goldmedaille für militärische Tapferkeit" *(Medaglia d'oro al valor militare)* sowie im März 2010 die „Goldmedaille für Opfer des Terrorismus" *(Medaglia d'oro di vittima del terrorismo)* verliehen, dies mit derselben Begründung wie der *Alpino* Armando Piva.[142]

Der Kommandant der Spezialeinheit in Leifers und Kommandant des Entschärfungstrupps am 25. Juni 1967 hatte nach den Erinnerungen seines damals siebenjährigen Sohnes an jenem Sonntag eigentlich dienstfrei. Es sei aber Gentiles Angewohnheit gewesen, trotzdem an seiner Dienststelle in der Kaserne in Leifers vorbeizuschauen[143] – was ihn als verantwortungsvollen Offizier und Kommandanten kennzeichnet. Warum er trotz Dienstfreiheit nach der Alarmierung seiner Einheit mit in den Einsatz ging, kann grundsätzlich zwei Gründe gehabt haben: einer konnte durch jenes Verantwortungsbewusstsein des militärischen Kommandanten gegeben sein. Ein zweiter Grund dafür könnte aber darin zu suchen sein, dass Gentile gezielt mit in den Einsatz befohlen worden ist – mit einem zu erwartenden Ausgang! Für den Verfasser spricht jedenfalls vieles dafür, dass Hauptmann Gentile im Zuge seines Einsatzes als Kommandant des *„Reparto Speciale"* auf einige „Merkwürdigkeiten" hinsichtlich der Attentate und Vorfälle seit dem Herbst 1966 und auch auf einige der Protagonisten gestoßen sein dürfte. Was somit das Motiv dafür sein könnte, dass sein Leben abrupt und auf grässliche Art und Weise endete!

Die weiteren Todesopfer des *„Reparto Speciale"*-Teams von Hauptmann Gentile waren Mario Di Lecce, geboren am 13. September 1936 in Lecce, Unterleutnant eines Fallschirmjäger-Bataillons (ab 1975 Fallschirmjäger-Regiment Col Moschin) der Brigade Folgore, dem im August 1967 die silberne Medaille für

141 https://www.memoria.san.beniculturali.it [Stand: 22. November 2021].

142 https://it.wikipedia.org/wiki/Francesco_Gentile [Stand: 18. November 2021].

143 Freundliche Mitteilung durch Christoph Franceschini am 10. September 2012. Franceschini konnte mit dem Sohn des 1967 getöteten *Carabinieri*-Hauptmannes Francesco Gentile sprechen.

militärische Tapferkeit „zum Gedenken“ *(medaglia d'argento al valor militare „alla memoria“)* sowie im März 2010 die Auszeichnung „Opfer des Terrorismus“ *(vittima del terrorismo)* verliehen wurde. Gemäß den italienischen Quellen wurde er *„durch eine Minenexplosion von Mitgliedern terroristischer Bewegungen, die die Abspaltung Südtirols zum Ziel hatten, getötet“*.[144]

Olivo Dordi, geboren am 21. April 1943 in Gromo (Bergamo), Unteroffizier und Bombenentschärfer vom selben Fallschirmjäger-Bataillon wie Leutnant Di Lecce, erhielt dieselben Auszeichnungen wie sein Kamerad.

Der Fallschirmjäger-Unteroffizier desselben Bataillons und gleichfalls Bombenentschärfer des *„Reparto Speciale“*, Marcello Fagnani, geboren 1940 in Rom[145], befand sich nach seiner schweren Verletzung am 25. Juni 1967 bis zum 30. Juli in Behandlung im Krankenhaus Innichen und fuhr nach seiner Entlassung zur Weiterbehandlung nach Rom. Tatsächlich wurde Fagnani vom 31. Juli bis 2. August 1967 im *„Militärischen Haupt-Spital“* in Rom untersucht; die dortigen Befunde lagen dem Wiener Landesgericht vor. Anschließend befand er sich nach seinen eigenen Angaben vor Gericht in Wien für viele Monate in Nachbehandlung und Rehabilitation. Nach seiner Genesung konnte er nur mehr „Innendienst“ versehen, verblieb aber als Unteroffizier im Dienst der Armee. Bei Gedächtnisfeiern oder Denkmaleinweihungen ist Marcello Fagnani meist zugegen und wird offiziell als Opfer der Terroristen in Südtirol gefeiert. Laut Aussagen des Sohnes von Hauptmann Gentile sei Fagnani allerdings „militärisch“ zurückhaltend und spreche nicht über den Vorfall auf der Porzescharte.[146] Der Verfasser dieser Arbeit traf Marcello Fagnani zweimal im Zuge der Gedenkfeierlichkeiten zum Vorfall auf der Porzescharte bei der Gedenkkapelle in St. Nicolò di Comelico. Dabei versprach Fagnani dem Verfasser ein Gespräch zu dem Vorfall, zu dem es allerdings bis heute nicht kam, da der pensionierte Unteroffizier telefonisch nicht mehr erreichbar war. Zu einem Zeitzeugengespräch mit einigen Soldaten des ersten *Alpini*-Trupps am Morgen des 25. Juni 1967 unter dem damaligen Kommandanten Hauptmann Zenobio Alamari am 29. Juni 2019 im Hotel Kreuzbergpass, zu dem auch Marcello Fagnani geladen wurde, sagte Fagnani „aus Gesundheitsgründen“ ab.

Ein in Zusammenhang mit dem Vorfall auf der Porzescharte bemerkenswertes Schicksal traf den Militärarzt Carlo Enzo Mangiarotti. Der Arzt mit dem Dienstgrad eines Sanitätsleutnants gehörte der Besatzung jenes Hubschraubers an, der – ob auf der Porzescharte oder am Kreuzbergpass – am Nachmittag des 25. Juni an den Opfern einer Minenexplosion die medizinische Erstversorgung vornahm. In diesem Zusammenhang dürfte Mangiarotti auch für die (laut Medienberichten) Erstmeldung verantwortlich gewesen sein, in der von „Unfallopfern“ die Rede war – jene Meldung, die rasch zurückgezogen worden war. Am 11. August 1967 wurde der Militärarzt vom italienischen Generalstabschef des Heeres für seinen – unter höchster Lebensgefahr erfolgten – Einsatz zur Rettung der Opfer der Porzescharte belobigt.[147] Am 29. September 1967 gehörte Leutnant Mangiarotti zur Besatzung eines Hubschraubers, der vom Flugplatz St. Jakob bei Bozen in Richtung Marmolata startete, um einen auf dem Berg verunglückten *Alpino* zu bergen. Laut „Dolomiten“ stürzte der Hubschrauber aus nicht geklärter Ursache gleich nach dem Start ab, da an der Maschine ein Defekt aufgetreten sei. Als Hauptmann Francesco d'Alessio, einer der beiden Piloten, den Defekt bemerkt habe, soll er sofort versucht haben, zum Flughafen zurückzukehren. Der Hubschrauber sei dabei aber abgesackt, bei Grutzen in eine Hochspannungsleitung gestürzt und dabei völlig ausgebrannt. Beide Piloten, die Hauptleute d'Alessio und Franco Messina sowie Sanitätsleutnant Carlo Mangiarotti kamen dabei ums Leben.[148]

144 http://www.memoria.san.beniculturali.it [Stand: 25. November 2021].

145 https://www.congedatifolgore.com/it [Stand: 25. November 2021].

146 Freundliche Mitteilung durch Christoph Franceschini am 10. September 2012.

147 Vgl. http://www.valloalpino.it/Comelico/Cima_Vallona.htm. In dieser – stark „rechtslastigen“ – Homepage eines *Alpini*-Veteranenvereins ist die Belobigungsurkunde für Carlo Mangiarotti enthalten. Die Seite ist mittlerweile nicht mehr abrufbar bzw. behandelt die Festungssysteme des *„Vallo Alpino“*.

148 Vgl. „Dolomiten“, 30. September/1. Oktober 1967. S. 3. ÖNB.

Quelle: Horst Konrad

←
Abb. 53
Die Gedächtnis-kapelle unterhalb der Porzescharte.

→
Abb. 54

Quelle: Horst Konrad

Quelle: www.wolfgangstecher.com

→
Abb. 55
Geschmückte Erinnerungs-
kreuze oberhalb
des Karrenweges.

Quelle: https://upload.wikimedia.org/wikipedia/commons/d/dc/Chiesetta_caduti_Cima_Vallona.jpg

←
Abb. 56
Kapelle Tamai.

Zum Gedenken an die Opfer der Porzescharte wurde unterhalb der Scharte und in der Nähe zum Auffindeort der beiden Opfer Francesco Gentile und Mario di Lecce eine kleine Kapelle errichtet. Alljährlich findet dort um den 25. Juni eine Gedenkfeier in den Morgenstunden statt, allerdings in einem kleinen Rahmen. An den beiden Explosionsorten am Karrenweg wurden vier Eisenkreuze zur Erinnerung an die Opfer errichtet, die zur Gedenkfeier geschmückt werden.

Alljährlich findet zudem eine große Gedächtnisfeier bei der *Capella* Tamai im Digon-Tal bei San Nicolò di Comelico statt, die im Juni 1970 *„zum Gedenken an die Opfer der Porzescharte und an die Gefallenen aller Kriege zur Verteidigung der italienischen Grenzen"* an der Stelle einer alten Kapelle an derselben Stelle errichtet wurde.[149]

Bei der Gedenkfeier im Jahr 2021 erinnerte Don Fabio Fiori, Pfarrer in Danta di Cadore, in seiner Predigt an die Bedeutung von Solidarität und moralischer Unterstützung: *„Die wahre Erinnerung, das wahre Gedenken an diese gefallenen Soldaten besteht nicht in Worten, sondern darin, hier anwesend zu sein, in der Nähe derer, die den unermesslichen Schmerz über den Verlust eines geliebten Menschen erlitten haben und immer noch erleiden"*. Ein noch größerer Schmerz – so erinnerte Don Fabio schließlich – ist es, wenn die Verantwortlichen für diese sinnlose Geste, die von der Justiz identifiziert und verurteilt wurden, *„noch keinen einzigen Tag der gegen sie verhängten Strafe verbüßt haben"*.[150]

Der Autor nahm 2017 und 2018 an den beiden Erinnerungsfeierlichkeiten teil, die in den Festansprachen einen starken nationalistischen Hintergrund ahnen ließen und bei denen für einen Großteil der Anwesenden unzweifelhaft die Schuld am Tod der vier Opfer bei „Terroristen aus Südtirol" liegt.

149 Vgl. https://www.valcomelicodolomiti.it/la-chiesa-della-val-digon.html [Stand: 24. April 2022].

150 https://www.congedatifolgore.com/it/rassegna-stampa-il-ricordo-dei-caduti-di-cima-vallona/ [Stand: 19. November 2021].

EXKURS **Porzescharte (Passo di Cima Vallona), 25. Juni 1967 „online"**

Rupert Gietl

Das Attentat auf der Porzescharte in der Gemeinde San Nicolò di Comelico vom 25. Juni 1967 hat von den drei Ereignissen in den Onlinequellen eindeutig die weitesten Kreise gezogen.
Die Porzescharte liegt in der Provinz Belluno, und auch im Internet lässt sich eine lokale Identifikation mit den uniformierten Opfern feststellen, die es in Südtirol nicht in vergleichbarem Maße gab und gibt.

Anders als bei der Finanzwache mit deren Historischem Museum, existieren keine vergleichbaren Institutionen bei Heer und *Carabinieri*, welche die offizielle Sichtweise der Geschehnisse im Internet darstellen würden. Auf der Internetseite der *Carabinieri* befindet sich lediglich ein Medaillenspiegel, welcher u.a. einige Zeilen über Hauptmann Francesco Gentile enthält. Vom Inhalt her sind diese aber weitgehend unergiebig und beschränken sich auf die Belobigung seiner militärischen Leistungen.

Am ausführlichsten bespricht von offizieller Seite die *Rete degli archivi per non dimenticare* („Netz der Archive um nicht zu vergessen") des nationalen Archivportals die Ereignisse, allerdings nur in einem Text von fünf Zeilen. Bemerkenswert dabei ist, dass die Gemeinde San Nicolò di Comelico in Südtirol verortet und mit dem Provinzkürzel „(BZ)" versehen wurde. Südtiroler Terroristen (*terroristi sudtirolesi*) hätten einen Strommast und die Zugangswege vermint und damit vier Personen ums Leben gebracht. Genauere Informationen fehlen.

Der private Verein zum Gedenken an die Opfer des Terrorismus (*Associazione italiana vittime del terrorismo*) mit Sitz in Turin führt auf seiner Gedenkseite für alle vier Opfer wörtlich den Text der *Rete degli archivi per non dimenticare* an, ohne allerdings die Quelle anzugeben.

Der Opfer gedenken auch einige offizielle und inoffizielle Traditionsverbände der Einheiten, denen sie angehörten. So findet sich ein Artikel aus dem Jahr 2020 auf der Seite *congedatifolgore.com*, einer privaten Initiative aus Parma, nicht zu verwechseln mit der *Associazione Nazionale Paracadutisti d'Italia* – ANPd'I (Nationale Vereinigung der Fallschirmjäger Italiens). Der Fallschirmjägerbrigade Folgore gehörten zwei der Opfer, Mario Di Lecce und Olivo Dordi, an. Der Text trägt den Titel *„25. Giugno 1967: Cima Vallona si copre del sangue di militari italiani. Sabotatori, Carabinieri e Alpini"* („25. Juni 1967. Die Porze bedeckt sich mit dem Blut italienischer Militärs. Saboteure, Carabinieri und Alpini"). Er beschreibt die Ereignisse in chronologischer Reihenfolge von der Explosion des Strommastes bis zum Tod der drei Mitglieder des Untersuchungskommandos und ist trotz des pathetischen Titels relativ nüchtern gehalten. Auffällig ist höchstens die Aussage, dass auf der Porzescharte eine Antipersonenmine verwendet wurde, deren Verwendung in Südtirol im Laufe des Jahres 1967 häufig gewesen sei (*„Era una di quelle mine antiuomo che vennero molto utilizzate nel corso del 1967 in Alto Adige"*). Die Benennung der Schuldigen folgt dem bekannten Kanon, es seien separatistische Südtiroler Terroristen gewesen (*terroristi separatisti altoatesini*), was insofern unpräzise ist, als dass im Prozess von Florenz von 1970 ausschließlich österreichische und deutsche Staatsbürger verurteilt worden sind.

Auf der Internetseite der Nationalen Vereinigung der Gebirgstruppen (*Associazione Nazionale Alpini* – ANA) findet sich eine Reihe von 31 Artikeln zum Thema *Cima Vallona* (Porze), die meistens die wiederkehrenden Gedenktage zum Inhalt haben. Ähnliche Beiträge finden sich auch auf der Seite des lokalen Traditionsverbandes der italienischen Gebirgstruppen.

Dieselben Gedenktage finden sich online auf verschiedenen lokalen Medienplattformen. So erinnert der *Corriere di Como* 2013 in Form eines Interviews mit General Cesare Di Dato, der in den 1960er Jahren in Südtirol stationiert war, an die Ereignisse.

Die Einleitung zu dem Beitrag erinnert sehr stark an den Artikel auf der Seite *congedatifolgore.com* aus dem Jahr 2020 und könnte diesem als Vorlage gedient haben. Der General schildert seine Sicht der Situation Südtirols in jenen Jahren. Die damaligen Attentäter wären Österreicher und Deutsche gewesen, darüber hinaus Georg Klotz, der als gebürtiger Passeirer ein Italiener gewesen sei. Insgesamt habe es sich um wenige Dutzend gehandelt, die von der Südtiroler Bevölkerung nicht unterstützt worden wären. Er habe immer bestens mit den Einheimischen zusammengearbeitet, und die Südtiroler Wehrpflichtigen seien allen ein Beispiel für Disziplin gewesen („[…] *furono implicati terroristi tedeschi e austriaci, oltre a Georg Klotz, che essendo nato in Val Passiria era italiano. Le teste calde, in verità erano tuttavia poche decine e la popolazione locale dell'Alto Adige non le appoggiava.* […] *Non posso dire di aver avuto nemici. E tengo a dire che i miei soldati altoatesini, di alcuni dei quali ricordo ancora i nomi, erano d'esempio a tutti per la loro disciplina*"). Er habe sich in Bozen an jenem Tag, wenige Stunden vor dessen Tod, noch von Hauptmann Gentile verabschiedet, der dann auf der Prozescharte ums Leben gekommen sei. Es sei leider eine Operation wie aus dem Handbuch gewesen („*Purtroppo fu un'operazione da manuale*"). Man habe nachher die Sicherheitsmaßnahmen erhöht, aber gegen eine gut organisierte Guerilla tue sich jede Armee schwer („*Vi furono un'intensificazione del pattugliamento* […] *anche se non c'è esercito che possa far fronte a una guerriglia ben organizzata*"). Man habe auf österreichischer Seite das Feuer angefacht, ansonsten wären Ereignisse wie auf der Porzescharte nicht möglich gewesen. Andere hätten an einem neuen Staat bestehend aus Südtirol, Tirol und Teilen Bayerns gearbeitet („*E c'era anche chi tramava* […] *per il sogno di un nuovo Stato che aggregasse Alto Adige, Tirolo e parte della Baviera*").

Rund um den 50. Gedenktag verdichtet sich die Zahl an Beiträgen, exemplarisch sei ein Artikel aus dem Onlinemagazin *ilsudonline.it* genannt, der über die ursprüngliche Herkunft der Familie Gentiles aus Neapel eine Verbindung zu dem Anschlag herstellt. Er sei in seinem Haus in Belluno [sic!] bereit zu einem Familienausflug gewesen, als das Telefon läutete und er zum Einsatz gelaufen sei: *„I terroristi sudtirolesi hanno fatto saltare un traliccio"* („Die Südtiroler Terroristen haben einen Strommast in die Luft gesprengt"). Der Rest des Beitrags beschäftigt sich mit dem Thema der Zivilcourage und des Bürgersinns, der von den Uniformierten symbolisiert werde und denen man deshalb gedenken solle. Im Schlusssatz findet sich ein Zitat aus dem Lied *Cima Vallona*, das der bekannte italienische Musiker Francesco Guccini 1968 als Reaktion auf den Anschlag geschrieben hat.

Dies bietet die Gelegenheit zu einem Exkurs auf der Internetseite *www.antiwarsongs.org,* welche einen Eintrag zu diesem Lied aus dem Jahr 2007 beinhaltet. Die Seite entstammt einer politisch im linken Spektrum anzusiedelnden Privatinitiative, die als Reaktion auf den Irakkrieg im Jahr 2003 entstanden ist. In der Einleitung heißt es u. a., die vier Militärs seien auf eine dumme und feige Art von Südtiroler Unabhängigskeitsbefürwortern getötet worden, die nie ein Geheimnis über ihre nationalsozialistischen Sympathien gemacht hätten (*„Quattro militari uccisi in maniera stupida e vile da ‚indipendentisti sudtirolesi' che non avevano mai fatto mistero delle loro simpatie naziste"*). Auch wenn es sich bei der Seite um eine stark antimilitaristische Initiative handle, wolle man sich dennoch ihrer erinnern.

Obwohl sich dieser Einleitungstext vollkommen innerhalb des anerkannten italienischen Narrativs zu den Ereignissen befindet, entspann sich im Kommentarbereich eine kontroverse Diskussion zu dem Text, die sich mit langen Intervallen bis heute hinzieht.

Sie entzündete sich an einem Kommentar einer Hinterbliebenen, welche die Autoren beschuldigte, völlig falsche Informationen zu dem Anschlag geliefert zu haben (*„Le informazioni sull'attentato di Cima Vallona sono tremendamente errate"*). Der Kommentar stammt von Anna Carlotta Salogni, die sich als Nichte von Armando Piva zu erkennen gab. Wie sich herausstellte, kritisierte sie damit aber hauptsächlich unvollständige Angaben und die ihrer Ansicht nach lasche Recherche der Autoren. Es kommentierte ebenso Gabriella Piva, die Schwester des Opfers Armando Piva und Mutter von Anna Carlotta Salogni, welche andere Kommentatoren beschuldigte, falsche Aussagen gemacht, bzw. sich als falsche Verwandte des Toten ausgegeben zu haben. Die Diskussion schließt vorläufig mit einem Kommentar unter Pseudonym aus dem April 2021, der dazu auffordert, in den Dokumenten nachzulesen und so die wahren Schuldigen des Attentats zu entdecken (*„Anda-*

tevi a leggere i documenti e scoprirete chi sono gli autori dell'attentato colpevoli della morte dei militari […]").

Hier deutet sich bereits an, dass der Anschlag auf der Porzescharte auch im Internet im Zusammenhang mit den „bleiernen Jahren" diskutiert und je nach politischer Ausrichtung unterschiedlich bewertet wird. So stellen politisch links stehende Blogger und Kommentatoren die gängige Erzählung der Ereignisse in Frage und binden sie in die geopolitische Lage Europas im Kalten Krieg ein. In diesem Sinne schrieb die 1970 geborene Juristin Silvia Boverini im Jahr 2019 auf der Seite des Turiner Vereins Me.Dia.Re. (http://www.me-dia-re.it) einen Beitrag über den Anschlag, in dem sie den Südtirol-Konflikt in Verbindung mit den Aktivitäten verschiedener europäischer Geheimdienste und der Brennergrenze als Verteidigungslinie im Falle eines sowjetischen Angriffes auf Westeuropa stellt. Die Südtiroler Unabhängigkeitsbewegung sei in diesem Zusammenhang instrumentalisiert worden (*„Le ragioni dell'irredentismo sudtirolese furono zittite e strumentalizzate e la piccola ‚Heimat' al di qua del Brennero divenne un laboratorio di sperimentazioni politico-militari"*), der Hauptbeschuldigte Peter Kienesberger sei auf der Gehaltsliste italienischer Geheimdienste gestanden (*„Uno dei presunti terroristi, Peter Kienesberger, era sul libro paga dei servizi segreti italiani"*).

In dieselbe Richtung geht der aus Kampanien stammende marxistische Aktivist und Blogger Ugo Maria Tassinari in seinem Beitrag anlässlich des Gedenktages 2020 *„Cima Vallona, 25 giugno 1967. Strage dei neonazisti tedeschi o strategia della tensione?"* („Porzescharte, 25. Juni 1967. Massaker der deutschen Neonazis oder Strategie der Spannung?"). Nach einer ausführlichen und konventionellen Schilderung des Tatherganges übernimmt Tassinari jene Sicht der Dinge, die Hubert Speckner in seinem Buch „Zwischen Porze und Roßkarspitz" dargelegt hat. Die Täterschaft des BAS sei auszuschließen, Spekulationen würden mit guten Gründen in Richtung der italienischen Geheimdienste gehen (*„Si possono fare soltanto delle speculazioni, che per ovvi motivi vanno in direzione dei servizi segreti italiani"*). Er lässt Speckners Thesen ohne weiteren, eigenen Kommentar stehen.

Aus dem gegenüberliegenden politischen Spektrum meldete sich am selben Tag auch der nun schon bekannte Bozner Turnlehrer Eriprando della Torre di Valsassina in der neofaschistischen Zeitung *Il Primato Nazionale* zu Wort. Unter dem Titel *„Strage di Cima Vallona: 53 anni dopo i terroristi ‚sudtirolesi' sono ancora latitanti"* („Massaker auf der Porzescharte. 53 Jahre danach sind die „Südtiroler" Terroristen immer noch flüchtig") eröffnet er seinen Beitrag mit einem Zitat aus dem Lied des bereits erwähnten linkssozialen Musikers und Schriftstellers Francesco

Guccini. Im ersten Teil seines Artikels schildert Valsassina sehr ausführlich den Hergang der Ereignisse und liefert wesentlich mehr Details und Informationen zu den Beteiligten, als alle anderen im Internet zugänglichen Quellen. Über Folgen und Hintergründe verliert er dagegen nur wenige Worte, das Urteil von Florenz aus dem Jahre 1970 zitierend und, wie bereits gewohnt, mit einem polemischen Schlusssatz gegen „die Mutter" Österreich, welche die Terroristen liebevoll aufgenommen habe (*„Furono comminati 20 anni di reclusione per la strage, più un anno per l'attentato al traliccio. Naturalmente tutti latitanti e contumaci, ospitati dall' ‚amorevole' mamma Austria"*).

Gewissermaßen als Schluss-Stein dieses digitalen Bogens zum Anschlag auf der Porzescharte sei die mittlerweile zum Standardlexikon des Internets gewordene *Wikipedia* genannt, die einen ausführlichen Artikel unter dem Titel *„Strage di Cima Vallona"* zu bieten hat. Der Beitrag wurde im Jahr 2006 angelegt und seitdem über 500mal modifiziert.

Im einleitenden Absatz beschreibt der Artikel den Tathergang und liefert Details, die bei keinem der anderen Online-Autoren vorkommen, so zum Beispiel über die verwendete Sprengstoffmenge und verschiedene Uhren deutschen Fabrikats. Darüber hinaus gleicht aber auch diese Beschreibung den bereits bekannten Schilderungen sehr stark. Viel Raum wird – ebenso wie an anderen Orten bereits gesehen – den offiziellen, posthumen Ehrungen der Verstorbenen gegeben. Wörtlich zitiert wird ebenso der bekannte Satz auf einem Holztäfelchen, der dem BAS zugeschrieben und als dessen Bekennerschreiben gewertet wird.

Interessant wird der Beitrag im vorletzten Kapitel *„Indagini e Processo"* („Untersuchungen und Prozess"), dem am 15. November 2019 ein Absatz über die Publikation von Hubert Speckner und das am 29. Juni 2019 am Kreuzbergpass stattgefundene Zeitzeugentreffen angefügt worden ist. Der Autor mit dem Kürzel *Zeni39* stellt die Thesen Speckners als fantasievolle Szenarien (*„fantasiosi scenari da lui ipotizzati"*) und absurde Kritiken (*„critiche assurde"*) dar, die nur dazu dienen sollen, die in Florenz verurteilten Verdächtigen zu entlasten. Hinter dem Kürzel *Zeni39* könnte sich der an den Ereignissen beteiligte und beim Zeitzeugentreffen 2019 anwesende, damalige Hauptmann der *Alpini* Zenobio Alamari (*1939) verbergen.

Nur rund zwei Stunden nach Veröffentlichung des Absatzes wurde dieser von einem anderen Autor in Wikipedia als fragwürdiger Inhalt ohne Quellenangabe rot markiert und bis zum Verfassen dieses Textes nicht mehr aktualisiert.

Onlinequellen (Gesichtet im Mai 2021)

https://www.carabinieri.it/arma/oggi/medagliere/decorazioni-individuali/medaglia-d%27oro-al-valor-militare-alla-memoria/GENTILE-Francesco
https://www.congedatifolgore.com/it/25-giugno-1967-cima-vallona-si-copre-del-sangue-di-militari-italiani-sabotatori-carabinieri-e-alpini/
https://www.ana.it/?s=cima+vallona
https://www.alpinicomelicosuperiore.it/articolo/1/sacello-in-commemorazione-dell-eccidio-di-cima-vallona-giugno-1970
https://www.corrieredicomo.it/un-generale-ricorda-la-strage-di-cima-vallona/
https://www.ilsudonline.it/64796-2/
https://www.antiwarsongs.org/canzone.php?id=217&lang=it
http://www.me-dia-re.it/1967-strage-di-cima-vallona/
https://www.ugomariatassinari.it/cima-vallona-strage/
https://www.ilprimatonazionale.it/cronaca/strage-cima-vallona-4-militari-italiani-uccisi-terroristi-sono-ancora-latitanti-161027/
https://it.wikipedia.org/wiki/Strage_di_Cima_Vallona

→
Abb. 57

Zum Abschluss ist der Einsatz der verschiedenen „Dienste" – wie sich die jeweiligen Geheimdienste grundsätzlich selbst bezeichnen – im Zusammenhang mit der Südtirolproblematik einige Überlegungen wert.

Auf die Zusammenhänge und Hintergründe des Einsatzes der italienischen „Dienste" geht Reinhard Olt im nächsten und letzten Kapitel genauer ein. An dieser Stelle geht es daher nur um den Vorfall auf der Porzescharte und der augenscheinlichen Verwicklung nicht nur des italienischen militärischen Nachrichtendienstes in die denkwürdigen Ereignisse im Jahr 1967.

Relativ klar wird in der – deutschsprachigen – Fachliteratur das erkennbare Auftreten nicht nur des italienischen Geheimdienstes *„Servizio Informazioni Difesa"* (SID) und auch der amerikanischen *„Central Intelligence Agency"* (CIA) angesprochen. Allerdings nährt sich diese unter vielen Zeithistorikern als „gegeben" angenommene Situation bisher weitgehend aus Vermutungen, was seine Ursache auch im praktisch kaum vorhandenen Zugang zu den relevanten Akten der „Dienste" hat. In Bezug auf Südtirol nähren sich die Thesen und Vermutungen zu einem beträchtlichen Ausmaß aus Zeitungsinformationen. Eine bedeutende Ausnahme bildet hier allerdings der Beitrag von Christoph Franceschini „Spielwiese der Geheimdienste. Südtirol in den 60er Jahren" aus dem Jahr 2003 sowie vor allem die zweiteilige Arbeit „Segretissimo – Streng geheim! Südtirol im Fadenkreuz fremder Mächte" aus den Jahren 2020 und 2021. Der Vorfall auf der Porzescharte wird im zweiten Band behandelt und ist weiter oben in diesem Kapitel eingearbeitet.

Wie bereits angeführt, ist ein Mitwirken des damaligen tschechoslowakischen Geheimdienstes *„Státní Bezpecnost"* (StB) sowie des Geheimdienstes – der „Stasi" – der damaligen Deutschen Demokratischen Republik (DDR) denkbar. Besonders verwunderlich wäre eine derartige Aktivität nicht, da neueste Forschungsergebnisse darlegen, dass gerade diese beiden Dienste der „Staatssicherheit" ihre Aktivitäten in ganz Europa und teilweise sogar weltweit entfaltet hatten. Allerdings steckt die Forschung zum tschechoslowakischen Geheimdienst in Bezug auf West- und Südeuropa noch in den „Kinderschuhen", lässt aber aufgrund der Öffnung seines Archives einige relevante Ergebnisse vermuten. Eine Anfrage des Verfassers zu einem Bezug dieses „Dienstes" zu Südtirol im Archiv des ehemaligen StB erwies sich als wenig ergiebig. Christoph Franceschini befasste sich – wie dargestellt – mit dem deutschen BND und Reinhard Olt mit der ehemaligen ostdeutschen „StaSi", deren Hauptaugenmerk allerdings auf dem damaligen Westdeutschland lag.

Südtirol wird jedenfalls häufig als „Spielwiese" verschiedener Geheimdienste bezeichnet, und tatsächlich waren entsprechende Aktivitäten während des Einsatzes des enormen italienischen Sicherheitsapparates nach der Feuernacht 1961 eine geeignete „Basis" dafür. Kurioserweise scheint Südtirol geradezu ein „Tummelplatz" für die „Dienste" grundsätzlich konträrer politischer Systeme vor dem Hintergrund des „Kalten Krieges" gewesen zu sein. Die merkwürdigen und in sich keinesfalls schlüssigen Vorgänge um den Vorfall auf der Porzescharte weisen jedenfalls mit einiger Dringlichkeit auf das Wirken zumindest des italienischen Nachrichtendienstes und des von diesem geführten *„Gladio"*-Netzes hin. Einige – zumeist stark ideologisch orientierte – Historiker und Politologen in Südtirol wie in Österreich neigen allerdings trotzdem dazu, derartige Überlegungen in den Bereich der „Verschwörungstheorien" zu verbannen. Die Beurteilungen vor allem des Vorfalles auf der Porzescharte der damit befassten medizinischen und Sprengtechnik-Sachverständigen beweisen allerdings eindrucksvoll die Tatsache, dass die Vorgänge in der Nacht vom 24. auf den 25. Juni 1967 samt den Folgetagen keinesfalls entsprechend der offiziellen Darstellung durch Italien abgelaufen sein können, was nun als starkes Indiz für eine *„clandestine Operation"* gewertet werden kann.

Am 11. Juli 1967 bemerkte die Sicherheitsdirektion für Tirol in einer Stellungnahme zu den Vorfällen auf der Porzescharte, es könne – aufgrund der Begehung der italienischen und österreichischen Sicherheitsbehörden am 3. Juli – angenommen werden, dass *„die Minen von den gleichen Personen, die die Sprengkörper am Starkstrommast angebracht haben, gelegt worden* *sind"*.[151] – die Frage ist nun, um welche Personen es sich gehandelt hatte. Aufgrund der vorliegenden Akten und vor allem der fundierten Beurteilungen von Sachverständigen scheiden die in Italien nach wie vor verurteilten angeblichen Attentäter mit größter Sicherheit aus!

Warum Italien allerdings mit einiger Vehemenz und auch einigem Aufwand weiterhin die „offizielle" Version zum Vorfall auf der Porzescharte – und daneben auch der beiden weiteren in dieser Arbeit beschriebenen Vorfälle – betreibt, bietet Anlass zu weiteren Thesen, worauf vor allem im folgenden Kapitel eingegangen wird. Das offizielle Italien zeigt sich nach wie vor höchst unwillig, die beachtenswerten Vorfälle im Zusammenhang mit den Anschlägen in Südtirol einer neuen Bewertung auszusetzen – und dazu die Archive der militärischen Geheimdienste zu öffnen! Allerdings sei an dieser Stelle erwähnt, dass erst vor kurzer Zeit das bereits erwähnte „Archiv Russomanno" – somit Bestände des zivilen Nachrichtendienstes SISDE und dessen Vorläuferorganisationen – an das Staatsarchiv in Rom übergeben wurde.[152]

In Anbetracht der vorhergehenden Ausführungen zu den äußerst vielschichtigen Vorgängen auf der Porzescharte kann jedenfalls mit einiger Sicherheit davon ausgegangen werden, dass die Vorfälle – im „geringsten Fall" – von Italien außenpolitisch genutzt wurden, um eine „brauchbare" Begründung für das EWG-Assoziations-Veto zur Hand zu haben. Im „schlimmsten Fall" wurden sie im Hinblick auf die außenpolitische Wirkung vielleicht sogar mit Wissen von Teilen der italienischen Regierung mithilfe des tatkräftigen Einsatzes des italienischen Geheimdienstes – und dessen Ablegers *„Gladio"* – „konstruiert".

Für andere – sagen wir: in die Zukunft blickende – Teile der italienischen Regierung waren die Vorfälle und das damit bewiesene „Eigenleben" des Geheimdienstes oder eines Teiles davon offenbar im Gegensatz dazu eine „Initialzündung", in der „Südtirol-Problematik" ehebaldigst zu einer Lösung zu kommen. Für einige maßgebliche italienische Politiker – allen voran Ministerpräsident Aldo Moro – scheint mit der spätestens ab dem Jahr 1966 gesteuerten Eskalation der „Gipfel" erreicht gewesen zu sein. Der im Vergleich zu den unsäglich zähen Jahren ab 1946 unglaublich rasche Abschluss des „Südtirol-Paketes" im Jahre 1969 bildete jedenfalls die „Wende" für Südtirol, auch wenn bis zur – nach wie vor nicht vollständigen – Umsetzung des Paketes im Jahr 1992 noch viele Jahre ins Land südlich des Brenners gehen sollten.

---

151 Vgl. Betr.: Sprengstoffexplosion im Gebiete der Porzescharte; Sachverhaltsdarstellung. Sicherheitsdirektion für das Bundesland Tirol, Zl.: Res.Pos.G 667/1/67 vom 11. Juli 1967. ÖStA/AdR, „Anschlag auf der Porzescharte am 25.6.67"/Bestand Inneres/Zl. 25.633-70.

152 Vgl. dazu Christoph Franceschini, Segretissimo – Streng geheim! Südtirol im Fadenkreuz fremder Mächte. S. 163f. Das sogenannte „Archivio Russomanno" wurde eher zufällig in einer *Carabinieri*-Kaserne aufgefunden, obwohl es sich dabei um Bestände des Innenministeriums handelt. Anm. d. Verf.

Quellen zur Porzescharte

- ÖStA/AdR/BMfAA/Pol Südtirol, ST 2D 1967-1968, Kt. 27.
- ÖStA/AdR/BMfAA/Pol Südtirol, Diverse Beilagen 1967–1968, Kt. 38.
- ÖStA/AdR/BMfAA/Pol Südtirol, Diverse Beilagen 1967–1968, Kt. 39.
- ÖStA/AdR/BMfAA/Pol Südtirol, Diverse Beilagen 1967, Kt. 43.
- ÖStA/AdR, „Anschlag auf der Porzescharte am 25.6.67"/ Bestand Inneres/Zl. 25.633-70.
- ÖStA/AdR/Bestand Inneres/Zl. 24.222-17/70.
- ÖStA/AdR, BKA/MRP 2. Rep/Kt. 258.
- Sprengstoffanschlag „PORZESCHARTE". BMI/Ehemaliges Dokumentationszentrum, Ordner 32.
- Gerichtsakt Porzescharte. 20 Vr 6502/68 Hv 41/68. Landesgericht Wien.
- Tiroler Landesarchiv, Kanzlei Landeshauptmann/Sammelakten, Position 114 (17) 1967.
- Interrogatorio dell´Imputato. Humer Hans Jörg. 28. September 1967. Bozen – Gerichtsgefängnis. Bestand Christoph Franceschini, Eppan.
- Helmut Golowitsch. Gedächtnisprotokoll einer Unterredung mit Frau Amalia Humer in deren Wohnung in Innsbruck. Archiv der Kameradschaft der ehemaligen Südtiroler Freiheitskämpfer (Nürnberg).
- Repubblica Italiana, in nome del popolo italiano. La Corte di Asssise di Firenze. Nr. 6170 Urteilsregister, Nr. 11/69. Studiensammlung Haus der Tiroler Geschichte/Bozen.
- Fachgutachten zu den historischen Ereignissen im Fall Porzescharte. Medizinisches Fachgutachten mit Verletzungsmustern, Schwere des Verletzungsgrades und Letalitätswahrscheinlichkeit sowie Kausalität der beschriebenen Todesfälle mit den Ereignissen vom 25.06.1967 auf der Porzescharte. Durchführung: PrivDoz Dr. Klaus Stephan WOLFF, Facharzt für Allgemeinchirurgie, Habilitation im Fach Kriegschirurgie und Allgemeinchirurgie, Notarztdiplom, Feldarzt des ÖBH; Dr. Christian Antoinne CIOCHIRCA, Facharzt für Anästhesie, zertifizierter Notarzt, Feldarzt des ÖBH. Bestand Grama Schwaighofer Vondrak Rechtsanwälte GmbH. 1010 Wien.
- „Dolomiten". Tagblatt der Südtiroler 40. Jahrgang. Nr. 280 vom Freitag, 6. Dezember 1963.
- „Dolomiten". Tagblatt der Südtiroler 44. Jahrgang. Nr. 143 vom Montag, 26. Juni 1967.
- „Dolomiten". Tagblatt der Südtiroler 44. Jahrgang. Nr. 144 vom Dienstag, 27. Juni 1967.
- „Dolomiten". Tagblatt der Südtiroler 44. Jahrgang. Nr. 146 vom Freitag, 30. Juni 1967.
- „Dolomiten". Tagblatt der Südtiroler 44. Jahrgang. Nr. 148 vom Montag, 3. Juli 1967.
- „Dolomiten". Tagblatt der Südtiroler 44. Jahrgang. Nr. 149 vom Dienstag, 4. Juli 1967.
- „Dolomiten". Tagblatt der Südtiroler 44. Jahrgang. Nr. 152 vom Freitag, 7. Juli 1967.
- „Dolomiten". Tagblatt der Südtiroler 45. Jahrgang. Nr. 284 vom Freitag, 13. Dezember 1968.
- „Dolomiten". Tagblatt der Südtiroler 44. Jahrgang. Nr. 233 vom Samstag/Sonntag, 30. September/1. Oktober 1967.
- „Tiroler Tageszeitung" Dienstag 27. Juni 1967 Nr. 146.
- „Tiroler Tageszeitung" Mittwoch 28. Juni 1967 Nr. 147.
- „Tiroler Tageszeitung" Freitag 30. Juni 1967 Nr. 149.
- „Tiroler Tageszeitung" Samstag 1. Juli 1967 Nr. 150.
- Tiroler Tageszeitung" Montag 3. Juli 1967 Nr. 151.
- „Tiroler Tageszeitung" Mittwoch 5. Juli 1967 Nr. 153.
- „Tiroler Tageszeitung" Donnerstag 12. Oktober 1967 Nr. 237.
- „Tiroler Tageszeitung" Freitag 13. Oktober 1967 Nr. 238.
- „Die neue Südtiroler Tageszeitung", Samstag/Sonntag, 11./12. Dezember 2021.
- https://www.corriere.it/Primo_Piano/Cronache/2007/08_Agosto/03/napolitano_grazia.html
- https://search.acs.beniculturali.it/OpacACS/authority/IT-ACS-SP00001-00000363
- https://www.memoria.san.beniculturali.it
- https://it.wikipedia.org/wiki/Francesco_Gentile
- https://www.congedatifolgore.com/it
- http://www.valloalpino.it/Comelico/Cima_Vallona.html
- https://www.valcomelicodolomiti.it/la-chiesa-della-valdigon.html

Literatur zur Porzescharte

- Simone Baschiera: Alto Adige – Südtirol 1966 – 1971. Il Bataglione Sabotatori Paracedutisti nel Reparto Speciale. o.O. o.J.
- Elisabeth Baumgartner/Hans Mayr/Gerhard Mumelter: Feuernacht. Südtirols Bombenjahre. Ein zeitgeschichtliches Lesebuch. Bozen ²1992.
- Felix Ermacora: Südtirol und das Vaterland Österreich. Wien 1984.
- Euler, Alois/Kienesberger, Peter: Sie nannten uns Terroristen. Freiheitskampf in Südtirol. Wien 1971.
- Christoph Francescini: Spielwiese der Geheimdienst. Südtirol in den 60er Jahren. In: Steinacher, Gerald (Hrsg.): Im Schatten der Geheimdienste. Südtirol 1918 bis zur Gegenwart. Innsbruck 2003.
- Christoph Franceschini: Segretissimo – Streng geheim! Südtirol im Fadenkreuz fremder Mächte. Band 2. Bozen 2021.
- Michael Gehler/René Ortner (Hrsg.): Von Sarajewo zum 11. September. Einzelattentate und Massenterrorismus. Innsbruck 2007.
- Helmut Golowitsch: Für die Heimat kein Opfer zu schwer. Folter – Tod – Erniedrigung: Südtirol 1961 – 1969. o.O. ²2012.
- Harald Hasler, „Wissenschaftliche Neubeurteilung der Rechtssache, Porzescharte 25. Juni 1967'". Wien 2021.
- Sepp Mitterhofer/Günther Obwegs (Hg.): „... Es blieb kein anderer Weg ..." Zeitzeugenberichte und Dokumente aus dem Südtiroler Freiheitskampf. Neumarkt ³2022.
- Reinhard Olt: Porzescharte – Ungereimtheiten bei der politisch-historisch-justitiellen Zuordnung einer folgenreichen Causa der Südtiroler Bombenjahre. In: Barbara Stelzl-Marx/Gerald Schöpfer (Hg.): Wirtschaft. Macht. Geschichte. Brüche und Kontinuitäten im 20. Jahrhundert. Festschrift Stefan Karner. Graz 2012.
- Hans Karl Peterlini: Feuernacht. Südtirols Bombenjahre. Hintergründe, Schicksale, Bewertungen 1961 – 2011. Bozen 2011.
- Walter Schaumann: Schauplätze des Gebirgskrieges III a. Westliche Karnische Alpen von Sexten bis zum Plöckenpass. Cortina d´Ampezzo 1978.
- Otto Scrinzi (Hrsg.): Südtirol-Chronik 1959 – 1969. Von der Kolonie Alto Adige zur Autonomen Provinz Bozen. Graz 1996.
- Hubert Speckner: „Zur Assistenz an der Tiroler Grenze ...". Der Sicherungseinsatz des Österreichischen Bundesheeres an der Grenze zu Südtirol 1967. Schriften zur Geschichte des Österreichischen Bundesheeres. Herausgegeben vom Generalstab des Bundesministeriums für Landesverteidigung und Sport und dem Heeresgeschichtlichen Museum/Militärhistorisches Institut. Band 19. Wien 2012.
- Hubert Speckner: „Zwischen Porze und Roßkarspitz ...". Der „Vorfall vom 25. Juni 1967 in den österreichischen sicherheitsdienstlichen Akten. Wien 2013.
- Hubert Speckner: „La Strage del Passo di Cima Vallona. Il ‚fatto' del 25 giugno 1967 archiviato negli atti degli organi di sicurezza austriaci". Wien 2015.
- Hubert Speckner: Von der „Feuernacht" zur „Porzescharte" .... Das „Südtirolproblem" in den österreichischen sicherheitsdienstlichen Akten. Wien 2016.
- Gerald Steinacher (Hrsg.): Im Schatten der Geheimdienste. Südtirol 1918 bis zur Gegenwart. Innsbruck 2003.
- Rolf Steininger: Südtirol zwischen Diplomatie und Terror 1947 – 1969, Band 3: 1962 – 1969. Veröffentlichungen des Südtiroler Landesarchivs, Band 8, Bozen 1999.
- Rolf Steininger (Hrsg.), Akten zur Südtirol-Politik. 1959 – 1969. 1967. Terror und „Operationskalender", Innsbruck 2012.
- Markus Warasin (Hg.): Unsere Sache ist gerecht. Südtirol als Thema der österreichischen Außenpolitik vor dem Hintergrund der europäischen Einigung. Bozen 2002.

Verurteilungen

Die hier beschriebenen und analysierten „merkwürdigen Vorfälle“ am Pfitscherjoch, der Steinalm und der Porzescharte stellen zweifelsfrei eine Art „Höhepunkt“ des Südtirol-Problems bzw. der Südtiroler „Bombenjahre“ dar. Allein acht der „offiziell“ insgesamt 15 Opfer unter italienischen Polizisten, Soldaten des Heeres, der *Guardia di Finanza* und der *Carabinieri* sollen den drei „Anschlägen“ – gemäß der italienischen Darstellung – oder „Vorfällen“ – aus der Sicht des Verfassers – zum Opfer gefallen sein. Allerdings sollten die wissenschaftlichen Darstellungen und Analysen der Autoren mit einiger Deutlichkeit klarstellen, dass sich alle drei „merkwürdigen Vorfälle“ keinesfalls wie von offizieller italienischer Seite dargestellt auch tatsächlich zugetragen haben können. Diese Tatsache war zweifellos auch schon Ende der 1960er Jahre zumindest einem Teil der italienischen Sicherheitsbehörden bekannt und bewusst.

Trotzdem bestand augenscheinlich kaum ein offizielles Interesse an einer tatsächlichen Aufklärung, sondern es wurden stets erste Schuldzuweisungen bereits vor tatsächlichen sicherheitsdienstlichen Erhebungen nicht nur durch die meisten italienischen Medien, sondern auch durch einen Großteil des „offiziellen“ Italien ausgesprochen. Diese zweifellos nicht auf einer tatsächlichen sicherheitsdienstlichen Ermittlung aufbauenden Schuldzuweisungen wurden trotzdem durch die italienische Justiz „umgesetzt“, und die betreffenden Personen wurden in großteils ebenso „merkwürdig“ anmutenden Gerichtsverfahren zu lebenslanger Haft oder langjährigen Haftstrafen verurteilt. Im Fall der drei beschriebenen „merkwürdigen Vorfälle“ ergingen diese Urteile außer im Fall des Richard Kofler (Steinalm) in Abwesenheit der Beschuldigten, wobei die italienische Justiz dabei gegen die geltende Strafgesetzgebung und die Menschenrechtskonvention verstieß.

In Italien sind bis heute die vermuteten „Attentäter“ der angeblichen Sprengstoff-Explosion auf dem Pfitscherjoch – die vier „Pusterer Buam“ Sepp Forer, Heinrich Oberlechner (†), Heinrich Oberleiter und Siegfried Steger – zu lebenslänglichen Haftstrafen verurteilt. Lediglich Heinrich Oberleiter wurde durch den italienischen Staatspräsidenten 2021 nach einem Antrag seiner Kinder „begnadigt“. Die angeblichen „Attentäter“ der Steinalm – Alois Rainer und Luis Larch – fielen unter die italienische „Vollstreckungsverjährung“, während Jörg Klotz und Richard Kofler bereits verstorben waren. Die beiden in Abwesenheit zu lebenslanger Haftstrafe verurteilten „Attentäter“ der Porzescharte, die Österreicher Peter Kienesberger und Dr. Erhard Hartung sind nach wie vor verurteilt. Kienesberger verstarb 2015 und Hartung wurde bisher bei keinem einzigen politischen Versuch einer Begnadigung ehemaliger Südtirol-Aktivisten überhaupt nur erwähnt. Für Italien kommt offenbar seine „Begnadigung“ keinesfalls in Frage. Lediglich das Urteil gegen den dritten angeblichen „Attentäter“ der Porzescharte, den Österreicher Egon Kufner, fiel 2007 unter die „Vollstreckungsverjährung“.

Der Verfasser geht davon aus, dass der italienischen Justiz wenigstens teilweise sehr wohl bewusst und bekannt war und ist, dass die angeblichen „Attentäter“ durch italienische Gerichte für Taten verurteilt wurden, die diese unmöglich begangen haben konnten!

Während Italien ansonsten überaus rasch Amnestien und Begnadigungen ausspricht – man denke an das

Verfahren gegen die „Foltercarabinieri" in Trient im Jahr 1963 oder an das jahrelang verschleppte Verfahren gegen die „Attentäter" mit neofaschistischem Hintergrund beim tatsächlich versuchten Massenmord in Ebensee im selben Jahr – wird in Bezug auf Südtirol nichtsdestotrotz „gemauert" – oder vielleicht deswegen, weil es sich um „Vorfälle" im Zusammenhang mit der Südtirol-Frage handelt?

So manche von Rupert Gietl in seinen Exkursen zur aktuellen italienischen Darstellung der „merkwürdigen Vorfälle" dargelegte Meinung zeugt von einem durchaus problembeladenen Verständnis von Teilen der italienischen Bevölkerung in Bezug auf Südtirol – das zudem bis heute zumeist als *„Alto Adige"* benannt wird, dem Ausdruck aus der faschistischen Ära Italiens!

Nutzen

Somit stellt sich als nächster Schritt die Frage nach dem „Nutzen" der strikten Weigerung des „offiziellen" Italien, die hier beschriebenen und analysierten drei „merkwürdigen Vorfälle" als ebensolche zu beurteilen. Im historischen Kontext der 1960er Jahre scheint diese Frage leicht beantwortbar zu sein: Spätestens seit der „Erwähnung" der Südtirol-Frage vor der Generalversammlung der Vereinten Nationen (UNO) im Jahr 1959 und der dann tatsächlich erfolgten „Vorbringung" dieser Frage vor der UNO in den Jahren 1960 und 1961 durch den österreichischen Außenminister Dr. Bruno Kreisky, die jeweils mit einer UN-Resolution endeten – die dann allerdings von Italien zu einem hohen Prozentsatz ignoriert wurden –, scheint die Taktik der italienischen Außenpolitik ziemlich deutlich. Österreich wurde außenpolitisch massiv unter Druck gesetzt, um einerseits die „Schutzmacht-Funktion" Österreichs, die auf dem „Pariser Abkommen" aus dem Jahr 1946 (auch als „Gruber-De Gasperi-Abkommen" bekannt und bezeichnet) beruht, möglichst zu verringern – oder besser: zu eliminieren – und damit andererseits Südtirol als „inneritalienische Angelegenheit" betrachten und behandeln zu können. Die Aussagen der italienischen Delegierten vor den UN-Generalversammlungen in den oben erwähnten Jahren sprechen dazu „Bände"!

Mit offenbar demselben Hintergrund entwickelte sich zwischen Italien und Österreich seit dem Ende der 1950er Jahre bis Ende der 1960er Jahre ein häufiger und von Seiten Italiens in einem höchst vorwurfsvollen und zumeist wenig diplomatischen Ton gehaltener Wechsel von diplomatischen Noten, der später als „Notenkrieg" in die Zeitgeschichte der beiden Länder eingehen sollte. Nach einem Höhepunkt in den Jahren 1961/62 – nach der sogenannten „Feuernacht" – kam es dann 1966/67 zu einem zweiten Höhepunkt dieses „Notenkrieges", in dem die hier beschriebenen drei „merkwürdigen Vorfälle" eine für Italien höchst wichtige Rolle spielten. Österreich wurde von Italien unter massiven außenpolitischen Druck versetzt – der nach der Porzescharte mit dem beschriebenen italienischen Veto gegen Österreichs Assoziationsverhandlungen zur EWG gipfelte –, dessen hauptsächliche Anschuldigungen darin bestanden, den „Terrorismus" in Südtirol und gegen Italien von österreichischem Staatsgebiet aus zu ermöglichen, den „Terroristen" Unterschlupf und sogar Unterstützung zu gewähren und jedenfalls sicherheitsdienstlich zu wenig gegen diese „Terroristen" zu unternehmen. Während des Höhepunktes dieses „Notenkrieges" verlangte Italien von Österreich nichts weniger als eine Änderung dessen Grundgesetzgebung durch die Einführung der „Präventivhaft", was in der österreichischen Gesetzgebung allerdings nicht vorgesehen ist, während Italien dabei auf die Gesetzgebung aus der faschistischen Zeit zurückgreifen konnte. Als wesentlichste „Beweise" für die Anschuldigungen gegenüber Österreich im Verlauf des „Notenkrieges" wurden die hier analysierten drei „merkwürdigen Vorfälle" verwendet, wozu deren „terroristischer Hintergrund" außer Zweifel zu stehen hatte.

Nur – warum wird dieses Narrativ nach wie vor „gepflegt", während die Bereitschaft, eine tatsächliche kriminologische Klärung der „Vorfälle" zu betreiben oder wenigstens zuzulassen, verschwindend gering ist? Allein die folgenden Aktivitäten der eigentlich in Italien durchaus bekannten Gruppierungen im Zuge der „Strategie der Spannung" und deren Aufarbeitung – das Hauptthema des folgenden Kapitels – würden einige Fragen klären. Was von offizieller italienischer Seite nach wie vor offenbar nicht gewünscht sein dürfte!

„Ideologie"

Und damit sei zu guter Letzt darauf verwiesen, dass sich der Verfasser dieser Arbeit und jedenfalls auch alle weiteren Autoren strikt jeder „Ideologie" in der Beurteilung des Südtirol-Konfliktes und vor allem der drei „merkwürdigen Vorfälle" enthalten. Auf beiden Seiten des Konfliktes agierten Personen aller möglichen „Ideologien", auch wenn das offizielle Italien die Südtirol-Aktivisten stets als *„Neonazisti"* sah und dies auch international verbreitete. Bemerkenswerterweise folgte und folgt bis heute vor allem die „linke" Geschichtsschreibung diesem Narrativ „gläubig", wenngleich eine genaue wissenschaftliche Analyse der vorliegenden sicherheitsdienstlichen Archivalien in Österreich diese Darstellung jedenfalls nicht im „gewünschten" Ausmaß bestätigen kann.

Umgekehrt hatte gerade unter den damaligen italienischen Sicherheitsbehörden das faschistische Gedankengut noch eine große Zahl von Anhängern, und zudem gehörten die agierenden Gruppierungen der „Strategie der Spannung" und des *„Gladio"*-Netzes zweifellos in diese ideologische Richtung.

Nur – bei einer tatsächlich wissenschaftlichen Bearbeitung und Analyse haben nach Ansicht aller Autoren dieser Arbeit ideologische Betrachtungsweisen, Deutungs- oder Klärungsversuche wenig bis nichts verloren, hier geht es ausschließlich um das Ergebnis unserer wissenschaftlichen Arbeit!

Nachdem dem Verfasser von einigen durchaus (links-)ideologisch fundierten Südtiroler und österreichischen Historikern und Politologen auch schon vorgeworfen wurde, das Hauptziel seiner Arbeit wäre die „Entschuldigung" der damaligen „Attentäter" und seine Thesen und Beurteilungen wären nicht „beweisbar", so sei diesem Vorwurf eines erwidert: Nachdem in dieser Arbeit vor allem durch die Arbeit von Sachverständigen klar dargelegt wurde, dass sich alle drei „merkwürdigen Vorfälle" am Pfitscherjoch, auf der Steinalm und der Porzescharte keinesfalls so wie offiziell beschrieben und bewertet auch tatsächlich abgespielt haben konnten, was naturgemäß auch den Kreis der von Italien Beschuldigten betrifft, stellt sich die Frage einer „Entschuldigung" nicht, denn:

Die „Pusterer" können nicht für die Explosion auf dem Pfitscherjoch, Jörg Klotz und seine Mitangeklagten können nicht für die Explosion auf der Steinalm und die drei angeblichen „Terroristen" der Porzescharte können nicht für die Sprengung des Strommastes und den Tod von vier italienischen Soldaten verantwortlich gemacht werden, auch wenn dies bis heute unverändert so dargestellt wird!

Welcher „Beweise" würde es denn noch bedürfen, wenn gerichtlich beeidete und zertifizierte Sachverständige die technische und physikalische „Unmöglichkeit" der nach wie vor „gültigen" offiziellen italienischen Darstellungen der „Vorfälle" darlegen?

Letzteres heißt allerdings nicht, dass die Autoren dieser Arbeit anderslautende Hin- und Beweise nicht zur Kenntnis nehmen würden. Selbstverständlich würden neue Erkenntnisse zu den „merkwürdigen Vorfällen" – beispielsweise aufgrund von geöffneten italienischen Aktenbeständen – nach einer wissenschaftlichen Bearbeitung nicht nur zur Kenntnis genommen, sondern in der Folge auch dementsprechend publiziert werden, was in der „realen" wissenschaftlichen Welt offenbar nicht immer als absolut klar angenommen werden kann!

Römische nachrichtendienstliche Denkwürdigkeiten

Reinhard Olt

Längst sind die Geschehnisse, für welche die „Feuernacht" in Südtirol als Fanal stand und steht, einer breiteren journalistisch-publizistischen Diskussion ebenso wie der wissenschaftlichen (Wieder-)Aufbereitung unterzogen. Als „Feuernacht" wird die Nacht vom „Herz-Jesu-Sonntag" (11. Juni) auf den 12. Juni 1961 bezeichnet, in der in Südtirol nahezu 40 Strommasten gesprengt worden waren, und die gleichsam den Höhepunkt der Anschläge des „Befreiungsausschusses Südtirol" (BAS) markierte. Ehedem war das Thema eingehüllt in das Schweigen derer, die vom Jahre 1956 an Zeichen gewaltsamen Protestes gegen die römische Staatsgewalt gesetzt hatten. Was die Männer und Frauen des BAS taten, entsprang der Erniedrigung, der sich die Südtiroler fast tagtäglich ausgesetzt sahen. Für diejenigen, die sich – aus beiden Teilen Tirols, ja selbst aus dem übrigen Österreich – im BAS zusammengefunden hatten, entsprang ihr Tun aus aufgestauter Wut und dem ständigen Gefühl von Hilflosigkeit und Ohnmacht.

Es kam zunächst zu quasi demonstrativen Sprengungen von Symbolen der faschistischen Unterdrückung. Die Attentate erreichten ihren Höhepunkt in besagter „Feuernacht", der Anlass für die römische Staatsmacht war, mehr als 150 BAS-Leute verhaften und nicht wenige davon foltern zu lassen; zwei der Gefolterten starben.

Von da an setzte – trotz des zarten Pflänzchens Deeskalation, das durch die sogenannte Neunzehner-Kommission (elf Italiener, acht Südtiroler) zu sprießen begann – wegen der offenkundigen Ablehnung der Selbstbestimmung und der Verlagerung des politischen Ringens auf das Erreichen einer Autonomie-Lösung, die diesen Namen auch wirklich verdiente, eine spürbare Verschärfung des Freiheitskampfs ein, der in der (politisch korrekten) Historiografie und im Politvokabular bis heute durchweg mit dem auf den italienischen Terminus *„terrorismo"* einschwenkenden Begriff „Südtirol-Terrorismus" bezeichnet wird. Im Lichte neuerer Erkenntnisse wird man indes zumindest gehörige Zweifel an der alleinigen BAS-„Urheberschaft" für alle Taten hegen dürfen, bei denen es zu Toten und Verletzten kam; dies umso mehr, als es sich vielfach um Geschehnisse handelt, welche bis heute nicht restlos aufgeklärt sind.

Mittlerweile wissen wir über die aktenkundigen Ungereimtheiten der Vorfälle auf dem Pfitscherjoch, der Steinalm sowie der Porzescharte dank Hubert Speckners Studien und bereits weiter oben zitierten Publikationen genauer Bescheid. Und auch hinsichtlich italienischer geheimdienstlicher wie paramilitärischer Denkwürdigkeiten im Zusammenhang mit der Eindämmung des Südtiroler Freiheitskampfs im Rahmen der nirgendwo mehr bestrittenen Strategie der Spannung sind wir erheblich besser unterrichtet. So passte just das „Porze-Attentat" nur allzugut in besagte „Strategie der Spannung". Mit der *„strategia della tensione"* trachteten verschwörerische Kreise – organisiert in geheim(bündlerisch)en Vereinigungen alt- und neofaschistischen Zuschnitts wie *„Ordine nuovo"* und *„Avanguardia Nazionale"*, aber auch verankert in Teilen der militärischen Nachrichtendienste SID (*Servizio Informazioni Difesa;* 1965–1977) bzw. SISMI

(*Servizio per le Informazioni e la Sicurezza Militare;* 1977 – 2007) bzw. des zivilen SISDE (*Servizio per le Informazioni e la Sicurezza Democratica;* 1977 – 2007) sowie (des geheimen *„Gladio"*-Netzwerks) des Militärs – danach, die gesellschaftliche Unterfütterung für einen (letztlich gottlob erfolglos gebliebenen) Wechsel in Italien hin zu einem autoritären Regime zu bereiten.

Der lange Arm von *„Gladio"*

Wie weit der lange Arm des in die *„Stay-behind"*-Aktivitäten der Nato eingebetteten italienischen *„Gladio"*-Netzwerks damals reichte, machte die Aussage des italienischen Staatsbürgers Giuseppe Gulotta – er war 1976 gefoltert worden, hatte infolgedessen ein „Geständnis" abgelegt und wurde schuldlos für 22 Jahre inhaftiert – in Markus Lanz' „Talkshow" im ZDF vom 17. Februar 2013 deutlich. Demnach gab es einen bis dahin totgeschwiegenen Folterskandal mit offenkundig geheimdienstlichem Hintergrund, einen Skandal, der frappierend an die Folterungen Südtiroler Freiheitskämpfer in den 1960er Jahren erinnert, welche italienische Politiker in Südtirol noch heute kurzerhand in Abrede stellen. (Fernsehaufnahme www.youtube.com/watch?v=ZeeDohEIC3c eingesehen am 24.02.2022, dem Tag, an dem Putin seinen Krieg gegen die Ukraine begann; hier ein Interview mit Gulotta auf italienisch: www.youtube.com/watch?v=ZmxSuSQY2a8). Gulotta hat, neben unzähligen Interviews, die er dazu gab, seine Geschichte mithilfe des Journalisten Nicola Biondo auch als Buch veröffentlicht.[1] Der Buchinhalt ist in Kurzfassung unter folgendem Link auf deutsch einzusehen: https://nicolariccardobiondo.medium.com/dalla-strage-di-via-damelio-al-caso-gulotta-due-fake-news-mainstream-7680f9e89fcb.

Für verdeckt arbeitende Nachrichten- und Sicherheitsdienste gehört Tarnen und Täuschen sozusagen zum Handwerkszeug. Sie bewegen sich in Grauzonen und überschreiten dabei, gedeckt vom vorgeblichen „Interesse des Staates" wie die italienischen Folterer in Südtirol, die ihren Opfern gegenüber unverblümt auf *„Carta Bianca"* und *„Mani Libere"*, mithin volle Deckung von oben, verwiesen (so bei den Folterungen nach der „Feuernacht"), die sie (vom damaligen Innenminister Mario Scelba) hatten, jedwede rechtliche Schranken, an denen es im demokratischen Italien keineswegs fehlte. Den Diensten ging/geht es um Schutz falscher Identitäten, um Täuschung über wahre Zielsetzungen, um Konspiration, Provokation und zuvörderst um das Vortäuschen falscher Tatsachen, um das Legendieren von Taten. Eine noch größere Dimension wird beim Begehen schwerer Verbrechen im Rahmen besagter „Strategie der Spannung" erreicht, von der Hans Karl Peterlini zurecht sagt, die *„strategia della tensione"* in Italien habe stets das Ziel verfolgt, „dass unerwünschte politische Strömungen diskreditiert, die Vertreter des starken Staates gestützt, Geheimdienste und Polizeieinheiten ausgebaut und Putschpläne greifbar" werden sollten.[2]

1 Vgl. Nicola Biondo / Giuseppe Gulotta, Alkamar. La mia vita in carcere da innocente, Mailand 2015, zu beziehen über https://www.amazon.it/Alkamar-mia-vita-carcere-innocente/dp/8861907318.

2 Vgl. Hans Karl Peterlini, Bomben aus zweiter Hand, Edition Raetia. Bozen 1992. S. 12.

„Unter falscher Flagge"

Bei alldem konnte es gar nicht ausbleiben, dass es zu mancherlei Attentat(sversuch)en sozusagen „unter falscher Flagge" kommen musste, zu Aktionen, bei denen die Akteure in der Absicht, bestimmte Ziele zu verfolgen und zu erreichen, skrupellos und ohne Rücksicht auf Verluste vorgingen. War es zum einen das Ziel italienischer Dienste, mittels fingierter Anschläge die Südtiroler Freiheitskämpfer zu diskreditieren und – nicht ohne Wissen und Zustimmung, ja sogar auf Geheiß politischer Verantwortungsträger – damit politisch Druck auf Österreich auszuüben, so hatten darein involvierte oder gar Regie führende Leute des *„Gladio"*-Netzwerks als Teil der geheimen italienischen *„Stay behind"*-Einheiten ein zusätzliches Interesse, damit die Spannungsmomente zu erhöhen, ein Bedrohungsbild zu erzeugen und die Südtirol-Aktionen im Sinne ihrer Umsturzpläne zu instrumentalisieren.

Es gab daher im Rahmen der „Strategie der Spannung" durchaus nicht wenige „getürkte" Attentat(sversuch)e. Ein Beispiel: am 20. August 1961 ließ Hauptmann Amos Spiazzi bei Durnholz im Sarntal zwei bewaffnete Zivilisten verhaften. Die Männer führten in ihren Rucksäcken TNT und Zündmittel mit sich und waren gerade dabeigewesen, Sprengladungen vorzubereiten. Die beiden gaben sich als Agenten des militärischen Geheimdienstes SIFAR zu erkennen und wiesen sich als solche aus, weshalb sie nach Überprüfung ihrer Angaben wieder freigelassen werden mussten. Amos Spiazzi di Corte Regia (so sein vollständiger Adelsname), Sohn eines Generals und Absolvent der Militärakademie von Modena, diente Ende der 1950er bis Ende der 1960er Jahre im Panzerabwehrartillerieregiment 35, im Flugabwehrraketenartillerie-regiment 4 und im Artillerieregiment 11 *„Legnano"*. Der wie sein Vater monarchistisch Gesinnte gehörte der auf der äußersten Rechten angesiedelten Gruppierung *„Ordine Nuovo"* an, aus der *„Gladio"* einen Teil seiner Verdeckten rekrutierte. Seinerzeit, als er die SIFAR-Agenten im Sarntal verhaften ließ, die wieder freigelassen werden mussten, war Spiazzi Chef einer Sicherungseinheit mit der internen Bezeichnung *„Gruppo Antiguerilla di Bolzano"*/ „Antiguerillagruppe Bozen" und dürfte schon damals mutmaßlich als „Gladist" geführt worden sein.

Parallele Strukturen

Fest steht, dass Spiazzi auch später in brisante verschwörerische rechtsextremistische Vorfälle verwickelt war, wovon seine umstrittene Rolle im Putschversuch des neofaschistischen Hochadeligen Junio Valerio Scipione Borghese (der „schwarze Prinz") in der Nacht vom 7. auf den 8. Dezember 1970 einer seiner markantesten war. Schlagzeilenträchtig auch die Rolle Spiazzis, die zur Verhaftung und Anklage am 13. Januar 1974 durch den Untersuchungsrichter Giovanni Tamburino in der sogenannten „Windrose"-Affäre führte (s.u.). Demnach gehörte der damalige Oberst Spiazzi zusammen mit einem Oberst namens Angelo Dominoni sowie einem General namens Francesco Nardella (Mitglied in Licio Gellis Loge P2) einer Parallelstruktur des SID (*Servizio Informazioni Difesa*), vormals Militärgeheimdienst SIFAR (*Servizio Informazioni Forze Armate*), an, deren Führungsgruppe sich aus italienischen und amerikanischen Geheimdienstlern und Industriellen zusammensetzte und von multinationalen Unternehmen finanziert wurde. Diese Organisation koordinierte über Mittelsmänner subversive Gruppen und verfolgte das Ziel, Unruhe zu stiften, um ein autoritäres Eingreifen des Staates erforderlich zu machen. Sie war Teil der „Strategie der Spannung" und mit *„Gladio"* zum Teil personell verquickt. Die drei Genannten sollen subversive Gruppen koordiniert haben, weshalb Richter Tamburino Spiazzi et alii wegen „politischer Verschwörung durch Assoziation" gemäß Art. 305 *Codice Rocco* (aus der Zeit des Faschismus herrührendes Strafgesetzbuch) anklagte; das Verfahren wurde dann nach Einschreiten von höchster Stelle, nämlich durch Staatspräsident Francesco Cossiga, nach Rom verlagert und abgewürgt (s.u.), was aber letztlich die Arbeit der parlamentarischen Untersuchungskommission nicht unterband, sondern eigentlich eher beflügelte.

Am 15. November 1964 erhielten die italienischen Behörden einen anonymen telefonischen Hinweis, dass sich im Gepäckwagen des Brenner-Express eine Bombe befinde. Der Zug wurde in Brixen auf ein Nebengleis umgeleitet, kurze Zeit später explodierte der abgekoppelte Gepäckwagen. In Österreich verhaftete die Polizei den deutschen Staatsbürger Karl Franz Joosten, der sich als Südtirolfreund ausgegeben und bei der Familie Felder in Absam, Quartiergeber des nach Nordtirol geflüchteten Georg Klotz, eingemietet hatte. Klotz befand sich vorübergehend in Polizeigewahrsam, und Joosten nutzte die Gelegenheit, einen Klotz gehörenden und mit dessen Namen beschrifteten Koffer zu entwenden, ihn mit Sprengstoff zu füllen und mit einem Zeitzünder zu versehen. In Innsbruck gab er den Koffer als Expressgut auf. Joosten wurde für diese Tat 1965 von einem österreichischen Gericht zu 18 Monaten Haft verurteilt. Wie im Untersuchungsbericht des Senators Marco Boato (*„Relazione preliminare su episodi relativi all'attività di corpi militari, di polizia o di sicurezza dello stato in connessione con le vicende del terrorismo in Alto Adige – Südtirol*; Rom 1992) fast 30 Jahre später enthüllt wurde, hatte Joosten die Tat im Auftrag des Bozner Quästors Alitto Bonanno, des Chefs der Polizei in Südtirol, mit dem Ziel begangen, in der Öffentlichkeit Abscheu und Empörung gegen die Aktivisten des BAS hervorzurufen und sie als völlig skrupellose Mörder hinzustellen.

Der ungeliebte Aufdecker Felice Casson

„Zusammenhänge mit staatlichen und halbstaatlichen Interessen, realisiert von *‚Gladio'* und italienischem Geheimdienst als Drahtzieher von Terror bzw. Gegenterror sind schwer von der Hand zu weisen", stellte Rudolf Jeřábek in der vom österreichischen Bundesministerium des Inneren (BMI) herausgegebenen Zeitschrift „Öffentliche Sicherheit" (Heft 1-2, 2006, S. 42) lapidar fest. Die Tageszeitung *„Corriere della Sera"* gab sich später gewiss, dass viele Taten von General Giovanni De Lorenzo persönlich befohlen worden sein müssen. De Lorenzo befand sich damals auf dem Höhepunkt seiner Macht: Er kommandierte die *Carabinieri* und den militärischen Geheimdienst SIFAR gleichermaßen. Dass Geheimdienstleute und „Gladisten" – nicht selten handelte es sich um identische Personen – während der Südtiroler Bombenjahre oft die Hand im Spiel hatten, dafür sprechen auch

Recherchen des Präsidenten der Belluneser Anwaltskammer Peppino Zangrando. Für ihn stand fest, dass in die Causa Porzescharte, in der er recherchierte, just italienische Geheimdienstler und/oder Mitglieder genannter Gruppierungen involviert waren. 1994 wollte er den Fall neu aufrollen, scheiterte aber mit seinem Wiederaufnahmeantrag an der Staatsanwaltschaft. Schließlich deckte der venezianische Untersuchungsrichter Felice Casson die *„Gladio"*-Umtriebe in Italien auf. Die Konturen des Netzwerks, das in Italien unter dem Decknamen *„Gladio"* (italienisch für: Kurzschwert) operierte, waren im Sommer 1990 sichtbar geworden, nachdem Casson das italienische Parlament mit seinen Ermittlungen alarmiert hatte. Ministerpräsident Giulio Andreotti sah sich gezwungen, die Existenz geheimer Guerilla-Einheiten unter Führung des Militärgeheimdienstes zu bestätigen.[3] *„Gladio"*-Entdecker Casson hatte die Namen von 622 Mitgliedern des Netzwerks dokumentiert, und im Zuge seiner Recherchen in den Archiven des SISMI die Existenz einer „geheimen komplexen Struktur innerhalb des italienischen Staates" aufgedeckt. Er fand heraus, dass darin sowohl Leute des SISMI bzw. der Vorgängerorganisation SID, der 1964 auf den aufgelösten SIFAR folgte, wirkten, als auch neofaschistische Organisationen wie *„Avanguardia Nazionale"* und *„Ordine Nuovo"*, zudem Teile des *„Gladio"*-Netzwerks, worin auch Leute von Gruppierungen wie API (*Associazione Protezione Italiani*) und MIA (*Movimento Italiani Alto Adige*) verstrickt waren. Recherchen des Journalisten Ruggero Zangrandi, welche zunächst in der KPI-nahen Zeitung *„Paese Sera"* und 1970 auch in seinem Buch *„Inchiesta sul SIFAR"* erschienen, dokumentierten die Geheimdienstaktionen sowohl in Bezug auf Persönlichkeiten von Politik und Wirtschaft – so wurden die engeren Mitarbeiter von Aldo Moro und Enrico Mattei, des Chefs des staatlichen Erdölkonzerns ENI, ausspioniert – als auch in Bezug auf die Finanzierung politischer Organisationen des Verfassungsbogens sowie der Neofaschisten, wie *Ordine Nuovo, Fronte Nazionale, Europa Civiltà, Soccorso Tricolore* und *Avanguardia Nazionale.*

Auf dem Gebiet Südtirols gehörten der im Zusammenhang mit der „Causa Porzescharte" namhaft gewordene Silvano Russomanno und der Meraner Folterknecht Hauptmann Federico Marzollo mutmaßlich dazu. Angehörige genannter Gruppierungen hatten von den 1960ern bis in die 1980er Jahre „zahlreiche politisch motivierte Terroranschläge und Morde in Italien begangen". Cassons Befunde, später publiziert in *„Servizi segreti e il segreto di stato"* („Geheimdienste und Staatssicherheit", 1992), hatten schließlich dazu geführt, dass sich eine Untersuchungskommission des italienischen Parlaments mit dem Komplex „Terrorismus in Italien" und also auch mit Vorgängen rund um die Südtiroler Bombenjahre befasste. Sie gelangte 1991 immerhin zu dem Schluss, dass „die Geheimdienste des Landes Aktivitäten des BAS durchdrungen hatten".[4]

3 Vgl. „Die dunkle Seite des Westens", in: Der Spiegel 15/2005; https://magazin.spiegel.de/EpubDelivery/spiegel/pdf/39997525 (abgerufen und eingesehen am 25. Februar 2022).

4 Dargelegt in: Commissione Parlamentare d'Inchiesta sul Terrorismo in Italia e sulle Cause della Mancata individuazione dei Responsabili delle Stragi, 1991, Dok. XXII, n. 52.

Darüber hinaus fasste Casson in einem 1994 veröffentlichten Buch alle ihm bis dahin begegneten staatlichen Absonderlichkeiten und Gebrechen unter den Leitthemen „Freimaurerei“, „Richter und Francesco Cossiga“, „Geheimdienste und Massaker“, „Kriminalität und Staat“, *„Tangentopoli“*, „Justiz und Information – zwischen Rechten und Pflichten“ zusammen.[5] Im Kapitel über „Geheimdienste und Staatsgeheimnisse“, basierend auf einem Vortrag, den der Autor 1990 auf einer vom Journalistenverband organisierten Veranstaltung hielt, bezichtigte er das Schweigen (die *„Omertà“*) derer, die aufgrund ihrer institutionellen Pflicht manches hätten wissen und offenbaren müssen, es aber stattdessen vertuscht haben, und prangerte die Gleichgültigkeit der politischen Macht an: „Die Präsenz der Geheimdienste bei allen kriminellen Handlungen und Irreführungen, die sich in Italien ereignet haben, ist eine Konstante, ebenso wie die Einschüchterungsversuche gegenüber der Justiz, die die Ermittlungen durchführte.“

Cassons Wirken war von höchster Stelle untergraben und schließlich in einem hohen Grade unterbunden worden. Nicht nur in der italienischen, sondern auch in der Auslandspresse, so naturgemäß insbesondere in Österreich, erschienen in diesem Zusammenhang sensationelle Berichte über die Umtriebe der italienischen Geheimdienste. So fanden sich in „Presse“ und „Standard“ (Ausgaben vom 7. und 8. Juni 1991) sowie in den „Salzburger Nachrichten“ vom 17. Juni 1991 bemerkens- und bedenkenswerte Einzelheiten über die Enthüllungen des unter höchst merkwürdigen Umständen zu Tode gekommenen *Carabinieri*-Generals Giorgio Manes. Manes hatte in einem am 15. Juni 1967 verfassten Bericht „die Degeneration der *Carabineri* durch General De Lorenzo“ angeprangert. Laut Bericht hatten Brigadegeneräle und Oberstleutnante Manes gegenüber zugegeben, an geheimen Sitzungen des Generalkommandos teilgenommen zu haben, in denen operative Phasen von *„Piano Solo“* (so die Bezeichnung für den ins Auge gefassten Staatsstreich), die Verteilung von Proskriptionslisten und Anweisungen für die Deportation von Gefangenen – an Orte, die später von den parlamentarischen Gremien zur Untersuchung der Affäre-*„Gladio“* übergangen wurden – an die drei Stabschefs der *Carabinieri* erörtert worden seien.

Die Tagebücher des Giorgio Manes

Aus seinen zwischen 1962 und 1968 geführten Tagebüchern, welche Manes' Witwe dem Untersuchungsrichter Casson übergeben hatte, der über mögliche Verbindungen der geheimnisvollen Nato-Untergrundorganisation *„Gladio“* zur rechten Terrorszene in Italien ermittelte, geht hervor, dass „viele Attentate in Südtirol vom militärischen Abwehrdienst vorgetäuscht“ wurden. Manes war mit Ermittlungen über Putschpläne des obersten *Carabinieri*-Chefs, General Giovanni De Lorenzo, befasst gewesen und hielt in seinen Aufzeichnungen fest, dass während der 1960er Jahre die gladistisch-geheimdienstlich betriebene „Strategie der Spannung“ auch und gerade in Südtirol

5 Felice Casson, Lo Stato violato. Un magistrato scomodo nell'Italia delle congiure [Der vergewaltigte Staat. Ein unbequemer Untersuchungsrichter im Italien der Verschwörungen], Venedig 1994.

angewandt worden war. General Manes hätte im Juni 1969 vor einem parlamentarischen Untersuchungsausschuss in Rom über seine Ermittlungsergebnisse berichten sollen. Doch auf der Fahrt dorthin fiel Manes einem Verkehrsunfall zum Opfer, dessen Ursachen nie wirklich geklärt worden sind.

Casson stellte die Tagebücher 1991 jener parlamentarischen Kommission in Rom zur Verfügung, die sich mit der „Strategie der Spannung" befasste. Die Tagebuchaufzeichnungen beweisen, dass höchste *Carabinieri*-Offiziere in Bozen damals offenbar bereit waren, brutal gegen die Zivilbevölkerung vorzugehen, dabei aber verschiedentlich in Konflikt mit der Justiz und korrekten *Carabinieri*-Kollegen gerieten. Bezeichnend für die damaligen Machenschaften ist ein Vorfall während einer Inspektion von *Carabinieri*-Chef De Lorenzo in Südtirol, den Manes so beschrieb: „Als der General mit dem Hubschrauber die Gegend überflog, wurde eine Bombenexplosion vorgetäuscht, um die Stimmung anzuheizen."

Wie man mit Beamten umsprang, die den illegalen Machenschaften nicht länger tatenlos zusehen wollten, zeigt das Beispiel eines *Carabinieri*-Oberstleutnants namens Ferrari. Aus Gewissensgründen wollte er sich an die Justiz wenden, daraufhin wurde ihm laut Manes' Tagebuchaufzeichnung kurzerhand „das Kommando entzogen". Als Ferrari sich an höhere Stelle in Rom wandte, um formell Protest gegen die Machenschaften Anzeige einzulegen, soll ihm das Oberkommando der *Carabinieri* mit „Einweisung in eine Irrenanstalt" gedroht haben, falls er tatsächlich zur Anzeige schreite. Es sei der *Carabinieri*-Führung schließlich gelungen, „Ferrari zu beruhigen", vermerkte Manes im Tagebuch.

Auch von Seiten der italienischen Justiz in Bozen schritt man bisweilen gegen fragwürdiges Vorgehen der *Carabinieri* ein, berichtete Manes. Weil 1964 ein *Carabiniere* unter ungeklärten Umständen einer Schießerei zum Opfer fiel, wollte ein kommandierender *Carabinieri*-Offizier laut Manes' Tagebuchaufzeichnungen zu Kriegsrechtsmethoden gegen die Zivilbevölkerung greifen: „Das nächste Mal werden wir zurückschießen", soll der Oberst damals gedroht haben, „und für jeden Italiener fünf Südtiroler erschießen." Eine Äußerung, die den geharnischten Widerspruch eines Bozner Staatsanwalts namens Conias hervorgerufen haben soll. Daraufhin wollte der Oberst als Vergeltungsmaßnahme 600 Südtiroler festnehmen lassen, was besagter Staatsanwalt untersagt haben soll. Dennoch wurde tags darauf das Bergdorf Tesselberg in der Pustertaler Gemeinde Gais von einem Großaufgebot an Sicherheitskräften heimgesucht. Die 130 Einwohner – darunter alte Menschen, Frauen, Kinder – wurden aus ihren Häusern getrieben, zusammengekettet und auf den Erdboden geworfen oder mussten aufrecht stehen, insgesamt 19 lange Stunden, von *Carabinieri* mit Maschinenpistolen bewacht und bedroht, während die anderen *Carabinieri* Häuser verwüsteten und zum Teil zerstörten.

Auch zur Ermordung des BAS-Freiheitskämpfers Luis Amplatz in der Nacht vom 6. auf 7. September 1964 und zum fehlgeschlagenen Mordversuch an dessen

Kameraden, den legendären Schützenmajor Georg („Jörg") Klotz, in einer Almhütte auf der „Brunner Mahder" in Passeier fanden sich in den Aufzeichnungen Manes' Einzelheiten. So hielt er fest: „Luis Amplatz wurde mit der Dienstpistole eines in Brixen stationierten *Carabinieri-Maresciallo* erschossen". Klotz und Amplatz befanden sich in Begleitung eines aus Hall/Tirol stammenden Österreichers namens Christian Kerbler, eines SIFAR-Agenten mit dem Decknamen „Peter Hofmann".

Sie übernachteten in besagter Almhütte, und in der Nacht schoss Kerbler auf die Schlafenden, dreimal auf Amplatz, dann dreimal auf Klotz. Amplatz war sofort tot. Klotz bekam einen Schuss in die Brust und einen ins Gesicht. Der dritte Schuss verfehlte sein Ziel. Klotz floh, mit einem Steckschuss und einer Oberlippenverletzung, barfuß über die 2.862 Meter hohe Schwarzscharte nach Nordtirol. Kerbler, zunächst festgenommen, konnte laut italienischem Polizeibericht über die Schweiz nach London entweichen. Der wegen des Mordes in Perugia in Abwesenheit zu 22 Jahren Gefängnis Verurteilte hat seine Strafe nie abgesessen, da er durch den italienischen Geheimdienst gedeckt wurde, weshalb auch ein formeller römischer Auslieferungsantrag gegenüber London nicht zur Überstellung führte und er auf Nimmerwiedersehen abtauchte.

Umso mehr, als in der internationalen Presse Artikel erschienen, worin es hieß „Italiens Geheimdienst bombte in Südtirol mit" – so der Titel eines aufsehenerregenden Berichts in der deutschen Tageszeitung „Die Welt" vom 11. Juni 1991 –, sah man sich in Rom zum Einschreiten gegen „Verräter" und gegen als unbotmäßig sowie als mögliche Durchstecher an die Medien erachtete Juristen veranlasst. Dies bekamen insbesondere der besagte junge venezianische Untersuchungsrichter Casson und sein Paduaner Kollege Giovanni Tamburino zu spüren, wie die Zeitung „Die Presse" in ihrer Ausgabe vom 23. Oktober 1991 ausführlich berichtete. Demnach war Tamburino die Causa „Windrose"-Skandal (s. o.) just in dem Moment entzogen worden, als die Ermittlungen für den Staat äußerst unangenehm wurden. Seine These: Für die mithilfe der Geheimdienste verfolgte „Strategie der Spannung" seien Aktionen der Südtiroler Freiheitskämpfer das willkommene Exerzierfeld gewesen.

Ein Abkommen, geschlossen zwischen SIFAR und CIA

Casson hatte in den Archiven des SIFAR in Rom eine mit 1. Juni 1959 datierte „Übereinkunft zwischen SIFAR und der CIA hinsichtlich der Organisation und Aktivität des geheimen italienisch-amerikanischen Netzwerks nach der Besetzung *(stay-behind)*" entdeckt und seine Ermittlungen über *„Gladio"* intensiviert.[6] Der italienischen Parlamentskommission, welche sich mit der *„Gladio"*-Affäre befasste, ist die Existenz des bereits am 26. November 1956 abgeschlossenen Grundvertrags mit dem Titel *„Accordo fra il Servizio Informazioni Italiano ed il Servizio Informazioni USA relativo alla Organizzazzione ed all'Attività della Rete Clandestina Oost-Occupazione (stay-behind) Italo*

6 Der Text des Dokuments in: Mario Coglitore / Sandro Scarso, La notte dei gladiatori. Omissioni e silenzi della Repubblica [Die Nacht der Gladiatoren. Unterlassungen und Schweigen der Republik], Padua 1992, S. 118 – 130.

Statunitense" [Abkommen zwischen dem italienischen Geheimdienst und dem US-Geheimdienst über die Organisation und den Betrieb des geheimen italienisch-amerikanischen Stay-Behind-Netzes] erst durch das von Casson entdeckte Dokument in Kenntnis gewesen. Sein Befund unter Bezug auf das von ihm entdeckte Abkommen lautete: „*Gladio* wurde in Zusammenarbeit mit dem amerikanischen Geheimdienst CIA gegründet".

Die einem aus Italienern und Amerikanern bestehenden Komitee unterliegende Koordination oblag laut Dokument vom 1. Juni 1959 dem im SIFAR angesiedelten *„Ufficio R - Sezione SAD (Studi ed addestramento): Le forze speciali del SIFAR e l'operazione GLADIO"* [Büro R – Abteilung SAD (Studien und Ausbildung): SIFAR-Spezialkräfte und Operation *GLADIO*]. Das Koordinationskomitee bestand aus acht SIFAR- und drei CIA-Leuten. Die operativen Bereiche von *„Gladio"* waren: Aufklärung, Exfiltration (Verlassen des Gebiets hinter den feindlichen Linien), Information, Kommunikation, Propaganda, Sabotage. Man leistete sich sogar eine supergeheime „Sektion K", an deren Spitze ein gewisser Francesco Stoppani stand, der auch in Südtirol aktiv war. (Nach damaligen Medienberichten, die offiziell nicht dementiert worden waren, soll „K" für „Killer" gestanden haben.) Senator Marco Boato zitierte in seinem damaligen Bericht für den *„Gladio"*-Untersuchungsausschuss einen Amtsvermerk des Dienstes, demzufolge „SISMI-Agent Francesco Stoppani, Leiter einer *„Gladio"*-Spezialeinheit, im Jahr 1980 in Nürnberg den Terroristen Kienesberger lokalisiert und die Aufgabe habe, diesen über die Schweiz nach Italien zu entführen. Sollte der Entführungsversuch jedoch scheitern, so sollte Kienesberger in seinem Haus mit einer Präzisionswaffe getötet werden".

Hans Karl Peterlini spürte insbesondere für die 1970er Jahre direkte Verbindungen zwischen den in Südtirol zu verortenden neofaschistischen Gruppierungen MIA (*„Movimento Italiano Alto Adige"*/"Bewegung der Italiener im Hochetsch") und API (*„Associazione Protezione Italiani"*/"Vereinigung zum Schutz der Italiener") zu *„Gladio"* auf. Ein MIA-Flugblatt von 1988 enthielt bereits das erst 1990/1991 in der Öffentlichkeit bekanntgewordene *„Gladio"*-Symbol, das römische Kurzschwert. *„Das kann nur bedeuten, dass die Terroristen von MIA genau um Gladio Bescheid wussten. Und weil Gladio zu diesem Zeitpunkt striktes Staatsgeheimnis war, bleibt fast nur die Schlussfolgerung übrig, dass es eine direkte Verbindung vom staatlichen Geheimdienst Gladio zum italienischen Südtirol-Terrorismus von MIA gibt".*[7] Außerdem sei 1980 Francesco Stoppani in einer *Carabinieri*-Kaserne mit dem Auftrag vorstellig geworden, „den Südtirol-Terrorismus mit allen Mitteln zu stoppen". Stoppani untermauerte das mit der Aussage, er kenne den „Chef von MIA". Die beiden Gruppierungen verübten Anschläge auf Seilbahnen, auf die Bahnstrecke Meran-Bozen, auf das Landtagsgebäude sowie auf das Privathaus von Landeshauptmann Magnago und den Bozner Sitz der *Democrazia Cristiana* (DC).

Es gibt ernstzunehmende Hinweise darauf, dass im Herbst 1966 Oberst Mario Monaco und Hauptmann

7 Hans Karl Peterlini, Bomben aus zweiter Hand, Bozen, 1993, S. 56 f.

Vito Formica, zwei Gladisten, in Südtirol eingesetzt worden waren: Monaco war Kommandant des „*Gladio*"-Trainingszentrums auf Sardinien, Formica einer der Ausbildungsoffiziere. General Manilo Capriata sagte 1992 vor dem Untersuchungsausschuss des römischen Senats aus, dass „*Gladio* während dieser Jahre in Südtirol eingesetzt" war. Im April 1962 hatte der SIFAR-Chef General De Lorenzo paramilitärische Einheiten in Südtirol aktiviert: „*He told me that the means available in this area had been insufficent* [...] *and that thus one had to draw upon particular forces.*" („Er sagte mir, dass die Mittel, die in diesem Bereich zur Verfügung stehen, unzureichend sind [...] und dass man daher auf besondere Kräfte zurückgreifen muss.") Es sollen sich „in den Gängen von Schloss Sigmundskron ein *Gladio*-Waffenlager" befunden haben und „in den Sarntaler Alpen Waffen- und Sprengstoffausbildungen abgehalten" worden sein. Welche Bedeutung dem Terrain Südtirol und Trentino innerhalb der „*Gladio*"-Struktur zukam, lässt sich auch daran ablesen, dass die dortige Stärke einschließlich des Unterstützungspersonals ungefähr 2.600 Mann betragen haben soll. Mit 200 von insgesamt 622 Zellen war es überhaupt das Schwerpunktgebiet von „*Gladio*" in Italien. 1991 wurden zudem die Namen von 21 „*Gladio*"-Angehörigen in Südtirol bekannt: Sie waren von Giuseppe Landi, dem Präsidenten des Bozner Fallschirmspringerklubs, aus dem Klub rekrutiert worden. Landi bestritt indes, dass „*Gladio*" etwas mit den Südtirol-Anschlägen zu tun gehabt habe. Die Organisation sei nur „gegen die kommunistischen Feinde" gerichtet gewesen.[8]

Als die „*Gladio*"-Affäre aufgrund von dessen stupenden Ermittlungen ruchbar wurde und sich zur großen Staatsaffäre auszuwachsen anschickte, beschimpfte Staatspräsident Cossiga den unbequemen und auch ihm gefährlich zu werden drohenden Untersuchungsrichter Felice Casson in aller Öffentlichkeit als „*ragazzaccio*", als „Lausbuben". Es sei eine Schande, dass so einer Richter bleibe. Zur „Vor-Verurteilung", wie sie Casson vornehme, habe ein Richter kein Recht, denn für „*Gladio* mit allem Drumherum" sei die römische Staatsanwaltschaft zuständig. Diese könnte von Rechts wegen den Fall ohne Rücksicht auf die Ermittlungen Cassons völlig neu aufziehen oder auch einstellen.

Casson selbst äußerte laut dem Bericht der „Presse" vom 23. Oktober 1991 dazu, er baue darauf, dass er mit seinen Ermittlungen ja auch politisch etwas bewegt habe, vor allem im Parlamentarischen Untersuchungsausschuss zur Aufklärung der blutigen Attentate in Italien. Doch auch dieses Gremium wollte Cossiga offenbar abwürgen, denn er kündigte an, er werde das zum Jahresende auslaufende Mandat des Ausschusses nicht verlängern.

---

8 Angaben nach: Thomas Riegler, „Wir setzen uns rein und mischen da richtig mit". Die DDR-Staatssicherheit und der Südtirolkonflikt, in: zeitgeschichte, 40. Jahrgang, Mai/Juni 2013, Heft 3, 166–180, hier S. 169.

Cossiga war es dennoch nicht gelungen, die auf Ebene der Justiz andernorts weiterlaufenden Ermittlungen „abzudrehen". Wie die Zeitung *„Repubblica"* am 30. August 1991 berichtet hatte, führte sie ein anderer venezianischer Richter namens Carlo Mastelloni weiter. Dieser hielt fest, dass „Männer aus dem Staatsapparat an der Ermordung des Südtirolers Luis Amplatz beteiligt waren". In einer Darstellung an die Justizbehörden, die nach Cossigas Intervention für die Fortsetzung der Ermittlungen zuständig war, nannte er den damaligen Polizeichef von Bozen, Ferruccio Alitto Bonanno, und den aus Rom hinzugezogenen Leiter des Büros für vertrauliche Angelegenheiten und späteren stellvertretenden SISDE-Chef Silvano Russomanno als besagte Beteiligte.

Mastelloni warf Bonanno und Russomanno folgende Straftaten vor: vorsätzliche Tötung und Beihilfe zur Flucht der des Mordes verdächtigten Person. Im Rahmen seiner Ermittlungen hatte Mastelloni den *Carabinieri*-Oberst Renzo Monico, der damals die SIFAR-Einsätze in Südtirol leitete, sowie den ehemaligen Leiter der Politischen Polizei in Bozen, Giovanni Peternel, und schließlich Eva Klotz, die Tochter des in jener dunklen Aktion verwundeten Georg Klotz befragt. In der Nacht vom 6. auf den 7. September 1964 war Luis Amplatz in einer Almhütte getötet und Georg Klotz verwundet worden. Unmittelbar nach dem Mord meldete sich der der Tat verdächtige Christian Kerbler in einer *Alpini*-Kaserne, und während des Transports von Meran nach Bozen zu Peternel gelang es ihm zu entkommen. Eva Klotz hatte den italienischen Behörden stets vorgeworfen, Kerbler entkommen zu lassen und nicht nach ihm zu suchen, um nicht zu riskieren, dass er erzählte, was er über die tragische Nacht wusste.

Die ersten dieses Geheimnis umhüllenden Schleier lüfteten die genannten Tagebücher des für eine interne Untersuchung über die in der *Carabinieri*-Truppe obwaltenden Umstände zuständigen Generals Giorgio Manes (s. o.). Zur Causa Amplatz/Klotz hatte er vermerkt: „Die für das Attentat verwendete Pistole war die des *Maresciallo* der Kompanie Brixen". Laut Mastellonis Ermittlungsprotokoll sagte Peternel aus: „Kerbler war einer unserer Informanten, er lieferte uns Daten über die Grenzübertritte der Südtiroler Terroristen". Peternel weiter: „Die Überraschung wurde auf hoher Ebene organisiert und vom Innenministerium mit den *Carabinieri* abgestimmt, Russomanno kam eigens aus Rom. [...] Ich habe gehört, dass die *Carabinieri* geschossen haben. Es war also nicht Kerbler, oder nicht nur er, der in dieser Nacht geschossen hat, sondern Männer des Staatsapparates, nach einer Entscheidung, die von oben getroffen wurde. Ich habe mit einigen meiner Kollegen über diese Aktion diskutiert und war damit nicht einverstanden, denn ich war der Meinung, dass es besser gewesen wäre, sie festzunehmen".

Eva Klotz sagte gegenüber Mastelloni aus: „Mein Vater war sich nicht sicher, dass Kerbler der Schütze war, er behauptete, andere Stimmen in der Nähe der Hütte gehört zu haben. Und Senator Volgger hat mir erzählt, dass es die *Carabinieri* waren, die ihn erschossen haben".

Dass es in Bezug auf Südtiroler Freiheitskämpfer Tötungsanweisungen gab, bekundete auch Giancarlo Giudici, damals Kommandeur eines *Carabinieri*-Bataillons, gegenüber *„La Repubblica"*. Er sagte, sein damaliger Vorgesetzter, Oberst Francesco Marasco, habe ihm befohlen, 15 Tiroler zu erschießen, die im Passeiertal zusammengetrieben worden und in einem Waldstück bewacht worden seien. Er habe sich geweigert und sei versetzt worden. Marasco bestritt dies gegenüber Mastelloni, doch der *Carabinieri*-Oberst und für Südtirol zuständige SIFAR-Einsatzleiter Renzo Monico bestätigte Giudicis Angaben.[9]

Giulio Andreottis Offenbarung

Regierungschef Giulio Andreotti hielt es angesichts der Aufdeckungen zunächst nur für angebracht, den allmächtigen SISMI-Chef (und *„Gladio"*-Chef von 1974 bis 1986) Paolo Inzerilli in Pension zu schicken. Dann gab er im Rahmen der parlamentarischen Untersuchung an, dass *„Gladio"* nicht nur in Italien, sondern auch in anderen europäischen Ländern existiere, was auch dort parlamentarische Anfragen und Untersuchungskommissionen zur Folge hatte. Vorerst erhielten der Südtiroler Senator Roland Riz, Rechtsprofessor und SVP-Obmann, sowie sein Trientiner Senatskollege Marco Boato ebenso wie die Südtiroler Kommunisten und der grüne Senator aus dem Trentino, Mitglied des Parlamentarischen Untersuchungsausschusses, von Unterstaatssekretär Claudio Mastella im Senat eine Abfuhr. Alle in der Fragestunde erhobenen Anfragen quittierte Mastella namens der Regierung Andreotti mit der Bemerkung „keine konkreten Beweise".

Doch die Vorhaltungen wurden heftiger, und die Dinge ließen sich nicht länger unter der Decke halten. Der christdemokratische Ministerpräsident Giulio Andreotti (DC) war nicht bereit, die ganze Schuld allein zu tragen, und erklärte vor dem Parlament: „Jeder Regierungschef wurde über die Existenz von *Gladio* informiert." Dies kompromittierte unter anderen den ehemaligen sozialistischen Regierungschef Bettino Craxi (PSI), dessen Vorgänger Giovanni Spadolini von der linksliberalen Republikanischen Partei (PRI), der – als Andreotti seine regierungsamtlichen Enthüllen von sich gab – Senatspräsident war, sowie den ehemaligen Regierungschef Arnaldo Forlani (DC), der 1990 als Generalsekretär der regierenden DC fungierte. Und nicht zuletzt brachte Andreottis Offenbarung insbesondere den amtierenden Staatspräsidenten Francesco Cossiga in Verlegenheit, der ebenfalls schon Ministerpräsident gewesen war.

Die ranghohen Amtsinhaber wurden von Andreotti mit in die Tiefe gezogen und reagierten zum Teil bizarr. Craxi etwa behauptete, er sei nicht informiert gewesen, bis er mit einem Dokument zu *„Gladio"* konfrontiert wurde, welches er als Regierungschef selbst abgezeichnet hatte. Spadolini und Forlani litten ebenfalls unter Gedächtnisschwund, sahen sich jedoch alsbald zu Ergänzungen vorheriger Ahnungslosigkeitsaussagen gezwungen. Während Spadolini zur allgemeinen Erheiterung sagte, es gebe einen Unterschied zwi-

9 http://ricerca.repubblica.it/repubblica/archivio/repubblica/1991/08/30/per-quel-terrorista-ucciso-nel.html, eingesehen am 8. März 2022.

schen dem, was er als vormaliger Verteidigungsminister, und dem, was er als ehemaliger Ministerpräsident gewusst habe, holten Forlani, der nicht allein in journalistischen Kreisen zuvor als das „Rassepferd der DC" galt, zu allem Überfluss auch noch seine Verstrickungen in die Gruppierungen rund um die ursprüngliche Freimaurer-Loge *„Propaganda Due"* (P2) des Unternehmers und (Alt- wie Neo-)Faschisten Licio Gelli wieder ein.

Der Hintergrund: P2 hatte sich zu einem Geheimbund entwickelt, worin Gelli ein konspiratives Netzwerk aus Führungspersonen von Polizei, Militär, Wirtschaft (wie u. a. Silvio Berlusconi), Politik (wie u. a. Forlani), Mafia und Geheimdiensten organisiert und ernstlich Pläne für einen Staatsstreich entwickelt hatte. P2 stand mit Terroranschlägen „unter falscher Flagge" in Zusammenhang. 1981 hatten Ermittlungen im Zuge des Falles von Michele Sindona, dessen beide Banken zusammengebrochen waren, eine Liste mit 962 verzeichneten Mitgliedern in Gellis Haus zutage gefördert, darunter drei amtierende Leiter italienischer Geheimdienste, der amtierende Regierungschef Arnaldo Forlani sowie dessen Kabinettschef, der Unternehmer und spätere dreimalige Ministerpräsident Silvio Berlusconi, und Viktor Emanuel von Savoyen, Sohn Umbertos II., des letzten Königs von Italien.[10]

10 Zu den Verstrickungen der P2 siehe: Vivian Zoakos, Italy's P-2 Scandal Implicates Haig and the Trilateralists, und: Umberto Pascali, A History of the P-2 Conspiracy, in: Executive Intelligence Review, Volume 8, Number 27, 7. Juli 1981.

Der stolze Gladist Francesco Cossiga

Indes bestätigte Francesco Cossiga, Staatspräsident seit 1985, nach Andreottis Offenbarung im Brustton der Überzeugung seine Beteiligung an *„Gladio"*. Während eines offiziellen Besuchs in Schottland betonte er, er sei „stolz und glücklich", als damaliger stellvertretender Verteidigungsminister seinen Beitrag dabei geleistet zu haben, in den 1950er Jahren diese geheime Armee-Organisation ins Leben zu rufen. Er erklärte, alle Gladisten seien „gute Patrioten gewesen" und fuhr fort, er betrachte es „als große Ehre und als Akt des Vertrauens, dass ich mit dieser heiklen Aufgabe betraut wurde. Ich muss sagen, dass ich stolz darauf bin, dass wir dieses Geheimnis 45 Jahre lang bewahrt haben." (So in nahezu gleichlautenden Berichten des *„Observer"* und der Zeitschrift *„L'Europeo"* vom 18. Januar 1991.)

Mit dieser positiven Einstellung zur enttarnten Geheimarmee, die mit Terrorismus in Verbindung stand, befand sich der Präsident nach seiner Rückkehr nach Italien inmitten eines politischen Sturms, und aus allen Parteien wurden Forderungen nach seinem sofortigen Rücktritt bzw. einem Verfahren zur Amtsenthebung wegen Hochverrats laut. Richter Casson forderte Cossiga auf, vor dem Untersuchungsausschuss auszusagen. Doch der Präsident weigerte sich verärgert und drohte, die gesamte parlamentarische Untersuchung in der Causa *„Gladio"* einzustellen: „Ich werde das Gesetz, das dieses Mandat prolongiert, ans Parlament zurückverweisen, und sollte es ihm wieder zustimmen, werde ich den Text erneut überprüfen, um zu sehen, ob Bedingungen vorliegen, diesen extremen Regress durch eine absolute (präsidiale) Zurückweisung zu unterbinden." Doch dieses öffentlich geäußerte Ansinnen entbehrte jeglicher verfassungsrechtlicher Grundlage, sodass Parlamentarier „die geistige Gesundheit des Präsidenten" in Zweifel zogen, woraufhin Cossiga im April 1992, drei Monate vor dem Ende seiner Amtszeit, zurücktrat.

Eine italienische parlamentarische Untersuchungskommission, die *„Gladio"* und die italienischen Massaker untersuchte, zog im Jahr 2000 den Schluss: „Diese Massaker, diese Bomben, diese militärischen Aktionen wurden von Männern innerhalb italienischer staatlicher Einrichtungen organisiert oder gefördert oder unterstützt und, wie kürzlich aufgedeckt wurde, auch von Männern aus dem Umfeld der Geheimdienste der USA." [11]

11 Zit. nach: Daniele Ganser, Nato-Geheimarmeen in Europa. Inszenierter Terror und verdeckte Kriegsführung. Mit einem Vorwort von Georg Kreis, aus dem Englischen übersetzt von Carsten Roth, Zürich 9. Aufl. 2014, S. 24.

Quellen und Literatur

- https://www.youtube.com/watch?v=ZeeDohEIC3c
- https://www.youtube.com/watch?v=ZmxSuSQY2a8
- https://www.amazon.it/Alkamar-mia-vita-carcere-innocente/dp/8861907318
- https://nicolariccardobiondo.medium.com/dalla-strage-di-via-damelio-al-caso-gulotta-due-fake-news-mainstream-7680f9e89fcb
- http://ricerca.repubblica.it/repubblica/archivio/repubblica/1991/08/30/per-quel-terrorista-ucciso-nel.html
- Biondo, Nicola / Gulotta, Giuseppe, Alkamar. La mia vita in carcere da innocente, Mailand 2015.
- Peterlini, Hans Karl, Bomben aus zweiter Hand. Zwischen Gladio und Stasi: Südtirols missbrauchter Terrorismus, Bozen 1992.
- „Die dunkle Seite des Westens", in: Der Spiegel 15/2005; https://magazin.spiegel.de/EpubDelivery/spiegel/pdf/39997525
- Casson, Felice, Lo Stato violato. Un magistrato scomodo nell'Italia delle congiure [Der vergewaltigte Staat. Ein unbequemer Untersuchungsrichter im Italien der Verschwörungen], Venedig 1994.
- Coglitore, Mario / Scarso, Sandro, La notte dei gladiatori. Omissioni e silenzi della Repubblica [Die Nacht der Gladiatoren. Unterlassungen und Schweigen der Republik], Padua 1992.
- Riegler, Thomas, „Wir setzen uns rein und mischen da richtig mit". Die DDR-Staatssicherheit und der Südtirolkonflikt, in: zeitgeschichte, 40. Jahrgang, Mai/Juni 2013, Heft 3.
- Zoakos, Vivian, Italy's P-2 Scandal Implicates Haig and the Trilateralists, und: Pascali, Umberto, A History of the P-2 Conspiracy, in: Executive Intelligence Review, Volume 8, Number 27, 7. Juli 1981.
- Ganser, Daniele, Nato-Geheimarmeen in Europa. Inszenierter Terror und verdeckte Kriegsführung. Mit einem Vorwort von Georg Kreis, aus dem Englischen übersetzt von Carsten Roth, Zürich [9]2014.

Abkürzungen

ANSA	Agenzia Nazionale Stampa Associata (Ital. Nachrichten- und Presseagentur)
API	Associazione Protezione Italiani
B.A.R.	Browning Automatic Rifle (Maschinengewehr)
BAS	Befreiungsausschuss Südtirol
BH	Bezirkshauptmannschaft (Österreich)
BMI	Bundesministerium für Inneres (Österreich)
BND	Bundesnachrichtendienst (Deutschland)
BZ	Provinz Bozen
CIA	Central Intelligence Agency (USA)
CP	Codice Penale (ital. Strafgesetzbuch)
DC	Democrazia Cristiana (Christliche Demokratie; Italien)
DDR	Deutsche Demokratische Republik
DPA	Deutsche Presseagentur
EGKS	Europäische Gemeinschaft für Kohle und Stahl (Montanunion)
ENEL	Ente Nazionale Energia Elettrica (ital. staatliche Stromgesellschaft)
ENI	Italienischer Mineralöl- und Energiekonzern
EWG	Europäische Wirtschaftsgemeinschaft
FAZ	Frankfurter Allgemeine Zeitung
KPI	Kommunistische Partei Italiens
kV	Kilovolt (Stromleitung)
MG	Maschinengewehr
MIA	Movimento Italiani Alto Adige
NATO	North Atlantic Treaty Organization (Nordatlantikpakt)
NZZ	Neue Zürcher Zeitung
OAS	Organisation de l'armée secrète (französische Untergrundorganisation)
ÖBH	Österreichisches Bundesheer
OGH	Oberster Gerichtshof (Österreich)
P2	Propaganda Due
PRI	Partito Repubblicano Italiano (Republikanische Partei Italiens)
PSI	Partito Socialista Italiano (Sozialistische Partei Italiens)
SID	Servizio Informazioni Difesa (Italien)

SIFAR	Servizio Informazioni Forze Armate (Italien)
SISDE	Servizio per le Informazioni e la Sicurezza Democratica (Italien)
SISMI	Servizio per le Informazioni e la Sicurezza Militare (Italien)
S.R.C.M.	Società Romana Costruzioni Meccaniche (Hersteller ital. Handgranaten)
StaSi	Ministerium für Staatssicherheit (Deutsche Demokratische Republik)
StB	Státní Bezpecnost (ehemaliger Nachrichtendienst Tschechoslowakei)
STF	Süd-Tiroler Freiheit
SVP	Südtiroler Volkspartei
TNO	The Netherlands Organisation for applied scientific research
TNT	Trinitrotoluol (Sprengstoff)
TT	Tiroler Tageszeitung
UNO/UN	United Nations Organization (Vereinte Nationen)
USBV/IED	Unkonventionelle Spreng- und Brandvorrichtung/improvised explosive device (militärisch)
VW	Volkswagen
ZDF	Zweites Deutsches Fernsehen

Archivabkürzungen

BMfAA	Bundesministerium für Auswärtige Angelegenheiten (Österreich)
BMI/BMfI	Bundesministerium für Inneres (Österreich)
BKA	Bundeskanzleramt (Österreich)
Ferdinandeum	Tiroler Landesmuseum Ferdinandeum/Bibliothek (Innsbruck)
MRP	Ministerratsprotokolle (Österreich)
ÖNB	Österreichische Nationalbibliothek (Wien)
ÖStA/AdR	Österreichisches Staatsarchiv/Archiv der Republik (Wien)
Teßmann	Landesbibliothek Dr. Friedrich Teßmann (Bozen)

Archäologie des Ersten Weltkrieges: Rupert Gietl vor der Rotwand.

Quelle: Arc-Team/Rupert Gietl

Rupert Gietl

Jahrgang 1978; Mag. phil; Studium der Klassischen Archäologie und Geschichte an den Universitäten Wien und Mainz, sowie der Photogrammetrie und Fernerkundung als Mitbeleger an der Technischen Universität (TU) Wien; Freiberuflicher Archäologe in dem von ihm mitbegründeten Forschungsunternehmen Arc-Team; Lehrtätigkeit an der Universität Innsbruck und Siena. Publikationen zur Archäologie des Ersten Weltkrieges an der Gebirgsfront und zu Südtirol-Themen.

www.arc-team.com

Quelle: Harald Hasler

Harald Hasler, Sachverständiger für Sprengwesen auf der Porzescharte.

Harald Hasler

Jahrgang 1978; Prof. Dr. Ing. BSc MSc MA; Gerichtlich zertifizierter und beeideter Sachverständiger, Sicherheitsexperte, Systementwickler, Forensiker, internationaler Unternehmer; Studium Risiko & Sicherheitsmanagement, Studium Unternehmensführung, Doktorat für internationales Management; Gutachter für das Sprengwesen, Explosivstoffe, Pyrotechnik, Ballistik, Schusswaffen, Munition, Schießwesen, Schießstättenbau, Explosionsermittlung & Auswirkungsbewertung, Risikobeurteilung, Sicherheitstechnik, Sicherheitsmanagementsysteme, 20 Jahren Berufserfahrung, Leitung und Auswertung von über 750 sicherheitstechnischen wissenschaftlichen Explosions-/Beschussversuchen, Forschung & Entwicklung im Explosions-/Beschusswesen, Sicherheitsplaner für Infrastrukturprojekte, Sicherheitsingenieur und Berater, 25 Jahre Militärerfahrung, Offizier im Stab Spezialeinsatzkräfte des österreichischen Bundesheeres, Gutachterliche Untersuchung und umfassende Buchpublikation zu dem Vorfall „Anschlag auf der Porzescharte“ vom 25. Juni 1967, Wissenschaftliche Fachpublikationen zu den Explosionsvorfällen „Pfitscherjoch“ und „Steinalm“ sowie zu weiteren historischen Vorfällen im Rahmen der Südtirol-Frage.

www.harald-hasler.at

Gastprofessor
Dr. Dr. h.c. Reinhard Olt.

Reinhard Olt

Jahrgang 1952; Prof. Dr. phil. Dr. h.c.; Studium der Germanistik, Volkskunde, (osteuropäischen) Geschichte, Politikwissenschaft und Publizistik in Mainz und Gießen; 27 Jahre Redakteur der „Frankfurter Allgemeinen Zeitung (FAZ)“, davon 18 Jahre Korrespondent in Wien; daneben Lehrtätigkeit in Gießen, Frankfurt, Innsbruck, Krems, Graz; Gastdozent an der Andrássy-Gyula-deutschsprachigen Universität sowie Gastprofessor an der Eötvös Loránd-Universität (ELTE) in Budapest; mehr als 100 wissenschaftliche Publikationen.

Näheres unter www.clio-online.de/forscherinnen=5759.

Quelle: Max Ruspeckhofer

Max Ruspeckhofer, Sachverständiger für Sprengwesen.

Maximilian Ruspeckhofer

Jahrgang 1963; Mag. rer. soc. oec.; Studium Betriebswirtschaftslehre an der Universität Linz; MBA an der A&M University College Station Texas; allgemein beeideter und gerichtlich zertifizierte Sachverständiger für Sprengtechnik; Vorstandsmitglied im Verband der Sprengbefugten Österreichs; Geschäftsführer der Ruspeckhofer GmbH; Handel und Verkauf von Spreng-, Zünd- und Schießmitteln.

www.ruspeckhofer.at

Hubert Speckner auf der Porze (Cima Palombina).

Hubert Speckner

Jahrgang 1958; Mag. Dr. phil.; Hofrat; Oberst des höheren militärfachlichen Dienstes; Studium der Zeitgeschichte und Germanistik an den Universitäten Innsbruck, Wien und Graz; Militärhistoriker des Österreichischen Bundesheeres als Hauptlehroffizier und Forscher an der Landesverteidigungsakademie in Wien; weiters Lehrtätigkeit an der Universität Wien, der Donau Universität Krems und an der Theresianischen Militärakademie Wiener Neustadt; Publikationen zur Südtirol-Problematik in den 1960er Jahren, zu den Einsätzen des Österreichischen Bundesheeres, zur Kriegsgefangenschaft im Zweiten Weltkrieg und zum militärischen Kulturgüterschutz; Kurator der Ausstellung „BAS – Opfer für die Freiheit" im „Haus der Tiroler Geschichte"/Bozen.

www.bas.tirol

Quelle: Horst Konrad

Heeresbergführer Horst Konrad im Gelände.

Horst Konrad

Jahrgang 1950; Vizeleutnant i. R.; Heeresbergführer und Heeresskilehrer; Pensionist mit dem Zeitvertreib die Kufsteiner Besiedelungsgeschichte. Die Schwerpunkte liegen in der Flurnamenforschung; der Militärgeschichte Kufsteins mit dem Kernthema Artillerieeinsatz in Bezug auf die „Maximilianische Belagerung Kufsteins 1504"; der Bauforschung im Bereich der Kufsteiner Festungswerke unter archäologischer Begleitung durch die Universität Innsbruck; die Militärkartografie und der Beginn der Alpinistik im Kaisergebirge.

Quelle: www.wolfgangstecher.com

Wolfgang Stecher, Hubert Speckner und Heeresbergführer Erwin Hertscheg auf der Porze (Cima Palombina).

Wolfgang Stecher

Jahrgang 1971; Fotograf mit den Schwerpunkten Reportage, Reise und Natur/Landschaften sowie Musik. Seine fotografischen Arbeiten stehen unter dem Motto „Es reicht die Dinge so zu sehen, wie sie sind". Dementsprechend hoher Wert liegt auf dem dokumentarisch Unverfälschten in seinen Fotografien.

www.wolfgangstecher.com